GB/Z 30006

政府部门
质量管理体系贯彻、建立与实施

吴建伟 编著

机械工业出版社

政府部门建立实施质量管理体系，是提升政府行政效能的有效方式和手段。本书详细介绍了政府部门质量管理体系建立实施的全过程，为各级各类政府部门建立实施质量管理体系提供指南。

我国已于 2013 年 10 月发布 GB/Z 30006 国家标准，但直到近年来这项工作才开始逐步纳入各级政府的绩效考核。本书以政府部门建立和实施质量管理体系的理论分析和操作指南为主题，以国家新发布实施的体系标准如何在各级各类政府部门应用为主线进行讲解，围绕体系建立运行中九项主要活动的具体做法展开，中心内容可以分成三个阶段：理论分析、体系建立、体系实施。

本书结合政府部门实际，从理论、实证、案例多角度进行分析、讲解、示范，真实、客观、简明、直观，使读者能够迅速入门，上手操作，使质量体系能够实实在在地在各级政府部门落地生根，为各级各类政府部门建立实施质量管理体系进行案例教学和操作指导。

图书在版编目（CIP）数据

GB/Z 30006 政府部门质量管理体系贯彻、建立与实施/吴建伟编著.—北京：机械工业出版社，2020.9
ISBN 978-7-111-66366-9

Ⅰ.①G… Ⅱ.①吴… Ⅲ.①国家行政机关 – 行政管理 – 质量管理体系 – 研究 – 中国 Ⅳ.①D630.1

中国版本图书馆 CIP 数据核字（2020）第 155626 号

机械工业出版社（北京市百万庄大街 22 号　邮政编码 100037）
策划编辑：李万宇　　　　　责任编辑：李万宇　王春雨
责任校对：高亚苗　王明欣　封面设计：马精明
责任印制：常天培
北京捷迅佳彩印刷有限公司印刷
2020 年 10 月第 1 版第 1 次印刷
169mm×239mm · 24.5 印张 · 462 千字
0001—1500 册
标准书号：ISBN 978-7-111-66366-9
定价：95.00 元

电话服务　　　　　　　　　　网络服务
客服电话：010-88361066　　　机　工　官　网：www.cmpbook.com
　　　　　010-88379833　　　机　工　官　博：weibo.com/cmp1952
　　　　　010-68326294　　　金　书　网：www.golden-book.com
封底无防伪标均为盗版　　　　机工教育服务网：www.cmpedu.com

序

作为 GB/Z 30006《政府部门建立和实施质量管理体系指南》国家标准审定委员会的主任委员，我十分高兴地祝贺本书出版。

我国各级政府部门，已经有了多年建立实施质量管理体系的实践，并且取得了一定的成效和经验。由于政府部门重要而独特的地位，在各级政府部门推广和贯彻实施质量管理体系，一是可以充分说明我国认证认可工作的深度、广度和成熟度，同时它也具有重要的历史意义和现实意义。近年来，国内外政治经济形势正在发生着巨大变化：就国际而言，世界正经历着百年未有之大变局，国际环境日趋复杂，尽管和平与发展时代主题仍然未变，但不稳定性不确定性明显增强；就国内而言，尽管政治经济发展仍然处于战略机遇期，但机遇和挑战都在发生着重大变化。尽管国家已经进入了高质量发展阶段，但存在发展不平衡不充分的问题。纷繁复杂的形势发展，对各级政府部门的管理能力提出了新的更高要求，需要政府能力有效提升。具有五千年历史的政府管理文化，需要变革，需要新的内生动力源。建立和实施政府部门质量管理体系，给我们提供了一个很好的路径和方法，尤其是标准所体现的系统管理、透明管理的思想和理念，将会有效地促进我国各级政府部门的能力提升和发展。

本书作者长期从事质量管理和认证认可工作，曾参与了我国质量管理发展过程中的许多重要工作：如20世纪80年代，作者在企业基层参与了国内第一批 GB/T 19001 idt ISO 9001 标准试点工作；20世纪90年代参与了第一批质量认证机构的筹建工作，主持了第一家省级政府部门贯彻本标准建立运行质量体系的实践。21世纪头十年，作者参与了我国认证认可领域第一项国家重点科技攻关项目《中国认证认可战略发展研究》工作；21世纪10年代，作者参与了国家质量监督检验检疫总局、国家认证认可监督管理委员会质量管理体系的建立运行等工作。经过30多年质量工作的历练，作者从企业到机关，从实践到理论，从初出茅庐到日趋成熟，本书也体现了作者多年认证认可工作的经验和积累。

中国的也是世界的。虽然本书主题是介绍国内政府部门的质量管理体系工作实践和经验，但是中国样本同时也是世界经验的组成。我衷心期待我国质量管理队伍人才辈出，薪火相传，我国认证认可工作成果层出不穷，成效斐然。既能够有效推动国内经济发展，助力中华民族复兴，也能够源源不断地为世界经济发展和管理，提供新的中国声音、中国样本和中国经验。

国际质量科学院院士、中国合格评定国家认可委副主任、
原国务院参事　郎志正　教授
2020 年 9 月 5 日

前　言

盛世中华。历史发展的重要时间节点接踵而至。2019年新中国成立70周年、2020年全面建成小康社会、2021年中国共产党成立100周年……，这些重要时点，是时代敲响的阵阵鼓点，是国家砥砺前行的步步坐标，是历史发出的一张张催人奋进的考卷，也是各级政府向党和人民郑重递交答卷的一个个关键时间点。

一、建立实施政府质量体系的重要性

中国政府致力于将我国全面建成社会主义现代化强国，肩负着光荣的历史使命。目前，我国政府部门正面临着严峻的国内外形势。

（1）国内任务重。从全面建成小康社会到基本实现现代化，再到全面建成社会主义现代化强国，需要各级政府坚定信念、真抓实干，接力奋进，不断化蓝图为现实。从十九大到二十大，是"两个一百年"奋斗目标的历史交汇期。收官和开局并举，承前与启后交替，时间紧迫，任务繁重。需要各级政府部门全面对标小康社会的各项目标要求，全面落实党的十九大各项战略部署，突出抓重点、补短板、填空白、强弱项，特别是要坚决打好防范化解重大风险、精准脱贫、污染防治的攻坚战，使全面建成小康社会得到人民的认可，经得起历史检验。

（2）国际变化快。近年来中国经济发展，面临历史少见的复杂严峻的国际形势。经济运行受到多重因素影响，尤其是外部输入性因素的影响，经济运行稳中有变、变中有忧。在这种情况下，政府决策遇到很多两难、多难问题。在这样的背景下，要能够持续取得长足的经济发展成就，必须具有驾驭复杂局面的高超能力，具有准确研判的远见卓识，具有应对困难挑战的坚定决心，具有推动大局发展的机制体制，具有不断持续发展的经济成果，才能充分展示中国经济发展所具有的足够韧性、巨大潜力和强抗风险能力。

（3）经济运行压力大。面对复杂严峻的国内外形势，各级政府面临的不稳定不确定因素明显上升，经济运行出现新的下行压力。政府工作必须深刻分析国内外形势，把握形势发展重点：一要把握住深化改革、扩大开放的大逻辑。需要顶住当前经济下行压力，保持经济运行在合理区间。要坚持以供给侧结构性改革为主线，依靠深化改革、扩大开放，使市场在资源配置中起决定性作用，来增强内生发展动力。二要把握住激发市场主体活力的大举措。要继续改善营商环境，促进以企业为主的各类市场主体持续发展，同时也要催生大量新的市场主体，使我国应对经济下行压力更有底气。三要把握好培育壮大新动能的重要部署。新动能既包括新产业、新产品、新业态、新模式，也包括传统产业在互联网、在现代信息技术的推动下，所发生的脱胎换骨的新变化。四要坚持以人民为中心的发展思想。进一步加大保障基本民生的力度，充分体现中国政府以人为本、执政为民的浓郁民生情怀。要坚持在发展中保障和改善民生，在民生不断完善中推动发展，争取形成一个良性循环，让人民不断增强获得感、幸福感和安全感。

二、建立实施政府质量体系的必要性

建立实施政府质量体系，目的是全面提高各级政府部门的效能（效率和能力）。面对当前的形势任务要求，各级政府部门必须不断创新管理体制机制，全面提高政府行政效率和履职能力。一个行之有效的方法，就是持续推动建立实施政府部门质量管理体系。

首先是党中央高度重视。2018年2月党的十九届三中全会，再次明确要求在全国范围内"推进质量认证体系建设"。这就需要各级政府、行业、社会组织、企业和消费者不懈努力，不断提升质量理念，树立品质信心，夯实质量基础，不断提高政府和企业质量管理水平。要积极开展ISO 9000质量管理体系标准和先进质量管理方法的宣贯学习活动，让"提高供给质量"的理念深入每个行业，让提升产品和服务质量的行动遍及各个组织，努力实现"从中国制造到中国创造，从中国速度到中国质量，从中国产品到中国品牌"转变的质量强国战略。

其次是国务院高度重视。在当前实现两个百年目标的关键时期，党和人民对质量提出了越来越高的要求，全面提升质量已经成为全社会的共识。2017年9月，党中央国务院下发《中共中央国务院关于开展质量提升行动的指导意见》，提出四项质量目标，要求到2020年，建设质量强国取得明显成效，质量总体水平显著提升，更好地满足人民群众不断升级的消费需求。一是要明显提升产品、工程和服务质量。进一步增强中国制造、中国建造、中国服务、中国品牌的国际竞争力。二是要稳步提高产业发展质量。大幅提升企业质量管理水平，实现传统优势产业价值链升级，战略性新兴产业的质量效益特征更加明显，服务业提质增效进一步加快，以技术、技能、知识等为要素的质量竞争型产业规模显著扩大，形成一批质量效益一流的世界级产业集群。三是要整体跃升区域质量水平。使区域主体功能定位和产业布局更加合理，区域特色资源、环境容量和产业基础等资源优势充分利用，产业梯度转移和质量升级同步推进。四是要充分释放国家质量基础设施效能。使计量、标准、检验检测、认证认可等国家质量基础设施系统完整、高效运行，技术水平和服务能力进一步增强。要重点"提升社会治理和公共服务水平"，要推广"互联网＋政务服务"，加快推进行政审批标准化建设，优化服务流程，简化办事环节，提高行政效能。

2018年初，国务院印发了《关于加强质量认证体系建设 促进全面质量管理的意见》。文件强调，质量认证是市场经济条件下加强质量管理、提高市场效率的基础性制度，但目前我国质量认证制度还存在认证服务供给不足、认证评价活动亟须规范、社会认知与应用程度不高等问题。必须深入推进供给侧结构性改革和政府"放管服"改革，全面实施质量强国战略，加强质量认证体系建设、促进全面质量管理。文件专门对转变政府质量治理方式提出了要求，明确要求各级政府要增强质量意识，加强质量基础建设，推广质量管理标准和质量认证手段，提升质量治理能力。鼓励各级政府部门特别是行业主管部门建立推行质量管理体系，运用卓越绩效等先进质量管理方法，引入第三方质量治理机制，转变政府职能和管理方式，提高行政效能和政府公信力，推动各个行业抓质量提升，直到抓出成效。

第三是发布实施国家标准。国家质检总局、国家标准化委员会已经组织制定国家标准 GB/Z 30006《政府部门建立和实施质量管理体系指南》，该标准于2013年10月10日发布，2014年4月1日起实施。目前我国各级政府部门已经广泛开展建立实施质量管理体系的实践，并且取得良好实效。国内各级政府部门已经普遍建立运行政府部门质量管理体系，在各类政务管理和履职过程中，运用质量管理体系的思想、原理和方法，来规范政府行政行为，提高政府服务质量。各项质量管理体系指标也已经被纳入到对各级政府的各项绩效考核之中。

三、问题和难点

国内政府部门建立实施质量管理体系的实践早有先例，政府部门建立运行质量管理体系的国家标准也已经发布实施6年，但是推进我国各级政府部门建立运行质量体系的任务依然艰巨，体系运行改进空间依然很大。这是因为随着我国整体质量水平的提高，人民群众分享改革成果获得感的要求在不断提升。同时由于人民群众和社会各界对政府部门的执政能力要求在不断提高，对政府决策、施政、监管、服务的质量要求在不断提升。但是不可否认，政府部门建立运行质量管理体系在取得实际效果方面，客观上也存在着很大改进空间。

政府部门建立实施质量体系的问题和困难，是多方面的，其中既有政府部门自身职能职责的特殊性问题，也有 ISO 9000 标准在政府部门实施的适用性问题；但究其实质，最重要的原因是对质量管理体系及其标准的理解问题。政府部门建立实施质量管理体系，不能究于"形"，不能采用孤立、刻板、简单、机械的态度，不能把注意力集中在体系或者文件的结构和形式上。而要究于"实"，要把注意力集中在质量体系所体现的现代管理思想、理念和方法的应用上，集中在质量体系与政府部门战略目标实现以及各项业务运作的结合上，集中在质量管理体系原理原则与政府部门日常监管服务工作的结合上，集中在提高政府部门的履职效率和有效性上。也就是一要强调把质量体系标准要求有机地融入政府部门现有各项工作流程和管理活动中去，对现有工作流程和管理活动进行改进优化；二要强调推动政府监管和服务质量提升，进而提高党和人民对政府机构的满意度；三要强调基于风险管理、过程控制、绩效管理的应用；四要强调对体系文件和记录采取更加灵活的态度等。总之，对于质量体系在政府部门的应用，我们需要采取的是系统、科学、有效、动态、透明、可持续发展的态度。

四、本书介绍

在上述背景下，作者编著了本书，

（1）本书特点。一是针对性强。本书是 ISO 9001：2015 质量体系标准发布后出版的新版标准指南书籍。本书针对质量管理体系的最新变化，以及标准要求在政府部门的应用特色做了深入分析，并对质量管理体系在政府部门的应用过程进行了操作指导。二是内容全面。本书包括了政府部门建立运行质量管理体系时所需要的全部基础知识，详细分析介绍了政府部门质量管理体系的特点，体系建立运行模式，如何组织开展政府部门体系建立、运行、测评、改进各个阶段具体活动的步骤和方法。三是案例丰富。本书案例取材涵盖了各级各类政府部门，包括中央国家行政机关及垂直管理部门，以及地方省、市、县、区、街道各级人民政府管理部门；涉及的行业领域有金融税务、海事海关、检验检疫、技术监督、工程监理、铁路公路、公安司法、法院检察院、政务应急管理等。四是实用性强。本书注重理论性与实用性的结合，侧重实用性。采用标准解析、实证分析、案例讲解等多种方法，真实、客观、简明、直观，为各级各类政府部门建立实施质量管理体系进行案例教学和操作指导。

（2）本书结构。本书作者是国家标准 GB/Z 30006《政府部门建立和实施质量管理体系指南》的主要起草人和执笔者。本书主要按照该国家标准内容的脉络，对政府部门建立运行质量管理体系的全过程各环节进行解读、讲解和操作指导。本书从结构上可以分为四个主要部分。第一部分是讲必要性，重点进行政府部门建立运行质量管理体系的必要性和可行性分析，对政府部门质量管理体系的现状进行分析，提出相关改进政策建议。并在此基础上介绍质量管理体系的基本要求。第二部分是讲过程，是依据 GB/Z 30006《政府部门建立和实施质量管理体系指南》标准和 ISO 9001《质量管理体系 要求》标准的要求，对政府部门建立运行质量管理体系的过程进行操作指导。分别从理论分析、标准应用、组织特性、文件特点等多个角度，对质量体系文件的编制过程进行理论分析，并且分类推荐了多个政府部门各级体系文件（手册、程序、作业文件）的范本案例。第三部分是讲理论应用，重点介绍风险管理理论、过程控制理论、绩效管理理论在政府部门质量管理体系建立运行中的应用，同时进行讲解和示范。第四部分是讲体系评价，重点介绍在政府部门质量管理体系运行时必须进行的各项体系测评活动，包括内外部满意度评价、内部审核和管理评审活动的应用讲解和示范。

（3）本书作者介绍。本书作者吴建伟，历任国家注册审核员、验证审核员、机构认可评审员，国际审核员培训和注册协会 IATCA 注册高级审核员及认可高级审核员培训导师、审核员教师班教师。作者曾任中国质量协会学术和教育委员会委员，国家质检总局专家组成员、总局党校兼职教师，国家认监委专家组成员。历年来作者曾多次参与国际国内认证认可专业技术交流；两次应中国香港工业总会邀请，赴港举办质量体系审核员培训；1995 年以来，应邀在浙江大学、中国计量大学、武汉大学等多所院校开设"质量体系认证"课程和讲座。作者曾发表质量专业论文 30 余篇，已经出版个人专著《质量体系文件编制教程》，参与编著出版了《ISO 9000 认证通用教程》《验证评审员培训教程》《中国认证认可战略发展研究》《中国出入境检验检疫指南》《产品市场准入指南》《原产地标记》《探索——基于质量管理体系的政府部门执行力建设研究》等 16 部著作。本书作者从 1986 年在杭州汽轮机厂具体负责建立运行汽轮机产品质量保证体系以来，至今已在质量体系、认证认可领域工作 30 余年。1992 年作者调入浙江省政府部门，开始从事政府部门质量体系的实践和研究，曾具体主持某省级政府部门质量体系建设的全过程，并参与国家质检总局和国家认监委质量体系的建立运行工作，具有比较丰富的质量体系理论和实践工作经验。另外本书作者从 1989 年 3 月开始，在杭州市司法局从事兼职律师工作，1994 年参加并通过全国律师资格考试，获国家司法部授予律师资格。

（4）本书推荐。本书全面系统地介绍了政府部门应用质量管理体系标准，建立实施质量体系的全过程，以及作者多年来对 ISO 9000 质量管理体系标准的理解和应用实践，期待能够对我国质量管理发展和质量体系标准的有效应用起到积极的推动和促进作用。本书可以作为国内各级政府部门建立实施质量体系工作的教材和参考书，各类组织和企业质量人员、认证认可人员的工作参考书，也可以作为各类高等院校质量管理专业教材和审核员培训参考书。

五、致谢

（1）本书在编写过程中，学习参考了大量国内外资料，除书中已注明出处的以外，还学习借鉴了许多专家学者的专著、教材、论文、案例、研究成果和网站资料，在此表示衷心感谢！

（2）在作者多年质量工作和本书编写过程中，得到了支树平、王凤清、吕保英、孙大伟、李元平、张军扩、郎志正、刘卓慧、付文飙、肖建华、魏昊、许增德、许武何、蔡伟、宋桂兰、刘晓红、刘克、俞晓丹、贾玉奎、葛红梅、张惠才、霍益亮、王晓冬、娄丹、张京、阎震、贺水山、叶永茂、戴永华、俞一江、郑自强、丁艺宏、汤凯珊、孟宪铭、陈吉清、杨建民、邵燕洪、金映红、朱宏、李怀林、李杰、韩卓娅、魏冬枚、宋建平、黄启龙、凌活、钱晓、张佩廉、方文、韩君己、赵大隆、王宝发、周大海、裘吾仁、徐晓斌、金益儿、邓东旺、陈耀东、楼维能、李万宇、蔡玉珍、吴学明等众多领导、同事和家人的关心、指导、支持和帮助，在此作者一并表示衷心感谢！

由于作者水平的局限，本书错误和不妥之处在所难免，欢迎各位读者批评指正。

作者联系方式：wujw0828@163.com。

吴建伟

目 录

序
前　言

第一章　政府部门质量管理体系 ································· 1
　　第一节　政府部门管理现状 ································· 1
　　第二节　政府部门质量管理体系现状 ························· 9
　　第三节　我国认证认可检验检测基本情况 ···················· 15
　　第四节　国际认证认可情况 ································ 26

第二章　国家标准 GB/Z 30006 解读——《政府部门建立和实施质量管理体系指南》 ·· 40
　　第一节　引言 ·· 40
　　第二节　体系建立 ·· 46
　　第三节　体系运行 ·· 61
　　第四节　体系评价 ·· 68
　　第五节　体系改进 ·· 72

第三章　质量管理体系标准与要求 ···························· 76
　　第一节　质量管理体系 ···································· 76
　　第二节　ISO 9000 标准的产生、发展和改进 ················· 78
　　第三节　质量管理体系基本要求 ···························· 88

第四章　质量手册编制 ······································ 110
　　第一节　理论分析 ······································· 110
　　第二节　标准要求 ······································· 118
　　第三节　质量手册案例 ··································· 120

第五章　程序文件编制 ······································ 140
　　第一节　理论分析 ······································· 140
　　第二节　标准要求 ······································· 146

XI

第三节　程序文件案例 …………………………………………… 147

第六章　作业文件编制 …………………………………………… **188**
第一节　理论分析 ………………………………………………… 188
第二节　标准要求 ………………………………………………… 191
第三节　作业文件案例 …………………………………………… 192

第七章　风险管理应用 …………………………………………… **227**
第一节　理论分析 ………………………………………………… 227
第二节　标准要求 ………………………………………………… 247
第三节　应用案例 ………………………………………………… 249

第八章　过程控制理论应用 ……………………………………… **257**
第一节　理论分析 ………………………………………………… 257
第二节　标准要求 ………………………………………………… 273
第三节　应用案例 ………………………………………………… 277

第九章　绩效管理应用 …………………………………………… **304**
第一节　理论分析 ………………………………………………… 304
第二节　标准要求 ………………………………………………… 323
第三节　应用案例 ………………………………………………… 324

第十章　满意度测评 ……………………………………………… **333**
第一节　理论分析 ………………………………………………… 333
第二节　标准要求 ………………………………………………… 336
第三节　应用案例 ………………………………………………… 337

第十一章　内部审核 ……………………………………………… **344**
第一节　理论分析 ………………………………………………… 344
第二节　标准要求 ………………………………………………… 348
第三节　应用案例 ………………………………………………… 349

第十二章　管理评审 ……………………………………………… **363**
第一节　理论分析 ………………………………………………… 363
第二节　标准要求 ………………………………………………… 365
第三节　应用案例 ………………………………………………… 367

参考文献 …………………………………………………………… **378**

第一章 政府部门质量管理体系

由于质量管理体系所具有的科学性、有效性和广泛适用性，已经为越来越多的组织所采用，从工农业、服务业迅速扩展到行政管理和公共服务部门。在国际上，伴随着新公共管理等管理模式变革的浪潮，越来越多国家的政府部门运用质量管理体系的方法和手段，促进政府管理创新，提高行政管理效能。国内自20世纪90年代开始，一些政府部门就开始了建立实施质量管理体系的有益探索。本章首先介绍和分析我国政府部门的管理现状，并对政府部门引入质量管理体系实践的现状、成效、存在问题及其原因进行分析讨论。在对我国认证认可检验检测体系做系统介绍以后，本章还介绍了国外认证认可，包括政府部门建立实施质量管理体系的情况。

第一节 政府部门管理现状

一、政府与政府部门

对于政府的界定，历来有广义和狭义两种不同的解释。赵宝煦在《政治学概论》中指出："在资本主义世界，实行总统制的国家，政府通常是指中央和地方政府全部的立法、行政和司法机关。这就是所谓广义的解释。在实行议会内阁制的国家，政府通常是指中央和地方的政府部门。这就是所谓的狭义的解释。"桑玉成认为："广义的政府，即把政府视为以公共权力的名义而建立起来的所有国家机构。狭义的政府，即把政府看作是国家立法、司法、行政这三种权力机构中的行政部门。"乔耀章总结了学界对政府概念的研究，把有关政府的含义归纳为五级：（1）指中央政府，即指国家最高行政部门及其核心部分（内阁），这是最狭义的政府；（2）指国家行政机构，包括中央政府和地方各级政府，这是狭义的政府；（3）泛指一切国家政权机关，包括各级立法机关、行政机关和司法机关，这是广义的政府；（4）指治理国家或社区的政治机构，包括各级各类国家机关和社区机构，这是次最广义的政府；（5）指各级各类国家机关和社会团体以及民间组织的总和，这是最广义的政府。

本书所提及的政府，是狭义的政府，即中央政府及其职能部门和地方各级政府及其职能部门。政府部门也是指狭义的政府分支部门。

二、政府管理

政府管理包含政府外部管理和政府内部管理，即政府对社会的管理和对自身的管理。政府外部管理，主要是指政府依据社会分工，形成特定的职能领域，分别履行社会治安、社会保障、城市建设、文化教育以及其他有关的社会管理职能。政府内部管理是指政府组织系统内部的管理，是各级政府机构的管理主体对政府组织内部人、财、物、信息、设施等行政资源和工作流程进行的管理，其目的是以有效率和高效能的方式履行政府职能。只有政府的内部管理是富有效率的，才能保证外部职能绩效的有效达成。

本书所提及的政府管理，指的是中国政府内部管理。政府部门管理也是指狭义的政府分支部门的内部管理。除特殊说明外，本书提及的政府与政府部门的概念相同。

三、政府部门主要职能

（一）四项主要行政职能

政府部门管理的共性，是必须有效地履行我国政府机构行政管理的各项主要职能；而个性特征，则充分体现在各政府部门特定的职责要求上。中共中央《关于深化行政管理体制改革的意见》，要求国家政府机构坚持统筹兼顾、突出重点、积极稳妥、分步实施的原则，坚定不移地把行政管理体制改革推向前进，推动构建充满活力、富有效率、更加开放、有利于科学发展的体制机制，确保履行国家政府机构四项基本职能，为改革开放和社会主义现代化建设提供重要制度保障。

1. 改善经济调节

要更多地运用经济、法律手段并辅之以必要的行政手段，调节经济活动，增强宏观调控的科学性、预见性和有效性。突出强调宏观调控的职能，有着很强的现实针对性和全局意义。最近几年，我国经济发展出现了一些新变化，同时实现经济增长、扩大就业、稳定物价、保持国际收支基本平衡这四个目标的压力加大，宏观调控面临更加复杂的局面，任务十分艰巨。这就要求进一步加强和改善宏观调控，强调宏观管理部门要加强宏观性、综合性、战略性问题研究，综合运用多种手段有效调控经济社会运行，同时减少微观管理事务和审批事项。

2. 严格市场监管

要推进公平准入，规范市场执法，加强对涉及人民生命财产安全领域的监管。为此，一要针对当前市场秩序中存在的突出问题加强监管，包括打击制假售假、商业欺诈、非法传销等问题。特别要将涉及人民群众身体健康和生命安全的食品、药品等产品的安全质量作为监管重点。二要拓展公平准入的市场范围。不仅包括商品和服务市场，还要包括要素和产权市场，特别要强调公共资源交易市场的规范运行。三要规范行政执法行为，通过加强管理和完善制度，切实纠正多头执法、执法扰民、执法争利问题，严厉惩处利用执法权设租寻租、执法犯法的行为。

3. 加强社会管理

要强化政府促进就业和调节收入分配的职能，完善社会保障体系，健全基层社会管理体制，维护社会稳定。就业是民生之本，要将提供工资收入的就业机会摆在优先位置。要完善社会保障体系，努力扩大覆盖面和提高保障水平。要健全基层社会管理体制。近年来，人民群众的利益诉求更加多样化和经常化，各类新社会组织成长迅速。要加强社区建设，加快形成富有建设性的利益表达、保障和协调机制，维护社会和谐稳定。

4. 注重公共服务

要着力促进教育、卫生、文化等社会事业健康发展，建立健全公平公正、惠及全民、水平适度、可持续发展的公共服务体系，推进基本公共服务均等化。各项社会事业的发展，不仅涉及人民群众最关心的现实利益，更是投资于人的重大战略。我国未来发展面临严重挑战，具体包括经济发展趋缓、劳动力成本上升、资源环境约束加重、人口老龄化和投资率趋降等。这些变化将使投资于物的长期收益下降，投资于人的重要性增加。发展社会事业就是开发人力资源，这是提高劳动生产率和保持我国中长期竞争力的关键。今后需要在继续增加财政对公共服务支出的同时，更多地向服务水平低甚至基本没有被覆盖的低收入人群倾斜，逐步实现公共服务均等化，更好地发挥政府公共服务保障社会公平正义的作用。要重视做好基础性工作，包括制定基本公共服务国家标准并向社会公开，督促各级政府有效执行；尽快建立个人收入集成信息系统，准确识别应该更多享受社会保障的低收入人群；建立健全社会保障信息公开制度，接受社会广泛监督。

（二）行政履职的共性特征

分析政府部门行政管理履行职责的现状，可以得出其具有的共性特点：一是公共性。政府职能涉及国家大量日常公共事务的处理，根本目的是为所有社会群体和阶层提供普遍、公平、高质量的公共服务。二是法定性。政府职能的法定性是指政府的一切活动都要在宪法和法律的范围内进行，宪法和法律规定了一国政府职能的边界，使公共行政有法可循。三是执行性。政府作为贯彻和执行国家意志的机关，其职能具有明显的执行性。四是强制性。政府职能的强制性是指其以国家强制力为后盾，行政相对人不得阻碍政府职能的正常行使。五是动态性。政府职能始终是变化的，取决于市场经济条件下政府与市场关系的动态性、政府与社会关系的力量对比以及政府与自然界的关系演变。六是扩张性。政府职能的扩张性是指随着现代社会中公共事务、公共问题日益增多且日益复杂，公众需求的日益个性化、多样化，政府承担了越来越多的职能，并逐渐扩展至社会各个层面。

四、政府部门管理特点

（一）行政首长负责制

国家特定的政府部门首长在所属政府部门中处于核心地位，在本部门依法行使行政职权时享有最高决定权，并对该职权行使后果向代表机关负个人责任。行政首长负责制突出了行政首长的特殊地位与作用，广泛用于国家的行政管理活动中。其特征主要表现为：第一，首长在本级政府部门中处于主导地位，其他组成人员需要由首长提名或任命，向首长负责并接受首长的领导和管理。第二，行政首长对问题有最终决策权，虽然对于重大的行政问题，也组织大家集体讨论，但最后的决定权还是在首长手中。第三，行政首长就本部门的行政行为向提名或任命他的上级行政首长或同级权力部门负个人责任。第四，首长负责制由于事权集中、责任明确、行动迅速的特点，主要适用于需要迅速及时做出处理的政府部门。

全国各级政府部门普遍实行首长负责制，对于提高行政效率，推动整个社会的政治、经济、文化等领域的发展，起到了积极的作用。

（二）科层制管理

科层制组织形式是一种建立在权威和理性基础上的最有效率的组织形式。它在指挥和控制现代社会方面发挥着重要作用，在纪律的精确性、稳定性、严格性、可靠性和效率方面比其他组织形式更为优越。科层制组织形态是根据完整的法规制度设立的一种组织结构，组织内部根据需要进行劳动分工，同时明确规定每一成员的权责并使之合法化，权责按等级的原则组织起来，形成一个统一的等级序列。

政府部门实行等级制，遵循各种按等级赋予权力的原则，这意味着政府部门存在一种牢固而有序的上下级制度，机构的各个层级都有固定的监督和监察制度。科层制中的权力按职务的阶梯方式根据规章而固定地确立，从而形成固定的等级制度，每一级都在更高一级的监督、控制和管理之下，组织结构状似金字塔。

科层制的职权等级确定了个体的权力与责任，使能力及精力有限的个体，通过整个科层制的目标互相结合起来，从而使大量的具有专长的人员有效地在一起工作，以合乎逻辑和高效率的方式完成同一个目标，保证了大规模组织的控制与协调。根据等级制原则，在这个行政体系内的每一个工作人员，都能够在上级面前为自己和下属的决定及行为负责。但因为上级要为自己下属的工作承担责任，所以上级对下属具有权威性，这意味着上级对下属有发号施令的权力，下属则有服从的义务。这种权威只限于工作范围，只能用来发布与公务有关的指令。超出这个范围，利用自己地位的特权去操纵下属并不是科层制权威的合法行为。

（三）封闭性较强

政府内部管理的事务是相对独立的行政组织中的内部事务。政府管理的对象和资源处于一个相对完整、自治和闭合的行政系统中。管理是对组织内部的人、财、物、信息、技术等进行配置调度，一般对系统之外的人员和事务不发生效力。

管理封闭性包括内部封闭性和外部封闭性。内部封闭是指，管理体制内部各个组织在专业化基础上形成的职能分工和组织间的权责边界，或者各个组织在管辖时间和空间划分基础上形成的领域分工和竞争关系，限制着组织间信息及其他资源的彼此流动，导致管理体制内部组织间彼此封闭状态的形成。外部封闭是指，管理体系在开展计划、组织、指挥、协调、控制等管理活动的过程及其对结果的反馈等方面，不受外来因素的影响与制约，具有较高的独立性，从而导致相对于组织内部的信息及其他资源交流而言的封闭状态。

政府部门采用固定工资和退休金的报酬机制，从而要求工作人员全身心地投入组织活动，把组织当作自己生活的来源，即借助于提供有规则的晋升机会的职业结构，使公职成为一种专职、领薪职业。由于被管理者无过失不受免职处分，工资、奖金、福利等待遇也已经为制度设定，因而，与政府外部管理调节管理对象的利益不同，政府内部管理一般不会直接影响管理对象的基本利益。

（四）注重制度规则

政府内部管理规范主要是指组织内部的规章制度。宏观层面上的政策、法律、纪律等一般要细化为"单位"的规章制度才能成为管理依据。其管理关系存在于双方在岗工作的全程，呈现出固定的形态。现代行政管理机构在其固定的和官方的权限范围方面具有理论原则，这种理论原则一般是以法规形式来加以规定的，也就是说是由法律或行政法规来规定的。

组织的构建形成、部门分工、职位设置、成员选拔，一直到组织的运作，每一个成员的权力和责任，都是由法律制度（不仅包括成文制度，也包括不成文制度）明确规定的。这些法律规则由组织成员协商而达成，或者由组织上层提出，但其成员以理性思考权衡而接受。因此，组织的一切规则都是理性的。任何组织成员，都依据这种规则行事，上至组织最高领导，下到基层普通职员，无一例外。他们服从的是共同认可的规则，而不是因人而异的举措或个人的偏爱喜好。涉及的具体报酬问题，也应当以固定薪金制来体现规则的力量。在制度统治下,"人治"被"法治"代替。

(五) 提高效率为主

政府部门在内部管理行为中注重的目标是具体的、事务性的。内部管理目标并非终极目标,而是从属于和服务于履行政府职能的组织总体目标。管理的核心目标是提高效率。由于政府内部管理中大量的工作是着眼于解决事务性问题,因此,效率相对于内部行政管理而言就是管理的目标,也是绩效的基础,以效率为管理目标和价值取向,强烈地体现了政府内部管理理论的特色。

政府内部管理的实质是管理政府。为了提高效率,建立政府部门行政活动的权威、秩序、规范,提高公务员的敬业精神、职业操守,就成为管理的基本宗旨。目前,我国政府内部管理很多方面还处在"自发"状态,还需要用更多的管理理论、规则和模式等研究成果加以启迪。尽管政府系统内部管理规章制度很多,但是缺乏明确的工作目标、标准、程序和对违纪违法行为的惩处规定,这依然是现有管理的通病。例如,尽管实行了公务员制度,并且于20世纪90年代开始就已提出职位分类问题,但编制职位说明书在大部分政府机构中还没有完成,这是造成人员超编、机构臃肿、考核形式化等弊端的一个重要原因。

五、政府部门管理改进方向

(一) 职能交叉严重

按照职能分工原则,政府由诸多不同部门组成;每个部门各司其职、各负其责。各个部门都有其自身的职能要求,在执行任务时,它们往往从本部门的实际利益出发,精心构思自己的行为,容易忽视整个组织的使命,甚至使部门或个人的目标凌驾于整个组织的目标之上,这就不可避免地会出现本位主义。此外,以专业分工、功能分割、层级节制为特征的"碎片化"政府管理模式,以职能为中心、功能分割、"鸽笼式"的部门设置,或许能够实现局部效率的提高,但对于组织的整体效率却成了一种妨碍。同时,分工过细导致流程破碎、组织僵化,一个业务流程涉及若干职能部门和环节的处理,一项简单的工作被拆分成一系列烦琐的活动,一个完整、连贯的业务流程往往被分割成许多支离破碎的片段,而这些片段可能归属于不同的职能部门,职能严重交叉,造成了相互隔离的部门壁垒,无端增加了各个业务部门之间不必要的交流,使得整个过程运作时间长、协调成本高,还容易造成多头指挥令下属无所适从的状况。

政府部门职能交叉,容易造成政府部门间互相扯皮。两个或多个政府部门对同一职能作用对象进行管理,而各个部门的管理权限、管理范围、职责限定不明确,容易使各政府部门在实际的管理活动中从各自的利益出发,有选择性地进行管理。这就在客观上造成政府部门间相互扯皮,主要表现在有利的事务抢着办、无利的事务推着办。政府部门职能交叉,影响政府决策的科学性。政府针对某一行政管理事务作决策、定方案时，由于对该行政事务的管理涉及多个政府部门，多个政府部门在职能上都具有管理权，使得政府在论证方案本身科学性的同时，还要考虑该方案的实施会不会影响到职能交叉部门间的关系。在现实中即使解决问题的客观条件已经具备，甚至已经做出了正确的决策，但往往由于触及各个相关方的利益，导致科学的决策不能实施，较优的方案不能实行，而只能选择次优的方案，使政府决策的科学性大打折扣，严重影响行政管理的效果。政府部门职能交叉本身，还必然导致行政成本增加，行政效率低下，进而损害政府形象。

（二）管理方式单一

我国政府部门的管理大都是选用单一的管理理论、管理工具、管理手段，如绩效管理、质量管理等。如政府部门在实施定期考核时，从德、能、勤、绩、廉等维度，考察公务人员个人的绩效表现，有的政府组织从德、能、勤、绩、廉等几个方面，对公务人员个人的品行和工作态度进行判断评估。这种评估方式大多以感觉或印象为主，经常含有主观评估因素，考评中留情面，凭着个人感觉打分的现象极为普遍，无法取得客观公正的效果，难以激发公务人员的积极性。这种考核模式存在的问题，说明我国政府绩效管理缺乏一个科学的指标体系。

一些政府部门的管理工作还处于"粗放式"管理，缺乏科学的管理方法和手段，没有将当前先进的管理理念和管理思路，运用到管理工作中去。虽然内部规章制度很多，但由于没有建立科学、系统和完整的内部管理体系，致使管理工作存在"空白点"。比如我国政府是在政务管理中强调计划管理的政府，如每五年要制定一个五年计划，每年要有年度计划。这些计划为我国政治、经济和社会的发展指明了方向。但是，政府内部管理的计划制定却往往采用经验评估的方法，缺少对计划可行性进行调查，缺少采用科学方法对计划进行分析。计划的提出一般有两种情况：一是上级根据更上一级的指示，为完成更上一级的计划数而制定的。这是硬性的指标，大到财政收入完成，小到报刊订阅数量。但是如果这些计划不能完成，下级对工作的付出常常会被"一票否决"，抹杀所有的其他工作。二是由各单位和部门自己上报。除了上级的指定计划外，各个单位和部门还得有自己每年的工作计划。对于这些计划的制定，绝大部分单位和部门采取尽量少上报任务的方法，以减轻工作负担，宁愿不要成绩，也绝不能因为不能完成任务而受到处罚。负责目标管理的部门不愿意也不可能对每一个政府的年初计划进行全面的审核。

（三）奖惩机制不健全

目前，我国对公务员奖惩，经常会出现"优者不奖""劣者不罚"的现象。从奖励机制平均化方面来看，我国政府内部管理中存在严重的"大锅饭"现象。

改革开放以来一直强调要打破这一现象，提高行政效率，由于奖励机制的不健全，这一现象不但存在，而且带来表层和深层的负面影响：其表层负面影响是政府公务人员对本来就烦琐的行政工作失去兴趣，士气下降，导致行政效率下降。其深层负面影响有两方面：一是有些公务人员在工作中利用职务之便进行"自我奖励"，即认为自己的付出与得到不相符，于是利用行政工作的特殊性将公共权力私化，谋取个人利益，由此产生腐败现象。二是有些领导以个人身份对下属进行奖励，使下属对领导存在个人感激，导致在有些政府体系内部出现"小团体"，拉帮结派。我国政府在晋升奖励和物质奖励方面，对公务员采用的常规考核方式以年终考评为主，以此作为公务员晋升、留任或降职的主要依据。类似的奖励方式的缺点是奖励不及时、缺乏针对性，正强化力度不够，受奖励的范围面窄，侧重于重复奖励。同时，我国政府长期强调公务员是"公共人"，应该全心全意为人民服务。政府部门忽视了公务员同时也是"社会人""经济人"的特性，所以对工作人员的奖励侧重于精神奖励，忽视物质奖励，削弱了激励作用。

同时，我国惩戒制度存在着奖惩不严、重精神惩罚而轻物质惩罚的问题。长期以来，我国对公务员的惩罚是比较轻的，这使得公务员利用职务进行犯罪的机会成本大大降低，一定程度上助长了有些公务员贪污腐败、滥用职权的现象发生。针对我国公务员职务犯罪严重的现实，政府部门应该加大对违法公务员的惩罚力度，使其有效地发挥警示作用。

（四）行政效率低下

行政效率低下一直是我国政府急需解决的问题。目前政府部门是自上而下的层级管理体系，中间环节多，内部层级多。随着社会的不断发展，政府管理范围的扩大，社会对政府管理要求的提高，面对日新月异、具有鲜明个性的网络信息社会的压力与挑战，政府部门行政效能不高的问题日益凸显。政府内部习惯于采用经验管理而缺乏科学管理，造成行政人员在处理行政事务时相互推诿，导致行政效率低下。如果单纯从管理角度去剖析这一现象，可以发现，我国大多数部门只在宏观上对内部管理制定了规章，在实际微观操作中，还是习惯于经验管理，缺少对行政事务处理的方法进行归纳整理，进而程序化。

（五）监督检查薄弱

目前政府部门的主要精力往往都放在订计划、出思路、定措施上，疲于应付各类突发事件，对内部实施缺少有效监督。政府部门监督检查薄弱主要表现为监督机制不健全，监督仍然存在"空白"和"盲点"，特别是对权力运行部门监督和制度落实不到位。同时，政府部门内部监督大多停留在事后检查的传统阶段，单纯地只对执行结果进行检查，而对执行过程本身及执行中出现的问题关注不够，监督检查流于形式，影响了监督效果。

传统的政府部门解决问题的思路，是提出问题、分析问题、解决问题的三段式方法。改进工作的动力取决于领导意志，带有间断性的特征，改进方法缺少持续性和科学性。有些政府部门习惯于按部就班，循规蹈矩，墨守成规，对社会诉求反应迟钝；有些政府部门追求短期效果，经常采取运动式行政管理模式，往往通过阶段性突击方式解决问题，许多检查、评比没有取得理想效果，甚至造成基层单位的负担，进而影响政府部门的形象和工作效率。

同时，部分公职人员的民主意识与监督意识淡薄，对权力的制约和监督缺乏应有的重视。重人治、轻法治的观念依然存在于一些政府部门。受这一传统思想的影响，有些领导干部不愿意主动接受监督、群众不敢监督等，严重影响对权力的积极有效监督，造成了一些政府部门与社会的隔离。一些政府部门对党风廉政、行政行为差错等各种风险源的识别和判断，缺乏必要的认知和警惕，尤其是风险意识不强、对风险管理重视程度不高，都在一定程度上埋下了工作质量隐患。

政府部门管理还存在着其他问题。集中表现在基层政府部门的管理还处于"粗放式"管理阶段。基础薄弱，方式落后，与经济发展的步伐不相适应，与社会公众的需求不相协调，管理方式和手段需要改革和创新。一些政府部门管理中存在的问题已经在很大程度上影响了这些政府部门服务发展、服务基层、服务群众等职能的发挥，也损害了这些政府部门的公信力。"门难进、脸难看、话难听、事难办"是群众对一些政府部门的形象描述，"庸懒散漫、横硬冷拖"更是久已为人所诟病。"机关病"的实质是"机制病"，迫切需要引入科学理念和方法，以制度管人，以制度管事，以制度激励人。

第二节 政府部门质量管理体系现状

一、政府部门特性适合建立质量体系

政府部门遍布全社会各个方面，涉及政治、经济、文化等现代生活的每个领域。社会公众希望政府部门能提供更多更好的公共服务，这对政府部门的能力提出了更高要求。政府部门也需要找到一套科学的管理方法，不断增强社会公众对其工作的信任和满意程度。质量管理体系集中了各国质量管理的成功经验，蕴含着现代管理的精华，它不仅仅是一套可应用于企业的质量控制程序，更是一种以重视质量为理念为核心的文化观、价值观，是一种管理理论、原则、方法、技术及操作方法。这些理念、原则和方法的应用，并不仅局限于企业管理等领域，在政府部门同样能够发挥作用，大显身手。

（一） 政府部门建立质量体系的可行性

质量管理体系是一个有形的管理系统，具有很强的可操作性和广泛适用性。从管理角度看，政府部门管理与企业管理具有诸多共性，这就使得质量管理体系在政府部门中的应用具备了可行性。

一是价值理念相近。质量管理体系和政府部门管理在价值取向上是一致的，两者都关注服务的接受者。两者所追求的最终目标，都是为社会、为公众、为顾客、为市民提供有效服务。质量管理体系的核心原则是"以顾客为中心"，政府部门的行为价值取向，最简洁的概括就是"为人民服务"，行政体制改革的核心就是秉承为人民服务的宗旨，深化执政为民的理念，建立人民满意的服务型政府。这种以服务为目标的价值取向一致性，打下了在政府部门建立质量管理体系的理论基础。

二是管理对象相近。政府部门的质量管理同企业质量管理在管理思想上，都侧重于对过程质量的管理和控制，目的都是通过对服务和产品的管理来使结果符合预期的标准。政府部门所从事的经济调节、市场监管、社会管理、公共服务工作，从本质上讲都是提供一种公共产品。对照 ISO 9000 标准的定义，提供的主要是服务，是一种无形产品，也就是说政府是一个提供公共服务的组织。对于企业而言，只要按照相关质量管理标准可以对任何国家和地区的同一种产品进行衡量和比较，就可使达到这一标准的产品具有一定的质量品牌。对政府部门来说，提供具备一定标准的高质量"品牌"服务和公共产品，也是现代行政体制改革形势下政府部门质量管理所追求的目标。

三是程序原则相同。质量管理体系是一套严密的质量管理标准，特别注重程序化过程控制，即每一项管理活动都可以分解为若干环环相扣、彼此制约的过程，每一个过程都有标准化的程序和内容，确保质量管理运行程序的规范化。在政府部门的管理过程中，为规范工作人员的行为和保障社会公众的利益，也需要制定统一的标准和严格的程序，使每一个工作人员有章可循、有规可依。质量管理体系的"过程控制"原则，与政府部门行政程序规范化的目标相吻合，对于提高行政程序的公正性和法治化，将发挥很大的促进作用。

四是过程方法相通。质量管理体系要求运用过程方法，将相关的资源和活动作为过程来进行系统的管理，注重整个管理过程中的文件控制，确保质量管理运行流程的规范性和可操作性，有利于提高组织的运行效率。效率也是政府部门一直追求的目标和价值体现，只有优化行政流程，明晰政府职能，才能实现政府组织机构设置、人员配置和权力体制的科学化，才能使政府部门的行政行为更加科学、更具效率。质量管理体系的"过程方法"与政府部门"高效服务"的追求相吻合，有助于打造效能政府，优化行政流程、提高行政效率。

五是系统方法相似。质量管理体系采用系统管理的方法，是将质量管理体系看作一个系统,由相互关联的过程组成,每个过程都有各自功能,并通过过程之间的相互作用,共同来实现质量管理体系的目的。政府管理也可以大致划分为决策、执行、监督、改进等若干过程进行系统管理,不断优化政府的系统集成能力。无论是质量管理体系还是政府部门,关注的都不仅仅是某一服务或产品的最终质量,而是更注重对提供这一服务或产品相关过程的全过程质量。政府部门在管理过程中用系统观点观察问题,用系统思路分析问题,用系统方法解决问题,可以极大地提高政府行政效能。

六是实施条件相宜。质量管理体系要求组织必须保证必需的人员、基础设施、工作环境等各类资源,资源的优劣程度以及资源管理水平的高低,与产品质量的好坏有着十分密切的关系。同样,政府部门在建立质量管理体系前,已经有一套明确的组织规则和工作程序,并且积累了大量的管理实践经验。如政府部门实施"凡进必考"的用人制度,通过公务员录用考试招录的工作人员,具有良好的政治与业务素质;政府部门具有健全的人员培训制度,能够对工作人员进行系统、全面、有效的教育培训;政府部门配备了齐全的软硬件设施,为工作的顺利开展提供了较好的基础保障等等。这些良好的资源条件,都为政府部门建立质量管理体系打下了扎实基础。

(二) 政府部门建立质量体系的作用

政府部门管理是一种出自实践的政治理论,质量管理体系是一门现代管理科学,政府部门建立质量管理体系,是两种理论的碰撞融合和发展创新,会产生积极的作用。

1. 宏观作用

一是有利于树立宗旨意识。通过推行质量管理体系,将使以人民群众为焦点成为制度。促使政府部门在理念上完成由管理向服务的转变,牢固树立"为人民服务"的宗旨意识,处处要以公共利益为出发点,以公众满意为目标,并不断改进服务水平,彻底摒弃"衙门"作风,真正建立起人民满意的服务型政府。观念的转变会使政府工作人员更注重群众反馈,从群众意见建议和抱怨投诉中找到工作的不足和改进点,及时改进工作,满足群众合理要求,并争取超越群众期望。

二是有利于科学民主决策。按照质量管理体系"基于事实的决策"原则以及过程控制的方法要求,政府部门各项政策、决定的出台必须以事实为依据,必须充分考虑法律法规、国家及各相关方的要求,并经过严格的策划、制订、审核程序,这样可以有效减少或避免决策的随意性,提高决策的科学性和合理性。"以顾客为导向"的原则要求,可以使政府部门明确工作目标,避免行动与目的的背离,使决策更加符合公众要求。"全员参与"的原则要求,有利于形成分权式的决策体制和民主化管理模式,从而提高决策透明度,强化决策过程监督。

三是有利于正确履行法定职责。政府部门过程的输入既要考虑法律法规要求，又要考虑群众的需求和期望，执法规范、程序合法、结果公正既是法律法规要求也是群众合理期望。因此，依法履行职责成为过程要求的输入，也是过程输出最重要的产品。政府部门在履行职责过程中，从对办事的结果管理转移到对办事的过程管理上来，通过流程化管理，对所有办事环节进行实时监督，对有可能影响办事结果的质量问题做到早发现、早处理、早解决，进而确保全面正确依法履行职责。

四是有利于提高绩效水平。目前的政府部门绩效考核，往往重部门轻个人，重结果轻过程，考核依据模糊。质量管理体系在建立过程中，需要明确岗位职责，需要进行工作和职责分析，其本身还设有质量目标、质量检查、数据分析和持续改进流程，是一个全面、科学、合理的质量评价体系。同时质量管理体系强调建立包含工作职责、工作标准、工作记录、工作结果等内容的管理记录，可以成为绩效考核的重要依据。

五是有利于有效实施电子政务。许多政府部门都开始电子政务建设和管理，而电子政务的实施必须建立在一个科学规范的管理基础平台上，其功能要与政务服务的实现手段和功能相匹配。政务服务包括的内容庞大繁杂，如果没有一个通用标准和管理平台，就会给电子政务的实现带来巨大困难，通过建立质量管理体系，也就建立起了所需要的管理基础平台，可以保证电子政务软件的通用性和适宜性。

2. 微观作用

一是有利于增强工作人员的责任感。政府部门通过建立质量管理体系，对每一个工作岗位的职责、权限、要求都有明确的规定，对每个工作人员的"责、权、利"进行具体细化，使每个工作人员都知道自己的岗位职责，操作起来更加规范，实现了从岗位职责到人员目标任务的细化分解，有效地解决了"做好做坏一个样、做快做慢一个样、做与不做一个样"的问题，从而促进了工作人员责任感不断增强。

二是有利于提高办事效率。通过建立质量管理体系，首先规范了工作流程，明确领导、部门和各个岗位的职责与权限，明确了岗位目标、工作内容、工作程序，将工作纳入程序化管理，避免了工作过程中的随意与无序；其次优化了工作流程，按照"减少环节、简便高效、操作性强"的原则，对主要的业务工作进行了逐一优化再造，识别影响工作质量的关键环节，剔除无效环节，设置监控人和监控内容等，使得工作流程日益清晰，工作效率得到提高。

三是有利于提高服务质量。通过建立质量管理体系，政府部门能够针对职能定位、公众的需求，分析行政机关的产品——公共服务，结合工作实际，制定出符合质量管理体系要求的质量方针，有条理、有层次地将其分解为具体的质量目标。在质量方针和质量目标的指引下，各类工作被梳理为诸多过程，策划、实施、检查、改进，依次逐一开展活动。这样各项工作处于质量管理体系的整体框架中，便可以高效、科学、标准、有序地开展起来，保证其实现各项行政职能，为社会提供优质公共服务。

四是有利于加强运作规范。对于政府部门的行政运行而言，制约权力是重点，从严管理是关键。质量管理体系要求对过程进行控制，对每一项活动都有可操作的具体规范和可以考核的目标，将一些概念上的要求落实到具体的行动要求上。政府部门应用这些管理原理，把自己内部的每一项管理活动分解为若干环环相扣、彼此制约的过程，随后为每一个过程制定标准化、规范化的程序和内容要求，使每一个岗位的职责、权限以及业务标准、所需能力要求等全部反映在岗位职责说明书和工作指导书上，实现全部工作"无缝衔接"，从而确保了政府部门行政运行过程的规范化。

五是有利于明晰职责和权限。在建立质量管理体系过程中，政府部门通过编制《职位职责说明书》，对内设机构、岗位职责及权限以及相关接口的职责都将有明确的规定，使岗位权限更加清晰，工作标准更加明确，工作人员各司其职、各负其责。遇事按照质量管理体系规定的程序、依据、标准要求去做，不需要再过多请示、汇报，有效地减少了相互扯皮和工作脱节的现象。更重要的是，在目前问责制度愈加严格的情况下，由于责任主体转向清晰，保护了政府部门工作人员的职业安全权利，避免不该承担的责任。

（三）政府部门引入质量体系的实践

从20世纪90年代中期开始，我国的一些政府部门便开始尝试引入ISO 9000族质量管理的理念和管理标准。我国最初负责推广ISO 9000质量管理体系的行政机关，是国家出入境检验检疫系统和质量技术监督系统。这两个系统是最早近距离接触ISO 9000质量管理体系的，对该标准的认识和理解比较全面，他们率先将ISO 9000质量管理体系引入自身的行政管理工作中，成为最早尝试这一国际标准的行政组织。例如浙江出入境检验检疫局，作为国内最早引入ISO 9000标准、建立实施质量管理体系的省级政府部门，早在1996年就开始着手建立体系工作小组，引入了ISO 9000质量管理体系，以ISO 9000标准来规范各项行政和相关管理工作，并于1999年5月通过中国质量认证中心的质量管理体系认证，取得了很好的效果。随后江苏、广东、福建、海南、辽宁、新疆、内蒙古、黑龙江和北京等省市的检验检疫局也开始纷纷引入ISO 9000质量管理体系。

自20世纪90年代末开始，我国一些政府部门也开始探索在日常工作中应用质量管理体系。2001年国家认监委成立以后，2003年《中华人民共和国认证认可条例》颁布，极大地促进了我国认证认可工作的开展，质量管理体系在政府部门的应用更加广泛。据ISO统计，从2006年起，中国ISO 9001质量管理体系认证数量连续多年保持世界第一，全面覆盖国民经济所有39个大类的各个行业。至今已先后有3600多家政府部门进行了有益探索，取得了良好的效果。据统计，我国目前共有2000多个政府部门通过了ISO 9001认证，涵盖各行各业，从公安、法院、检察院、检验检疫、质量监督、税务、房产、卫生、环保、水利、教育、体育、海关、海事、铁路公路到基层政府部门，如街道、办事处、乡镇。实践证明，政府部门建立实施质量管理体系，促进各项行政事务的科学化、制度化、规范化，既符合党中央国务院深化行政管理体制改革、加强政府自身建设的一贯要求，也符合国际通行做法和全球政府管理创新的发展趋势，是建设服务政府、责任政府、法治政府和廉洁政府的有效手段。

二、政府部门运行质量体系的成效

ISO 9000质量管理体系为我国政府部门带来了先进的改革理念和管理方法。我国一些行政部门和公共组织通过推行ISO 9000质量管理体系，体会到采用ISO 9000标准对规范行政管理、提升服务质量、提高工作效率、改善政府形象和防腐拒变，以及改善当地投资环境等都产生了积极影响，取得了明显成效。

一是提升管理规范化程度。ISO 9000标准的引入为政府部门带来了一套具体的且可操作的管理和服务标准，使每个人的工作职责和任务得以明确，促进了公务员绩效的量化考核工作，也避免了因人事变动引起的工作混乱情况的发生。建立实施ISO 9000质量管理体系后，行政业务的过程、内容、效果以及公务人员的工作成绩等以质量记录的形式记录下来，所形成的表格、报告等都是具有组织硬性规定效力的文件，最终都会成为组织绩效考核的依据，这些对公务员队伍的规范化管理都起到了积极作用。

二是持续改进服务质量。ISO 9000质量管理体系倡导的顾客导向、全员参与、与供方互利的思想理念与服务型政府的核心要求不谋而合。政府部门通过导入ISO 9000质量管理体系，对公务人员进行ISO 9000标准培训和教育，加深了对"以顾客为关注焦点"的理解，端正了对自身角色和职责的定位，提高了其向公众所提供服务的品质。同时，对工作质量实行"事先预防"和"过程控制"是ISO 9000标准的一个突出优势。实施ISO 9000质量管理体系，使行政过程中的每个环节始终处于监控状态，能够及时发现差错，避免错误进入下一个工作环节，从而最终保证了行政管理的质量和服务水平。

三是不断提高工作效率。以文件形式规范组织的全过程是ISO 9000质量管理体系的核心技术。与政府部门现有的职位说明书相比，各类作业文件内容更丰富，更具可操作性。它不仅包括岗位职责、作业标准等内容，还包括作业依据、作业流程、责任人等具体规定。在建立形成文件的质量管理体系过程中，政府部门可以对自己的职能、责任、工作程序进行新的认识，理清部门间、工作人员间交叉的职能，缩减冗余的审批手续，提高行政效率和服务质量。

四是政府形象得到改善。ISO 9000 质量管理体系的核心理念之一，就是"以顾客为中心"的质量管理原则。它要求政府部门切实转变工作作风，以"顾客"满意、人民满意为宗旨，坚决杜绝"门难进、脸难看、事难办"的官僚主义习气；实现政务公开，接受群众民主监督和公开评议。ISO 9000 质量管理体系设计了满意度调查、内部审核、定期自查、流程监控和测评、产品和服务质量的监控和测评、管理评审等机制，确保组织绩效、公务员岗位绩效和顾客评价相互结合，加强了社会公众对公共部门服务质量的监控，强化了公务人员与群众的联系，从而有效改善政府自身的形象。

五是强化防腐拒变能力。通过引入 ISO 9000 质量管理体系，从源头、程序上对政府部门的行政、执法活动，进行全程监督控制并进行评估，使行政执法管理工作中的"缺位""越位""不作为""乱作为"现象，得到了有效避免和遏制，权力寻租的空间被大大压缩。通过应用 ISO 9000 标准，政府部门、行政组织引入了第三方的监督，进一步完善了行政的外部监督机制，有效地促进了防腐拒变工作的开展，推进了廉洁高效政府的建设。

第三节　我国认证认可检验检测基本情况

质量管理体系是我国认证认可工作的重要组成部分，也是认证认可检验检测体系的基础。

认证认可检验检测是市场经济条件下加强质量管理、提高市场效率的基础性制度，是市场监管工作的重要组成部分。其本质属性是"传递信任，服务发展"，具有市场化、国际化的突出特点，被称为质量管理的"体检证"、市场经济的"信用证"、国际贸易的"通行证"。

2018 年 1 月，国务院印发《关于加强质量认证体系建设 促进全面质量管理的意见》，明确将质量认证作为"推进供给侧结构性改革和放管服改革的重要抓手"，就质量认证体系建设做出全面部署。在十九届三中全会通过的《深化党和国家机构改革方案》中，明确市场监管总局"统一管理计量标准、检验检测、认证认可工作"，"国家认证认可监督管理委员会职责划入市场监督管理总局，对外保留牌子"。认证认可检验检测对于加强市场监管、优化营商环境、推动经济高质量发展将发挥越来越重要的作用。

一、国家质量基础设施

国家质量基础设施（National Quality Infrastructure，简称 NQI）的理念，最

早由联合国贸易和发展会议（UNCTAD）和世界贸易组织（WTO）在2005年共同提出。2006年，联合国工业发展组织（UNIDO）和国际标准化组织（ISO）正式提出国家质量基础设施的概念，将计量、标准化、合格评定（认证认可、检验检测为主要内容）并称为国家质量基础的三大支柱，这三者构成一个完整的技术链条，是政府和企业提高生产力、维护生命健康、保护消费者权利、保护环境、维护安全和提高质量的重要技术手段，能够有效支撑社会福利、国际贸易和可持续发展。至今，国家质量基础设施的概念已为国际社会广泛接受。

2017年，经过国际上负责质量管理、工业发展、贸易发展、监管合作的10个相关国际组织共同研究，在2018年联合国工发组织（UNIDO）发布的《质量政策——技术指南》一书中提出了新的质量基础设施定义。新定义指出，质量基础设施是由支持与提升产品、服务和过程的质量、安全和环保性所需的组织（公、私）与政策、相关法律法规框架和实践构成的体系。同时指出，质量基础设施体系涉及消费者、企业、质量基础设施服务、质量基础设施公共机构、政府治理五个方面；还特别强调，质量基础设施体系依赖于计量、标准、认可（从合格评定中单列出来）、合格评定和市场监督。

二、合格评定

（一）合格评定概念

根据国际标准 ISO/IEC 17000《合格评定词汇和通用原则》中的定义，合格评定（Conformity Assessment）是指"与产品、过程、体系、人员或机构有关的规定要求得到满足的证实"。国际标准化组织和联合国工业发展组织联合出版的《合格评定建立信任》指出，商业顾客、消费者、用户和政府官员对产品和服务的质量、环保、安全性、经济、可靠性、兼容性、可操作性、效率和有效性等特征都有期望，证明这些特征符合标准、法规及其他规范要求的过程称为合格评定。

合格评定提供了按照有关标准、法规和其他规范以满足相关产品和服务是否符合这些期望的手段。它有助于确保产品和服务按照要求或承诺提交。换句话说，合格评定建立信任，能够满足市场经济主体的需求，促进市场经济的健康发展。

对于消费者而言，消费者可从合格评定中获益，因为合格评定为消费者提供了选择产品或服务的依据。对于企业而言，制造商和服务提供者需要确定其产品和服务是否符合法律法规、标准规范的要求并按顾客的期望提供，从而避免因产品失效在市场上遭受损失。对于监管部门而言，也能从合格评定中获益，因为合格评定为其提供了执行法律法规和实现公共政策目标的手段。

（二）合格评定主要类型

合格评定主要包括检测、检验、认证、认可四种类型。根据国际标准 ISO/IEC 17000《合格评定词汇和通用原则》中的定义，分述如下：

（1）检测（Testing）是"按照程序确定合格评定对象一个或多个特性的活动"。通俗地说，就是依据技术标准和规范，使用仪器设备进行评价的活动，其评价结果为测试数据。

（2）检验（Inspection）是"审查产品设计、产品、过程或安装并确定其与特定要求的符合性，或根据专业判断确定其与通用要求的符合性的活动"。通俗地说，就是依靠人的经验和知识，利用测试数据或者其他评价信息，做出是否符合相关规定的判定活动。

（3）认证（Certification）是"与产品、过程、体系或人员有关的第三方证明"。通俗地说，就是指由具备第三方性质的认证机构证明产品、服务、管理体系、人员符合相关标准和技术规范的合格评定活动。

（4）认可（Accreditation）是"正式表明合格评定机构具备实施特定合格评定工作的能力的第三方证明"。通俗地说，就是指由认可机构对认证机构、检验机构、实验室的技术能力予以证明的合格评定活动。

由上述定义可知，检验检测和认证的对象是产品、服务和企业组织（直接面向市场），而认可的对象是从事检验检测和认证的机构（间接面向市场）。

（三）合格评定活动属性

按照从事合格评定活动的属性，可分为第一方、第二方和第三方三类。第一方是指由制造商、服务商等供方实施的合格评定，比如生产企业为满足自身研发、设计和生产需要而开展的自检、内审等。第二方是指由用户、消费者或采购商等需方实施的合格评定，比如采购方对采购货物进行的检测、验货等。第三方是指由独立于供需双方的第三方机构实施的合格评定，比如产品认证、管理体系认证、各类认可活动等。认证、认可和向社会出具具有证明作用的检验检测活动都属于第三方合格评定。

相比较第一方和第二方的合格评定，第三方合格评定通过由具有独立地位和专业能力的机构，严格依据国家或国际上通行的标准和技术规范实施，具有更高的权威性和公信力，因而获得市场各方的普遍承认。不但能够有效保证质量，保障各方利益，而且能够增进市场信任，促进贸易便利。

（四）合格评定结果体现

合格评定的结果通常以证书、报告、标志等书面形式向社会公示。通过这种公示性证明，解决信息不对称问题，以获得相关方和社会公众的普遍信赖。主要形式有：认证证书、标志，认可证书、标志，检验证明、检测报告。

（五）合格评定的起源及发展

（1）检验检测。检验检测一直伴随着人类生产、生活和科研等活动。随着生产和交易活动对商品质量控制的需要，规范化、流程化、标准化的检验检测活动日益增多。到了工业革命后期，检验检测技术及仪器设备已经高度集成和复杂，逐渐产生了专业从事测试、校准、检定的检验检测机构，检验检测行业也得到蓬勃发展。随着贸易发展的需要，出现了专门向社会提供产品安全测试、货物鉴定等质量服务的第三方检验检测机构，比如 1894 年成立的美国保险商实验室（UL），在贸易交往和市场监管中扮演着重要角色。

（2）认证。1903 年，英国开始依据英国工程标准协会（BSI）制定的标准，对经检验合格的铁轨产品实施认证并加注"风筝"标识，成为世界上最早的产品认证制度。到了 20 世纪 30 年代，欧美日等工业国家都相继建立了本国的认证认可制度，特别是针对质量安全风险较高的特定产品，纷纷推行强制性认证制度。

随着国际贸易的发展，为避免重复认证，便利贸易，客观上需要各国对认证活动采用统一的标准和规则程序，以此为基础实现认证结果的相互承认。到了 20 世纪 70 年代，欧美各国除了在本国范围内推行认证制度，开始进行国与国之间认证制度的互认，进而发展到以区域标准和法规为依据的区域认证制度。最典型的区域认证制度是欧盟的 CENELEC（欧洲电工标准化委员会）电工产品认证，随后发展为欧盟 CE 指令。

随着国际贸易日益全球化，建立世界范围内普遍通行的认证制度成为大势所趋。到了 20 世纪 80 年代，世界各国开始在多种产品上实施以国际标准和规则为依据的国际认证制度，比如国际电工委员会（IEC）建立的电工产品安全认证制度（IECEE）。此后逐渐由产品认证领域扩展到管理体系、人员认证等认证领域，比如国际标准化组织（ISO）推动建立的 ISO 9001 国际质量管理体系，以及依此标准开展的认证活动。

（3）认可。随着检验检测、认证等合格评定活动的开展，各类从事检验检测、认证活动的合格评定机构纷纷出现，并且良莠不齐，使得用户无从选择，甚至有些机构还损害了相关方利益，引发了要求政府规范认证机构、检验检测机构行为的呼声。为了保证认证、检验检测结果的权威性、公正性，认可活动应运而生。1947 年，第一个国家认可机构——澳大利亚 NATA 成立，首先对实验室进行认可。到了 20 世纪 80 年代，工业发达国家先后建立了本国认可机构。20 世纪 90 年代后，一些新兴国家也相继建立了认可机构。

认证制度随着起源和发展，逐渐从产品认证发展到管理体系认证、服务认证、人员认证等；认可制度随着起源和发展，逐渐从实验室认可发展到认证机构认可、检验机构认可等。

（六）功能及作用

认证认可检验检测之所以是市场经济的一项基础性制度，概括起来说，体现为"一个本质属性、两个典型特征、三个基本功能、四个突出作用"。

1. 本质属性

认证认可检验检测的本质属性是传递信任，服务发展。

市场经济本质上是信用经济，一切市场交易行为都是市场主体基于相互信任的共同选择。随着社会分工和质量安全问题日益复杂化，由具备专业能力的第三方对市场交易标的（产品、服务或企业组织）进行客观公正的评价和证实，成为市场经济活动的必要环节。获得第三方的认证认可，能够显著增进市场各方的信任，从而解决市场中的信息不对称问题，有效降低市场交易风险。认证认可制度诞生后，迅速广泛应用于国内国际经济贸易活动之中，向消费者、企业、政府、社会和世界传递信任。在市场体系和市场经济体制不断完善的过程中，认证认可"传递信任，服务发展"的特性将日益显现。

2. 典型特征

典型特征是市场化、国际化。

（1）市场化特征。认证认可起源于市场、服务于市场、发展于市场，广泛存在于产品和服务等市场交易活动之中，能够在市场中传递权威可靠信息，建立市场信任机制，引导市场优胜劣汰。市场主体采用认证认可手段，可以实现互信互认，打破市场和行业壁垒，促进贸易便利化，减少制度性交易成本；市场监管部门采用认证认可手段，可以加强质量安全监管，优化市场准入和事中事后监管，规范市场秩序，降低监管成本。

（2）国际化特征。认证认可是世界贸易组织（WTO）框架下的国际通行经贸规则，国际上普遍将认证认可作为规范市场和便利贸易的通行手段，并建立统一标准、统一程序和统一体系。主要体现在：其一，国际上在诸多领域成立了国际合作组织，如国际标准化组织（ISO）、国际电工委员会（IEC）、国际认可论坛（IAF）、国际实验室认可合作组织（ILAC）等。它们的宗旨就是建立国际统一的标准和认证认可制度，实现"一次检验、一次检测、一次认证、一次认可、全球通行"。其二，国际上已建立了全方位的认证认可标准和准则，并由国际标准化组织（ISO）、国际电工委员会（IEC）等国际组织对外发布，目前已发布36项合格评定国际标准，被世界各国普遍采用。同时，世界贸易组织的《技术性贸易壁垒协定》（WTO/TBT）也对各国标准、技术法规和合格评定程序进行规范，确立了合理目标、对贸易影响最小化、透明度、国民待遇、国际标准和相互承认原则，以尽可能减少对贸易的影响。其三，国际上普遍应用认证认可手段，一方面作为保证产品、服务符合法规标准要求的市场准入措施，如欧盟CE指令、日本PSE认证、中国CCC认证等强制性认证制度；一些国际市场采购体系如全球食品安全倡议（GFSI）也将认证认可作为采购准入条件或评价依据。另一方面作为贸易便利化措施，通过双多边互认避免重复检测认证，如国际电工委员会建立的电子电工产品测试及认证体系（IECEE）、电子元器件质量合格评定体系（IECQ）、防爆电气产品认证体系（IECEX）等互认安排覆盖全球90%以上经济体，极大地便利了全球贸易。

3. 基本功能

基本功能是质量管理"体检证"、市场经济"信用证"、国际贸易"通行证"。

认证认可，顾名思义是对产品、服务及其企业组织进行符合性评价，并向社会出具公示性证明，满足市场主体对各类质量特性的需求。在政府部门减少准入限制之"证"的情况下，市场主体间增进互信便利之"证"的功能越发不可或缺。

一是质量管理的"体检证"。认证认可是依据标准、法规等要求，运用多种质量管理方法对企业生产经营活动是否合乎标准规范进行诊断和改进的过程，是加强全面质量管理的有效手段。通过认证认可活动，能够帮助企业识别质量控制关键环节和风险因子，持续改进质量管理，不断提高产品和服务质量。企业获得认证，需要经过内审、管理评审、工厂检查、计量校准、产品型式试验等多重评价环节，获得认证后还需定期进行证后监督，这意味着全套"体检"，能够持续保证管理体系的有效运行，从而切实加强质量管理。

二是市场经济的"信用证"。市场经济的本质是信用经济。认证认可检验检测在市场中传递权威可靠信息，有助于建立市场信任机制，提高市场运行效率，并引导市场优胜劣汰。获得第三方权威认证，是证明企业组织具备参与特定市场经济活动资质能力、证明其提供商品或服务符合要求的信用载体。例如，ISO 9001质量管理体系认证是国内外招投标、政府采购通常对参与竞标企业设立的基本条件，涉及环境、信息安全等特定要求的还会将 ISO 14001 环境管理体系认证、ISO 27001 信息安全管理体系认证等作为资质条件；节能产品政府采购、国家"金太阳"工程等将节能产品认证、新能源认证作为准入条件。可以说，认证认可检验检测为市场主体提供了信用证明，解决了信息不对称的难题，为市场经济活动发挥着传递信任这一不可替代的作用。

三是国际贸易的"通行证"。认证认可由于国际化的特征，各国都倡导"一次检验检测，一次认证认可，国际通行互认"，因而能够帮助企业和产品顺利进入国际市场，在全球贸易体系中发挥着协调国际市场准入、促进贸易便利等重要功能，是多双边贸易体制中促进相互市场开放的制度安排。在多边领域，认证认可既是世界贸易组织（WTO）框架下促进货物贸易的国际通行规则，也是食品安全倡议、电讯联盟等一些全球采购体系的准入条件；在双边领域，认证认可既是自贸区（FTA）框架下消除贸易壁垒的便利工具，也是各国政府间关于市场准入、贸易平衡等贸易磋商谈判的重要议题。在许多国际贸易活动中，都把国际知名机构出具的认证证书或检测报告作为贸易采购的前提条件，以及贸易结算的必备依据；不仅如此，不少国与国之间的市场准入谈判，都把认证认可检验检测作为重要内容，写入贸易协定。

4. 突出作用

突出作用是改善市场供给、服务市场监管、优化市场环境、促进市场开放。

一是面向市场主体引导提质升级，增加市场有效供给。目前所有国民经济门类和社会各领域都已全面推行认证认可制度，形成了涵盖产品、服务、管理体系、人员等各种认证认可类型，能够满足市场主体和监管部门的各方面需求。通过认证认可的传导反馈作用，引导消费和采购，形成有效的市场选择机制，倒逼生产企业提高管理水平和产品、服务质量，增加市场有效供给。近年来，国家认监委按照供给侧结构性改革的要求，发挥认证认可既能保"安全底线"又能拉"质量高线"的作用，在获证企业开展质量管理体系升级行动，在食品、消费品和服务领域推行高端品质认证，激发了市场主体自主提升质量的积极性。

二是面向政府部门支撑行政监管，提高市场监管效能。国际上一般将市场分为前市场（销售前）和后市场（销售后）两个环节。无论是前市场的准入和后市场的事中事后监管，认证认可都能够促进政府部门转变职能，通过第三方实行间接管理，减少对市场的直接干预。在前市场准入环节，政府部门通过强制性认证、约束性能力要求等手段，对涉及人身健康安全、社会公共安全的领域实行准入管理；在后市场监管环节，政府部门在事中事后监管中，发挥第三方机构的专业化优势，将第三方认证结果作为监管依据，保证监管的科学性、公正性。在充分发挥认证认可作用的情况下，监管部门不需把主要精力放在全面监管数以亿计的微观企业及产品上，而是重点监管数量有限的认证认可、检验检测机构，借助这些机构将监管要求传导到企业身上，从而收到"四两拨千斤"的效果。

三是面向社会各方推动诚信建设，营造良好的市场环境。政府部门可以将企业及其产品、服务的认证信息作为诚信评价和征信管理的重要依据，健全市场信任机制，优化市场准入环境、竞争环境和消费环境。在优化市场准入环境方面，通过认证认可手段，确保进入市场的企业及其产品、服务符合相关标准和法律法规的要求，起到源头把关、净化市场的作用；优化市场竞争环境方面，认证认可向市场提供独立公正、专业可信的评价信息，避免信息不对称造成的资源错配，形成公平透明的竞争环境，起到规范市场秩序、引导市场优胜劣汰的作用；在优化市场消费环境方面，认证认可最直接的功能就是指导消费，帮助消费者识别优劣，避免遭受不合格产品的侵害，并且引导企业诚信经营、改进产品和服务，起到保护消费者权益、提升消费品质的作用。

四是面向国际市场促进规则对接，提升市场开放程度。世界贸易组织《技术贸易壁垒协定》将合格评定作为各成员方共同使用的技术性贸易措施，要求各方合格评定措施不得对贸易带来不必要障碍，并鼓励采用国际通行互认的合格评定程序。我国在加入世贸组织时，做出了统一市场合格评定程序、对国内外企业及产品给予国民待遇的承诺。采用国际通行互认的认证认可方式，可以避免内外监管的不一致和重复，提高市场监管的效率和透明度，有助于营造国际化的营商环境，为我国经济"走出去""引进来"提供便利条件。随着"一带一路"、自贸区建设加快推进，认证认可的作用更加显现。在我国发布的《推动共建丝绸之路经济带和21世纪海上丝绸之路的愿景与行动》中，就把认证认可作为促进贸易畅通和规则互联互通的重要方面。近年来我国与东盟、新西兰、韩国等达成的自贸区协定，都做出了认证认可方面的互认安排。

三、我国认证认可检验检测的发展概况

（一）发展历程

认证认可在我国是"舶来品"。我国认证认可制度始于20世纪七八十年代改革开放之初，随着我国市场经济的发展而发展，大致可划分为三个阶段。

1. 认证认可工作试点和起步阶段（1978—1991年）

（1）认证领域。1978年，我国重新加入国际标准化组织，开始了解到认证是对产品质量进行评价、监督、管理的有效手段。1981年，我国加入国际电子元器件认证组织并成立了中国第一个产品认证机构——中国电子元器件认证委员会，这标志着我国正式借鉴国外认证制度的开始。从20世纪80年代中期至90年代初期，我国相继建立了关于家用电器、电子娱乐设备、医疗器械、汽车、食品、消防产品等的一系列产品认证制度。

（2）认可领域。1980年，原国家标准局和原国家进出口商品检验局共同派员组团参加国际实验室认可大会（ILAC），国际认可活动在我国开始萌芽。1985年，开始推行实验室认可制度。

2. 认证认可工作全面推行阶段（1991—2001年）

1991年5月，国务院第83号令正式颁布了《中华人民共和国产品质量认证管理条例》，标志着我国的质量认证工作由试点起步进入了全面规范推行的新阶段。

（1）认证领域。这一阶段，除全面建立和实施产品认证外，在管理体系认证领域也取得了重要进展，相继建立了ISO 9001质量管理体系、ISO 14001环境管理体系、OHSAS18001职业健康安全管理体系等认证制度。在这一时期，最有影响的认证制度是原国家技术监督局（质量技术监督局）针对国产品安全准入

为主的"长城标志"认证制度和原国家进出口商品检验局（出入境检验检疫局）针对进口商品安全准入的"CCIB 标志"认证制度。

(2) 认可领域。原国家质量技术监督局相继成立了中国质量管理体系认证机构国家认可委员会（CNACR）、中国认证人员国家注册委员会（CRBA）、中国实验室国家认可委员会（CNACL）和中国产品认证机构国家认可委员会（CNACP），开展国内市场的认可工作；原国家进出口商品检验局（出入境检验检疫局）相继成立了中国国家进出口企业认证机构认可委员会（CNAB）、中国进出口实验室国家认可委员会（CCIBLAC），开展进出口领域的认可工作。

3. 统一的认证认可制度建立和实施阶段（2001 年至今）

我国从国际上引入认证认可制度后，在当时计划经济体制下，由不同部门在各自行业领域分别推行，客观上造成各自为政、多头管理、重复认证等一系列弊端。最为突出的是，由于当时内外贸市场分割，对国产品和进口产品分别实施两套不同的认证制度，不符合国际通行的国民待遇原则。在"入世"谈判时，这一问题成为谈判焦点。在中国"入世"议定书中，我国政府做出了统一建立产品认证制度的承诺，涉及认证认可检验检测的条款多达 23 项。2001 年 8 月，为了适应我国"入世"和完善社会主义市场经济体制的需要，党中央、国务院决定将原国家质量技术监督局和国家出入境检验检疫局合并组建国家质检总局，并成立国家认监委，这标志着我国建立了统一的认证认可管理体系。

(1) 管理部门统一。国家认监委作为国务院认证认可监督管理部门，负责统一管理、监督和综合协调全国认证认可工作。

(2) 法规统一。2003 年 11 月，国务院颁布实施了《认证认可条例》，该条例建立了既适应国际通行规则又符合我国实际情况的认证认可管理制度。

(3) 认证体系统一。以强制性产品认证制度为核心，建立了国家统一管理的认证制度体系。2002 年 5 月，国家正式实施了新的强制性产品认证制度，核心是对国产品和进口产品实现"四个统一"（即统一产品目录，统一适用的国家标准、技术规则和实施程序，统一标志，统一收费标准），以此取代"CCIB 标志"认证和"长城标志"认证。

(4) 认可体系统一。2002 年 8 月，在原进出口和国内两套认可体系的基础上，建立了集中统一的认可体系；2006 年 3 月，为适应国际认可组织的要求和变化，中国认证机构国家认可委员会和中国实验室国家认可委员会合并，成立了中国合格评定国家认可委员会（CNAS），作为唯一的国家认可机构。

2018 年 3 月，根据中共中央《深化党和国家机构改革方案》组建国家市场监督管理总局，负责市场综合监督管理，统一管理检验检测、认证认可等工作。国家认证认可监督管理委员会职责划入国家市场监督管理总局，对外保留牌子。充分体现了党中央、国务院对认证认可检验检测工作的高度重视，表明认证认可检验检测工作进入新时代。

（二）工作体系

国家认监委成立以来，根据国际通行规则和我国发展实际，构建了与国际全面接轨的认证认可体系，全方位服务于国家改革开放和经济社会发展，发挥了有目共睹的积极作用。

（1）法律体系。建立了以《认证认可条例》为核心的法律法规体系，目前已有19部法律、17部行政法规、14部规章明确写入认证认可的条款。

（2）制度体系。依据国际规则和国情实际，建立了强制性与自愿性相结合的认证制度、国家认可制度、检验检测机构资质认定制度、认证人员注册制度等，全面涵盖了认证认可检验检测活动。目前，强制性产品认证共覆盖19大类142种产品；自愿性认证共包括产品、服务、管理体系3大类49项小类；认可共包括12项基础认可制度、27项专项认可制度。

（3）组织体系。按照"统一管理，共同实施"的原则，建立了以市场监管总局（认监委）作为主管部门、相关部委和单位组成的部际联席会议作为议事协调机构、全国各地认证监管部门作为执法监督主体、认证认可检验检测机构作为实施主体的组织机构体系。

（4）监管体系。建立了"法律规范、行政监管、认可约束、行业自律、社会监督"五位一体的监管体系，对认证机构、认可机构、检验检测机构实行准入管理和事中事后监管。

（5）标准体系。将36项合格评定国际标准全部等同转换为国家标准，已发布94项国家标准、136项行业标准，统一规范了评价依据。

（6）国际合作互认体系。共计加入21个认证认可国际组织，对外签署13份多边互认协议和121份双边合作互认安排。此外，我国已与30多个"一带一路"沿线国家和地区建立双边合作关系，为服务"一带一路"建设提供了便利化安排。

（三）发证数据

（1）证书数。截至2018年底，我国累计颁发各类有效认证证书193.7万张，其中，强制性产品认证64.3万张，自愿性认证证书129.4万张。证书总数比2017年底增长10.5%。

（2）企业数。①获证组织：62.5万余家；②强制性产品认证有效证书涉及企业：73569家（其中，境外企业5352家，境内企业68217家）。

（3）机构数。共有认证机构481家、检验检测机构3.9万余家；获得认可资格的认证机构171家，获得认可资格的检验检测机构10439家。

我国累计颁发认证认可检验检测证书、获证组织数量连续多年位居世界第一，检验检测认证服务产值超过2700亿元，成为全球增长最快、最具潜力的检验检测认证市场。

（四）工作成效

认证认可检验检测对于完善我国社会主义市场经济体制、加强市场监管、促进对外开放贸易，发挥着日益显著的作用。概括起来，主要体现在以下几个方面。

（1）保障质量安全方面。切实发挥强制性认证实施市场准入的"保底线"作用，有效保障了产品质量安全，保护了消费者利益。我国实施强制性产品认证（CCC认证）以来，灯具产品的抽查合格率由32%提高到94%，汽车儿童安全座椅的抽查合格率由不足10%提高到97%。

（2）提高供给质量方面。切实发挥自愿性认证促进质量提升的"拉高线"作用，在百万家企业开展质量管理体系升级行动，在智能马桶盖、电饭锅、智能家电等消费品和医疗保健、养老、金融等服务领域推行高端品质认证；在食品农产品行业推行有机、HACCP（危害分析与关键控制点）、GAP（良好农业规范）认证；在机器人、北斗导航等战略性新兴产业构建检验检测认证体系；在各地运用认证认可手段培育"浙江制造""深圳标准""上海品质"等区域质量品牌，带动了产业和消费提质升级。我国单位GDP的管理体系认证证书数为69.85张/10亿美元，获证企业质量管理体系有效率达98%，达到国际先进水平。

（3）促进绿色发展方面。大力推行节能低碳环保认证认可制度，开展温室气候排放第三方核查审定，多措并举引导绿色生产、绿色消费。2016年11月，国务院下发国办发［2016］86号文件，决定将目前分头设立的环保、节能、节水、循环、低碳、再生、有机等产品进行整合，建立统一的绿色产品标准、认证、标识体系，促进绿色产业发展。经对获得认证的节能、节水产品测算，"十二五"期间累计节能2.2亿吨标准煤、节水390亿吨。积极探索有机认证助力精准扶贫和生态文明建设的新机制，全国592个国家扶贫开发工作重点县中，有446个拥有获得有机产品认证企业；全国129个国家有机产品认证示范创建区中，有45个来自贫困县。

（4）促进对外贸易方面。我国认证认可检验检测的国际互认范围覆盖了占全球经济总量90%以上的区域，为我国促进产品、服务出口提供"一次检测，一次认证，全球通行"的便利化服务。以电子产品为例，每年有6万多家中国企业获得国际电工委员会电工产品安全认证测试证书（IECEE-CB），平均降低出口成本1/3以上。以食品为例，"全球食品安全倡议"（GFSI）覆盖的食品贸易占全球食品贸易总额的65%，我国加入该组织互认体系后，每年有4000余家食品企业从中受益。

（5）服务政府职能转变方面。随着"放管服"改革的深化，越来越多的政府部门采用认证认可方式替代原有行政审批许可方式，变直接管理为间接管理，促进了政府职能和管理方式的转变。近年来，国家认监委会同各行业主管部门建立铁路、消防、安防、司法鉴定、知识产权保护等认证认可制度，有效提高了行业管理水平；此外，还有北京市海淀区、辽宁省大连市、广东省江门市等地方政府通过 ISO 9001 质量管理体系认证，获得认证的政府部门达 2 000 多个，显著提高了管理服务效能。

（五）强国指标

为准确研判我国认证认可在国际上的发展地位，科学指导认证认可强国建设，国家认监委从 2016 年开始组织开展认证认可强国评价指标研究，构建了相对科学、系统和完整的指标体系。

（1）指标体系。指标体系包括认证认可强国指数 1 个一级指标；制度建设、服务发展、产业实力、创新驱动、国际影响、基础能力 6 个二级指标；法律法规、制度供给、贸易促进、安全保障、社会治理、产业规模、质量效益、服务输出、产品创新、技术创新、管理创新、专业主导、机构任职、国际互认、机构建设、人才培养 16 个三级指标。

（2）指数测算。经过测算，在可进行国际比较的 12 项指标中，我国在贸易促进、社会治理、产业规模、机构任职 4 项指标方面，处于相对领先水平；法律法规、安全保障、专业主导、服务输出、国际互认、人才培养 6 项指标处于中等水平；质量效益、技术创新 2 项指标相对落后。

综合来看，我国已进入国际认证认可的第二阵容前列，正在加快迈向认证认可强国行列。

第四节　国际认证认可情况

质量体系认证是认证认可的组成部分。认证认可活动在国际上已有超过 150 年的历史。从管理科学发展中的检验活动阶段开始，就孕育了认证活动的产生。企业主在对自己生产的产品进入流通领域交换之前，逐个进行检验并打上特定标志的行为，就是现代意义上的第一方认证活动的开始。

一、历史沿革

纵观国际认证认可发展的历史沿革，其主要的发展历史时期和特点大致如下：

（1）1850 年至 1900 年。认证活动属于民间自发的行为，除了企业主进行第一方自我声明以外，主要由保险商们出资建立检验机构、认证机构开展民间的第二方、第三方认证。

（2）1900年至第二次世界大战前。美国、英国、法国、德国、加拿大、荷兰、比利时及北欧各国等工业化国家政府纷纷建立了以本国的法律、法规、标准为基础的国家认证制度，但这些认证制度对国外产品不开放。

（3）第二次世界大战后至1970年。工业化国家认证制度对外开放，新兴工业化国家也开始建立本国认证制度，如：日本、印度、巴西、以色列、南非等。至此，世界上近70个国家建立了认证制度。与此同时欧洲国家开始了认证的双边、多边互认活动，并在汽车、电子元器件、电器产品等领域建立了区域认证制度。但这一时段的认证制度主要限于产品认证的范围。

（4）1970年至1980年。国际电工委员会开始试点在电子元器件、电工产品领域建立以国际电工标准IEC为依据的国际认证制度。与此同时，随着1987年ISO 9000质量管理体系国际标准和1996年ISO 14000环境管理体系国际标准的先后颁布，世界各国开始兴起体系认证的热潮。根据国际标准化组织（ISO）统计，至今世界上已经有超过190个国家和地区引入认证制度，有约100万家组织采用ISO 9001标准建立质量管理体系。

（5）1982年至今。以英国为代表的发达国家为规范认证机构、检验机构、检查机构以及认证人员的行为，开始建立国家认可制度。鉴于国家认可制度的实施带来的良好成效，该项制度迅速在世界各国普及开来，至今已有80多个国家建立了本国的国家认可制度。与此同时，认可制度的双边、多边、区域乃至国际互认活动也方兴未艾。

由于世界各国政治体制各不相同，经济发展水平各异，国情不同，各国认证认可制度也就各具特色。以下做概略介绍。

二、美国认证认可制度

1. 美国的认可制度

美国全国的认可体系包括认证机构认可组织RAB、实验室认可组织AALA和NVLAP（由美国标准技术院建立）。

（1）RAB是美国管理体系注册机构和审核员的认可机构，其任务是通过质量管理体系和环境管理体系的认证与认可，提高他们在国内和国际市场上的竞争力。认可的依据是美国国家和国际的相关标准。在评定活动中使用环境管理体系和质量管理体系的综合评价体系，从而使其认证认可结果得到国际范围内的承认和认可。

（2）美国国家实验室认可组织（NVLAP）是美国负责检测机构和校准实验室认可工作的国家实验室认可机构。由联邦商贸部所属国家标准技术研究院管理。其依据ISO/IEC17025标准对校准实验室进行认可。1988年美国出台"防止石棉危害的紧急法令"，要求其对有关检测实验室进行资格认可，从此其便逐步开展了检测实验室的认可工作。

（3）美国实验室认可协会（AALA）是美国从事实验室认可的私营机构，主要任务是：依据 ISO/IEC17025 认可除医学以外的所有检测和校准领域的实验室，制定特殊领域实验室的认可准则；对检查机构进行认可；促进美国实验室认可体系之间的合作，避免符合国际准则的实验室被重复评审。

2. 美国的认证制度

美国的产品认证体系比较分散，全国有 400 多个专业学会、协会或同行业组织制订各专业领域中的技术标准。美国联邦政府通过法律制订了许多法规和标准，提供了用户需要产品或者服务符合规程或标准的保证。在联邦政府的 61 项认证计划中，其中 42 项属于强制性的，即直接涉及健康和安全的，除限制实验目的外，凡没有安全评价的，所有产品均不得出售或使用。

美国的政府部门都有各自的技术监督体系，有些也管理产品认证和实验室认证，它们颁布法规，管理各自授权的认证机构。有些认证机构是官方建立的，但大多数是授权的独立的民营试验室，美国政府利用民营事业代行政府职权的做法是十分突出的。

美国两个承担产品认证的主要机构。一是保险商实验室联合公司（UL），在成立初期是为美国保险公司承担保险产品检验服务的，至今仍保留这一业务。但由于建立了良好的检验声誉，产品上佩带 UL 标志就被人们认为是经过检验符合安全标准的。1958 年，美国政府的几个主管部门，如：职业安全与健康管理局、联邦贸易委员会、商业部等及地方政府承认其为产品认证机构。这些政府部门的法规和条例规定某些产品上要有 UL 的认证标志。美国进口商或外国厂商向美国市场销售某些商品要向 UL 申请认证检验。UL 的认证程序与内容和国际上的其他认证机构大同小异，UL 与其他国家的检验及认证机构有广泛的合作关系，互相承认检验结果及委托代检等。二是美国石油学会（API），其在国内、国外都享有很高的声誉，受美国商业部和美国贸易委员会承认为石油机械认证机构。其认证标志在国际上也享有很高的信誉。佩带 API 标志的石油机械，不仅被人认为是质量可靠具有先进水平，并且中东、南美和亚洲许多国家的石油公司在招标采购石油机械时，一般都要求佩带有 API 标志的产品才能参加投标。

三、英国认证认可制度

英国贸易工业部代表英国政府，通过与联合王国认可机构（以下简称"UKAS"）签署"英国贸易工业部部长与联合王国认可机构的谅解备忘录"的形式，将 UKAS 作为唯一对合格评定机构进行评定和认可的国家认可机构。也就是说认证制度的建立和认可机构的组建是英国贸工部负责的。

1. 备忘录的主要内容

（1）承认 UKAS 作为唯一的国家机构，并明确国家不设立或不鼓励其他部门设立其他机构在英国承担认可职能。

（2）明确了 UKAS 的工作范围。对如下合格评定机构的活动进行认可，包括：抽样、测试、校准、检查和认证活动，认证包括体系认证、产品认证和人员注册。

（3）政府对 UKAS 的支持，包括鼓励政府利用认可结果，鼓励公共部门和私营业界支持这一统一安排，尤其是法律法规规定的合格评定活动，政府保证指定使用 UKAS 认可或推荐的实验室、检查机构和认证机构。

（4）对相互认可伙伴认证的承认。

（5）促进英国认可体系，推动将英国的做法作为公认的国际模式采用。

（6）UKAS 按国家标准和国际标准进行认可等。

2. 英国认可服务组织（UKAS）

1995 年，英国政府为了对认可机构实施统一管理，将原英国国家实验室认可服务机构（NAMAS）与国家认证机构认可委员会（MACCB）合并，成立了英国认可服务组织（UKAS），作为英国政府承认的负责对某一组织的胜任能力进行评审和认可的国家专门机构。认可的范围包括校准、检测和检查机构以及管理体系、产品和人员的认证机构。

UKAS 被英国政府授权使用带有皇冠图案的认可标志，得到 UKAS 认可的机构有权使用此标志。UKAS 的认可依据该机构与英国贸工部签署的谅解备忘录进行运作。

UKAS 是有限责任公司，由成员单位组成，会员代表国家与地方政府、工业与商业生产者、消费者、用户和质量管理者。UKAS 设有董事会，由执行委员与非执行委员两部分组成。UKAS 的成员包括贸工大臣、认证机构协会成员、英国测量与检测协会成员、英国工业联合会成员、小企业联盟成员、地方政府法律服务协调成员、采购与供应联盟、质量保证协会成员、安全评审联盟成员、环境与食品药品大臣、食品标准局、国防部、政府采购部、卫生部、劳动保障部、英国零售商组织等各方代表。贸工大臣为会长，负责签署认可证书。

UKAS 是欧洲认可合作组织（EA）、国际实验室认可合作组织（ILAC）和国际认可论坛（IAF）的主席会员。

3. 英国认证体系

英国早期作为欧共体成员，其强制性合格评定标志（CE 标志）体系，按欧共体委员会通过的相关指令执行，实施强制性 CE 标志计划。

英国还有自愿性的认证体系，主要由各认证机构建立实施。主要有：英国标准协会（BSI）风筝标志和安全标志认证；英国电工认证局（BEAB）BEAB

标志认证；英国短路试验协会（ASTA）ASA 标志认证；英国防爆电器认证服务处（BASEEFA）；英国电缆认证服务处（BASEC）；英国锅炉压力容器安全监督局（PAQAB）；英国建筑材料及部件协议委员会（AB）等认证机构的认证。开展认证依据的相关法规有《英国产品责任法》《消费者保护法》等。

四、新西兰认证认可制度

新西兰的认可制度由"检测实验室注册条例"所规定，包括了实验室认可、认证和检查机构认可。澳大利亚和新西兰之间还签署有 JAS-ANZ 条约，包括认证机构和检查机构的认可。在一些领域中，不同部门对实验室认可和检查机构认可有强制要求。

劳动部（OSH）的规章要求锅炉用水、石棉检测和高压汽缸检测实验室须经过 IANZ 实验室认可，并要求锅炉、压力容器、起重设备和载客索道检查机构获得 IANZ 检查机构认可。新西兰食品安全管理局要求牛奶检测实验室、肉类检测实验室获得 IANZ 实验室认可，要求从事牛奶工厂检查、肉类检查、食品安全（HACCP）检查的检查机构获得 IANZ 检查机构认可。健康部门要求饮用水检测机构、饮用水处理厂的检验、食品检测机构、医学检测实验室获得 IANZ 认可，对疗养院检查和认证的机构也需要获得认可。民用航空管理局要求 A1 喷气式飞机航空燃料的检测机构获得 IANZ 认可。经济发展部门要求汽油检测，EMC，电工仪表校准机构等获得认可。警察部门要求道路速度测试装置的校准机构获得 IANZ 认可。另外，还针对其他一些领域的需要进行认可。

五、俄罗斯认证认可制度

俄罗斯认证认可制度主要体现在俄罗斯联邦《产品与服务项目认证法》《认证程序》《认证规则》和《国家标准认证体系》等法律文件中。

1. 俄罗斯认可制度

根据《产品与服务项目认证法》第九条的规定："俄罗斯国家标准和计量委员会和其他权力机关对认证机构和检测实验室进行认可并为其签发有权进行某些强制性认证工作的许可证"。同时，《俄罗斯联邦国家标准 P51000*3—96 实验室的一般要求》规定了实验室一般的要求，"使实验室在确定的业务范围内所进行的检测更具有权威性"，而负责实施这项标准工作的是俄罗斯国家标准委员会认证局和计量局。

2. 俄罗斯认证制度

根据上述法律性文件，俄罗斯的认证制度分为强制性和自愿性的认证制度。

（1）强制性认证制度。联邦执行权力机关负责强制性认证工作的组织和实施，对从事强制性认证工作的机构签发许可证。强制性认证的目的：保护消费者免遭生产者（销售者、经销商）不正当行为的损害；使产品对环境、生命、健康和财产无伤害；确认生产者的产品符合质量指标等。认证机构对强制性产品进行认证、签发证书和合格标志的使用许可证按照规定的程序对已认证的产品进行监督检查；已取得认可的实验室对产品进行检测并出具检测报告。国家执行权力机构对强制性认证制度的实施行使国家监督检查职责。

（2）自愿认证制度。"自愿认证体系，由在认证方面专门授权的联邦执行权力机关办理了认证体系和合格标志登记手续的法人代表组成"。自愿认证机构实施产品认证、签发证书以及根据申请人签订合同的条款授予申请人使用合格认证标志的权力等。

俄罗斯认证认可制度还通过《强制性产品标志使用规则》《强制性认证工作许可证和合格标志使用许可证的签发规则》《现行认证体系和合格标志实施国家注册规则》等一系列的法律文件予以完善。

六、亚美尼亚认证认可制度

1. 亚美尼亚认可制度

根据亚美尼亚《产品与服务规范性要求的合格评定法》的规定，对法人实体的认证机构、检测实验室的认可活动，由亚美尼亚政府授权的认可委员会负责实施；该委员会通过对认证机构和检测实验室的认可，正式承认其具备在特定领域从事合格评定的能力。如果某一特定领域合格评定的活动不能通过认可机构实施，则由该委员会委托某一合适机构实施强制性认证，但时间最长不超过一年。

2. 亚美尼亚认证制度

亚美尼亚的认证制度分为强制性和自愿性认证制度。

根据上述法律的规定，强制性认证的目的是：保证产品消费者人身和健康安全；保护环境和动植物；保护消费者免受欺诈；协调合格评定与国际规则、区域性合格评定体系的关系，减少不正当的技术障碍。实施强制性认证的产品和服务的目录，由亚美尼亚的国家合格评定机构制定。通过强制性认证的产品和服务必须加贴合格评定标志后方可销售和流通。

自愿性认证制度由申请人主动提出进行，其依据是申请人自选的用于评定产品和服务的标准、技术条件、技术规范和其他技术文件的要求，包括质量管理体系和环境管理体系的要求。自愿性认证机构必须在其被认可的范围内，依据认证机构与申请人签订的合同进行。

亚美尼亚对认证认可活动的管理机构是政府授权的国家合格评定机构，其职责是：1）执行合格评定的国家政策；2）制定合格评定规则；3）对符合规范性文件要求的产品和服务进行管理，监督强制性；4）为国际性、区域性合格评定体系提出建议；5）就国际性、区域性、跨国双边合格评定结果汇总；6）代表亚美尼亚共和国参与国际性、区域性组织与合格评定相关的活动；7）发布合格评定综合性规则和程序、公布经认可的认证机构和实验室的名录以及在亚美尼亚使用的合格评定标志；8）执行亚美尼亚共和国法律授权的其他事项。

七、立陶宛认证认可制度

立陶宛对认证认可工作的管理是由政府或者法律指定的具有与合格评定相关活动管理职能的机构（称为授权机构）承担。

1. 立陶宛的认可制度

立陶宛政府或者授权机构负责建立国家认可局，承担以下工作：1）认可由授权机构提议的认证机构、检测实验室和检查机构；2）颁发认可证书；3）对取得认可的机构、检测实验室和检查机构的活动进行监督；4）对违反规定取得认可的机构，按照程序撤销认可证书；5）负责开展国际互认活动。

2. 立陶宛的认证制度

立陶宛的认证制度分为强制性和自愿性认证制度。强制性认证制度是由授权机构确定的对产品、过程和服务的健康、保护环境、安全和无害要求进行强制性认证。除上述以外的范围，为自愿性认证。

八、欧盟认证制度

1. 制度的建立与相关法律依据

1985年，欧共体理事会通过了《关于技术协调和标准化的新方法》的决议，采用了一种新的法规制定方式和战略，改变了技术性法规规定过细的做法。新方法指令内容仅限于卫生和安全有关的基本目标，涉及产品安全、工业安全、人身健康、消费者权益保护的内容时才制定相关的指令。发布新方法指令是基于以下基本原则：1）新方法指令的规定仅限于投放到市场的这些产品必须满足的基本要求；2）欧盟官方公报上公布的、已经转化为国家标准的协调标准确立了满足指令规定基本要求的有关技术规定；3）采用协调标准或其他标准是自愿性的，生产厂家可以采用其他技术解决方案以满足基本要求；4）对于按照协调标准生产的产品，就可推断该产品满足相应基本要求；5）制造商可以选择相关指令中提供的不同合格评定程序。

欧盟法律的种类很多，主要种类规定在《欧洲共同体条约》第189条中，包括以下几类：

（1）条约：具体指的是《欧洲煤钢共同体条约》、《欧洲共同体条约》、《欧洲原子能共同体条约》《单一欧洲法案》和《欧洲联盟条约》，以及其他特殊条约，如关于接收新成员的条约，关于预算的条约等。欧盟条约的地位相当于宪法，是有最高法律效力的欧盟法律。

（2）条例：对所有成员国直接适用，不需要再由国内立法制定具体的执行措施。自动在各成员国生效，并且成为成员国法律体系的一个组成部分。

（3）指令：指令对所有成员国有约束力，但实施指令的方式和手段可以由成员国机构做出选择。

（4）决议：是具有特定接收对象的单独法令，对其所通知的对象具有全面的约束力。可以对个人发出，也可以对成员国发出。

（5）建议和意见：都没有法律约束力，它不是严格意义上的法律，建议和意见可由包括欧洲委员会在内的许多机构通过。

欧盟技术法规的主要形式是指令，也有以条例或决议形式发布的。指令规定的是应当取得的目标，对每个成员国，在将取得的结果方面，指令都具有约束力。对此各成员国有义务在国内法中采取必要的行动，来使该项指令的规定成为国内法规并且实施，指令在实现该目的方法上，给有关成员国留有一定程度的自主权。但是在实践中，这种自主权是十分有限的。

2. 指定机构实施新方法指令

实施新方法指令的机构必须得到所在成员国的指定并通告给欧盟。指定机构负责承担有关新方法指令中要求第三方参与的合格评定活动。各成员国负责指定这些机构，并对机构的能力负责。只有设立在成员国内的法律实体才有资格成为指定机构。指定机构被指派评价产品对基本要求的符合性，并确保按相关指令中有关程序在技术上实施这些要求的一致性。成员国通知欧洲委员会和其他成员国符合要求的某个机构被指派按照指令要求实施合格评定。欧洲委员会在欧盟官方公报上公布指定机构名录。当指定机构不能继续满足要求或履行其义务时，由指定机构的成员国负责撤销公告。

按照 EN45000 系列标准进行认可是对指定的技术支持，负责指定的国家当局应把认可当作评定的最佳技术基础，以避免指定工作中使用不同的准则。EN45000 系列标准覆盖不同类型的合格评定机构（认证机构、测试实验室、检查机构和认可机构）。建立和保持成员国之间有关指定机构评定的相互信任，仅采用同一评定准则是不够的。对指定机构进行评定的机构可以证明其具有评定能力，并按照同一准则运作也是非常重要的。这些要求在 EN45003 和 EN45010 标准中有规定，大多数成员国的国家认可机构按照这些标准的要求实施，加入同行评审制度，以达到认可结果的多边互认。

指定机构的责任包括：应向机构主管公告当局、市场监督当局和其他机构提供有关信息；应以能胜任、无歧视、透明、中立、独立和公正的方式运作；必须是独立于委托方或其他利益相关方的第三方；必须具备相应设施以保证其开展与合格评定相关的技术和管理任务。指定机构可以在成员国之外甚至欧盟之外从事工作,以指定机构名义发放证书。制造商可以自由选择被指派按照相关指令要求执行合格评定程序的任何指定机构。为保证公正性,明确区分合格评定和市场监督是非常重要的。因此,指定机构负责履行市场监督职能是不适当的。

事实上,在大多数的《欧盟新方法指令》中,均提出了各成员对实施新方法指令的检验机构及认证机构进行指定并通告给欧盟委员会,并提出了对指定机构的相关要求。据统计,欧盟所公告的可从事《压力容器指令》(97/23/EC)的检测、检查和认证机构共有 111 家,《个人保护设备》(89/686/EEC)的检测、检查和认证机构共 101 家,每一个指令都有指定的检测、检查和认证机构的公告,可从欧盟网站下载。

九、日本认证认可制度

日本学习欧美的认证认可制度,在 1950 年开始实行了产品认证制度。随着日本不断与世界贸易接轨以及不断完善修改法律,在 1993 年日本政府按照民法第 34 条设立了财团法人组织——日本质量体系审查登录认定协会(原文名)(英文为 The Japan Accreditation Board for Quality System register,简称 JAB),JAB 在扩充了环境、检测机构、审核员以及培训机构等认可业务后,于 1996 年 6 月改名称为日本适合性认定协会(The Accreditation Board for Conformity Assessment),JAB 是日本唯一全面的认可机构。至此,日本已建立了一套具有自己特色的认证认可体系。

1. 通过立法推行认证认可制度

日本的认证认可制度主要体现在以下法律中:《电气用品安全法》(原电气用品取缔法)《工业标准化法》《计量法》《消费生活用制品安全法》《电子署名法》《食品卫生法》《植物检疫法》《家畜传染病预防法》《药品法》等,更主要的体现在日本两大标准制度和行业协会的内部标准上。

日本不仅通过标准,而且通过认证制度和产品的合格检验等对进口商品设置重重障碍。利用复杂的进口手续、苛刻的检验,对进口商品设置壁垒,凡进入日本市场的各国商品,日本的进口部门均须与其国内的生产、消费、需求领域作动向调查,并由其商品流通业界做出定性分析,确定其具有对比性、代表性、适用性、流通性,而且趋于多样化、个性化、感性化和市场畅销率高的商品才能获得进入日本市场,以确保日本市场的实际效益。

日本质量认证管理体制是由政府部门管理质量认证工作。日本通产省管理认证产品占全国认证产品总数的 90% 左右,其实行强制性和自愿性两类产品认证制度。强制性认证制度是以法律的形式颁布执行的,其认证产品主要有消费品、电器产品、液化石油器具和煤气用具等。自愿主证制度使用 JIS 标志，有两种标志图案。一种是用于产品的 JIS 标志，表示该产品符合日本有关的产品标准。另一种是用于加工技术的 JIS 标志，表示该产品所用的加工方法符合日本工业标准的要求。

关于产品检验方面，日本规定对不同时间进口的同种商品，每一次都要有一个检验过程。而对本国同类商品，只需一次性对生产厂家做检验就可以了，这是明显的歧视性待遇。

日本从 1991 年起，开始对进口水产品实施外国厂商注册制度。日本政府规定，进口商在进口水产品时，必须事先将进口的水产品品名数量报告给厚生省，然后由政府的检验机构或厚生省于 1989 年授权指定的 57 个实验室之一检验合格后方能通关，通关手续也较烦琐。

又如，在日本有众多的行业协会、专业团体，他们制定一套较完整而又很繁杂的技术标准与认证程序，这些具有日本特色的行业协会、专业团体除了国家实行的认证制度外，他们还积极行使自己的规格认证权力，这样就使一些已经采用 ISO 标准并通过认证的外国产品，进入日本市场前必须符合日本行业标准。

日本实施的《工业标准化法》也是一项技术法规，在该法中采用了《日本工业规格 JIS》和《JIS 标记制度》，凡列入 JIS 规格的产品，必须有 JIS 标志。要得到 JIS 标志，必须由日本政府或政府指定的行业协会或专业团体对工厂的技术条件、生产条件审查，符合要求后才可批准使用 JIS 标志。以往对工厂的审查是由国家来进行的，但自从修改了标准化法后，行业协会和专业团体也可以对提出申请的工厂进行审查。目前 JIS 体系涉及机械、电器、汽车、铁路、船舶、冶金、化工、纺织、矿山、医疗器械等几十个行业。

日本 JAS 农林标准规格制度是由具有消费、流通、生产经验的各界代表组成的调查会来制定的。在通过 JAS 认定的企业里，用 JAS 规格制定的标准对企业实施管理，以确保产品品质的可靠性。生产出来的产品在进行抽样检测后获得 JAS 标记。取得 JAS 标记的产品，在通过登记定级机关的核查，确实符合 JAS 规格后方可陈列其产品。对于不合格的产品，将取消 JAS 标记资格。农林水产消费技术中心进行 JAS 的后续管理业务，对销售产品进行调查和登记，核查 JAS 标记及规格，对企业的有关管理、定级状况进行调查。JAS 标准体系在不断调整和扩充，覆盖的产品越来越多。

日本行业标准是由日本众多行业协会、专业团体等制定的，原则上只适用于该团体内部成员。如，日本电气工业会 JEM 规格，汽车技术会 JASO 规格，以及信息技术设备干扰自愿控制委员会 VCCI 认证等。但实际上，行业内部的要求也往往成为市场上的惯例。

2. 日本政府对认证认可制度的管理

日本出于世界各国的压力，也为了改善日本国际贸易环境目的，修改了一系列的法律，并成立了日本适合性认定协会（JAB），并由其认可了体系认证机构 41 家、QS-9000 认证机构 4 家、审查员评价登录机构 1 家、审查员培训机构 17 家、质量体系审查员注册 9643 人、环境审查登录认证机构 32 家、实验室认可 92 家、校正机构认可 18 家等认证活动。但仔细观察 JAB，以及日本最大的认证机构日本品质保证机构（JQA）、日本电气安全环境研究所（JET）等机构，他们中的高级及中级领导，特别是第一把手全是日本政府委派的要员。例如：JQA 的前会长小野雅文是原特许厅（相当于我国的知识产权、商标、专利政府部门）官员，理事长佐久间谦司是原通商产业省官员，前任久米田也是原通商产业省官员，专务理事大隅正宪是原特许厅官员，理事中也有几位是原政府官员。JET 的理事长高木宏明和几位理事都是原通商产业省官员。

日本政府机构、事业团体及民间认证认可机构都能统一步调，这同日本的法律、人事调动、政府设立认证认可机构有绝对的关系。

十、泰国认证认可制度

泰国皇家法令规定对涉及安全、卫生、环保的某些工业产品要符合强制性标准，泰国工业产品标准法案 EB2511（1968）授权泰国工业产品标准局（TISI）负责对产品质量符合 TISI 标准和质量控制体系能够持续维持在令人满意水平的厂商颁发许可证，允许使用 TISI 标志。具体做法是由 TISI 的职员对接受的申请进行初审，初审符合要求后派胜任工作的职员去工厂进行一次初访，了解工厂生产的产品是否符合相关的标准以及工厂是否有适当的控制程序来确保产品检验符合标准，通过对全面的控制过程、检验过程和质量控制的评价做出决定。另外 TISI 的职员将抽取样品由 TISI 或授权的实验室进行检测。质量控制体系和检测结果均符合要求后，由 TISI 的认证职员准备一份报告，报告上附上同意认证的推荐信提交给工业产品标准委员会，被批准后由 TISI 向申请人颁发许可证，同意在指定的产品上使用 TISI 标志。

泰国国家认可委员会（NAC）办公室原设在 TISI 内，已经从 TISI 中分离出来成为一个独立机构。NAC 是太平洋认可合作组织（PAC）、亚太实验室认可合作组织（APLAC）、国际认可论坛（IAF）和国际实验室认可合作组织（ILAC）成员。

十一、菲律宾认证认可制度

菲律宾贸工部于 1997 年以贸工部令的形式发布了修订的《菲律宾标准

（PS）质量和/或安全认证标志实施规章》，该规章阐述了向本地和国外公司发放使用菲律宾标准（PS）质量和/或安全认证标志许可证的具体要求。

负责执行《菲律宾标准（PS）质量和/或安全认证标志实施规章》的机构是菲律宾产品标准局（BPS），BPS 是根据国家 4109 号和 133 号法令执行建立的，BPS 隶属于贸工部（TI）的政府机构，BPS 负责菲律宾标准制定和产品认证，并承担菲律宾管理体系认证机构认可工作（BAS）、菲律宾实验室认可工作（BPSLAS）的实施和人员培训注册，是太平洋认可合作组织（PAC）、亚太实验室认可合作组织（APLAC）、国际认可论坛（IAF）和国际实验室认可合作组织（ILAC）成员。目前菲律宾对几十种产品实行了强制性认证，未获使用 PS 标志许可证，未加注 PS 标志的产品不得上市销售。

十二、新加坡认可制度

1996 年 9 月 12 日，新加坡贸易工业部（MTI）与新加坡工业联合会（SCI）签订谅解备忘录，授权新加坡工业联合会（SCI）成立新加坡认可委员会（SAC），负责对合格评定机构和人员的独立认可工作。MTI 通过向 SAC 提供启动资金和鼓励政府有关部门在立法和政府采购中使用 SAC 的认可结果等方式支持 SAC 的工作，SAC 则在工作中保持与政府部门的紧密合作。SAC 于 1996 年 10 月 11 日成立管理委员会，成员由来自工业、采购方、供应方、政府部门、专业机构、国家标准化管理部门、认证机构和消费者等方面的代表组成，以保证认可活动的公正独立。SAC 按照有关的国际准则、要求进行运作，保证有效性、独立性以及公众利益。

目前 SAC 开展的认可项目包括：
- 质量管理体系、环境管理体系认证机构的认可；
- 实验室认可；
- 质量管理体系审核员、环境管理体系审核员注册；
- 检查机构认可；
- 产品认证机构认可。

SAC 是太平洋认可合作组织（PAC）、亚太实验室认可合作组织（APLAC）、国际认可论坛（IAF）和国际实验室认可合作组织（ILAC）成员。

十三、南非认证认可制度

南非标准局（SABS）是根据 1945 年的 Acr24 条款成立的一个法人机构，是南非负责标准起草发布的官方机构。除制定标准的职责外，SABS 还代表国家管理强制性规范标准，对符合规范的产品，授予标志使用权。此外还负责对符合 ISO 9001 的企业颁发证书，还代表国家和一些主要的购买商负责装船前检验和测试，符合要求的颁发合格证书。SABS还在全国范围内提供质量管理体系和环境管理体系审核员的培训服务。

十四、埃及认可制度

根据埃及宪法和1957年第2号法律有关标准化工作的规定，1996年，埃及颁布了关于建立国家认可理事会的总统令，决定在合格评定领域建立合格评定与认证机构（包括产品、体系和人员，下同）国家认可理事会。同时，要求各有关方面都必须遵守此令。

国家认可理事会的职责是：制定认证机构认可评审规则并颁布认可证书；维持、暂停或取消认证机构的认可资格；对获准认可的机构进行持续跟踪；根据国家和国际有关规则和标准的要求，督促认证机构不断提高服务质量；促进各获准认可的认证机构之间的经验交流；促进埃及各认证机构与国外相应认证机构之间认证结果的相互承认；代表埃及参加国际和国外认可领域的活动，并与国际认可组织保持密切的合作关系；发布理事会的认可规则及有关程序、标准，负责理事会的财务及行政事务；制定理事会申诉处理规则，并对技术性纠纷进行仲裁。

国家认可理事会在理事长领导下工作，理事长由工业与矿产资源部部长担任。理事会的成员有：工业与矿产资源部ELFUTWA局局长、埃及标准化与质量控制组织理事长、进出口局局长、工业控制局局长、食物研究所所长、农业研究中心主任、国家标准研究院院长、埃及医药管理局局长、埃及工业联合会会长、埃及商务会会长、埃及工程师协会会长，以及两位由工业与矿产资源部指定的知名专家等。授权理事会成立技术委员会，具体实施认可的技术性活动。技术委员会由有关专家、理事会成员和其他有关方面的代表组成。理事会应理事长的要求召开会议。理事会召开理事大会时，可以邀请有关专家与会就有关技术性问题进行解释，但这些专家没有表决权。理事会会议必须有过半数理事出席，方为有效。理事会的决定根据出席会议的多数理事的意见形成；如果赞成票和反对票相等，则以理事长的意见为准。责成工业与矿产资源部发布有关认可工作的部长令，成立认可理事会的技术秘书处，进行认可理事会的筹建和注册工作并具体组织实施。

十五、以色列认证认可制度

以色列的贸易工业部标准局主管标准、认证和认可工作，认证和产品检验由以色列标准协会（SII）承担，实验室认可活动由以色列国家实验室认可委员会负责，该委员会设在国家物理研究所内。

以色列标准协会前身为1923年成立的建筑材料检验室，1945年发展成为以色列标准协会。1953年，以色列国会颁布了标准化法，确立了以色列标准化协会的法律地位，即在贸易工业部领导下，具体负责标准制定、认证与产品检测的独立机构。

（1）产品认证。以色列产品认证标志有三种，一种是自愿性合格认证，已有30年历史，凡符合以色列标准的产品，生产厂商均可自愿申请标准标志。第二种是法规性安全认证，该项认证活动开创于1992年，凡法律法规规定必须符合安全标准要求的产品，必须获得安全认证。目前，涉及的门类有：食品、玩具、电器产品、锅炉和压力容器、电梯和起重设备、危险化学品、消防产品和汽车等。以色列的安全认证适用于进出口产品和国内生产的产品。第三种是绿色标志，此项计划始于1993年，依据以色列标准SI 1783和欧盟指令EU 880/92，对符合该项标准要求又对环境不造成影响和危害的，自愿申请，获得批准后，可在产品上贴上绿色标志。

（2）质量体系认证。ISO 9000认证始于1990年，到2005年至少已有2500家企业获得认证，占以色列企业总数的40%，同时体系认证活动还扩展到了医院、军队机构、市政府等。QS9000认证已得到美国三大汽车公司承认；ISO 14000认证已成为以色列国防部审核分包方的基本要求；此外，还对电子工业、航空工业、软件工业实施ISO 9000认证。

（3）产品检验。SII的6个检验机构（室）涉及近40个大类，这些实验室均获得认可，承担产品认证检验和进出口产品型式检验和批量抽样检验。

（4）实验室认可。国家认可委员会成立于1990年，是ILAC成员和欧洲认可合作组织（EA）联系成员，开展检验实验室和校准实验室的认可工作。

第二章 国家标准 GB/Z 30006 解读

——《政府部门建立和实施质量管理体系指南》

《政府部门建立和实施质量管理体系指南》国家标准（标准编号为 GB/Z 30006—2013，以下简称 GB/Z 30006 标准、本标准）属于国家标准化指导性技术文件。本标准已经于 2014 年 4 月 1 日起在全国实施。

GB/Z 30006 标准分为引言、第 1 章范围、第 2 章规范性应用文件、第 3 章术语和定义、第 4 章质量管理体系的建立、第 5 章质量管理体系的运行、第 6 章质量管理体系的评价和第 7 章质量管理体系的改进 8 个部分。从标准内容来看，除了国家标准编写的技术性要求以外，本标准主要内容包括：引言讲述政府部门建立实施质量管理体系的意义，第 4 至第 7 章分别讲述了体系的建立、运行、评价和改进过程。整个标准的结构贯穿了 PDCA 过程控制的思路。

本章对 GB/Z 30006 标准的主要内容进行解读。

第一节 引 言

本标准的引言部分内容简练，主要讲了三块内容，分别是政府部门建立实施质量管理体系的意义、特点以及本标准与其他质量管理体系标准的关系。

一、意义

（1）目的，是让人民群众满意。政府部门建立实施质量管理体系不是目的，而只是一个管理机制、管理方法和管理手段，目的是增强人民群众对政府部门的满意程度。

政府部门建立和实施质量管理体系，有助于建立和完善依法行政、规范履职、廉洁透明、高效服务的工作机制，使各项工作科学化、制度化和规范化，从而更加规范和高效地履行公共服务和社会管理职能，增强人民群众对政府部门的满意程度。

（2）目标，是加强政府自身的建设。政府部门建立和实施质量管理体系的过程，是以政府部门所承担的公共服务和社会管理职责为前提，以为人民服务为宗旨，基于现代质量管理的理念和基本原则，运用过程控制、系统管理、基于事实决策等方法，实现依法行政、规范履职、廉洁透明、高效服务的政府自身建设目标的过程。

建立实施政府部门质量管理体系，是促进政府自身建设的一个卓有成效的方法。政府部门加强自身建设，需要基于合法依据、采用科学机制、运用现代方法。促进政府部门自身建设，不能简单片面地误读为扩大政府机构。

(3) 框架性指南。框架性指南，说明科学管理机制不是唯一的。在我国政府部门建立实施质量管理体系，是我国政府的一项管理决策和明智选择。本标准基于 GB/T 19000—2008《质量管理体系 基础和术语》中所阐明的质量管理原则和质量管理体系基础，按照 GB/T 19001—2008《质量管理体系 要求》，结合我国政府部门的实际和工作特点，为政府部门建立和实施质量管理体系提供一种框架性指南。这也说明科学管理机制不是固定不变的。政府管理可以也应该吸取当今世界各国政府各种管理机制的精华，博采众长，实现我国政府部门管理的科学化，不断提高我国政府部门管理的效率和有效性。

二、特点

(1) 宪法要求。《中华人民共和国宪法》要求国家政府部门努力为人民服务。宪法是国家的根本法，它处于一个国家统一和完整的法律体系的核心，是依法治国的基础和前提。宪法与普通法律的区别表现在四个方面：内容不同、效力不同、创制程序不同、强制力不同。依法治国首先是依宪治国，不突出宪法的权威，就不可能真正反映人民的意志，最大程度实现人民的利益。

(2) 宪法是人民的授权书。宪法作为根本法，首先起到了人民对国家政府的授权书的作用，即人民通过宪法将国家权力授予国家机关，并要求国家机关依照宪法规定，正确行使国家权力，努力为人民服务。国家机关不是国家权力的所有者，而是国家权力的行使者，只有人民才是国家权力的所有者。

三、国务院、政府部门

国务院是中央人民政府。宪法规定，中华人民共和国国务院，即中央人民政府，是最高国家权力机关的执行机关，是最高国家行政机关。

(1) 国务院组成。国务院由总理、副总理若干人、国务委员若干人、各部部长、各委员会主任、审计长、秘书长组成。国务院领导体制是实行总理负责制，各部委实行部长、主任负责制。国务院同时还实行一定形式的会议制度，包括国务院全体会议和国务院常务会议，国务院工作中的重大问题，必须经过国务院常务会议或国务院全体会议讨论决定。

(2) 国务院职权。根据宪法第 89 条，国务院可以行使 17 项宪法列举规定的职权，以及全国人民代表大会及其常务委员会授予的其他职权。这些职权大致可归纳为以下七个方面。

1）根据宪法和法律，规定行政措施，制定行政法规，发布决定和命令。

2）提出议案，即向全国人民代表大会或全国人民代表大会常务委员会提出议案。

3）组织领导全国性行政工作，即规定各部、委员会的职责和任务，并且领导不属于各部、各委员会的全国性行政工作；统一领导全国各级国家行政机关的工作，规定中央和省、自治区、直辖市的国家行政机关的职权的具体划分；编制和执行国民经济和社会发展计划和国家预算；批准省、自治区、直辖市的区域划分，批准自治州、县、自治县、市的建置和区域划分；依照法律规定决定省、自治区、直辖市的范围内部分地区进入紧急状态；审定行政机构的编制，依照法律规定任免、培训、考核和奖惩行政人员。

4）领导和管理各行业、各部门的行政工作，即领导和管理经济、城乡建设、教育、科学、文化、卫生、体育、计划生育、民政、公安、司法行政、监察、对外事务、国防建设事业和民族事务等工作。

5）保护正当和合法权益，即保护华侨的正当权利和利益，保护归侨和侨眷的合法权利和利益，保障少数民族的平等权利和民族自治地方的自治权利。

6）监督，即改变或撤销各部、各委员会发布的不适当的命令、指示和规章；改变或撤销地方各级国家行政机关的不适当的决定和命令。

7）全国人民代表大会及其常务委员会授予的其他职权，如1985年4月第六届全国人民代表大会第三次会议《关于授权国务院在经济体制改革和对外开放方面可以制定暂行的规定或者条例的决定》中授予的权力等。

此外，各部、各委员会根据法律和国务院的行政法规、决定、命令，可在本部门的权限内发布命令、指示和规章。

（3）政府部门——国务院机构设置。现行国务院机构设置如下。

国务院关于机构设置的通知

国发〔2018〕6号

各省、自治区、直辖市人民政府，国务院各部委、各直属机构：

根据党的十九届三中全会审议通过的《深化党和国家机构改革方案》、第十三届全国人民代表大会第一次会议审议批准的国务院机构改革方案和国务院第一次常务会议审议通过的国务院直属特设机构、直属机构、办事机构、直属事业单位设置方案，现将国务院机构设置通知如下：

一、中华人民共和国国务院办公厅

二、国务院组成部门

中华人民共和国外交部

中华人民共和国国防部

中华人民共和国国家发展和改革委员会
中华人民共和国教育部
中华人民共和国科学技术部
中华人民共和国工业和信息化部
中华人民共和国国家民族事务委员会
中华人民共和国公安部
中华人民共和国国家安全部
中华人民共和国民政部
中华人民共和国司法部
中华人民共和国财政部
中华人民共和国人力资源和社会保障部
中华人民共和国自然资源部
中华人民共和国生态环境部
中华人民共和国住房和城乡建设部
中华人民共和国交通运输部
中华人民共和国水利部
中华人民共和国农业农村部
中华人民共和国商务部
中华人民共和国文化和旅游部
中华人民共和国国家卫生健康委员会
中华人民共和国退役军人事务部
中华人民共和国应急管理部
中国人民银行
中华人民共和国审计署

教育部对外保留国家语言文字工作委员会牌子。科学技术部对外保留国家外国专家局牌子。工业和信息化部对外保留国家航天局、国家原子能机构牌子。自然资源部对外保留国家海洋局牌子。生态环境部对外保留国家核安全局牌子。

三、国务院直属特设机构
国务院国有资产监督管理委员会

四、国务院直属机构
中华人民共和国海关总署
国家税务总局
国家市场监督管理总局
国家广播电视总局
国家体育总局
国家统计局
国家国际发展合作署

国家医疗保障局
国务院参事室
国家机关事务管理局
国家市场监督管理总局对外保留国家认证认可监督管理委员会、国家标准化管理委员会牌子。国家新闻出版署（国家版权局）在中央宣传部加挂牌子，由中央宣传部承担相关职责。国家宗教事务局在中央统战部加挂牌子，由中央统战部承担相关职责。

五、国务院办事机构
国务院港澳事务办公室
国务院研究室
国务院侨务办公室在中央统战部加挂牌子，由中央统战部承担相关职责。国务院台湾事务办公室与中共中央台湾工作办公室、国家互联网信息办公室与中央网络安全和信息化委员会办公室，一个机构两块牌子，列入中共中央直属机构序列。国务院新闻办公室在中央宣传部加挂牌子。

六、国务院直属事业单位
新华通讯社
中国科学院
中国社会科学院
中国工程院
国务院发展研究中心
中央广播电视总台
中国气象局
中国银行保险监督管理委员会
中国证券监督管理委员会
国家行政学院与中央党校，一个机构两块牌子，作为党中央直属事业单位。

国务院
2018年3月22日

四、基本模式

政府部门的质量管理体系以人民群众的需求和期望为出发点，以国家赋予的各项职责为前提，以其履行职责所开展的各工作事项及过程为基础和管理单元。

政府部门质量管理体系建立运行的基本模式如图2-1所示。

在体系运行模式中，政府部门以履行国家赋予的职责为前提，把人民群众的需求和期望作为关注焦点，以规范和高效履行职责为目标，依据相关法律、行政法规、地方性法规、国务院部门规章、地方政府规章、自治条例、单行条例、规范性文件，梳理工作事项及其相应的实体要求和程序要求，确定各项工

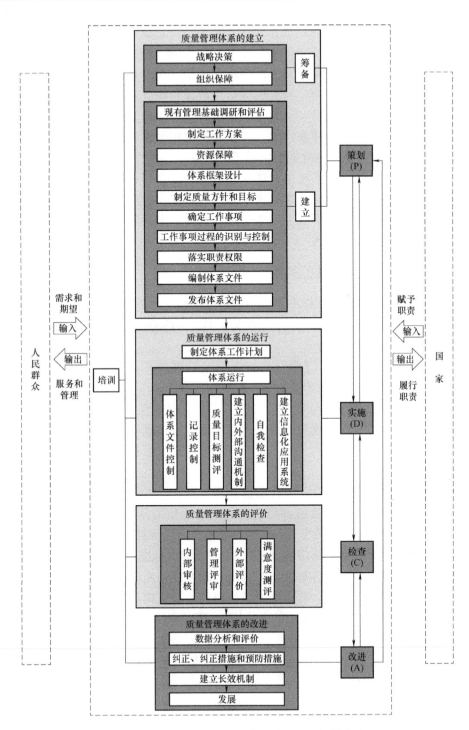

图 2-1 政府部门质量管理体系建立和运行模式图

作职责所包含的工作事项、过程及其相互关系,并完成过程,落实要求,努力实现工作目标,从而为人民群众提供满足其需求和期望的社会公共服务和管理。

政府部门关注行政管理相对人的需求和期望,并为其提供高效、优质的服务,但前提是其需求和期望,与人民群众的利益和政府部门履行职责的要求相一致。

在政府部门质量管理体系内部,工作事项的相互关系体现为实体、文件或信息的交互。图 2-1 从总体框架上说明了这种联系,由于不同政府部门的职能和管理模式不同,构成这一系统的具体工作事项可能会存在一些差异。在建立质量管理体系时,应当认识到,本标准不是对具体工作事项划分的规定。政府部门应根据法律法规赋予的职能和内部管理的需要,来确定自身质量管理体系所涵盖的工作事项。

五、与其他体系标准的关系

(1) 遵循 GB/T 19000 标准原则。本标准遵循 GB/T 19000 中所阐明的质量管理原则和质量管理体系基础。本标准基于 GB/T 19001 的要求编制,同时考虑了 GB/T 19004 的内容。

为更好地指导政府部门建立和实施质量管理体系,本标准努力将 GB/T 19001 中的技术语言,转化为政府部门人员熟悉的语言。

(2) 是否需要认证。寻求 GB/T 19001 认证,可能会使人民群众对政府部门产生更多信任,乃至作为政府部门工作业绩的一种体现。但认证不是建立和实施质量管理体系的根本目的,也不是证实质量管理体系符合性和有效性的唯一方法。

一般认为,政府部门建立运行质量管理体系,并不需要采取第三方认证的市场评价机制。这是因为政府部门自有其独立运作的体系绩效考核评价机制,同时也因为政府部门的机关事务具有国家政务运作性质和行政保密的要求。

(3) 广阔视野。政府部门不宜仅把 GB/T 19001 标准要求视为对自身质量管理体系的全部要求。根据自身特点和需求,政府部门应以更加广泛、系统和开放的视野,引入其他管理体系标准或管理模式的适宜内容和要求,致力于建设一个满足所有相关方需求和期望的完善的质量管理体系。

第二节 体系建立

政府部门质量管理体系的建立,包括两个阶段。首先是体系筹备阶段,具体包括做好体系建立的战略决策,以及做好组织保障。其次是体系建立阶段,具体包括现有管理基础调研评估、制定工作方案、资源保障、体系框架设计、制定方针目标、培训、确定工作事项、落实职责权限、编制体系文件、发布体系文件、组织宣贯培训等多项工作。

一、体系建立的筹备

体系建立的筹备工作有很多,但关键工作是两项:一是战略决策,二是组织保障。

> **4 质量管理体系的建立**
> **4.1 筹备**
> **4.1.1 战略决策**
> 　　政府部门建立和实施质量管理体系,应是领导层集体做出的一项战略决策。它可以有效提升政府部门的履职能力、管理水平和可持续发展能力、不断增强人民群众的满意程度。
> 　　确定战略决策可从以下几个方面考虑:
> 　　a) 确定政府部门建立实施质量管理体系工作的指导思想,以及预期实现的目标;
> 　　b) 采用系统和透明的方式进行管理,涵盖履行职责所需开展的全部工作事项;
> 　　c) 通过应用质量管理体系的基本管理原则,强化政府部门的现代科学管理理念,提高管理能力和管理水平;
> 　　d) 通过全员参与质量管理体系的建立和实施,使质量管理体系成为政府部门管理的基础性平台。
> **4.1.2 组织保障**
> 　　为建立和实施质量管理体系,政府部门应成立相应的组织机构,如领导小组、跨部门的工作小组、专职推进部门等。特别是应有一名领导层的成员,具体负责此项工作,并向领导层报告质量管理体系的情况和改进的需求。

(一)战略决策

质量管理体系是一种管理方法,组织是否采用这种方法进行管理,是由组织自行决定的。但是组织一旦决定采用这种方法进行管理,就应当把它作为一种战略决策,才能取得预期的效果。采用质量管理体系方法对组织进行管理,会对组织的长期生存和发展产生重大的战略性影响。如果组织只是把建立质量管理体系当作权宜之计,那么不仅不会达到预期目标,而且还会产生不良的社会效果。

> **战略决策和战术决策**
> 　　战略决策,是解决全局性、长远性、战略性重大问题的决策。一般多由高层决策者做出。战略决策是组织经营成败的关键,它关系到组织的生存和发展。决策正确可以使组织沿着正确的方向前进,提高竞争力和适应环境的能力,取得良好的经济效益。反之决策失误,就会给组织带来巨大损失,甚至导致组织破产。战略决策是战略管理中极为重要的环

节，其起着承前启后的枢纽作用。战略决策依据战略分析阶段所提供的决策信息，包括行业机会、竞争格局、组织能力等方面。战略决策要综合各项信息确定组织战略及相关方案。战略实施则是更详细地分解展开各项战略部署，实现战略决策意图和目标。

战术决策是为了实现战略决策、解决某一问题做出的决策，以战略决策规定的目标为决策依据。

如在企业，战略决策是涉及组织发展全局方面的问题，是确定组织发展的经营目标、投资方向和生产规模等方面的决策，其重点是解决组织与外部环境的关系问题，属于长期决策。而战术决策是针对组织具体化的问题，如生产控制、销售网络等。其重点是解决组织内部的经营管理问题，属于短期战术决策。

在我国政府部门建立实施质量管理体系，是党中央国务院提出的一项战略决策。2018年1月，国务院下发国发〔2018〕3号文件《国务院关于加强质量认证体系建设 促进全面质量管理的意见》。该意见第六条，明确要求各省、自治区、直辖市人民政府，国务院各部委、各直属机构，"转变政府质量治理方式。增强各级政府的质量意识，加强质量基础建设，推广质量管理标准和质量认证手段，提升质量治理能力。鼓励各级政府部门特别是行业主管部门建立推行质量管理体系，运用卓越绩效等先进质量管理方法，引入第三方质量治理机制，转变政府职能和管理方式，提高行政效能和政府公信力，推动一个一个行业抓质量提升，直到抓出成效。"目前，国内各级政府部门建立实施质量管理体系已经成为大势所趋，在国务院及各省级政府对所属部门单位进行的各项绩效考评中，已经把是否建立实施质量管理体系并取得实效作为具体考核评价指标。正是因为党中央国务院把这项工作提升到了战略高度，又在具体工作考核中把这项工作列入了绩效考核指标，这就在客观上成为对提升各级政府部门工作质量的一项具体工作要求。

一般认为，确定战略决策可从以下几个方面考虑：

（1）确定政府部门建立实施质量管理体系工作的指导思想，以及预期实现的目标；

（2）采用系统和透明的方式进行管理，涵盖履行职责所需开展的全部工作事项；

（3）通过应用质量管理体系的基本管理原则，强化政府部门的现代科学管理理念，提高管理能力和管理水平；

（4）通过全员参与质量管理体系的建立和实施，使质量管理体系成为政府部门管理的基础性平台。

（二）组织保障

为建立和实施质量管理体系，政府部门应成立相应的组织机构，如领导小组、跨部门的工作小组、专职推进部门等。特别是应有一名领导层的成员，具体负责此项工作，并向领导层报告质量管理体系情况和改进需求。

这是由于质量管理体系的"三全"特点决定的。质量管理体系具有全员参与、全过程控制和全系统改进的特点，决定了体系建立运行必须要有强有力的健全有效的组织保障。一是要求有决策层参与做好顶层设计，二是需要有分管领导参与做好部门间的协调，三是必须有部门第一领导承担体系责任，四是需要建立一支懂管理、懂业务、懂体系的管理骨干队伍。

二、体系建立的具体步骤

政府部门质量管理体系的建立阶段，要做大量的基础性工作。具体包括现有管理基础调研评估、制定工作方案、资源保障、体系框架设计、制定方针目标、培训、确定工作事项、落实职责权限、编制体系文件、发布体系文件、组织宣贯培训等多项工作。概括起来，包括了体系调研、体系设计、体系培训、梳理工作事项、体系文件编制几个方面，以下对这几个方面内容择要做分析解读。

（一）体系调研

> **4.2 建立**
>
> **4.2.1 现有管理基础调研和评估**
>
> 在建立质量管理体系之前，领导层应组织对现有的管理基础和环境进行调研、分析和评估。
>
> 主要包括以下方面：
> ——职责规定的落实程度；
> ——现行工作职责和分工，以及相互关系；
> ——履行职责应当遵守的工作依据；
> ——拥有的主要资源及其构成；
> ——现行管理的实际情况；
> ——现行管理的薄弱环节和需要改进的方面；
> ——所处的环境、存在的风险，以及可能的变化。
>
> 注：调研、分析和评估，主要对照 GB/T 19001 的要求进行。
>
> **4.2.2 制定工作方案**
>
> 应制定建立、实施质量管理体系的工作方案，明确建立质量管理体系的指导思想、工作目标、工作原则、体系覆盖范围、拟参考的管理体系标准、工作阶段和进度安排，以及具体工作要求等。
>
> 制定工作方案时应吸收各有关方面的代表参与，包括征求有关质量管理专家的意见和建议。
>
> **4.2.3 资源保障**
>
> 政府部门的领导层应切实保证提供建立和实施质量管理体系必需的资源，包括工作人员、基础设施、信息化系统，以及工作经费等。

在建立质量管理体系之前，领导层应组织对现有的管理基础和环境进行调研、分析和评估。

体系调研主要包括以下方面：
- 职责规定的落实程度；
- 现行工作职责和分工，以及相互关系；
- 履行职责应当遵守的工作依据；
- 拥有的主要资源及其构成；
- 现行管理的实际情况；
- 现行管理的薄弱环节和需要改进的方面；
- 所处的环境、存在的风险，以及可能的变化。

注：调研、分析和评估，主要对照质量管理体系标准的要求进行。

对于体系建立的有效运行而言，现行管理状态的调查研究工作非常重要。首先是基础。政府部门管理体系是建立在现有管理基础上的，而不是对现有体系推倒重来。任何一个组织只要它能够存在并有效运转，其管理体系就已经客观存在了，这一点并不为人们的主观意志而改变。其次是水准。现有管理水准决定了组织体系建立的复杂程度和难度。第三是改进。说到底，建立运行新体系的过程是对组织原有体制的渐进改进过程，而不是革命性地推倒重来。可以这样说，在一个组织建立运行质量管理体系的过程，实际上就是组织用国际标准要求，对现有体系的管理机制做出调研、衡量、评价，找出组织现有管理的空白点或薄弱环节，进行改进完善的过程。

（二）体系设计和策划

4.2.4 体系框架的设计

4.2.4.1 设计内容

设计内容至少包括：
a) 确定质量管理体系范围；
b) 明确职责；
c) 分析和确定质量管理体系所涵盖的工作事项；
d) 分析和确定体系文件的需求；
e) 制定质量方针和目标；
f) 确定质量管理体系资源的要求，配置资源；
g) 确定质量管理体系建立、实施、持续和改进的方法；
h) 确定质量管理体系过程监测和评价的方法与准则；
i) 确定质量管理体系符合性和有效性的评价方法和准则。

4.2.4.2 需特别关注的方面

在质量管理体系建立过程中，根据实际情况，可考虑以下内容：

> a）从增值的角度考虑体系框架的设计；
> b）分析以往的管理体系和管理基础，提炼原有管理经验并纳入体系，对其不足和缺陷做出改进和完善；
> c）梳理现有工作事项所依据的文件；
> d）优化工作流程；
> e）从履行职责的需要出发，适当补充资源配置的不足；
> f）与工作事项的重要性和复杂程度相适应；
> g）从体系运行的角度考虑，可以将体系文件中规范的工作环节、工作流程用信息化技术加以固化，建立应用程序，形成信息化应用系统。

政府部门建立运行质量管理体系，是不断进行管理创新、推进政府行政管理的规范化、科学化、制度化的有效举措，是建设现代法治社会、服务型政府的有效措施。针对这些目标，政府部门质量管理体系设计和策划的主要内容包括：质量管理体系范围的策划、组织机构和职责分工的策划、工作事项及业务流程的策划（梳理、改进和优化）、业务流程各个环节（特别是关键和重点环节）的操作方法及监督检查方法的策划、各项工作所需资源的策划和配备的策划等。

其中：质量管理体系范围的设计和策划应重点关注以下几点：

1）根据法律法规及其他相关要求，本单位应履行的哪些行政管理和服务职能必须纳入质量管理体系；

2）本单位内部及下属的哪些部门（机构）应纳入质量管理体系；

3）质量管理体系应覆盖的行政管理活动区域（工作场所）。

通常，国家行政机关政府部门均有固定的工作场所。但应关注的是，有的政府部门的工作场所不止一处，如：

- 某些内设机构未与机关总部在同一处办公；
- 某些行政许可岗位设立在本级政府统一设置的行政服务大厅；
- 分布在不同地区的分支机构（下属单位），如：垂直管理单位的市局和各区县分局；
- 某些履行市场监督管理职能单位，其工作场所可能是流动的。

必须指出，质量管理体系的设计策划工作，是关系到政府部门所建立的质量管理体系能否与国家行政机关原有的行政管理运行模式和方法实现有机融合，避免产生"两张皮"现象的关键；是改进和优化行政管理机制的关键；也是促进提高行政管理效能的关键。因此，政府部门的行政负责人应高度重视质量管理体系的策划工作，在认真详尽的管理现状调研和诊断的基础上，评价和判断质量管理体系的设计策划成果并做出决策。

体系设计策划工作是确定单位质量管理体系的基础，需要重点关注：

1) 为履行某项职责而描述的相关工作过程的详细程度，取决于过程活动的复杂程度和稳定性；

2) 复杂过程需要充分的解释，以使机关人员能够理解这些活动、任务和相互之间的关系，有效地履行自己的职责。

由于政府部门组织的特殊性以及工作目标敏感性，要在政府部门成功建立并顺利运行质量管理体系，必须在体系设计策划阶段，特别注意以下几个方面。

一是运用原理。ISO 9000 质量管理体系最初源于制造业。由于其在提高组织效率和改进产品质量方面产生了巨大推动作用，因此迅速扩展到服务业和公共部门。我国越来越多的政府部门采用质量管理体系这一国际先进管理机制来强化行政管理，对于转变政府工作职能意义重大。但是，如果简单套用质量管理体系标准，就会与政府部门的管理实际有较大距离。因此，政府部门在建设体系时，应不拘泥于体系的形式，而注重应用体系原理，注重体现体系内涵。使政府部门建立运行的质量管理体系，既符合现代管理思想、符合质量管理体系的基本原则要求，又能够实现构建管理规范、运转高效、清正廉洁、有效履职的政府部门的目标。

二是有机结合。建立政府部门质量管理体系，是通过改进完善政府部门现有的管理体系来实现的，而不是要推翻现有的管理体系。我国各级政府机关在多年管理实践中已经客观形成了一整套基本有效、完备的管理体系。所以在政府部门建立运行质量管理体系的过程，其实质就是采用质量管理体系标准所推荐的现代管理原理，以过程控制的基本思路，按照确保过程结果满足预期目标的要求，对现有管理体系进行梳理和诊断，找出其管理漏洞和薄弱环节进行完善和改进的过程。因此，政府机关的质量体系必须和政府部门现有的管理机制、履职要求、管理方式有机结合，才能确保体系有效。

三是梳理工作事项。政府部门质量管理体系建设，应该以国务院"三定方案"为依据，以有效履职为目标，以梳理业务流程为主线。在建立体系的过程中，需要梳理该政府部门各项职能所包含的所有工作事项，确定应完成工作事项的过程及其相互关系，要依据法律法规要求，国务院工作准则要求和行政机关管理工作的特点，确定本部门各项工作过程要求。这些要求包括：工作岗位、工作职责、工作内容、工作依据、工作流程和相关资源要求、监督检查要求、行政权力运行监管的要求，以及与这些要求相关的信息管理。

四是简单实用。在建立体系编制文件时，要讲求结合实际，简单实用，结合工作实际而不是生搬硬套。在编制体系文件时，应提倡由文件使用者，在学习掌握体系文件要求的基础上自行编制，而不是由专职体系工作人员越俎代庖。体系文件的内容要和工作实际相互紧密结合、保持一致，应以现行工作的具体做法为基础来进行文件编制。同时要处理好体系文件与现有各类规章制度、管理文件之间的关系。体系文件是对现行管理制度、管理文件的补充和完善,而不是简单地取消或者否定。

五是信息化平台。政府部门质量体系建立时,要充分应用现有综合行政管理信息平台,发挥信息化管理优势。要以建立运行政府部门质量管理体系为契机,为质量管理体系运行、行政办公体系运作和综合业务管理提供信息化平台和支撑。要充分体现质量管理体系的过程方法和流程监控要求,实现高效的质量管理体系文件化管理。为政府部门公文办理、公共事务管理、综合业务管理等应用功能提供高效优质平台,以规范管理,提高工作效率。

六是风险排查。政府部门质量管理体系的建设要以风险管理为基础。体系的过程控制方法,既是一种有效的质量管理工具,也是一种有效的风险控制和风险管理手段。体系运行中的各类监督、控制、检查和评价活动,如目标测评、内部审核、管理评审、体系改进等活动机制,可以有效地减少和规避各类风险。而体系运行产生的各类记录,也可以直接证明管理活动的开展过程和效果,以及证明各类体系运行和管理活动控制的有效程度。

(三)制定方针目标

4.2.5 制定质量方针和目标

4.2.5.1 制定质量方针

质量方针是由组织的最高管理者正式提出的该组织总的质量宗旨和方向。质量方针具有引领和指导作用。

政府部门的质量方针应由领导层负责制定,并征求全员的意见。

质量方针的制定应以质量管理的原则为基础,坚持质量管理体系建设的指导思想,紧密结合政府部门实际,突出工作职责特点,概括工作质量方面的全部意图,体现未来发展的战略和方向,包括对质量管理体系运行有效性持续改进的承诺。

质量方针既要体现依法行政的总要求,又要体现服务经济社会发展的要求,还要体现服务广大人民群众根本利益的要求。

制定质量方针时,应注意:
a) 符合法律法规的要求;
b) 符合上级部门的总体要求;
c) 与本部门的宗旨相一致;
d) 与本部门的职责相一致;
e) 体现本部门工作特点。

质量方针用精炼的文字表达,使组织全员易于理解,经过努力,可以实现。

4.2.5.2 制定质量目标

质量目标通常依据质量方针制定。应结合新时期对政府部门的工作要求,确定可实现的质量目标。

> 质量目标可分层设置，尽可能量化，目的是可测评。对质量目标进行责任分解，制定并实施具体的评价办法，为实现质量方针和目标提供具体支撑，确保质量目标的实现。质量目标应随着工作要求的变化适时调整。

制定质量方针，确定质量目标。

（1）制定质量方针和质量目标是本单位行政负责人的职责。质量方针是在符合法律法规、社会公众的需求和期望及质量管理体系标准的前提下，充分考虑本单位的发展战略制定的。质量方针是本单位在质量管理和服务质量方面的总体宗旨和追求方向，是质量管理体系的总纲领。质量方针反映本单位行政职责的主要特点。

（2）质量目标是质量方针在某个具体时期（阶段）的具体体现。如果将质量方针比喻为战略规划，质量目标则是为实现质量方针而在每个阶段所做出的具体计划。质量目标应在质量方针的框架下制定，并尽可能表达为可测量、可考核的具体项目和指标。

质量目标可分为本单位的整体（总体）质量目标和各有关职能和层次（部门/岗位）的质量分目标。各职能和层次（部门）的质量分目标应与本单位总体质量目标保持一致，并应能够支持和确保总质量目标的实现。

（四）体系培训

4.2.6 培训

4.2.6.1 培训要求

培训工作贯穿政府部门体系建立运行的全过程。

政府部门的领导层应向所有干部职工阐明建立和实施质量管理体系的目的和意义。

4.2.6.2 培训内容

体系建设动员阶段的培训内容是：

a）组织为什么要建立实施质量管理体系；

b）质量管理体系的基本内容、目的和意义，重点是质量管理体系的原则及系统管理的思想；

c）组织建立实施质量管理体系的基本步骤和方法。

在体系建设的初期，可以适时组织进行全员质量管理体系知识培训、骨干培训、体系文件编写培训。通过培训，使干部职工全面了解和掌握质量管理体系标准要求。

1. 培训要求

体系培训贯穿于政府部门体系建立运行的全过程。首先是基础培训。通过基础培训，提高全员的管理素质、体系意识、质量意识。在基础培训阶段，政府部门应先后组织进行全员贯标培训、骨干培训、体系文件编制等多项培训。通过培训使全体干部职工全面了解和熟悉质量管理体系的基本原则、管理思想、管理理念、运行机制和其他标准要求。在体系运行阶段，应组织进行本部门质量管理体系文件的学习培训、内部审核员培训以及其他专项培训。体系培训可以采取知识竞赛、网络教学等多种方式进行，以满足体系运行的需要，并且为体系运行创造良好的环境和氛围。

2. 培训类型

在政府部门建立运行质量管理体系的过程中，结合不同的目标要求，政府部门将分阶段分层次地开展各类学习、培训。培训的主要类型包括：

一是全员质量意识培训。在质量管理体系建立和运行的整个过程中，以各种形式组织开展质量管理体系基本原理和基础知识的培训。培训对象为全体员工，目的是提高全体员工的质量意识。

二是质量管理体系标准培训。在质量管理体系建立之初，组织进行质量管理体系标准内容的讲解和培训。培训对象是单位主要领导和业务骨干、质量管理体系文件编写人员、质量管理体系骨干、质量管理体系内部审核员。培训目的是让体系相关人员理解和掌握质量管理体系标准要求，为质量管理体系的建立和运行做好准备。

三是文件编写培训。在质量管理体系建立之初，组织开展质量管理体系过程策划及文件编写方法的培训。培训对象主要是质量管理体系文件的编写工作人员，以满足质量管理体系建立过程的需求。

四是体系文件的培训。在质量体系文件正式发布以后，组织开展全员体系文件培训。学习理解、贯彻实施体系文件。

五是内部审核员培训。在质量管理体系运行过程中，组织进行内部审核员培训。培训内容为内部审核相关知识和技巧，培训对象主要是单位内部审核员。其目的是培养具有相应能力的质量管理体系内部审核员。

六是其他必要的培训。组织进行质量管理体系运行相关的法律法规知识培训，风险管理、风险控制知识培训，信息化管理培训，必要的管理理论、管理知识、管理工具的学习培训。

应当注意，质量管理体系的培训学习应当与各部门工作实际相结合，与各岗位人员对履行自己执政职责的过程相结合。在学习中思考，不断提高每项行政职能的质量要求，为体系有效运行打好基础。实践证明，那种简单的以讲标准和学标准为目的的做法，成效不大。

3. 培训内容

各阶段的体系培训内容各有侧重。在体系建设动员阶段，培训的主要内容是三个方面：

——为什么？组织为什么要建立实施质量管理体系；

——是什么？质量管理体系的基本内容、目的和意义，重点是质量管理体系的原则及系统管理的思想；

——怎么做？组织建立实施质量管理体系的基本步骤和方法。

在体系建设的初期，可以适时组织进行全员质量管理体系知识培训、骨干培训、体系文件编写培训。通过培训，使干部职工全面了解和掌握质量管理体系标准要求。

（五）确定工作事项

> 4.2.7 确定工作事项
> 4.2.7.1 政府部门应根据以下内容确定工作事项：
> a) 法律法规；
> b) 政府部门所依据的主要职责、内设机构和人员编制规定（以下简称"'三定'规定"）；
> c) 政府部门的内部管理制度；
> d) 质量管理体系标准的规定；
> e) 本指导性技术文件的要求；
> f) 其他。
>
> 4.2.7.2 工作事项范围可以包括但不限于：
> ——日常履职所涉及的工作事项；
> ——内部管理工作事项；
> ——可能存在的委托工作事项；
> ——临时开展的阶段性工作事项；
> ——应对突发情况所需开展的工作事项。
>
> 4.2.7.3 工作事项的内容可以用清单等形式来确定，包括但不限于：
> ——工作事项名称；
> ——每一工作事项所依据的法律法规、内部管理制度、相关规定等的具体条款。

将质量管理体系标准的原理和方法，导入政府部门现有的管理制度，建立符合实际并满足质量管理体系标准要求的政府部门质量管理体系。首先需要确定本单位本部门具有哪些必须履行的行政管理和服务的工作事项；其次要明确每个工作事项的核心内容和关键过程；第三，需要判断现行行政管理和服务的工作事项及相关业务流程的现状，与法律法规要求、社会公众的需求和期望之间的差距，与质量管理体系标准要求以及上级工作要求之间的差距，从而在质量管理体系建立过程中加以改进和完善，以实现建立质量管理体系的预期目标。

1. 确定工作事项

识别工作职能和业务流程的主要内容包括：

1) 根据法律法规、"三定"规定（定职责、定内设机构和定人员编制）及上级授权等相关规定，梳理和明确本单位履行每一项职责的行政管理和服务工作事项，包括内部管理工作事项，也包括在符合法律法规要求的前提下可能存在的外包工作事项；

2）针对每个工作事项，梳理和明确整体工作流程和流程中的每个工作环节，包括相关工作流程之间的接口关系；

3）针对每个工作事项，梳理和明确整体业务流程和各个环节（如：决策、实施、监督检查和改进）的岗位职责"归属"以及各个工作岗位之间的关联和（或）汇报关系；

4）针对每个工作事项，确定包括人力资源在内的资源需求；

5）识别、确定、收集每个工作事项所需的、适用的国家和地方法律、法规规定和标准等相关文件。

2. 诊断管理现状

以相关的法律法规和"三定"规定为主要依据，针对每个工作事项，从业务流程是否清晰和合理，操作方法及监督检查和控制的方法是否适宜，行政管理和服务的结果是否符合规定的要求，以及工作资源是否充分等方面，进行管理现状诊断和分析，以明确改进和完善的方向和目标；同时确定在建立质量管理体系的过程中需要解决的重点和难点问题，并寻找和提出改进方案。

（六）编制体系文件

编制质量管理体系文件，是质量管理体系建立过程中的重要工作。质量管理体系文件是质量管理体系策划成果的具体表现，也是将来本单位本部门在开展行政管理和服务各项工作时的依据和内部制度规范。

应依据质量管理体系标准、相关的法律法规、"三定"规定、上级相关规定和要求，以及本单位改进的追求和方向，并结合质量管理体系策划结果，以行政管理和服务过程及结果控制有效、提高行政管理效能、实行简约化管理为原则，在文件数量能减少就不增加、文件内容删繁就简的基础上，构建质量管理体系的文件框架，拟定需编写的程序文件/制度、必要的支撑文件及工作指导文件的目录，编制本单位的质量管理体系文件。

应确保所编制的质量管理文件符合法律法规及相关要求、切合政府部门的实际并便于执行。

> **4.2.10 编制体系文件**
> **4.2.10.1 现有文件的梳理和评估**
> 文件能够沟通意图、统一行动。
> 应根据工作事项及过程的梳理结果，以及建立实施质量管理体系的要求，对政府部门现有的内部管理文件进行梳理：
> a）收集和整理；

b) 按事项分类；
　　c) 列出文件清单。
　根据履行职能职责和体系运行的需要，对现有文件进行分类和评估，并考虑：
　　a) 直接采用或废止；
　　b) 修订现有文件；
　　c) 编制新的文件。

4.2.10.2　编写体系文件

　　政府部门质量管理体系文件包括：质量手册、程序文件、工作指导书、岗位职责说明书和工作记录；国家法律法规、规章和规范性文件；政府部门的年度工作计划和内部规章制度等。
　　质量管理体系文件，应明确政府部门各工作事项及过程的内容，包括：工作事项、工作依据、工作过程、工作程序、工作要求、工作记录、工作岗位和工作责任等。

　　结合政府部门建立实施ISO 9000质量管理体系已有实践，在文件架构的设计和文件的编制方面，以下几点应予以关注。

　　1) 编制文件应当理解为是一个"水到渠成"的事情，即：文件不应是一份阐述希望在组织中发生何种事情的愿望清单，而应清楚、准确地反映实际发生的事情，编制文件的目的是需要而且能够使用。

　　2) 有一种情况必须意识到：现有的文件可能已经是必要且充分的，只需梳理并通过文件化体系明确关联关系，这将为业务流程管理的"信息化"打下良好基础，因为信息化的前提是清晰的流程关系。

　　3) 质量管理体系以及文件编制工作需要让相关作业人员积极参与，充分发挥他们的作用，以使相关细节反映实际工作。这项工作不能孤立地进行，相关作业人员介入得越早，涉及的人员越多，他们的理解、参与和主人翁意识就越强。

　　4) 组织可以选择最适合其应用的质量手册文本形式，建议在质量手册和ISO 9001标准之间建立一个对照表，这样就为灵活地编制质量手册提供了条件。例如：质量手册没有直接阐述标准所要求的内容，则只要指出在哪里可以获得这些内容也是可以的。实践证明质量手册不需包含所有事项，单独保留程序、工作指导、计划和其他类型的文件，可能更为容易和方便。
　　应指定质量管理体系文件的编制单位和人员，明确文件编制职责分工及进度要求。

　　5) 质量管理体系文件的基本框架。一般是分为三个层次的质量管理体系文件结构，如图2-2所示。
　　通常，国家政府部门/行政机关的质量管理体系文件，包括管理手册、程序文件、工作指导文件及工作记录表单等内容。政府部门在建立质量管理体系过程中,可参考上述质量管理体系文件结构,以"简单实用、有机结合"为原则构建质量管理体系文件的框架。

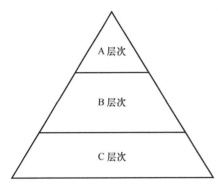

图2-2 质量管理体系文件结构图

(七)编制质量管理手册(A层文件)

质量管理手册是规定本单位质量管理体系的纲领性文件。质量管理手册描述了国家行政机关所建立的质量管理体系涉及的行政管理服务职能/工作事项、主要业务流程和区域等范围。组织可以利用管理手册,为其管理体系提供一个总览和路线图。

质量管理手册的内容包括:

1)质量管理体系的范围;
2)本单位质量管理体系覆盖范围内的部门与关键岗位的职责;
3)质量管理体系工作各过程之间关系的表述;
4)包括或引用的质量管理体系程序文件;
5)对质量管理体系标准的任何删减细节以及合理性的说明(必要时)。

质量管理手册应满足法律法规、"三定"规定及上级单位要求,并切合本单位实际。质量管理手册的结构和格式可以多种多样,不要求统一。

(八)编制质量管理体系程序文件(B层文件)

在质量管理体系文件中,程序文件是关键和重要的组成部分。程序文件是质量管理手册的支持性文件,具体描述和规定开展某项行政管理和服务工作事项的途径,对行政管理和服务质量有关的活动或过程进行恰当而连续的控制。它将质量管理手册中的原则性要求进一步展开和落实。对于第三层次(C层次)工作指导文件而言,程序文件又对其提出较为具体的要求。相对于质量管理手册和工作指导文件,程序文件起到了承上启下的作用。

程序文件应满足法律法规及质量管理体系标准要求,符合国家行政机关管理的实际和特点。程序文件应通俗易懂和具有可操作性,便于组织实施与检查。

程序文件编制应按照过程或活动的顺序（逻辑）进行描述。

在对程序文件进行策划时，应考虑每个程序文件对行政管理和服务事项管理所要达到的预期结果（目的）和范围、不同过程或活动之间的接口和协调性，以及全部程序文件相对于质量管理体系过程的覆盖程度等相关内容。

在政府部门，通常的做法是针对需要履行的每项职责所负责的一个或一组过程编制一份程序文件，每个程序文件的内容均应说明该项行政管理和服务工作事项的目的、范围，描述工作事项的业务流程和工作环节，规定何时、何地、由谁、用何种方法开展工作，做到何种程度或结果，如何管理和控制操作过程及结果，以及如何记录等。具体工作人员只要能够按照相关程序文件的规定开展工作，其行政管理和服务的过程就应该能够符合法律法规规定的程序要求；其工作结果也应该能够符合法律法规的规定并实现预期的目标要求。

（九）编制工作指导文件（C层文件）

在质量体系文件中，工作指南、操作指导类的文件是程序文件的支持性文件，包括了"作业类文件""规范类文件"和部分"项目类文件"。工作指导文件详细描述某个（类）岗位、某个具体的业务环节或具体工作活动的操作、管理和控制的方法和（或）所应达到的标准和技术性细节。

例如，多数国家行政机关制定的关于文明服务的规范要求（如：文明用语），就属于工作指导（C层次）文件的范围。

工作指导文件的数量、内容和形式应根据具体需求进行策划和编制。可行时，工作指导文件的内容也可纳入程序文件中，与程序文件合并。

需要注意，一个文件是否是工作指导文件，不是由文件的形式、发布机关的层级高低来决定，而是由该文件的内容规定来决定。例如，2012年12月《中共中央政治局会议审议通过关于改进工作作风、密切联系群众的八项规定》，就是一个工作指导文件。

（十）策划工作记录

在政府部门行政管理和服务的日常工作中，会产生各种工作记录和文档资料，如：会议记录、方案计划、监督检查记录等。这些工作记录，或描述开展了某项工作，或记录了某项工作的过程，或体现了工作的成果。

ISO 9000规定，记录是阐明所取得的结果或提供所完成活动证据的文件。记录可以证实某项工作（活动或过程）是否实施，工作结果是否符合规定的要求，并可以起到"追溯性"的作用。因此，在质量管理体系文件策划过程中，对工作记录的策划也是不可或缺的内容。

那么，在质量管理体系中，哪些工作环节必须建立工作记录？

ISO 9001标准中明确提出要求：对所保留的、作为符合性证据的成文信息应予以保护。应建立并保持记录，以提供符合要求和质量管理体系有效运行的证据。也就是说，是否建立工作记录，取决于是否有"建立记录的需求"。即：当在开展某项行政管理和服务过程中，如果产生了提供证据的需求，以证实行政管理的过程和（或）结果是否符合规定要求，就必须要考虑建立相应的工作记录。

是否需要记录，有时候也与风险承受能力有关。一个通俗的例子：如果我们借给别人几元钱，通常不会要求对方出具借条（借款证据），因为损失几元钱的后果（风险）我们完全可以承受；但当我们将数万元出借给别人时，通常会要求对方出具借条，以证明"借款"这个事实曾经发生过，因为一旦发生损失，我们会认为很难承受相应后果（风险）。

在行政管理和服务过程中，特别是关键环节和重要环节，必须建立相应的工作记录，以证实行政管理和服务过程的合法性及行政管理和服务结果的合法性。例如：行政稽查取证过程中，询问笔录、现场照片等就是取证过程中产生的工作记录；行政许可过程中，行政相对人提供的申请资料、行政许可单位的审核及审批环节的记录、行政许可文书等，均是工作记录。

政府部门在建立工作记录时，不但应充分考虑自身工作中建立工作记录的需求，还应充分考虑上级行政主管部门的规定和要求。例如，一些行政许可项目，其最终审批权限可能掌握在中央国家机关而非地方政府部门。因此，中央国家机关会明确规定该项行政许可过程所使用的相应记录表格，并要求各地方相应的政府部门使用。在进行工作记录的策划时，对此必须充分予以注意。目前，在国内政府部门，大部分的工作记录表单都是本单位已经规定和使用的规范化表格。

第三节 体系运行

在体系运行阶段，标准提出了对制定体系工作计划、体系运行原则、体系文件和记录控制、目标测评、体系沟通和检查，以及建立信息化应用系统的要求。以下分别做出解读。

一、制定体系工作计划

> **5.1 制定体系工作计划**
> 为确保质量管理体系运行的完整性和规范性，政府部门策划并制定实施年度体系工作计划，指导体系的运行。
> 年度体系工作计划应对体系运行中所必须开展的活动做出安排。具体包括对本年度体系活动的策划和计划、体系文件的控制和更新要求、质量目标实现程度的测评、满意度测评、内部审核、管理评审，以及质量改进等活动的安排。

> 体系计划还包括对该计划落实的组织控制做出规定和要求。包括各项体系活动的内容和具体要求、责任部门和合作部门、开展各项体系活动的时间进度、该项体系活动中所产生的文件和记录要求等。

（1）体系工作计划的内容要求。体系工作计划一般以年度计划的形式出现，年度体系工作计划应对体系运行中所必须开展的活动做出安排。具体包括对本年度体系活动的策划和计划、体系文件的控制和更新要求、质量目标实现程度的测评、满意度测评、内部审核、管理评审以及质量改进等活动的安排。

体系计划还包括对该计划落实的组织控制做出规定和要求，包括各项体系活动的内容和具体要求、责任部门和合作部门、开展各项体系活动的时间进度、该项体系活动中所产生的文件和记录要求等。

（2）需要注意的是，体系工作计划的内容需要与政府部门业务工作内容融合起来。体系工作计划未必一定要以单独计划文件的形式出现，很多情况下，只需要在政府部门的工作计划中加上上述体系工作的计划安排就可以了。事实上，很多政府单位部门的体系运行活动，都是和业务工作一并进行的，例如，内部审核可以结合工作检查一起进行，而管理评审活动可以与本年度工作总结和制定下年度工作计划一起进行。

二、体系运行原则

> **5.2.1 体系运行原则**
> 政府部门在充分理解和满足质量管理体系要求的基础上，采用"策划→实施→检查→改进"过程管理方法，严格执行体系文件规定，做好体系运行记录，持续改进质量管理体系，以实现质量方针和质量目标。
> 质量管理体系建立后的运行初期，可以安排一段时间试运行，以验证体系文件与标准要求的符合性、与工作实际的适应性。根据试运行的结果，对体系文件进行适当的修改和完善。

体系运行的原则，直接体现了政府部门/单位决策层建立运行体系的动机和目的。政府部门建立运行质量管理体系的一般工作原则为：

一是全员参与原则。就是要树立高质量理念，营造体系工作良好的环境氛围。各级领导要高度重视和有效推动质量管理体系工作，身体力行，确保体系的有效建立运行。要充分调动每个人的积极性，全员参与质量管理体系的建设和运行。在体系运行中，要进一步增强现代科学管理理念，提高管理能力和管理水平。要以体系标准要求规范每一个人的工作，以高质量工作水准创造高质量工作业绩。

二是简单实用原则。就是要在科学合理的前提下，建立简洁高效的管理体系。要在完善现行管理体系的基础上，采用质量管理体系的方法，改善和改进管理机制，创新管理模式。要理顺各项工作过程和工作环节，不生搬硬套，讲求实效。要充分运用信息化手段，提高工作效率和可靠性。

三是有效衔接原则。就是按照体系标准要求建立运行质量管理体系。要与政府部门各项工作职责有机结合，克服两层皮现象。要与政府部门现有的管理模式，如绩效管理、风险管理、业务工作督查、党风政风管理等有机结合，综合完善，优化补充。

四是循序渐进原则。就是体系建立运行要从基础做起。从理顺工作职责、工作过程、工作规范入手，全面调研和梳理管理现状，识别存在问题，逐步深化，最终实现质量管理体系的全面覆盖和全员参与、全过程控制、全系统改进。体系运行要讲求实效，持续改进。要不断创新管理机制和管理方法，进一步发挥质量管理体系的整体效能。

政府部门在充分理解和满足质量管理体系要求的基础上，采用"策划→实施→检查→改进"过程管理方法，严格执行体系文件规定，作好体系运行记录，持续改进质量管理体系，以实现质量方针和质量目标。

在体系运行阶段的工作原则，简单说就是"说你所做，做你所说"。也就是说，严格按照体系文件的规定，开展各项体系工作。这就要求在建立体系文件时，需要紧密结合政府部门的工作现状实际；在执行体系文件时，需要把体系文件视作本单位的法规要求，不折不扣严格执行。

三、体系文件和记录控制

5.2.2.2　体系文件控制

要严格执行体系文件的规定，以保证质量管理体系的有效性。任何偏离和违反体系文件规定的行为，都应得到纠正和处置。

a) 要保持体系文件版本的现行、有效。

b) 在体系文件修改和更新时，要遵循"同等严格"控制的原则，即对文件修改和更新的管理，应与该文件编制时同等严格。在新文件生效之前，应严格执行原文件规定。

c) 规定并实施体系文件的周期检查和更新机制，文件应及时更新。

d) 作废文件应及时收回，并做出处置；如果出于某种目的需要保留作废文件，应做出适当的标识。

5.2.2.3　记录控制

记录证明了政府部门质量管理体系运行情况和所取得的结果，是质量管理体系活动的证据，也是监督检查和持续改进的重要信息。记录需要完整、准确、清晰、简明，并规定相应的保存期限。

1. 质量管理体系文件发布

通常，大多数单位以召开全员参加的质量管理体系文件发布大会（电视电话会议）的形式，以行政负责人名义，发布质量管理体系文件，宣布质量管理体系开始运行，以保证体系文件执行的权威性。

质量管理体系文件发布大会是一个仪式和形象标志，它标志着体系建立阶段结束和运行阶段的开始。

召开质量管理体系文件发布大会的目的，是正式宣布质量管理体系运行阶段的开始，更重要的是，要给全体干部员工一个明确的信号：质量管理体系文件是本单位各项工作的"内部法规"，是由最高管理层正式批准发布的本单位的"内部法规"，全体人员都必须遵照执行。在某种意义上，这也是全员质量意识培训的一种形式。当然，也有许多单位是用"红头"文件的形式来发布质量管理体系文件。只要能达到目的，也并非一定要召开会议。

2. 依据有效

要严格执行体系文件的规定，以保证质量管理体系的有效性。任何偏离和违反体系文件规定的行为，都应得到纠正和处置。体系文件控制的基本原则是：要保持体系文件的"现行、有效"。

3. 体系运行并记录

在政府部门质量管理体系的运行过程中，应按照质量管理体系文件的规定和要求开展各项行政管理和服务工作，以确保质量管理体系有效运行，并做好各个环节的运行记录。

首先，工作记录是本单位依法按照程序履行职责的证明，规范完整的记录可以规避行政机关的风险。其次，工作记录可以帮助单位实施有效的管理，展示单位及工作人员的实际工作项目和内容，也可以通过记录发现管理体系运行中存在的一些不适宜、需要完善的问题，为持续改进提供数据信息支持。第三，工作记录描述政府部门提供了哪些行政管理和服务，相关环节是如何操作的，工作结果是什么，起到了重要的证据作用。工作记录可以证明政府部门是否按照规定和要求，实施了相关的行政管理和服务的具体工作；可以证明行政管理和服务过程是否符合相关程序法要求；可以证明行政管理和服务的结果是否符合实体法要求，是否实现了预期目标。

因此，为了证实政府部门的质量管理体系正常和有效运行，行政管理和服务的实施过程及其结果符合法律法规的要求，并实现了预期的目标，必须在日常工作中，按照质量管理体系文件中的规定，建立并保存好相关的工作记录和证据。

四、目标测评

5.2.2.4 质量目标测评

应规定并实施对质量目标的实现情况进行检查和测评，可以即时评价，也可阶段性评价。根据评价的结果采取相应措施，确保质量目标的实现。

体系运行过程中的目标测评，体现了质量管理体系基于绩效的思想。绩效是指工作业绩和效果，而所有的工作业绩都是通过体系运行过程来实现的，政府绩效的取得是过程运行的结果。将质量管理体系中的过程控制理念融入绩效管理，就可以将组织的使命、愿景、战略目标和具体目标落到实处，落实到各项工作过程中，并通过周密策划和充分沟通，形成科学的质量目标和质量管理过程绩效指标体系。这就有效地实现了过程控制和结果控制的双重结合，达到了政府部门进行质量管理的目的。

同时，提高体系运行中的目标测评，可以及时发现质量管理体系运行中需要改进的部分，通过PDCA循环，实现质量改进。

五、沟通和检查

质量管理体系标准，基于PDCA循环、基于绩效管理、基于风险控制的管理理念和方法，与政府部门的工作目标和工作过程控制要求高度契合。政府部门的行政管理和服务，也体现在行政管理服务过程及其结果是否满足规定的要求。因此，在质量管理体系运行过程中，政府部门需要对自身行政管理和服务的过程及其结果是否符合法律法规要求的情况，及时进行沟通、监督和检查。

> **5.2.2.5 建立内外部沟通机制**
> 领导层应确保组织建立顺畅的内部和外部沟通机制。
> 沟通的目的是通过信息的充分利用和及时传递，提高体系运行的效率和有效性。
> 内部沟通可以促进组织内各职能和层次间的信息交流，从而增进相互理解。
> 外部沟通可以促进人民群众和全社会对政府部门工作的理解和支持，提高满意程度。
> 沟通在内部不同部门和层级之间进行。沟通的方式包括文件、会议、电话、座谈等多种形式。沟通要适宜、有效。
>
> **5.2.2.6 自我检查**
> 政府部门在各个工作事项开展过程中或完成后，应在恰当的工作环节和合适的工作阶段，以合理有效的方式，对实际工作内容、程序和结果是否符合工作依据的要求进行自我检查，包括对体系文件的适宜性、体系文件的执行、质量目标完成情况的阶段性测评等，以便尽早发现问题和错误，研究、解决和纠正。具体方式可包括在工作事项开展过程中实施审核、校对、复核、审批和督查，在工作事项完成后组织开展检查、抽查、考核和评审等。

1. 沟通

体系的有效运行，要求政府部门必须建立和运行顺畅的内外部沟通机制。

沟通的目的是通过信息的充分利用和及时传递，提高体系运行的效率和有效性。领导层应确保组织建立顺畅的内部和外部沟通机制。

外部沟通可以促进人民群众和全社会对政府部门工作的理解和支持，提高满意程度。内部沟通可以促进组织内各职能和层次间的信息交流,从而增进相互理解。沟通在内部不同部门和层级之间进行。沟通的方式包括文件、会议、电话、座谈等多种形式。沟通要适宜、有效。

2. 监督检查的目的、对象、层次和一般形式

政府部门开展针对自身的行政管理和服务过程以及行政管理和服务结果的监督检查,其目的是判断政府部门的质量管理体系是否符合法律法规和质量管理体系标准的要求;确保政府部门的行政管理和服务过程符合程序法,行政管理和服务结果符合实体法,并满足社会公众和服务对象的需求和期望;确保政府部门自身职能的有效履行。

3. 自我监督检查

通常,监督检查是分层次的。政府部门的日常监督检查可分为机关整体的监督检查(如年终大检查)、职能系统组织的监督检查(如行政执行检查)和部门内部的日常定期和不定期的监督检查等。

监督检查的对象,可分为:

1) 对质量管理体系适宜性、充分性、符合性和有效性的监督检查。一般为集中式的监督检查,包括管理评审、内部审核、年终大检查等。

2) 对质量管理体系过程的适宜性及过程能力和运行符合性的监督检查,以及对行政管理和服务结果(质量管理体系运行绩效)的监督检查。一般为日常的监督检查,包括定期和不定期的自我检查、监督检查、系统性检查和专项监督检查等。

质量管理体系标准要求必须开展的"内部审核"和"管理评审",可以直接作为国家行政机关整体监督检查的形式。"内部审核"和"管理评审"的审核(评审)对象是"质量管理体系"。开展质量管理体系内部审核,其目的是判断质量管理体系的符合性和有效性;开展针对质量管理体系的管理评审,其目的是判断质量管理体系的适宜性、充分性和有效性。

4. 日常监督检查

单位/行政职能系统/部门按照质量管理体系文件中关于内部监督和检查的相关要求和规定,开展定期/不定期的日常检查和监督并建立检查记录。

日常监督检查的对象,一是行政管理和服务各个工作事项的实施是否实现了预期目标;二是工作事项的实施过程;三是行政管理和服务的结果。

通过日常的监督检查,可以判断:

1) 行政管理和服务的结果是否符合(达到)相关法律法规、社会公众(服务对象)的需求和期望,以及是否实现预期目标要求(如行政许可的结论是否符合相关的行政许可法律法规要求,是否满足行政相对人的期望)。

2) 行政管理和服务的相关过程是否具备确保工作事项的结果满足规定要求

的能力。

3）行政管理和服务的过程是否符合相关法律法规及本单位的内部要求（如行政处罚过程是否符合"行政处罚法"的规定）。

4）行政管理和服务的效率是否达到预期目标和（或）有所提高。

通过日常监督检查，发现存在的问题和可以改进的空间和方向。针对所发现的问题和不足：

1）及时纠正存在的问题，以改正错误。

2）针对所发现问题产生的原因，及时消除，以防止同类问题的再发生。

3）针对可能导致问题产生的原因，及时解决，以防止问题发生。

六、建立应用信息化系统

> **5.2.2.7 建立信息化应用系统**
> 为保证质量管理体系的有效运行，政府部门可以将体系文件中规范的工作环节、工作流程用信息化技术加以固化，建立应用程序，形成信息化应用系统，以实现工作事务的办理、工作过程的控制、工作信息的记录、工作数据的统计分析等功能，提高行政效率，确保工作质量。

为规范政府部门管理，保证质量管理体系有效运行，政府部门应将体系运行和政务内网建设有机结合起来。应用网络系统，实现体系文件管理、公文办理、公共事务管理、综合业务管理等各项功能有机结合。用信息化技术固化工作流程，规范工作环节，建立应用程序，形成信息化应用系统，以实现政务办理、工作事务办理、工作过程控制、工作信息记录、工作数据统计分析等功能一体化，提高行政效率，确保工作质量。

信息化系统平台的建设和应用，一是适应了中央推进政府部门电子政务工作要求。2002年中共中央办公厅、国务院办公厅在转发国家信息化领导小组《关于我国电子政务建设指导意见》的通知中就提出，要把电子政务建设作为今后一个时期我国信息化工作的重点，这对于加强政府职能转变，提高政府行政质量和效率，增强政府监管和服务能力，都具有十分重要的意义。2006年，国家信息化领导小组发布《国家电子政务总体框架》指出，信息应用系统应用平台建设是国家电子政务建设的主要内容。国家电子政务内网可以满足各级政府部门内部决策、办公，管理以及监督协调的需要。政府部门电子政务信息系统平台的建设正是体现了中央对政府部门信息化的要求，也体现了对政府部门转变职能、提高效率、规范管理的要求。二是信息应用平台的建设，满足了政府部门机关办公的需要。信息应用平台的功能建设，紧密结合政府部门机关办公的实际需要，特别是质量管理体系运行的需要，政务办理、公文处理、公共事务办理、业务工作管理等,都纳入到信息应用平台之中,最大限度地满足了机关办公的需要。此外,信息应用平台还尽可能地引入大量的信息资源,包括法律法规、国家标准、报纸期刊、档案文件,方便机关办公工作中查询使用。三是信息应用平台的建设,体现了提升政府部门管理工作水平的要求。信息应用平台的建设不是简单的工作流程电子化,而是以质量管理体系建设为基础,把经过深入梳理优化的各项工作流程,开发成信息化的系统。在这一过程中,对各项工作内容识别、工作流程的确定、工作程序优化等,都是十分重要的环节。同时信息应用平台所设计的各项统计、汇总功能,为提高政府部门各项工作的管理分析和决策水平提供了完整的基础数据资料。

政府部门建设的以质量管理体系建设为基础的信息化系统平台,在功能设计上,既体现了党和国家对信息安全的要求,又体现了质量管理体系对过程控制的要求,对持续改进的要求。主要特色体现在:一是关联特色。主要体现为体系文件与公文办理、事务办理、工作记录、依据性文件以及综合业务等双向关联。二是共享特色。主要体现为内部信息(包括文件、信息、简报)等资料、历史档案、相关工作记录的共享查询,相关参考资料(包括法律法规、国家标准、期刊、报纸等)的共享查询。三是记录特色。主要体现为信息应用平台自动生成各种工作记录,可以实现对所有运行文件和事务的流程查询,还可以对这些记录进行分析统计。四是保密特色。主要体现为建立了物理隔离的政务内网,可以对计算机终端实行严格的配置管理、准入控制和实名制控制。对个人用户实行注册制和权限控制。对数据导入导出实施"宽进严出"控制,对所有计算机使用操作实施全程审计管理。

第四节 体系评价

政府部门质量管理体系运行的评价,包括了内部评价和外部评价两个方面。内部评价主要采用内部审核和管理评审的方法进行,外部评价主要采用满意度测评的方法进行。

一、内部审核

> **6.1 内部审核**
>
> 政府部门应按照策划的时间间隔,开展质量管理体系内部审核,系统地检查质量管理体系的总体运行情况是否符合规定要求,是否得到有效的实施和保持。
>
> 开展内部审核前,应制定审核工作方案,规定审核的范围、依据和方法,以及时间和人员等方面的安排;并对内审员进行审核技术的培训。

> 内部审核工作方案应覆盖政府部门质量工作各个方面，同时根据政府部门质量管理工作的重点、拟审核对象（如工作事项、内设机构、区域等）的实际状况、重要性以及以往审核的结果，确定审核的重点范围和工作事项。
> 审核方法可以采用现场审核或者文件资料审核与现场审核相结合的方法。
> 现场审核是指在被审核部门或单位现场，通过会议沟通、提问交流、现场观察、现场抽样检查等方法进行审核。文件资料审核是指通过调阅被审核部门或单位的书面或电子工作记录的方式进行审核。在审核范围比较广、审核对象和内容比较多时，采取文件资料审核与现场审核相结合的方法，减少对政府部门日常工作的影响。

内部审核是管理体系审核的一种形式。质量管理体系审核是一项系统、独立的活动，是系统地检查本单位质量管理体系的符合性和有效性的手段。审核的生命力在于其客观性和公正性。

质量管理体系审核的目的是判断本单位的质量管理体系是否符合适用的法律法规要求、质量管理体系标准要求、社会公众的需求和期望，质量管理体系运行是否有效。

质量管理体系审核也可以分为"内部审核"和"外部审核"。内部审核（也可称为"第一方审核"）是由单位自己或以单位的名义进行，用于管理评审和其他内部目的。判定其审核活动为"内部审核"还是"外部审核"的关键在于以谁的名义进行，如以本单位的名义对本单位进行的审核，是"内部审核"（无论审核人员来自内部还是外部）；如果以上级机关、第三方认证机构的名义对本单位进行审核，则为"外部审核"（包括通常所说的"第二方审核"和"第三方审核"）。

政府部门应按照策划的时间间隔开展质量管理体系内部审核，系统地检查质量管理体系的总体运行情况是否符合规定要求，是否得到有效的实施和保持。

开展内部审核前，应制定审核工作方案，规定审核的范围、依据和方法，以及时间和人员等方面的安排；并对内审员进行审核技术的培训。内部审核工作方案应覆盖政府部门质量工作各个方面，同时根据政府部门质量管理工作的重点、拟审核对象（如工作事项、内设机构、区域等）的实际状况、重要性以及以往审核的结果，确定审核的重点范围和工作事项。审核方法可以采用现场审核，或者文件资料审核与现场审核相结合的方法。

二、管理评审

> **6.2 管理评审**
> 管理评审是政府部门的领导层对质量管理体系持续的充分性、适宜性、有效性和运行效率所进行的评价。政府部门应按照策划的时间实施管理评审。

> 领导层可以把下列方面的信息作为管理评审的依据：
> a) 前阶段工作的基本情况；
> b) 质量方针的贯彻情况；
> c) 质量目标和重点工作任务的完成情况；
> d) 重大事项处理情况；
> e) 以往管理评审决策的落实情况；
> f) 满意度调查的结果；
> g) 自我检查、内部审核和外部评价的结果；
> h) 改进措施的实施情况；
> i) 面临的形势与任务，以及各有关方面对工作的改进建议；
> j) 任何能够影响质量管理体系的变更；
> k) 绩效管理、风险管理等方面的信息。
> 管理评审活动可单独组织实施，也可结合例行会议、工作总结来开展。
> 管理评审应做出关于质量管理体系调整和改进的决策，包括对下一阶段的工作部署、重点工作的确定和资源保障安排。必要时，应对质量方针和质量目标做出修订。

管理评审是政府部门的领导层对质量管理体系持续的充分性、适宜性、有效性和运行效率所进行的评价。政府部门应按照策划的时间实施管理评审。

管理评审是由单位行政负责人实施的一项活动。管理评审是单位质量管理体系自我完善机制中的重要过程，是单位行政负责人对本单位质量管理体系的全面总结和检查，具有十分重要的意义和作用。

管理评审的对象是包括质量方针、质量目标、组织机构和职责分工、资源配备等所有质量管理体系要素及体系绩效在内的整个质量管理体系。管理评审的目的是判断质量管理体系的持续适宜性、充分性和有效性，评价质量管理体系改进的需求，包括质量方针、目标和机构等是否需要修改。在此基础上，也可检查整个管理体系的有效性和效率。最终目的应是使管理评审能真正产生增值作用，而不是流于形式。

管理评审可分常规评审和非常规评审两种。常规评审应定期举行，两次管理评审间隔的时间不应超过12个月，如每年1~2次，年初制订出计划，规定大致的评审时间、评审内容、参加人员及部门，以及准备提供信息的人员部门及内容等。非常规的管理评审往往是由于情况发生了较大的变化（如体制、组织结构、领导人员、行政管理和服务职能等发生变化）或发生了重大的行政管理和服务差错而临时举行的，应针对变化或问题提供信息、分析资料、专题讨论对策。管理评审也要策划好、组织好，有输入、有输出，有实施、有结果验证。

在政府部门行政机关，常规的管理评审也可以结合月度、季度、半年和全年的工作例会进行，这类例会通常是对前一时期工作完成情况的检查和对下一时期工作任务的部署。在这样的例会中，只要包括了管理评审的内容，能够实现管理评审的目的，就是一次有效的管理评审活动。

三、满意度测评

> **6.3 外部评价**
> 　　政府部门根据自身质量管理体系的实际状况和需要，可以选择通过外部审核等评价方式，发现体系运行过程中的不适宜、不符合情况，通过纠正提高体系的符合性和有效性。也可通过第三方认证的方式进行评审。
> 　　为提高外部评价过程的有效性，在实施评价前，政府部门应通过必要的沟通或培训，使参与评价的人员充分了解政府部门的工作特点和相关质量管理要求。
>
> **6.4 满意度测评**
> 　　政府部门应对本部门履行社会管理和公共服务职责的状况是否符合人民群众的需求和期望，进行调查、分析和评价。
> 　　应根据调查对象的特点选择不同的调查方法。如组织开展民意调查、收集舆情、收集投诉和举报信息、接受上级部门的检查并听取意见、征求其他相关政府部门和相关单位的意见、征询行政管理相对人的意见等。
> 　　通过及时处置满意度测评过程中发现的质量管理体系改进要求，不断提高体系运行的水平，不断提升顾客满意的程度。

顾客满意度测评，是评定顾客满意的具体量化指标。它描述了人民群众对政府部门管理和服务的期望值与感受值之间的差异。政府部门应对本部门履行社会管理和公共服务职责的状况是否符合人民群众的需求和期望，进行调查、分析和评价。

应根据调查对象的特点选择不同的调查方法。如组织开展民意调查、收集舆情、收集投诉和举报信息、接受上级部门的检查并听取意见、征求其他相关政府部门和相关单位的意见、征询行政管理相对人的意见等。通过及时处置满意度测评过程中发现的质量管理体系改进要求，不断提高体系运行的水平，不断提升顾客满意的程度。

以顾客为关注焦点的质量管理理念告诉我们，政府部门质量管理体系的有效性评价，要以顾客以及相关方满意为根本导向。要将量化评价与综合评议相结合，将上级评价、自我评价和社会评价等相结合。将顾客及相关方满意度评价结果，应用于政府部门质量管理体系的改进。通过顾客及相关方满意度评价找到政府管理和服务中存在的短板，主动发现工作中存在的问题和需要改进的方面，及时采取有效纠正预防措施，营造政府部门对上级负责、对社会负责、对服务对象负责、对基层负责的良好形象。

第五节 体系改进

政府部门质量管理体系的改进，主要包括：数据分析和评价、纠正和预防措施、建立体系长效运行机制以及体系可持续发展四个方面。

一、数据分析和评价

> **7.1 数据分析和评价**
> 政府部门应定期对自我检查、内部审核、外部评价和满意度测评的情况进行汇总，并分析问题和不足及其原因，并采用统计分析的方法来提高数据分析的有效性和效率，判断和评价质量管理体系运行和发展的趋势，发现和处置潜在的问题。

政府部门应定期对自我检查、内部审核、外部评价和满意度测评的情况进行汇总，并分析问题和不足及其原因，并采用统计分析的方法来提高数据分析的有效性和效率，判断和评价质量管理体系运行和发展的趋势，发现和处置潜在的问题。

1. 数据分析

数据分析遵循了质量管理原则之一的"基于事实的决策方法"，ISO 9000 标准要求分析和利用各类数据和信息，持续改进质量管理体系的有效性。

对于质量管理体系及其过程以及产品（服务）所可能开展的任何改进来说，数据分析是必不可少的活动。如果不对数据和信息进行检查、评估、分析以及转化为有用的决策建议，利用监督检查对数据和信息进行的收集就毫无意义。

一些可能需要记录和分析的数据示例如下：

1）过程绩效的偏差；

2）培训有效性的评价；

3）顾客投诉；

4）服务等候时间；

5）顾客满意程度；

6）未按照程序执行的次数。

通过监督检查和评审等活动会收集到大量数据，分析这些数据可以找出趋势所在。所发现的任何趋势都可能意味着质量管理体系存在问题，并显示出需要改进的地方。

2. 评价

分析结果可用于：

1）管理评审的输入；
2）纠正和预防措施决策过程的输入；
3）确定质量目标实现的程度；
4）评价顾客满意的输入；
5）符合顾客/相关方要求的证据。

通过数据分析和评价，政府部门也可能会发现一些活动尽管现在是有效的，但仍然存在需要进一步改进的方面。统计技术是分析过程中经常会用到的工具。

二、纠正、纠正措施和预防措施

> **7.2 纠正、纠正措施和预防措施**
> **7.2.1 纠正**
> 　　政府部门对于所发现的实际工作与体系文件规定不符合的情况，应在确认不符合事项后，尽快采取措施予以纠正。对不符合事项可能产生的不良影响，应采取控制措施防止其进一步扩大。对已造成不良影响的不符合事项，应及时采取相应措施，消除不良影响。
> **7.2.2 纠正措施**
> 　　对不符合事项，应及时采取纠正措施，消除其产生的原因，防止不符合事项的再度发生。
> **7.2.3 预防措施**
> 　　对已发生不符合事项适时进行汇总分析，评估其造成的影响和发展趋势，注意识别是否存在可能发生的潜在不符合事项。
> 　　对于已确定的潜在不符合事项，应及时研究是否有必要采取相应的预防措施，防止不符合事项的发生。
> 　　必要时，应研究确定并实施相关纠正、纠正措施和预防措施的改进方案。
> 　　注：政府部门运行质量管理体系时，特别关注对体系文件的充分性、符合性和适宜性进行评估，并及时予以完善。

（1）纠正。政府部门对于所发现的实际工作与体系文件规定不符合的情况，应在确认不符合事项后，尽快采取措施予以纠正。对不符合事项可能产生的不良影响，应采取控制措施防止其进一步扩大。对已造成不良影响的不符合事项，应及时采取相应措施，消除不良影响。

（2）纠正措施。对不符合事项，应及时采取纠正措施，消除其产生的原因，防止不符合事项的再度发生。要区分纠正和纠正措施。如斩草除根，"斩草"是纠正，"除根"是纠正措施。

（3）预防措施。对已发生的不符合事项适时进行汇总分析，评估其造成的影响和发展趋势，注意识别是否存在可能发生的潜在不符合事项。对于已确定的潜在不符合事项，应及时研究是否有必要采取相应的预防措施，防止不符合事项的发生。必要时，应研究确定并实施相关纠正、纠正措施和预防措施的改进方案。政府部门运行质量管理体系时,应特别关注对体系文件的充分性、符合性和适宜性进行评估,并及时予以完善。要区分纠正措施和预防措施,亡羊补牢是纠正措施,而未雨绸缪是预防措施。

三、建立长效机制

> **7.3 建立长效机制**
>
> 政府部门应对改进工作方案的实施效果进行评估。适用时应将改进方案中的纠正措施和预防措施长效化,包括修改和完善相关的质量管理体系文件,或发布和执行新的质量管理体系文件。
>
> 政府部门还应将检查结果运用到对工作人员的激励中,如促进个人发展、鼓励参与管理活动、表彰奖励、选树典型、重点培养、优先提拔使用、提供培训机会等,或诫勉谈话、通报批评、待岗乃至党纪政纪处分、司法处理等。

(1)组织质量体系的实施过程,也是体系不断改进和持续完善的过程。在对组织体系采取改进措施时,要充分关注对体系运行依据(各类成文信息)的同步改进。要把组织采取的改进措施,及时用体系文件的形式固化下来,通过文件的实施,从根本上消除不符合的产生原因,避免体系不符合的重复出现。当体系文件作为组织知识和文化的组成部分,在组织内部得以传承和发展时,质量体系就能够实现长效运行的目的了。

(2)体系的长效运行,从根本上说,是依赖于具有体系意识的人。体系文件,也是依靠组织内部人员去执行。因此,组织需要充分关注组织内部各级各类人员的质量意识、体系意识,需要采取各种双向措施,多层次、多维度地激励组织员工参与体系运行的积极性,不断提高体系的效率和有效性。

(3)就组织的一种管理方式而言,质量管理体系最好的归宿是融入组织的综合管理体系,化有形为无形。可以说,当组织有形的质量体系真正转化成为组织管理体系的有机组成部分之日,就是体系真正进入自觉运行的境界之时。

四、发展

> **7.4 发展**
>
> 政府部门应根据国家发展的战略规划和要求,建立本部门质量管理体系的战略发展目标;通过质量管理体系的有效运行和持续改进,努力实现这一目标,从而使政府部门的工作持续符合国家经济社会发展的形势和要求,不断推进学习型、创新型政府建设,以满足人民群众的需求和期望。
>
> 政府部门应积极开展质量文化建设活动,不断提高全员质量意识,使全员都积极参与提升质量管理体系水平的过程,使质量管理具有内在动力和持久生命力。

（1）需要站在组织战略发展的高度，用前瞻的视野去审视体系持续发展的前景和未来。

（2）质量体系持续发展的思路之一，是不断推高体系发展的基线，树立体系发展的新标杆。体系持续发展的思路之二，是不断提高体系发展与组织主体业务发展的融合度，使二者相生相伴，共同发展。这样才能够使质量体系发展，在组织内部具有持续的内生发展动力和持久发展的生命力。

第三章 质量管理体系标准与要求

质量管理体系作为当今世界一种现代管理的有效方法和手段，已经为世界上众多的国家和组织所采用。本章首先介绍质量管理体系与 ISO 9000 族标准的产生、发展和改进过程；然后集中介绍现行有效的 ISO 9001：2015 版标准的主要变化内容，最后介绍质量管理体系的基本要求。

第一节 质量管理体系

一、质量管理体系标准概述

质量管理体系是一套实用的管理模式。国际标准化组织（ISO）用其颁布的 ISO 9000 族标准向全世界推荐了这种管理模式。质量管理体系总结了工业发达国家先进企业质量管理的成功经验，使各国的质量管理和质量保证活动统一在 ISO 9000 族标准的基础上。这对推动各类组织和企业的质量管理，实现组织的业绩目标，消除贸易壁垒，提高产品质量和顾客满意程度等方面，产生了积极而重大的作用。迄今为止，全世界已经有超过 200 个国家/地区/经济体采用了 ISO 9000 标准，超过 100 万家企业和组织曾通过质量管理体系认证，质量管理体系已经被广泛应用于工业、经济的各个领域以及政府和各行各业管理领域。在各国鼓励应用 ISO 9000 标准提高产品和经济质量的同时，质量管理体系也被一些国家和地区作为贸易限制的条件。如欧盟规定，对于进入其市场的许多产品，生产企业必须建立质量体系并通过认证，客观上提高了产品进入其市场的门槛。同样，国内大量的招投标活动，也是以通过 ISO 9000 认证作为前提条件。

质量管理体系水平是衡量一个国家经济技术和科技管理水平的重要尺度。国务院 2018 年 1 月下发《国务院关于加强质量认证体系建设促进全面质量管理的意见》，该文件提出了我国在新时代加强体系建设促进质量管理的要求。《意见》指出，质量认证是市场经济条件下加强质量管理、提高市场效率的基础性制度。加强质量认证体系建设、促进全面质量管理，对于深入推进供给侧结构性改革和"放管服"改革，全面实施质量强国战略，贯彻落实党中央、国务院关于开展质量提升行动的要求具有重要意义。《意见》强调，要以党的十九大精神为指导，按照实施质量强国战略和质量提升行动总体部署，运用国际先进质量管理标准和方法，构建统一管理、共同实施、权威公信、通用互认的质量认证体系，推动广大企业和全社会加强全面质量管理，全面提高产品、工程和服务质量，显著增强我国经济质量优势，推动经济发展进入质量时代。《意见》提出，要坚持统一管理、顶层设计，市场主导、政府引导，深化改革、创新发展，激励约束、多元共治的原则。力争通过若干年努力，使我国质量认证架构趋于完备，各类企业组织尤其是中小微企业的质量管理能力明显增强，主要产品、服务尤其是消费品、食品农产品的质量水平明显提升，形成一批具有国际竞争力的质量品牌。《意见》明确了六个方面的重点任务。一是大力推广质量管理先进标准和方法。创新质量管理工具，推广应用质量管理先进标准方法，转变政府质量治理方式。二是广泛开展质量体系升级行动。打造质量管理体系认证"升级版"，拓展质量认证覆盖面。三是深化质量认证制度改革创新。完善强制性认证制度，提升自愿性认证供给质量，清理涉及认证、检验检测的行政许可和行业评价制度，简化规范认证机构审批、检验检测机构资质认定制度。四是加强认证活动事中事后监管。完善认证监管体系，创新认证监管和激励约束机制，加大认证监管工作力度，严格落实从业机构及人员责任。五是培育发展检验检测认证服务业。营造行业发展的良好环境，促进行业机构改革发展，提升行业综合服务能力。六是深化质量认证国际合作互认。构建认证认可国际合作机制，扩大国内检验检测认证市场开放度，加快我国检验检测认证"走出去"步伐，提升我国认证认可国际影响力。《意见》要求，要加强组织领导，地方各级人民政府要将质量认证体系建设纳入经济社会发展规划，建立健全议事协调机构和工作机制。各部门要高度重视，完善认证认可工作部际联席会议制度；要加强综合保障，加快相关立法、学科教育和专业人才队伍建设，完善统计分析机制和信息共享平台；要加强宣传引导，普及质量认证知识，提高全社会质量意识和诚信意识；要加强督促落实，推动各级政府将质量认证工作纳入政府绩效考核和质量工作考核，确保各项决策部署落地。

质量管理体系水平也是衡量一个企业管理水平的重要尺度。在当今世界，是否通过了质量管理体系认证，已经成为国家间、区域间、企业间经济洽谈时必备的"通行证"，成为企业实力和产品服务竞争力的重要标志。企业要想在竞争中赢得生机和活力，一靠质量，二靠服务。获得质量管理体系认证是企业提高质量水平和服务水平最直接和有效的手段之一，也是我们应对世界经济发展的挑战、赢得更大发展空间的有利条件。

二、质量管理体系认证与合格评定制度

质量管理体系认证是认证认可制度的一部分，而认证认可制度是国际合格评定制度的重要组成部分。

合格评定制度是国际通行的规范市场和促进经济发展的主要管理机制。根据国际标准给出的定义，合格评定是指"与产品、过程、体系、人员或机构有关的规定要求得到满足的证实。"[⊖] 合格评定制度是国家从源头上保证产品质量、规范市场行为、指导消费、保护环境、保障人民生命健康、保护国家经济利益和安全、促进对外贸易发展的重要手段；也是促进企业/组织提高管理和服务水平、提高市场竞争力的可靠方式，在国家经济建设和社会发展中起着日益重要的作用。在国际上，合格评定制度及其所属的认证认可制度是大多数国家对经济、社会进行有效监管的重要手段，一些国家和区域经济组织还将认证认可作为技术性贸易壁垒措施，用以保护自身经济利益。

国内现行的认证活动主要包括管理体系认证和产品认证两大类。管理体系认证包括了质量、环境、职业健康安全、食品安全等管理体系的认证，产品认证活动主要包括了强制性产品认证、食品农产品认证以及其他自愿性产品认证。关于服务认证，国际上并没有把它单独列为一个认证大类，而是纳入在产品认证的范围之内。

第二节　ISO 9000 标准的产生、发展和改进

一、ISO 9000 标准的产生

第二次世界大战期间，世界军事工业得到了迅猛发展。由于军用产品的特性，一些国家的政府在采购军品时，不但提出了对产品特性的要求，还对供应厂商提出了质量保证的要求。1959 年，美国发布实施了 MIL-Q-9858A《质量大纲要求》标准，这是世界上最早的有关质量保证方面的标准。而后，美国国防部相继制订和发布了一系列对军品生产和承包商评定的质量保证标准。到 20 世纪 70 年代，借鉴军品生产质量保证的成功经验，美国标准化协会（ANSI）和机械工程师协会（ASME）分别发布了一系列有关原子能发电和压力容器生产的质量保证标准。美国在把这种行之有效的管理方式逐步推广应用到民品生产过程控制的同时，还把质量管理和质量保证的原理应用到各行各业的管理和政府机关（如白宫）的管理上来，而且都取得了很好的效果。

美国的成功经验，在全世界产生了巨大影响。一些工业发达国家，如英国、法国和加拿大等国，先后制订和发布了用于军品和民品生产的质量管理和质量保证标准。随着世界各国经济的相互合作和交流的扩大，对供方质量体系的评

⊖ 合格评定的定义，来自 ISO/IEC17000《合格评定 认可机构通用标准》中的术语规定。

审已逐渐成为国际贸易合作的先决条件，世界各国也先后发布实施了一些本国、本地区的质量体系标准。但是由于各国实施标准的具体内容不一致，这就给国际贸易交往带来了障碍。

基于以上背景，制订国际化的质量管理和质量保证标准成为一种迫切需求。ISO 国际标准化组织于 1979 年专门成立了质量管理和质量保证技术委员会（ISO/TC176），负责制定质量管理和质量保证方面的国际标准。在 1986 年，该委员会发布了 ISO 8402《质量术语》标准；1987 年又相继发布了 5 个相关标准。这些标准被通称为 1987 版 ISO 9000 系列标准。其构成如下：

- ISO 8402《质量管理和质量保证 术语》；
- ISO 9000《质量管理和质量保证标准 选择和使用指南》；
- ISO 9001《质量体系设计、开发、生产、安装和服务的质量保证模式》；
- ISO 9002《质量体系生产和安装的质量保证模式》；
- ISO 9003《质量体系最终检验和试验的质量保证模式》；
- ISO 9004《质量管理和质量体系要素 指南》。

ISO 9000 系列标准的颁布实施，使世界各国的质量管理和质量保证活动有了一个共同的统一基础。而且到了 20 世纪 80 年代，国际经贸一体化已经在全球范围内形成，各国间贸易需要一个共同的"游戏"规则。ISO 9000 标准可谓是"生逢其时"，一经发布迅即为世界各国相继采用，在世界范围内形成了一股 ISO 9000 热潮，同时也为后期 ISO 组织发布环境管理体系标准、职业健康安全管理体系标准等体系类标准，打下了坚实的基础。

二、ISO 9000 标准的发展

随着 ISO 9000 系列标准在世界各地的应用，相关 ISO 标准的数量也在不断增加。从 1990 年开始，ISO/TC176 又陆续发布了一系列质量管理和质量保证标准，从各方面来指导 9000 系列标准的应用和实践。如在 1990 年发布了 ISO 10011 系列标准《质量体系审核指南》；在 1993 年发布了 ISO 9000-2《质量管理和质量保证第 2 部分：ISO 9001/2/3 实施通用指南》标准；在 1995 年发布了 ISO 10013《质量手册编制指南》标准；1999 年发布了 ISO/TR0017《ISO 9001：1994 中的统计技术指南》等标准。这样 9000 系列标准在 1994 年第一次修订时发展到了 16 个标准；到 2000 年改版之前，已经一共有 22 个标准和 2 个相关技术报告，系列标准像家族（family）一样繁衍，形成了 ISO 9000 族标准的概念。

国际标准化组织（ISO）在 1994 年定义了"ISO 9000 族标准"的概念，是指"由 ISO/TC176 制定的所有国际标准"。ISO 9000 族标准可以帮助组织建立、实施并有效运行质量管理体系，是质量管理体系通用的要求或指南，可广泛适用于各种类型和规模的组织。

三、ISO 9000 标准的改进

(一) 2008 版标准

ISO 9000 系列标准的产生是一种管理革命和创新,是现代科学技术和生产力迅速发展的必然产物,也是管理科学发展到一定阶段的成果。它总结了工业发达国家先进企业质量管理的实践经验,统一了质量管理和质量保证的术语和概念,在推动世界各国各类组织质量管理国际化、消除贸易壁垒、提高产品质量和顾客满意程度等方面产生了积极而深远的影响,因此一经颁布,立即得到了世界各国的普遍关注和广泛采用。

由于 1987 版 ISO 9000 系列标准突出地体现了制造业的特点,这限制了标准的广泛适用性。为了使 1987 版的 ISO 9000 系列标准更加协调和完善,具有更广泛的适用性,ISO/TC176 于 1990 年决定对标准进行修订,标准修订分为两个阶段进行。

第一阶段修改为"有限修改"。保持了 1987 版标准的基本结构和总体思路,只对标准的内容进行技术性局部修改。1994 年,ISO/TC176 完成了对标准的第一阶段修订工作,发布了 1994 版的国际标准。到 1999 年底,陆续发布了 22 项标准和 2 项技术报告。

第二阶段修改为"彻底修改"。是在充分总结了前两版 ISO 9001 标准的长处和不足的基础上,对标准总体结构和技术内容两个方面进行的彻底修改。2000 年 12 月 15 日,ISO/TC176 正式发布了 2000 版的 ISO 9000 族标准。2000 版 ISO 9000 族标准更加强调了顾客满意及监视和测量的重要性,增强了标准的通用性和广泛的适用性,满足了使用者对标准应更通俗易懂的要求,强调了质量管理体系要求标准和指南标准的一致性。2000 版 ISO 9000 族标准对提高组织的运作能力,增强国际贸易、保护顾客利益、提高质量认证的有效性等方面产生了积极而深远的影响。

从 2004 年开始,ISO/TC176 又策划对 2000 版 ISO 9001 标准修订工作,期间开展了在全球范围内征求对 2000 版标准的使用意见、协商修订的程度与范围等活动,在 2008 年 7 月中旬,FDS 稿出台并在全球范围内征求修订意见。2008 年 11 月 15 日,ISO 组织正式颁布了 ISO 9000:2008 版标准。2008 版标准对 ISO 9001:2000 版标准进行了有限修订。2008 版修订 ISO 90001 的目的是更加明确地表述 2000 版 ISO 9001 标准的内容,并加强与 ISO 14001:2004 标准的相容性。在管理体系标准中,"相容性"意味着标准的共同要素能够以共享的方式实施,而不会在整体或部分上形成重复或冲突。与 ISO 14001:1996 相比,ISO 14001:2004 已经提高了与 ISO 9001:2000 的相容性,2008 版 ISO 9001 相关的主要目的,就是要更加提高与 ISO 14001:2004 标准的相容性。

（二）2015 版标准

2015 年 9 月 15 日，ISO 组织发布了新版 ISO 9001：2015《质量管理体系 要求》标准，国内等同采用为 GB/T 19001：2016 国家标准。ISO 组织同时提出了 2015 版标准的换版要求，要求世界各国已经采用 ISO 90001 标准的各类组织，在 2018 年 9 月 15 日以前，必须完成本组织的质量管理体系标准转换。中国国家合格评定认可中心（CNAS）及时转发了 ISO 组织和国际认证认可联盟（IAF）发布的《关于 ISO 9001：2015 及 ISO 14001：2015 认证标准转换截止期限的说明》，该声明称，"在过去的 30 年里，ISO 9001 和 ISO 14001 标准被全世界广泛采用，已经在近 200 个国家或经济体共颁发了超过 130 万张认证证书。"声明同时明确，"如获证组织在截止日期（2018 年 9 月 15 日）前仍未完成新版标准转换工作，原认证证书自动作废。"CNAS 发布了《关于积极推动 ISO 9001：2015 及 ISO 14001：2015 认证标准转换工作的通知》，要求国内数十万家获证组织积极行动起来，按时完成标准换版工作。

1. 2015 版标准修订过程

2012 年年初，ISO/TC176/SC2 委员会成立了 WG24（第 24 工作组），负责修订 ISO 9001：2008《质量管理体系 要求》标准。该工作组要求每个成员国推荐 2 名注册专家，按照 ISO/IEC 导则第 1 部分、ISO 补充规定附录 SL 的相关规定，修订 ISO 9001 标准。

2012 年 6 月在西班牙毕尔巴鄂召开第 1 次会议，形成修订 ISO 9001 的新工作项目建议稿（NWIP）。2012 年 11 月在俄罗斯圣彼得堡召开第 2 次会议，形成工作组草案稿（WG）。2013 年 3 月在巴西贝洛哈里桑塔召开第 3 次会议，形成委员会草案稿（CD）。

2013 年 11 月在葡萄牙波尔图召开第 4 次会议，针对各成员国组织提交的 127 条总体意见和 2809 条具体意见进行评议，决定是否采纳。并根据评议结果，对 ISO/CD 9001 进行修改。由于意见较多，经过对许多部分重新起草，于 2013 年 12 月 7 日形成 ISO/CD 9001 临时工作草案稿（Interim Working Draft）。各位起草组成员针对此临时工作组草案稿提出了 1396 条意见，其中 58 条为总体意见，其他为具体意见。2014 年 3 月在法国巴黎召开了第 5 次会议，针对 ISO/CD 9001 临时工作组草案稿提出的 1396 条意见进行了评议，并在此基础上起草国际标准草案稿（ISO/DIS 9001）。

2014 年 7 月 10 日至 10 月 10 日。各成员国对 ISO/DIS 9001 稿进行投票，64 票同意，8 票反对（加拿大、芬兰、德国、爱尔兰、以色列、日本、南非、美国）。批准 ISO/DIS 9001 进入最终国际标准草案 FDIS 稿阶段。并征集到了 3114 条意见，其中 1300 条为总体意见，其他为具体意见。

2014 年 11 月 15 日至 11 月 21 日在爱尔兰高威举行第 6 次会议，对这些意见进行评议,在此基础上形成最终国际标准草案(ISO/FDIS 9001)初稿。

2015年2月在立陶宛维尔纽斯召开第7次会议,形成最终国际标准草案。

2015年7月9日至9月9日,对ISO/FDIS 9001标准进行投票表决。2015年9月15日,ISO 9001:2015标准正式发布。

2. 2015版标准主要变化

新版ISO 9001标准的主要变化集中在8个方面,这些变化的内容已经在GB/T 19001—2016标准⊖的附录A中完整列出。因为该国家标准稿是等同采用(IDT)国际标准,所以翻译文稿需要经过ISO组织的认可,这就导致了该标准文稿的风格和国内读者习惯不完全一致。

(1)结构与术语变化。为了更好地与其他管理体系标准保持一致,与ISO 19001:2008相比,新版标准的章节结构(即章节顺序)发生了变化,与ISO/IEC导则第1部分ISO补充规定附录SL中,给出的"高层结构"(high level structure)保持一致。

新版标准的某些术语发生了变化,如表3-1所示。

表3-1 新版标准的术语变化

GB/T 19001—2008	GB/T 19001—2016
产品	产品和服务
删减	未使用(见A.5对适用性的说明)
管理者代表	未使用(分配类似的职责和权限,但不要求委任一名管理者代表)
文件、质量手册、形成文件的程序、记录	成文信息
工作环境	过程运行环境
监视和测量设备	监视和测量资源
采购产品	外部提供的产品和服务
供方	外部供方

值得注意的是,新版标准未要求在组织质量管理体系的成文信息中应用ISO 9001标准的结构和术语,也就是说,结构和术语更改不要求在某个具体组织质量管理体系的文件中反映。

新版标准的结构旨在对相关要求进行连贯表述,而不是作为组织的方针、目标和过程的文件结构范例。如果涉及组织运行的过程以及出于其他目的而保持信息,则质量管理体系成文信息的结构和内容,通常在更大程度上取决于使

⊖ GB/T 19001—2016标准等同采用ISO 90001:2015标准,以下同。

用者的需要。

同样，在规定质量管理体系要求时，也不要求以标准中使用的术语代替组织使用的术语。组织可以选择使用适合其运行的术语，例如：可使用"记录""文件"或"协议"，而不是"成文信息"；或者使用"供应商""伙伴"或"卖方"，而不是"外部供方"。

(2) 产品和服务。在新版 ISO 9000《质量管理体系 基础和术语》[一]中，给出了有关产品和服务的定义。产品是指"在组织和顾客之间未发生任何交易的情况下，组织能够产生的输出"；而输出就是指过程的结果。新版标准强调产品和服务之间的差异和区别。通常产品的表现形式是有形的。在供方和顾客之间未发生任何必要交易的情况下，组织也可以实现产品的生产。但是，当产品交付给顾客时，通常会包含服务因素。服务是指"至少有一项活动必须在组织和顾客之间进行的组织的输出"。通常，服务的主要特征是无形的，是由顾客经过体验而得到的。

一般情况下，标准使用的"产品"术语，包括所有的输出类别。新版标准则使用"产品和服务"。"产品和服务"包括所有的输出类别（硬件、软件、流程性材料和服务），特别强调包含"服务"，目的是强调服务在某些产品要求方面的应用。产品和服务之间存在着差异，服务的特性表明至少有一部分产品输出，是在与顾客的接触面上实现的。这意味着在提供服务之前不一定能够确认产品是否符合要求。

在大多数情况下，"产品和服务"一起使用，是因为由组织向顾客提供的或向外部供方提供的大多数输出结果，包括了产品和服务两个方面内容。例如：有形或无形产品可能涉及相关的服务，而服务也可能会涉及相关的有形或无形产品。

(3) 理解相关方的需求和期望。新版标准 4.2 条款规定的要求包括了组织确定与质量管理体系有关的相关方，并确定来自这些相关方的要求。然而，4.2 并不意味着因质量管理体系要求的扩展而超出了标准的范围。正如范围中所述，标准适用于需要证实其有能力稳定地提供满足顾客要求以及相关法律法规要求的产品和服务，并致力于增强顾客满意的组织。

对于那些与质量管理体系无关的相关方，标准没有要求组织考虑确定。有关相关方的某个特定要求是否与组织质量管理体系相关，需要由组织自行判断和确定。

(4) 基于风险的思维。2008 版的 ISO 9001 中已经隐含基于风险思维的概

[一] GB/T 19000—2016 标准等同采用 ISO 9000：2015 标准，以下同。

念,如:有关策划、评审和改进的要求。新版标准要求组织理解其组织环境(见条款4.1),并以确定风险作为策划的基础(见条款6.1)。这意味着将基于风险思维应用于策划和实施质量管理体系过程(见条款4.4),并有助于确定成文信息的范围和程度。

质量管理体系的主要用途之一是作为预防工具。因此,新版标准并未就"预防措施"设置单独条款或子条款,预防措施的概念是通过在质量管理体系要求中融入基于风险的思维来表达的。

由于在标准中使用基于风险的思维,因而一定程度上减少了规定性要求,并以基于绩效的要求替代。在过程、成文信息和组织职责方面的要求比2008版标准要求具有更大的灵活性。

虽然条款6.1规定组织应策划应对风险的措施,但并未要求运用正式的风险管理方法或将风险管理过程形成文件。组织可以决定是否采用超出ISO 9001标准要求的更多风险管理方法,如:通过应用其他指南或标准。

在组织实现其预期目标的能力方面,并非质量管理体系的全部过程表现出相同的风险等级,并且不确定性影响对于各组织不尽相同。根据6.1的要求,组织有责任应用基于风险的思维,并采取应对风险的措施,包括是否保留成文信息,以作为其确定风险的证据。

(5)适用性。新版标准在其要求对组织质量管理体系的适用性方面不使用"删减"一词。然而,组织可根据其规模和复杂程度、所采用的管理模式,活动领域以及所面临风险和机遇的性质,对相关要求的适用性进行评审。

在条款4.3中有关适用性方面的要求,规定了在什么条件下,组织能确定某项要求不适用于其质量管理体系范围内的过程,只有不实施某项要求不会对提供合格的产品和服务造成不利影响,组织才能决定该要求不适用。

(6)成文信息。作为与其他管理体系标准相一致的共同内容,新版GB/T 19001标准有"成文信息"的条款,对成文信息控制要求的内容,与原标准中文件控制要求的内容相比较,并未做显著变更或增加(见条款7.5)。标准的文本尽可能与其要求相适应。因此,"成文信息"适用于所有的文件要求。在ISO 9001:2008中使用的特定术语,如"文件""形成文件的程序""质量手册"或"质量计划"等,在新版标准中表述的要求为"保持成文信息"。

在2008版标准中使用"记录"这一术语,表示提供符合要求的证据所需要的文件,现在表述的要求为"保留成文信息"。组织有责任确定需要保留的成文信息及其存储时间和所用载体。

保持"成文信息"的要求并不排除基于特殊目的,组织也可能需要"保留"同一成文信息。如:保留其先前版本。若ISO 9001标准使用"信息"一词,而不是"成文信息"(如在条款4.1中"组织应对这些内部和外部因素的相关信息进行监视和评审"），则并未要求将这些信息形成文件。在这种情况下，组织可以决定是否有必要或适合保持成文信息。

（7）组织知识。新版标准在条款 7.1.6 中要求组织确定并管理其拥有的知识，以确保其过程的运行，并能够提供合格的产品和服务。为了保持组织以往的知识，满足组织现有和未来的知识需求，应有对组织知识的控制过程。这个过程应考虑组织环境，包括其规模和复杂性需处理的风险和机会，以及知识可用性需求。组织应确定如何识别和保护组织的现有知识库，也应考虑从组织的内部和外部资源（如学术机构和专业机构）中如何获得所需的知识，以满足组织现行和未来的需求。

引入组织的知识要求的目的是：

1）避免组织损失其知识。如：

——由于员工更替；

——未能获取和共享信息。

2）鼓励组织获取知识，如：

——总结经验；

——专家指导；

——标杆比对。

（8）外部提供的控制。在 8.4 中提出了所有形式的外部提供过程，包括产品和服务，如是否通过：

1）从供方采购；

2）关联公司的安排；

3）将过程分包给外部供方。

外包总体上具有广义采购的基本特征，因为这至少要在供方与组织之间的接触面上实施一项活动。由于过程、产品和服务的性质，外部供方所需的控制可能存在很大差异。对外部供方以及外部提供的过程、产品和服务，组织可以应用基于风险的思维来确定适当的控制类型和控制程度。

3.《ISO/TC176 关于 ISO 9001：2015 标准常见问题解答》

为了准确理解新版标准变化需要以及拓展读者视野，以下将 ISO/TC176 委员会《关于 ISO 9001：2015 标准常见问题解答》，以阅读材料形式列出，供大家参考。

《ISO/TC176 关于 ISO 9001：2015 标准常见问题解答》

一、与变化有关的问题

1. 为什么决定发布新版的 ISO 9001？

自上次 ISO 9001 在 2000 年的重大修订之后，企业需求和期望已经发生了显著变化。例如高要求的顾客越来越多、新技术的不断涌现、供应链日益复杂、主动地进行可持续发展的需求意识更为强烈。

2. ISO 9001 仍适用于所有的组织吗？

无论其规模大小、行业的异同或产品和服务的不同 ISO 9001 标准的概念没有变化；适用于任何类型的组织，不论规模、类型或其核心业务。

3. 标准的结构有何改变？

标准结构已经发生了变化，以符合 ISO 制定的共同的 10 章高层结构，确保在许多不同的管理体系标准中获得更大的协调性。ISO 14001 的新修订版本也将采用这一相同结构，其也是基于 PDCA（策划—实施—检查—处置）而建立。目前，所有的 ISO 管理体系标准均要求采用这一结构，使组织更容易在单一的、整合系统中满足多个 ISO 管理体系标准要求。

4. 新版和旧版之间内容的主要差别？

——按照 ISO 导则第 1 部分附录 SL 的要求，采用了高层结构；
——对基于风险的思维提出明确要求，以支持并改进过程方法的理解和应用；
——规定性要求有所减少；
——对形成文件给予了更多灵活性；
——提高了对服务的适用性；
——需要定义质量管理体系（QMS）的边界；
——更加强调组织的环境；
——增强对领导作用的要求；
——更加注重实现预期的过程结果以增强顾客满意。

5. 文件要求如何更改？

不再提及特定的形成文件的程序。组织有责任保持成文信息以支持其过程的运作和保留必要的成文信息，以确信过程已经按计划实施。所需成文信息的范围或程度将取决于企业的具体环境。

6. 标准没有提到质量手册。还需要吗？

不再专门要求质量手册。新版标准要求组织保持 QMS 有效性所必需的成文信息，有许多方法可以实现。质量手册只是其中之一，组织也完全可以继续以质量手册的方式，说明其质量管理体系是方便的和适当的。

7. 为何将管理评审（9.3）移到绩效评价中？

新版 ISO 9001 的顺序基于 PDCA（策划—实施—检查—处置）循环，因此，为了评价质量管理体系绩效，管理评审放在体系绩效测量之后是有道理的。

8. 去掉了"管理者代表"的称谓，如何将体系绩效报告给最高管理者？

虽然"管理者代表"的规范称谓已经删除，但职责仍然保留。由最高管理者分派岗位和职责，以确保将 QMS 绩效报告给相关管理人员。一些组织可能认为保持其现有结构是方便的，由一个人来执行这个任务；而另一些组织可以有更大的灵活性来考虑这个问题，主要取决于其组织环境和结构。

9. 为何将"产品"更改为"产品和服务"？

ISO 9001 2008 已经明确表示在以前版本的标准中术语"产品"也包括服务，所以实际上没有影响。现在术语"产品和服务"的使用贯穿标准全文，以反映标准在制造业以外大范围的使用，并强调其在服务业中的适用性。

10. 什么是"基于风险的思维"，为何将其引入标准中？

用短语"基于风险的思维"来说明 ISO 9001：2015 处理风险的方式。通过要求组织策划其过程和管理其业务来避免不良结果。在以前版本的 ISO 90001 中已经隐含风险的概念。通过强调过程策划和过程控制避免产生不期望的结果。组织管理风险的方式因其业务环境而不同（例如所提供的产品和服务危险程度、过程的复杂性、失效的潜在后果）。使用短语"基于风险的思维"表明具有风险意识是很重要的，正式的风险管理方法和风险评定不一定适用于所有的业务情况和组织。关于"基于风险的思维"的进一步信息见 ISO/TC176 网页。

11. 在策划方面有哪些变更？

ISO 9001：2015 要求组织应对面临的风险和机遇、关注质量目标和策划组织的变更。当新的产品、技术、市场和商机出现时，组织应充分利用这些机遇。这必须以受控的方式进行，并与导致不良影响的潜在风险相平衡。

12. 组织仍可以删减 ISO 9001 的要求吗？

关于 ISO 9001：2015 的要求对组织的质量管理体系的适用性，不再提及"删减"。然而，组织可确定要求的适用性。通常，新版标准中的所有要求都是适用的。只有当某项要求不会对组织在保证产品和服务的符合性以及增强顾客满意的能力或责任方面产生影响时，组织方可决定其不适用。

13. 什么是过程方法？其仍适用于 ISO 90001：2015 吗？

过程方法是通过将管理活动及其相关资源作为一个过程，从而获得预期结果的一种方式。虽然 ISO 90001：2015 的条款结构按照策划—实施—检查—处置的顺序，但过程方法仍是质量管理体系的基本概念。进一步的指南，请参考支持性文件：管理体系过程方法的概念和使用指南。

14. 新版 ISO 9001 的益处是什么？

——更少的规定性要求，但更关注获得合格的产品和服务；
——更方便服务型组织和知识型组织的使用；
——更多领导承诺；
——针对所设定目标，有更多结构性规划；
——管理评审关注组织的结果；
——更灵活的成文信息；
——以结构化方式应对组织的风险和机遇；
——对供应链管理的处理更有效；
——为形成环境、健康和安全、业务连续性等一体化的管理体系提供可能。

二、与标准特定条款有关的问题

15. 请问什么是组织环境？（4）

影响组织提供交付给其顾客的产品和服务的方式、方法的内部和外部因素的组合。

外部因素可包括，例如，在国际、国家、地区或当地层面的文化、社会、政治、法律、法规，财政、技术、经济和竞争环境。

内部因素通常包括组织的企业文化、管理、组织结构、技术、信息系统和决策过程（正式和非正式的）。

16. 什么是与相关方有关的需求和期望？（4.2）

组织需要确定质量管理体系的相关方和相关方的要求，如4.2所述。这不延伸本国际标准的质量管理体系的要求和范围。如范围所述，本国际标准适用于，需要证明其稳定地提供满足顾客和适用的法律法规要求的产品和服务，旨在提高顾客满意的能力的组织。

17. 请问什么是"组织知识"？（7.1.6）

组织知识是特定组织的知识由经验获得，是使用和共享以实现组织目标的信息，为了保护组织免于知识受损，并鼓励组织当其业务情境变化时获取新知识，引进了关于组织知识的要求。

18. "成文信息"代替"文件"和"记录"。意味着什么？（7.5）

文件和记录现在统称为成文信息。当成文信息可能需要更改时（如程序、作业指导书等），要求组织保持最新的信息。通常，当成文信息不需要更改（例如记录），要求组织保留该信息。

19. 为什么"采购"更改为"外部提供的过程、产品和服务的控制"？（8.4）

这个更改反映了事实：不是组织取得的所有产品、服务或过程必然是传统意义上的采购。一些可能会从企业的其他部分获得，例如，作为资源共享区的一部分，由捐赠者捐赠的产品或由志愿者提供的服务。

20. "过程确认"发生了什么变化？或什么曾被称为"特殊过程"？（8.5）

虽然不再是单独的子条款，但该要求被继续保留，并入"生产和服务提供的控制"子条款中。（参考8.5.1f）

21. 请问什么是"交付后活动"和组织职责的范围？（8.5.5）

根据顾客协议或其他要求，组织也许负责在交付产品或服务后提供支持，例如，包括技术支持、日常维护或在某些情况下召回。

22. 标准的改进和持续改进之间的区别是什么？（10）

ISO 9001：2008用术语"持续改进"来强调这是一个持续进行的活动的事实。然而，认识到组织改进有很多方式是很重要的。小步的持续改进仅仅是其中之一。其他方式可包括突破性变革、重组或创新。因此ISO 9001：2015使用更通用的术语"改进"。"持续改进"是"改进"的组成部分之一，但不是唯一的。

第三节　质量管理体系基本要求

质量管理体系的基本要求，集中体现在ISO 9001：2015标准中。本节按照ISO 9001标准的基本脉络进行介绍。

一、前言

前言中有三点内容需要我们关注。一是确定了 ISO 9001 标准是 ISO 9000 族标准的核心标准之一。二是说明了 ISO 9001：2015 标准是 2008 版质量体系标准的升级标准。三是介绍了 2015 版标准的主要技术变化包括八个方面，具体是：高层结构、基于风险的思维、更少强制性规定要求、提高服务行业适用性、强调组织环境、增强对领导作用要求、更加注重过程结果以增强顾客满意。

二、引言

在引言部分，包括了总则、质量管理原则、过程方法、与其他管理体系关系四个部分，分别阐述了标准的目的和意义、指导思想、总体方法和不同管理体系之间的相互融合。

（一）总则

（1）定位。在总则中，强调了采用质量管理体系是组织的一项战略决策，能够帮助组织提高整体绩效，并推动可持续发展。

（2）目的和意义。组织实施质量管理体系的潜在益处包括四个方面：一是持续提供符合顾客要求以及相关法律法规要求的产品和服务的能力，二是促成增强顾客满意的机会，三是应对组织环境和实现目标相关的风险和机遇，四是证实组织符合规定的质量管理体系要求的能力。

（3）归纳总则的内容，提出质量管理体系三个基于的观点：一是基于风险的思维，二是基于过程的控制，三是基于绩效的评价。

（4）质量管理体系是组织管理的一个部分。组织可以采用多种管理方法实施内部管理，但 ISO 9000 族标准为组织提供了实现质量提升的系统方法和极佳路径。组织按照 ISO 9000 族标准建立实施质量管理体系，是国际上通行有效的方法，并且已经得到广泛应用。这种类型的质量管理体系能够帮助组织提高能力，增强顾客满意，并可以向组织和顾客提供信任，是一种科学系统的管理体系；同时质量管理体系还可以通过内外部的评价，实现持续改进。

（5）实施质量管理体系必须与组织的实际情况相结合，统一质量管理体系的基本架构不是 ISO 90001 标准的要求。组织可以根据自身的特点和实际，建立实施质量管理，标准也并不要求组织形成和标准条款结构相一致的文件，刻意采用标准所推荐的术语。

（二）质量管理原则

2015 版 9000 标准提出了 7 项质量管理体系原则，分别是以顾客为关注焦点、领导作用、全员参与、过程方法、持续改进、循证决策和关系管理。

质量管理原则是质量管理的哲学思想和基本理念，包含了质量管理的精华，构成了质量管理知识体系的理论基础,应该贯彻到组织质量管理的所有方面。质量管理原则是组织的质量观,是质量理念、质量意识和价值观,是组织文化的重要组成部分。因此组织应该把质量管理原则作为质量管理体系的核心。一个组织的质量管理体系是否成功,关键就要看组织是否能真正把这些质量管理原则、理念、意识和价值观,渗透和落实到组织的各个层次、各个领域和各个方面。

1. 以顾客为关注焦点

顾客的概念是广义的。顾客,是"能够或实际接受为其提供的或按其要求提供的产品或服务的个人或组织"。具体包括消费者、委托人、产品最终使用者、零售商、内部过程或产品/服务的接收人、受益方和采购方等等。顾客可以是内部的或外部的,是多层次的。组织的生存和发展依赖于顾客,顾客对组织来说至关重要,顾客是组织能否继续生存和发展的决定性因素。任何一个组织如果顾客众多,为顾客所接纳,它就具有强大的生存能力和发展潜力;如果失去了顾客,组织也就失去了继续存在的价值。因此任何组织都无一例外的依存于顾客,组织需要吸引和留住顾客,最佳方法是理解并满足顾客需求,甚至超越顾客的期望,使顾客从满意走向忠诚。

2. 领导作用

对任何一种管理来说,领导作用是决定性的。著名质量管理专家朱兰博士曾经说过,没有领导的参与,几乎所有的项目都不可能成功。作为组织发展的内部动力源和推动者,领导对于质量体系的认识、理念、思考和理解,直接决定了组织能否有效建立实施质量体系。质量是为顾客服务的,但质量同时也是为组织服务的。因此,要做好质量工作,首先取决于领导对质量的认识和定位,同时这个定位与组织发展阶段和从总体战略规划有着很大的关系。领导应该给出这两方面的质量发展方向,包括质量方针和质量目标的制定,并营造有利的体系环境,建立机制、明确职责、充分授权、提供资源、检查改进。正确的质量体系意识必须渗透到组织的所有层次和领域,而领导对体系的认识和以身作则是确保质量理念实现的关键。当然,领导作用并不意味着领导亲自参与每项具体的质量活动,而是要求领导要建立好有助于质量体系有效建立实施的机制,创造并保持使广大职工能够充分和顺畅地发挥作用、利于质量体系发展的内外部环境。

3. 全员参与

质量体系需要全员参与。质量体系需要各部门各层次的员工积极参与、相互协作,才能有效地实现质量。质量不是靠检验出来的,也不是靠质量部门管理出来的,而是设计出来的、生产出来的,是各个职能部门协作的结果,特别是靠营销、设计、采购、生产等各部门的协作结果。因此,质量管理应该是全员和全过程的管理，这是对传统质量理念的一个挑战。从质量管理的角度来看，每个员工对于组织的体系来说都是非常重要的，为了促使全体员工对组织的发展做出贡献，就必须让他们投身到质量体系运行和改进的活动中去，就需要有全体员工的参与，作为质量改进的必要条件。只有经过组织全体员工的共同努力，人人讲质量，人人实现质量，组织才能获得高质量。

4. 过程方法

过程方法是现代管理的基础方法。现代质量管理理论认为，任何产品质量都是过程的结果，取决于过程的质量。过程运行的状况，将直接影响到结果的质量是否能够达到其目标。因此要想使工作结果符合要求，就必须对工作过程进行有效控制，而复杂的工作过程又往往涉及过程系统的各个环节各个方面各种因素，如人员、设备、材料、制度依据、环境、监测等等。所以要想对工作过程进行有效控制，就必须对这个过程所涉及的各个方面5M1E进行有效控制。为了更好地实现质量目标，就必须采用过程方法，将相互关联的过程作为体系来看待、理解和进行控制，有助于组织提高实现目标的有效性和效率；同时将活动和相关资源作为过程进行管理控制，可以更高效地得到期望的结果。

5. 持续改进

持续改进应当是组织的永恒目标。一方面随着组织内外部环境的变化，组织必须顺应变化，与时俱进。另一方面组织在生产经营过程中难免遇到问题，也需要采取相应的改进措施。朱兰博士曾经提出了质量管理三部曲，即质量策划、质量控制和质量改进，与PDCA循环异曲同工。一个组织如果能够做到持续改进，就可以使其逐步实现比较理想的质量管理水平。持续改进并不是因为企业管理和体系运行一定存在问题，而是因为组织和体系是在动态环境中，需要不断满足新的要求和希望，需要通过持续改进来达到预期目标，否则组织就将会落后于同行中的竞争对手。因此持续改进是组织永恒的行动，是无止境的。组织需要建立运行持续改进的体系机制，尽最大努力使组织不断产生有益的变化，从而促使组织整体效益的持续提升。

6. 循证决策

循证决策，循是指遵循，证是指证据，循证决策就是基于事实的决策。有效决策应建立在数据和信息分析的基础上，这是非常合乎逻辑的。在质量管理活动中，收集并保持适当的数据和信息证据，并对其进行适当的分析，为有效决策提供依据便是询证决策的实践。组织在质量体系质量管理的各方面决策，都需要基于事实；在确定质量战略、质量方针和目标时，都需要根据内外部环境的相关事实和数据进行确定。在产品生命周期内，有许多质量数据需要收集和分析，例如设计参数、技术指标、生产过程的检验试验数据，外部提供产品或服务的技术指标和验收数据，售后服务数据等等。这些数据对于决策和改进具有重大意义，也只有根据这些数据和事实，来进行决策和行动，组织才能不断提高质量水平。组织在质量管理中进行的监视和测量活动，就是为了获取数据和信息的方法，尽管有些信息无法用数字来表达，但是通过随后进行的定性定量分析，就可为组织提供用于决策的基础事实。只有循证决策才能使组织的质量体系运行更加科学合理，减少组织风险。

7. 关系管理

关系管理原则是从"与供方互利关系"原则发展而来的。这是因为在现代社会中，组织需要可持续发展，必须关注到与所有相关方的利益关系，而不仅仅是与供方的利益关系。组织的相关方是广义的，包括了股东、顾客、供方、员工和社会（例如政府、社区、合作伙伴、第三方群组织）。这些相关方会对组织的质量产生重大影响，因此组织必须管理好这些外部关系才能充分调动各方力量来实现组织的目标。"以顾客为关注焦点"和"全员参与"原则分别阐述了组织与顾客和员工关系的处理原则，而"关系管理"更多的是侧重关注组织与外部供方及社会的关系管理。对于供方而言，组织和供方是相互依存、互利的关系，可增强双方创造价值的能力。供方和组织是价值链、价值共同体。现代组织竞争是价值链之间的竞争，因此提高供方的水平对组织至关重要。而对于其他相关方而言，组织需要根据其经营战略和产品或服务特点，来明确重点的相关方，并管理和控制好这些外部关系。

（三）过程方法

过程方法是七项质量管理原则之一。标准倡导在建立实施质量管理体系以及提高体系有效性时，采用过程方法，通过满足顾客要求，增强顾客满意。过程方法是将相互关联的过程作为一个体系来加以理解和管理，有助于组织有效和高效地实现其预期结果。过程方法使组织能够对其体系的过程之间相互关联和相互依赖的关系进行有效控制，以提高组织整体的绩效。过程方法包括按照组织的质量方针和战略方向，对各过程及相互作用进行系统的规定和管理，从而实现预期结果。PDCA 循环以及始终基于风险的思维，对过程和体系进行管理，目的是有效利用机遇，并防止产生不良结果。

单一过程的各要素和相互作用，如图 3-1 所示。

为使组织有效运行，需确定和管理众多相互关联的活动。通过使用资源和管理，将输入转化为输出的一项或一组活动，可以视为一个过程。通常，一个过程的输出可直接形成下一个过程的输入。为了产生期望的结果，由过程组成的系统在组织内的应用，连同这些过程的识别和相互作用以及管理，可称之为"过程方法"。过程方法的优点就是对过程系统中单个过程之间的联系以及过程的组合和相互作用进行连续的控制。

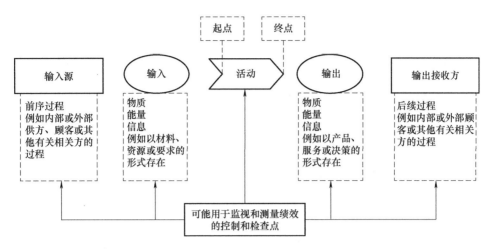

图 3-1 单一过程要素示意图

在质量管理体系中应用过程方法时，强调以下方面的重要性：1）理解和满足要求；2）需要从增值的角度考虑过程；3）获得过程绩效和有效性的结果；4）基于客观的测量，持续改进过程。

同时，PDCA 循环能够应用于所有过程以及作为整体的质量管理体系。2015 版标准内容在 PDCA 循环中的应用，如图 3-2 所示。

（四）与其他管理体系的关系

质量管理体系是组织管理体系的一个方面，关注的是组织产品或服务的质量，同时也关注组织整体的质量。其他管理体系关注的是组织各个不同的方面，如环境管理体系关注的是环境保护，财务管理体系关注的是财务控制。为了确保不同管理体系的相互整合并最终融合到组织综合管理体系当中，ISO 组织成立联合技术协调工作组，制定了管理体系标准的一致结构，即高阶结构 HSL，以确保不同管理体系标准的结构一致性；同时确保基础要求和概念共用，如内部审核、管理评审、形成文件的信息等。除了高阶结构的采用以外，新版标准还使用过程方法，并结合 PDCA 循环和基于风险的方法，将质量管理体系要求与其他管理体系要求进行协调或整合，以提高组织中各项管理体系标准的兼容性。

三、范围和术语

（一）范围

（1）新版标准为有下列需求的组织规定了质量管理体系要求：1）需要证实其有稳定地提供满足顾客和适用的法律法规要求的产品和服务的能力；2）通过体系的有效应用，包括体系持续改进过程的有效应用，以及保证符合顾客要求与适用的法律法规要求，旨在增强顾客满意。

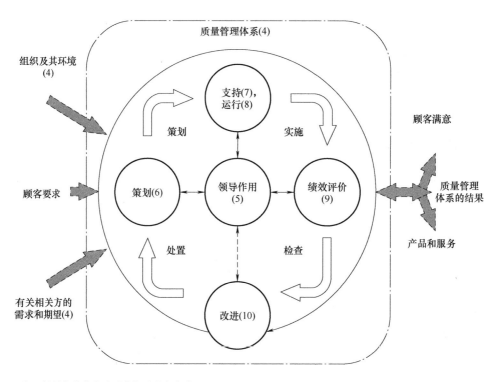

注：括号中的数字表示本标准的相应章。

图 3-2　结构在 PDCA 循环中的展示

（2）标准规定的所有要求是通用的，旨在适用于各种类型、不同规模和提供不同产品的组织。组织因根据自身及其产品的性质，选择使用标准的要求；但是这种选择不能影响组织提供满足顾客要求和适用法律法规要求的产品和服务的能力或责任。

（二）术语

新版 ISO 9001 标准完全应用和采用了 ISO 9000 标准规定的体系基础和体系术语，这些术语包括 13 个方面 138 个术语和定义。

与 2008 版标准比较，其中变化较大的是以下 17 个术语，需要引起重点关注。这些术语是：组织、组织环境、相关方、顾客、供方、外部供方、外包、设计和开发、愿景、使命、战略、客体、质量、产品、服务、风险、成文信息。

四、组织环境

GB/T 19001—2016 标准第四章是"组织环境"。该章规定了一个组织应如何建立、实施、保持和改进质量管理体系，是对组织体系建设的总体概述和要求。在第四章中特别强调，一个有效的质量管理体系必须和组织的战略方向相一致，需要及时了解影响组织实现预期输出和预期结果的内外部条件和因素，不断关注顾客和其他利益相关方的需求和期望，并及时做出积极正确的反应。第四章的内容，包括了4.1 理解组织及其环境，4.2 理解相关方的需求和期望，4.3 确定质量管理体系范围和4.4 质量管理体系及其过程。

（一）理解组织及其环境

（1）组织的宗旨即战略方向。组织的宗旨通常是指组织的使命，也就是组织存在的目的和根本理由。组织宗旨是企业文化的核心内容，会对组织的经营管理产生巨大影响。组织战略方向是指组织的长远发展方向，具体来说可能是组织的发展路径、品牌定位、市场定位、顾客定位以及产品结构优化方向等等，这些对组织起着决定性影响的战略发展方向，都会对质量管理体系产生直接或间接的影响。

（2）影响实现预期结果能力的外部和内部因素。组织的内外部影响因素一般可以从三个层次来加以理解，即宏观、中观和微观层次因素。影响组织能力的外部和内部因素很多，外部因素可能会涉及国际的、国内的、区域的或当地的各种因素，例如法律、技术、竞争市场、文化社会、经济环境等。第一层次是宏观影响因素，这是指可以广泛影响特定空间范围内所有市场、行业和企业战略行为的各种外部因素。具体可以包括影响企业战略选择的政治与法律、经济、社会文化、技术、人口社会学等五大方面的各种因素。企业一般外部环境具有先动性、广泛性、复杂性的特点，一般外部环境中各个因素变化的内容和方式存在着比较大的差异。第二层次是中观影响因素，这是指影响一个行业或者地区市场中所有企业的共同因素。主要包括市场相关因素，如顾客诉求、消费方式、目标市场、商业模式，行业相关因素包括供应商、购买者、潜在市场进入者、替代产品以及行业内部竞争者等。企业一般应考虑外部环境的变化趋势，是否会导致本企业目标、顾客需求、消费方式、目标市场和商业模式是否会出现一些重大、长期和根本性的变化。其次，需要关注行业以及行业其他有关因素对企业质量管理体系的影响。第三层次是微观影响因素，这是指组织内部环境影响。可能会涉及组织的治理文化、组织结构的强度、组织绩效等相关问题，企业内部环境问题一般可以从两个方面来理解，第一是企业所拥有的资源情况，第二是企业所具有的能力水平。企业资源通常包括人、财、物、技术流等，企业能力通常指企业将相关资源转化为组织竞争力的能力，如企业的设计研发能力、生产制造能力以及财务管理能力等。

（3）确定内外部环境因素的影响。环境因素可能对组织管理体系产生正面或负面的影响。如国家对质量法律法规的调整，产品标准的变化，新技术采用和新业务模式的出现等等。组织应规定如何来确定这些事项对体系预期结果的影响程度，可以通过包括明确职责、过程、流程、频次，以及如何将这些因素在内部进行沟通，确保组织对这些变化因素做出及时、准确的反应。确定内外部环境因素是一项管理过程，它可能会涉及对内外部因素的一系列收集、分析、研究和决策活动。组织应该对这些活动做出相应的安排，确保与质量体系相关的内外部环境因素发生变化时，可以得到识别和界定，为质量管理体系的关键过程和关键要素提供必要的信息基础。

（4）监视和评审内外部因素变化有关的信息。组织在确定内外部环境因素以后，这些因素会随着时间的推移而发生变化，因此应该进行动态控制，持续监视和评审内外部因素变化信息，确保质量管理体系持续的适宜性。

（二）理解相关方的需求和期望

（1）相关方及其要求。相关方，是指可以影响决策和活动，也被决策和活动所影响，或其感觉到被检测或活动所影响的个人或组织。相关方包括了顾客、股东、员工、供方、合作伙伴和社会。对组织而言，相关方具体可以表现为最终顾客如用户和消费者、受益人、业主、银行、外部供应者如原材料供应商、雇员及其他为组织工作的人员或组织、法律法规及监管机构、贸易及行业协会、地方、社会团体、非政府组织以及竞争者等。组织应该确定与质量管理体系有关的这些利益相关方，以及其在质量方面的相关需求和期望，但是不需要扩大到其他体系要求，如环境保护、社会责任要求等。为了管理利益相关方，组织可以对各利益相关方进行分级分类管理，确定重要和一般的利益相关方，提高质量管理体系策划和运行的针对性和有效性。

（2）确定相关方及其要求。首先组织需要理解顾客的需求和期望，顾客是组织质量及其质量管理体系最重要和最主要的相关方，这包括了产品和服务的最终顾客，如消费者和用户，以及组织与最终顾客之间的其他顾客，如产品和服务的分销商、经销商等中间顾客。消费者是组织产品和服务的最终使用者，组织的产品不同、服务不同，其消费者和消费群体也不同，因此组织需要识别和确定自身产品服务的受众和消费群体。其次，组织需要理解其他相关方的需求和期望，例如对组织产品和服务行使行政许可和行政监管的政府部门，如质量管理监管部门、生产许可管理部门、授权检验机构、工商行政管理部门等。第三，相关方还包括了为本组织业务活动提供资源和能力保障的外部组织或个人，如物资供方、服务供方、外包过程供方等。第四，供方还包括组织内部员工，如其工作会直接影响提供满足要求的产品和服务以及对顾客满意具有影响的部门和内部员工。

（3）跟踪及评价利益相关方及其要求有关的信息。利益相关方及其要求在不同的发展阶段都可能发生变化，这些变化都会直接或间接影响组织质量管理体系。组织应该对利益相关方及其要求的相关变化信息进行跟踪和评价，对这些跟踪评价活动做出安排，确保能及时掌握和了解相关方及其需求的变化，应及时加以关注信息变化和评价可能带来的影响。目前新技术日新月异、新产品层出不穷，利益相关方的需求和期望也必然出现新的变化，也会影响到组织内部的变化，例如员工需要掌握更多的新知识新技能，对于培训的需求将比以往更加强烈，对于组织来说，就应及时关注、评价和应对这些变化信息。

（三）确定体系范围

（1）质量管理体系范围是体系建设的重要内容，决定了组织质量管理体系的策划和实施的方向和内容边界，通过体系范围的界定，可以对组织质量体系的边界和每一体系要求的适用性进行准确评估。

（2）体系范围包括了边界和适用性两部分。边界是指组织质量管理体系应该覆盖的界限，包括组织单元产品和服务活动过程和区域的界限。适用性是指在这些界限范围内，组织对标准要求的适用程度，对于组织应该适用的体系要求，组织必须适用。

确定组织质量管理体系范围时，应该考虑如下因素，一是组织在界定边界时，应考虑组织实施控制与施加影响的责任、权限和能力。二是应该考虑组织外部及内部因素，内部因素如企业的业务范围、产品定位、价值链分析及核心过程定位等。组织的活动、产品和服务范围将直接影响质量管理体系的范围。确定体系范围时还应考虑组织相关方的需求和期望，以顾客影响质量体系范围为例，若顾客要求组织对应用于其产品的关键原材料进行源头管控，提高其过程能力水平，进而确保其所需产品的质量，顾客的这些要求就可能导致组织应对此类供应商进行现场控制，甚至派员驻点服务等；顾客的要求就将影响组织的具体活动范围，进而影响组织质量体系范围。三是组织的产品和服务直接影响着体系范围。不同的产品和服务，以及产品和服务的不同实现过程，都会影响组织的体系范围。在确定组织体系范围时，均应认真分析，明确产品和服务的标准要求，明确具体产品和服务的类别，规范要求和社会经济分类方式，以界定产品和服务范围。同时也要考虑在提供产品和服务过程中，可能的外部提供采购、外包和外协的需求。

（3）确定组织体系的适用性。标准要求是通用的，因此针对不同组织类型和不同行业标准，某些要求可能存在不适用。如果标准所有要求都在组织确定的管理体系范围内适用，组织就应全部予以采用。如果经过评估发现存在体系不适用的内容，则应说明不适用理由，判断依据是"是否影响组织确保其产品和服务的合格能力和责任"。

（4）质量管理体系范围的文件化要求。组织的质量体系范围应该通过文件化信息得到保持，并针对体系范围，说明所覆盖产品和服务的类型，以及不适用内容的相关理由。体系范围界定应包括产品和服务描述、主要过程描述、组织机构区域场所描述,以及标准条款的适用性描述。

(四) 体系及其过程

(1)本标准条款规定了体系应用过程方法和基于风险思维进行质量管理体系建立、实施、保持和改进。说明了过程方法的具体应用逻辑和步骤,同时说明了在过程控制中应基于风险的考虑。

(2)基于过程方法,开展体系建设。质量管理体系是建立在所有工作都是过程、都是通过过程控制来完成的认识基础上的。过程方法是质量管理体系的一个基本方法。

本条款阐述了过程方法的具体应用步骤。一是确定过程所需要的输入和期望的输出。体系过程的输入是广义的资源,过程的输出就是组织提供的产品和服务。组织应在质量管理体系确定的范围内,识别所有与质量有关的过程,并分析每个过程的输入--活动--输出环节所产生影响的相关因素。对于组织而言,通常影响质量的相关过程,有产品和服务的设计开发过程、外部提供过程、产品和服务的控制过程、生产和服务提供过程、产品销售过程和售后服务过程等等。不同组织涉及的过程不尽相同,具体组织在识别过程时应考虑质量管理体系范围,对于外包过程也应明确加以识别和确定。二是确定过程的顺序和相互作用。体系涉及的过程数量很多且错综复杂,为确保过程得到更好的控制,提高管理和运作效率,组织应理顺这些过程之间的关系,包括输入和输出的关系、过程先后顺序和相互影响程度、影响范围等,做好过程的优化管理。三是确定过程控制所需的准则和方法。对质量体系有关过程进行有效运行和控制所需的准则和方法,一般表现为过程控制和接收或放行的规范、规定或标准,如采购过程的材料清单、技术规格、图样、设备运行控制参数,产品检验标准等。过程运行和控制方法可以表现为控制计划、作业指导书、工艺要求或操作规程、检验规范等。四是确定过程所需的资源并确保可以获得。五是分配过程的职责和权限,为确保体系各过程得到控制,需要明确过程的接口、职责、权限、过程控制人员,将具体过程控制与职能部门及人员有效关联,为过程控制和实施改进提供保证。六是按照基于风险思维的管理要求,对体系过程策划和实施时,应关注各过程可能存在的不确定性对过程输出的影响,同时应考虑内外部环境或组织战略对过程控制要求的变化,并针对这些影响和变化,做好应对措施的策划。七是评价过程实施所需的变更,以确保这些过程变更得到控制,实现过程预期结果。八是改进过程和质量管理体系的协调一致性。

(3)成文信息要求。标准对成文信息控制提出了原则性要求,但并没有硬性规定需要哪些具体的成文信息。这需要由组织根据自身实际,包括组织规模、产品和服务、过程复杂程度、组织文化、管理基础等因素,进行自行确定。原则是成文信息应包括两个方面内容,一是各种过程的控制准则和依据,二是过程得到实施或过程运行有效的相关证据。由组织自行规定支持体系过程运行和体系绩效所需要控制的成文信息。

五、领导作用

GB/T 19001—2016 标准第五章明确规定了最高管理者，作为决策者在质量管理体系中应该发挥的领导作用、应该承担的工作和职责，以确保体系建设成功。这是"领导作用"体系原则和体系基础的具体体现。同时也明确要求了最高管理者应带领组织，树立和贯彻以顾客为关注焦点的理念，始终关注顾客、各组织相关方和适用法律法规要求，并持续满足其要求。第五章包括了 5.1 领导作用和承诺，5.2 方针，5.3 组织的岗位职责和权限三个部分。

（一）领导作用和承诺

（1）领导作用。最高管理者是指在组织最高层指挥和控制组织的一个人或一组人，即组织的决策者。最高管理者的领导作用主要包括，一是指挥和引领作用，确定组织发展的正确方向和路径，通过实际行动发挥其引领、影响作用，带领全体员工为实现组织目标而不懈努力。二是协调和组织作用，开展组织内的分工协作，提供和合理分配资源，营造充分的沟通氛围。三是激励作用，创造并保持使员工能够充分和顺畅的发挥作用，并愿意为实现组织目标而努力工作的环境，这些环境可能包括，员工在其职责范围内得到充分授权、持续提升员工能力、鼓励改进和创新等。

（2）领导承诺。最高管理者对质量管理体系的承诺包括，满足顾客要求的承诺，满足适用法律法规要求的承诺和持续改进的承诺。为证实对质量管理体系的领导作用和承诺，标准要求最高管理者，一是对质量管理体系的有效性负责。有效性是指完成策划的活动并达到策划结果的程度。采用质量管理体系是组织的一项战略决策，涉及组织中与体系相关的所有部门和过程，需要最高管理者强有力的推动和领导。没有最高管理者的参与和支持，质量管理体系的有效性就无法得到保证，所以最高管理者对质量管理体系的有效性负有责任，应该承担相应的职责。二是确保制定质量体系的质量方针和质量目标，并且与组织所处的环境相适应，与组织战略发展方向相一致。组织质量管理体系、质量方针和质量目标，必须服从和服务于组织经营目标、战略方向和战略目标。只有这样，质量管理体系才能为组织及其经营绩效贡献价值。三是确保把质量管理体系要求融入组织的业务过程中，最高管理者应确保将质量管理体系过程及其要求融入组织的业务过程中，以防止出现两层皮的现象。只有将标准要求和组织业务过程深度融合，才有可能将日常工作和体系深度融合，建立长效机制，才能有助于取得质量管理体系的预期结果。四是促进使用过程方法和基于风险的思维，采用过程方法是将相互关联的过程作为系统加以理解和管理，基于风险的思维是利用机会和防止风险，确保实现预期结果。通过采用过程 PDCA 循环，结合运用全面的过程控制和基于风险思想，可以实现对过程和整个体系的预防和控制。最高管理者应支持和推动过程方法和基于风险思想的应用。五是确保质量管理体系所需资源是可获得的，体系活动必须投入资源，包括人员、基础设施、运行环境、监视和测量资源、组织文化等。资源的确定和提供是质量体系实现增值、实现预期结果的必要条件，因此最高管理者应确定资源需求计划配置，质量管理体系所需的资源，尤其是关键和紧缺资源，并确保这些资源可获得。六是沟通有效。沟通有效是质量管理体系取得预期结果的保证，也是对实现组织战略的重要支持。最高管理者应通过各种可能的内外部沟通渠道，不断传递有效的质量管理和符合体系要求的重要性，以提高内外部相关人员的质量意识，主动参与体系活动，并按质量管理要求开展工作。七是确保质量管理体系实现预期结果，体系的预期结果包括持续满足顾客要求，满足法律法规要求，提供合格的服务产品和服务。八是引导、指导和支持员工对质量管理体系的有效性做出贡献。最高管理者要确保全体员工都积极参与体系建设，并意识到各自岗位对体系和质量作用的贡献。同时最高管理者应以身作则，通过实际行动发挥模范带头作用，提升员工质量意识，引导、指导和支持员工对体系运行的有效性做出贡献。九是推动改进。改进是对组织提升绩效、应对内外部变化和创造新的机会，最高管理者应促进组织内部改进意识的形成，要建立持续改进的机制，应用各种改进工具和方法，努力促使组织提升质量。十是支持其他管理者在其职责范围内发挥领导作用。各级管理者都是组织的中坚力量，最高管理者应通过授权、指导、帮助、激励等措施，支持各级管理者在其负责领域展示其领导作用，包括建立与组织一致的目标和努力方向，营造氛围，带领团队实现目标。

（二）方针

（1）质量方针。质量方针是由组织最高管理者制定并正式发布的关于质量方面的总体意图和方向，体现了最高管理者在质量方面的总体要求，是最高管理者履行其领导作用的重要职责。质量方针能为组织提供关注焦点，形成全体员工的价值观和凝聚力，显示组织对外的质量承诺，争取顾客信任。组织必须以方针为行事的原则，正式发布质量方针，可以通过文件化形式，正式批准、明确发布实施日期来体现。

（2）质量方针要求。质量方针应适应组织宗旨和组织环境，并支持组织战略方向的实现。组织的宗旨包括了使命、愿景、核心价值观等，体现了组织存在的价值、承担的职责，未来整体发展方向和组织的基本原则、组织战略方向应该与组织宗旨保持一致。最高管理者应审时度势，理解组织所处环境，所确定的质量方针应该与组织内外部环境相适应。由于组织所处的环境是变化的，所以质量方针应动态、持续地符合组织的实际,应定期对质量方针进行评审。

(3)质量方针内容。组织质量方针,一是包括满足顾客要求、满足法律法规要求的承诺,需要体现以顾客为关注焦点的管理原则,体现针对组织产品服务和过程符合性的承诺。二是要包括持续改进质量管理体系的承诺,体现了持续改进是组织永恒目标的管理原则。三是质量方针和质量目标一起,为组织提供了关注焦点,确定了质量管理体系预期的结果。四是质量方针为质量目标的制定提供了总体框架,质量目标是实现质量方针的主要手段和方式。另外最高管理者对质量和质量方针的承诺应是积极的并且被有效沟通的,组织应该将质量方针形成文件,通过各种形式、途径向全员传达贯彻,并向社会进行沟通与宣传,为组织的各利益相关方所获取。

(三)组织的岗位、职责和权限

(1)确定组织结构。组织一般根据发展战略,确定组织机构和岗位,明确各自的职责和作用,解决分工和合作问题。在确定岗位以后,就要明确各岗位的职责和权限。职责是人员被期许应完成的工作,即应做的事;权限是人员被授权允许做的工作,即可以做的事。组织是职责权限和相互关系得到安排的一组人员及资源,明确岗位和职责权限,组织才能是有序的。所谓组织结构,就是指组织的岗位、职责、权限和相互安排。

(2)有效规定、沟通和理解。最高管理者应确保组织结构明确、职责权限规定要求清晰准确。不同部门、不同岗位之间以及组织与外部相关方的接口关系明确并协调统一。最高管理者要确保整个组织内所规定的职责权限得到有效的传达、沟通和理解,一方面让员工都知道并理解自己在符合体系要求和实现预期结果方面的角色、职责与权限,以便自觉主动地严格执行规定、履行职责;另一方面让员工知道其他岗位,尤其是存在接口的岗位的职责、权限和相互关系,以使各岗位相互配合,交流通畅,使管理体系各过程协调有序,高效运作。

六、策划

GB/T 19001—2016 标准第六章,对如何进行质量管理体系策划提出控制要求。具体包括,识别风险和机遇、确定风险和机遇的应对措施、确定目标和行动方案,以及对于质量管理体系变更进行策划。策划是以领导作用为核心的体系运行过程 PDCA 中的 P "策划"阶段,组织需要根据组织特点、内外部环境、顾客及相关方需求,以及确定的体系范围来进行组织的体系策划。按照体系过程控制要求、标准要求具体开展策划活动时,将体系目标及行动方案、体系变更,融合到体系识别的过程中去,本章要求对体系及其过程进行事先的策划控制。第六章包括了 6.1 应对风险和机遇的措施,6.2 质量目标及其实现的策划和 6.3 变更的策划三节内容。

（1）应对风险和机遇的措施。组织应在质量管理体系策划时就基于风险的思想，并对实现预期结果可能的风险和机遇进行识别，进而采取适当应对措施，以更好地实现质量管理体系的预期输出。

（2）风险管理的思想包含了预防措施要求，新版标准更加明确地表达了这种思考方式，并将风险控制融入体系建立、实施、保持和持续改进的过程中，从而更好地识别和控制风险，确保实现质量体系的预期输出，包括产品和服务顾客满意和质量要求等。

风险是不确定性对期望结果或目标的影响，影响是指与期待的偏差，可能是积极的正面影响，也可能是消极的负面影响，因此风险概念是中性的。但体系标准所指的风险，是指不利或负面的影响。结果或目标可以有不同的方向，可以体现在不同的层次，因此风险通常是以事件包括环境变化后果和发生可能性的组合来表达的。风险管理包括了风险识别，风险应对、风险控制、风险预防和实现改进等各个环节。

（3）质量目标。质量目标管理是质量策划活动，但也包括了 PDCA 循环，即质量目标管理包括目标制定、实施、测量和改进四个步骤。

质量目标内容。质量目标是组织在质量方向追求的具体目的，是与质量直接相关的目标，是可以测量质量好坏的。质量目标可以是定性的，也可以是定量的。如顾客满意为定性，而顾客满意度则是定量的。总体上说，质量目标包括了过程性目标和结果目标，即过程合格水平或零部件合格水平是过程性指标，而产品合格水平、市场退货率、质量成本、顾客满意度是结果性指标。

质量目标的建立和实现。组织应该在职能、过程和层次三个方面建立质量目标。职能目标是指部门和人员所应有的作用，如业务部门的职能是销售，那么相关质量目标可能是服务满意度。过程目标，是指完成一项工作或任务所需的相互关联的活动目标，如生产过程的质量目标可能是产品合格率。层次目标是指组织的管理层次，如高层目标、中层目标和基层目标。高层目标一般来说就是公司层次的目标，一般会纳入公司战略的关键绩效指标。中层目标一般是指部门目标，基层目标一般是指车间班组或个人的目标。但职能目标通常会与部门目标相重叠或一致。

质量目标的基本要求。包括以下几个方面：一是与质量方针保持一致。质量目标是组织在质量方面所追求的具体目标，是以质量方针为基础的。质量目标是在质量方针原则和框架下的具体目标，相对而言质量目标更加具体、有针对性。确保质量目标的建立和实现，是实现质量方针的有效手段。二是可测量。无论是定性目标还是定量目标，质量目标都应该通过一定手段，对其进行衡量与评价。质量目标的实现情况测量可以是定量的，也可以是定性的。定性测量如考评、测评、评价等，定量测量如收集顾客满意度和生产线的合格率。质量目标的测量方法和内容要规范、科学,包括测量方法、时机、频次和样本选择等,以保证质量目标测量结果的可靠性。三是质量目标应体现相关适用标准要求。四是应针对提高产品和服务的符合性,以及增强顾客满意度。五是应对质量目标的实现进行监视、测量、分析和评价。六是应对质量目标实现情况进行及时沟通。七是应适时更新质量目标。八是应保持质量目标的相关成文信息。

七、支持

GB/T 19001—2016 标准第七章,明确了组织在建立、实施、保持和改进质量管理体系有效运行时,所需要的支持和资源要求。从人员能力、意识、沟通、基础设施、环境、监视和测量资源、知识、成文信息等方面,为质量管理体系有效运行提供支持,以确保实现质量管理体系的预期输出。第七章内容包括,7.1 资源,7.2 能力,7.3 意识,7.4 沟通和7.5 成文信息。

(1) 广义资源。组织的资源是指组织拥有的或者可以直接控制和运用的各种要素,这些要素是组织运行和发展所必需的,同时又可以通过管理活动进行配置整合。为了确保质量管理体系的建立、实施、保持和持续改进,组织需要配备相应的资源。资源一般包括人、财物、基础设施、技术、信息和知识、供应商和相关方、关系资源等,因此,资源是广义的概念。

(2) 人员。组织应确定并配备体系所需的人员,以有效地实施质量管理体系并运行和控制体系过程。人力资源是最重要的资源,人力资源包括了人员确定和人员配备。组织人员的确定一般是通过人力资源规划方式来实现的,组织需要根据其战略规划、年度计划、质量方针和目标要求,提出在质量方面的人力资源需求,如设计人员、采购人员、检验员、工程师、供应商、审核员等需求,然后评价现有人员状况,确定需要培养和招募人员的要求。人员配备可以有多种方式,包括培养、招募和外包等。组织可根据发展规划和人力资源计划,根据质量战略和质量工作计划的需要,确定人员配备方式。

(3) 基础设施。基础设施是指组织体系运行所必需的设施资源,至少包括了建筑物和相关的设施、设备,包括硬件和软件、运输资源信息和通信技术等。建筑物和相关设施,既包括厂房、办公楼、商场的营业大楼、仓库,也包括与之配套的水电气、通风照明空调系统等。相关设施包括硬件和软件,如机加工设备、数控机床及其所附带的软件,工装、夹具等各种工具和辅具。运输资源可包括自备运输资源和第三方物流等。

(4) 过程运行环境。是指过程运行所处的条件和过程运行所需要的特定要求。运行环境对服务和产品质量具有直接或间接影响,环境条件可以是社会因素、人为因素和物理因素的组合。过程运行环境的确定,需要根据组织的产品和服务特点以及具体的技术方案或服务方案,从社会、心理和物理三个方面考虑，并根据过程实施需求、过程控制要求，来确定过程运行环境。

（5）监视和测量资源。监视是指确定体系、过程、产品、服务或活动的状态，确定状态可能需要检查、监督或观察、评价。通常，监视是在不同阶段或不同时间，对客体状态的确定。测量是指确定数值的过程，确定数值通常是指量值，包括使用可溯源到国家或国际测量标准，经校准或验证的设备。对于服务而言，它包括使用所了解并经过确认的监督模式来获得服务反馈，例如社会服务评价模式。

监视和测量资源的确定和提供。根据产品和服务要求，确定需要验证产品和服务符合性的特性，从而选择相应的监视测量资源。在确定监视和测量需求时，组织需确定对过程和产品需要监视或测量的内容，然后确定为此监视和测量所需的资源，并确保其适用于所要求的监视和测量。

有可追溯性要求时，对测量设备的控制要求，一般包括检定或校准、标识和状态保护。

（6）组织知识。知识是为实现组织目标而供组织内部使用和分享的信息。组织知识对组织来说是特定的，通过组织的经验和历史来传承，如组织的管理制度、技术文件、产品标准、专利技术、数据库、培训教程。人员及其经验是组织知识的基础。组织知识的获取和分享，可以产生整合效应，从而创造出新的组织知识。

（7）能力。组织的人员能力要求，通常经过以下三个方面获得：一是教育，与岗位职责相应的教育背景、学历、专业知识等。二是培训，在专业工作过程中接受过专门培训。三是经验，通过工作经历，获得经验和技能。人员能力要求可归纳为，有资格、能胜任、经授权。对于人员能力的记录和资料，组织应予以保存，以备在必要时为相关人员具备能力提供证据。

（8）意识。质量意识是指组织中的人员对产品质量、工作质量、服务质量和体系质量的认识和了解掌握的程度。人员对质量的认识、信念和所具备质量素养的评价，都属于质量意识的范畴。质量意识是激励组织人员在体系中发挥作用的内心潜力和动力源。

（9）沟通。组织内部和外部的有效沟通，可以确保与质量体系相关的信息，得到及时有效的传达、理解并达成共识。实现沟通的方式多种多样。有效沟通可以提高组织质量体系的效率和有效性。

（10）成文信息。形成文件的信息是指组织需要控制和保持的信息及其载体要求。成文信息一般包括两个方面，一是为组织运行提供依据的成文信息，二是证明组织体系运行结果实现的记录信息。成文信息的控制要求，首先是要确保在需要的场合和时机，能够及时得到适用版本的成文信息，以支持体系有效运行和过程有效控制。其次是对作废的成文信息，需要进行控制以防止其被非预期使用。第三是对成文信息进行更改控制时，其原则是需要"同等严格"的控制。第四，需要保存文件化信息，作为体系运行符合性证据。第五，对成本信息的载体和形式，应该持多样化的态度，不拘一格。

八、运行

GB/T 19001—2016 标准第八章规定了对体系过程策划和控制的要求。是指对产品和服务实现的直接过程的管理和控制要求，包括确定与产品和服务有关的所有要求及实现过程，根据确定的产品和服务要求进行设计和开发，并生产产品提供服务，对产品和服务的实现过程进行现场控制，针对产品和服务的特性进行实时监视和测量，将符合要求的产品和服务交付给顾客，提供交付后的服务。这是体系运行中最重要的过程，也是价值增值的过程。第八章共有7个条款，分别是8.1运行策划和控制，8.2产品和服务的要求，8.3产品和服务的设计和开发，8.4外部提供的过程、产品和服务控制，8.5生产和服务提供，8.6产品和服务的放行和8.7不合格输出的控制。

（一）运行策划和控制

质量管理体系对过程运行控制的总体要求是，在受到控制的状态（受控状态）下运行。凡事预则立，过程的受控状态，必须从策划开始，才能实现组织对其产品/服务的全过程受控。

（1）过程策划需要包括产品/服务的全过程。不仅需要包括产品的营销、设计、工艺、采购、制造、装配、检验、包装、运输、交付、服务，一直到产品的用后处置，即产品生命周期的全过程各个环节，也需要包括对组织外部提供过程的有效控制。

（2）受控状态的具体要求，至少包括：

1）确定产品和服务的要求。明确规定产品和服务要求，使受控状态有明确的目标。

2）确定受控的判定标准，即准则。如过程受控的标准，可以用产品标准、标样、图样、技术文件等形式体现。产品接收准则，可以用检验规范、产品标准、服务标准、工作标准、样品或模版等形式体现。

3）确定所需的资源要求。首先，资源是指广义资源，既包括了人财物、5M1E、信息流等人们熟知的资源，也包括环境、知识、能力、监视等人们需要进一步了解的新兴资源。其次，需要识别资源需求，资源不是越多越好，以适宜为原则，不追求资源过剩。

4）按照准则要求实施过程控制。通过各种监督和管理手段，如生产计划、工艺纪律检查、工作督查、项目检查、月/季/年度阶段性评价、绩效考核等，保证过程的受控状态。

5) 确定、保持、保留必要的成文信息，作为过程受控和结果合格的证据。

(3) 过程策划的结果和输出应该与组织相适应，适合于组织的运行。如工厂企业的过程策划文件，可能是一份工艺文件、一张检验卡，而政府部门的过程策划文件，则也许是一份工作计划。

(4) 过程实施中，如果产生了策划的变更，则需要使变更也在受控状态下进行。要识别和区分预期变更和非预期变更，预测变更结果，采取必要措施，减少变更带来的不利影响。

(5) 外包过程是对本组织过程的补充。外包的结果和责任，是由本组织承担的，所以对外包过程，组织应同样纳入受控范围进行控制。

(二) 产品和服务要求

(1) 顾客沟通。通过与顾客沟通，了解其对组织产品和服务的要求。一是需要对顾客作广义的理解。组织需要了解以顾客为代表的所有相关方，对本组织产品和服务要求的信息。二是组织可以通过与顾客沟通，请顾客提供有关产品和服务的需求信息，获取顾客对现有产品和服务的情况反馈。三是需要持正面理解的态度去与顾客沟通。即使是顾客的抱怨和投诉，组织也可以从中找出对自身产品和服务改进相关的正面信息。

(2) 确定产品和服务要求。在确定本组织提供的产品和服务要求时，需要考虑三个方面：一是在形式上，需要书面明确确定。二是内容上，既需要满足顾客要求，也需要符合法律法规要求，同时能够为本组织能力所提供。三是名实相符。

(3) 合同评审。1) 表面上是对这些拟规定产品和服务要求作评审，而实际上是对本组织能否实现这些要求的能力在作评审。2) 组织只能对确保有能力实现的产品和服务要求做出承诺，因此必须在签约前进行合同评审。3) 对政府部门而言，其向社会做出的承诺，就是自身提出的合同要约。因此在诚信社会中，政府会说得少，做得多，言必行，行必果。4) 保留相关成文信息，作为依据和证据。

(4) 合同更改。合同更改时，需要对成文信息同步进行修改，并进行有效传递。

(三) 产品和服务的设计和开发

(1) 设计和开发，是指将客体要求转换为对产品和服务要求的一组过程。设计开发在不同类型组织中会有不同体现，如在工厂是设计开发一款新产品，在公交公司是开辟一条公交新线路，而在政府机关，则可能是提出一个新的工作方案。

(2) 需要对设计开发全过程进行有效控制。从设计输入开始，进入设计策划，通过设计过程，形成初步的设计输出。经过设计评审、设计验证、设计确认等环节以后,确定审核输出。在设计开发过程中,经常会有设计更改发生。

(3) 需要注意,在新版标准中设计开发是一个相对广义的概念。通常情况下,典型意义上的设计开发情况较少发生,但是包含部分设计开发活动情况非常普遍,如设计改型过程、设计升级换代过程、设计修改过程,包括工艺设计过程。因此新版标准中,设计开发的不适用情况较少发生,而是根据组织产品的设计开发程度,来确定对设计开发的控制程度。产品和服务的设计开发的程度越大,需要进行的设计开发控制活动越多。如开发一个全新的海外旅游项目,需要进行从方案设计到设计输入、到设计策划、设计过程、初步设计输出、设计评审、设计验证、设计确认等全部过程环节的控制;而将一支签字水笔变形设计为一个情侣对笔新产品,其控制的设计环节和内容就会简单得多。

(四) 外部提供的过程、产品和服务控制

(1) 外部供方。是指为组织提供相关产品、服务或过程的外部组织。如提供产品零件的供方、提供服务的组织、提供粗加工等过程的外协厂等。外部提供是组织能力的补充,通常情况下,外部提供的过程、产品和服务,会成为组织产品/服务/过程的组成部分,由组织来承担相应的责任。因此组织需要对外部提供进行有效控制。

(2) 对各种外部提供的控制。如外部提供的是产品,可以采用典型的采购控制,明确采购检验标准,进行进货检验。如外部提供的是过程/服务,如喷涂、检测、运输、培训等分包过程,则需要向外部供方确定资质要求,明确提出分包技术要求指标,对分包过程进行指导和监控,对分包结果进行评价验收。

(五) 生产和服务的提供

(1) 生产和服务过程控制的总体要求是,在受控状态下进行这些过程。受控状态包括了过程相关的所有因素,即 5M1E 和 5W1H 要求等。标准还特别提示,这种控制不仅仅是指在产品和服务质量的形成过程中,还包括产品质量形成后的接续过程。

(2) 有一类过程需要特别关注:即需要进行能力确认的过程,企业一般称之为特殊过程。需要注意企业对特殊过程的定义和确定,一般情况下,特殊过程包括两种情况:一是在本过程完成后,后续过程不能准确确定本过程的质量状态;二是从经济上考虑,本组织没有能力对该过程质量进行控制,这种能力可以是经济性的,也可以是资源性的。一旦确定为特殊过程,就需要对该过程相关能力进行事先的确定,以保证本过程产生的质量能够满足规定要求。

(3) 在过程质量需要追溯时,组织应保证使用唯一性的标识标志产品,使其满足追溯要求。

(4) 在产品形成过程中,如果需要使用顾客或外部提供的财产,组织应对这些财产进行控制,无论这些财产是有形的还是无形的。确定是否是顾客或外部财产,是以所有权作为区分标准的。

(六) 产品和服务的放行

产品或服务的放行,应以满足规定要求为前提。不合格产品不能放行。放行时应保留相关成文信息,作为组织完成履约责任的证据。

(七) 不合格输出的控制

(1) 如果组织因为特殊情况如例外转序、例外放行,发生了不合格输出,则组织需要对不合格输出采取相应措施进行控制,以防止其非预期使用或交付。

(2) 不合格输出应该得到适当的处置。处置方式有多种,如纠正、隔离、评审、评价、返工、返修、降级、报废等,具体采用哪种方式,需要根据不合格输出的情况对应确定。对不合格输出在处置和放行过程中产生的成文信息,应当保留。

九、绩效评价

GB/T 19001—2016标准第九章规定了组织对质量管理体系进行监视、测量、分析和评价的控制要求。提出了组织应该对产品、过程的质量管理体系有关信息,进行监视测量分析和评价。对这一活动组织应开展策划并实施,具体包括监视测量分析评价的内容、方法、时机和频次,从而对质量管理体系的绩效和有效性做出评价,以便为质量管理体系后续的持续改进提供依据。第九章的内容包括三个部分,9.1监视、测量、分析和评价,9.2内部审核,9.3管理评审。

(1) 目的。组织通过监视、测量和分析,目的是评价组织质量管理体系的绩效和有效性。监视和测量的管理手段有很多,体系中重点推荐使用的是顾客满意测评、内部审核与管理评审三种方式。

(2) 顾客满意度测评时,要注意以下几点:一是顾客是广义的概念,满意度测评时要关注有代表性顾客。二是顾客包括了外部顾客和内部顾客,组织在建立基于ISO 9001的质量体系时,重点关注外部顾客。但是当组织在重点研究内部改进时,必须同时关注内部顾客的满意度。三是满意度测评只是手段,目的是引入质量改进。

(3) 分析和评价。通过对评价结果的全面分析,可以帮助组织清晰体系现状,找出体系改进的重点。与此同时组织需要关注那些体系临界点,分析其可能的后果,纳入风险管理和控制。

(4) 内部审核和管理评审的几个基本点:一是内部审核是一种管理活动,管理评审是一种决策活动。二是内部审核目的是评价组织体系的符合性和有效性,管理评审重点是在评价符合性和有效性的基础上,进行适宜性评价。三是内部审核引发的大多是操作层面、管理层面的改进活动,而管理评审一般会引发体系运行机制等层面的改进活动。

（5）有关满意度测评、内部审核、管理评审的具体分析，请参见相关章节。

十、改进

GB/T 19001—2016 标准第十章，提出了对组织质量管理体系实施改进的要求，是持续改进原则的具体体现。为满足顾客要求和增强顾客满意，组织一方面可以通过采取纠正和预防措施，纠正和预防不符合发生，达到体系改进要求；另一方面也可以通过对体系的分析和评价，对组织采取持续的改进措施，以实现组织建立实施质量管理体系的目的和目标，包括实现组织的质量方针和质量目标，增强顾客满意，提升组织的绩效和体系的有效性等。第十章的具体内容包括三个方面，分别是 10.1 总则，10.2 不符合与纠正措施，10.3 持续改进。

（1）就 ISO 9001 标准而言，体系改进的目的是为了通过各种改进措施，增强顾客满意程度。

（2）要区分纠正、纠正措施和预防措施。纠正是指就事论事的改正错误。纠正措施需要分析错误产生的原因，消除原因，达到错误不再发生的目标。而预防措施则是，分析可能发生错误的原因，消除原因，使错误不发生。可以分析以下几个成语，帮助我们理解上述概念：斩草除根、未雨绸缪、亡羊补牢。

（3）持续改进是组织永恒的主题。通过持续改进，可以不断提高组织体系和能力的充分性、有效性和适宜性。质量管理体系只是组织持续改进的管理方式和手段之一，组织应该在此基础上，博采众长，不断提高体系质量和能力，实现组织的可持续发展。

第四章 质量手册编制

质量手册是政府部门体系运行的纲领性文件，是最主要的质量体系文件。

本章由理论分析、标准要求、手册案例三部分组成。在理论分析中，首先对质量体系文件进行分析，具体包括了体系文件的作用、构成、特性、编制原则和编制过程。其次是对质量手册的定义、特性、基本内容要求进行叙述。在分别关注了 ISO 9000 标准和 GB/Z 30006 等标准对质量手册的规定要求以后，推荐两份国务院所属国家部委机关的质量手册样本。

第一节 理 论 分 析

一、体系文件

（一）体系文件的作用

质量管理体系文件是政府部门建立实施质量管理体系的依据。编制质量管理体系文件的过程，实际上就是对质量体系进行总体设计和详细设计的过程。质量管理体系文件体现了管理体系的目的、作用、结构和规定要求。

政府部门质量管理体系文件具有以下几方面的作用。

一是法规作用。体系文件作为政府部门开展管理活动的法规和依据，是各级政府部门全体人员都应遵循的工作准则和行为规范。俗话说没有规矩不成方圆。政府部门的管理活动也需要立规矩才能有序进行，才能达到预期的目标，以保障组织持续稳定的发展。作为政府部门质量管理法规的体系文件具有强制性，组织的全体人员必须认真执行，以达到管理和服务的一致性，保证管理质量和工作质量。

二是依据作用。质量管理体系文件使政府部门各项管理工作和服务活动有章可循，工作和活动条理化、规范化。质量体系文件中所规定的质量活动都是为了达到高质量的政府管理和服务要求，以及提供必要的信任，最终实现人民群众满意而服务的。保障政府管理和服务的质量、满足顾客要求是质量管理体系文件的基本目标之一。通过质量管理体系文件可以明确管理职责、工作程序和控制要求，通过保证工作质量来确保政府管理和服务的质量符合要求。执行质量体系文件对保证政府管理和服务质量的一致性和追溯性，都是非常必要的。

三是审核作用。体系文件本身就是政府部门存在质量管理体系的重要证据。在进行外部和内部质量体系审核活动中,评价政府部门质量管理体系现状与质量管理体系标准的规定要求是否符合、是否有效、是否适宜时,都需要把体系文件作为基础和基本依据。例如,程序文件就可以证明过程是否已经被确定,程序是否已经被批准,程序执行过程是否有效,以及程序更改是否处于受控状态。

四是保障作用。质量管理体系文件对于政府部门的质量改进起着重要的保障作用,它有助于发现改进目标。在质量管理体系运行中,可以将工作过程或某项活动的实施情况与体系文件的规定要求相对照,就容易发现问题,寻找改进机会,从而获得需要改进的目标。它有助于评价结果。对于质量改进措施的有效性,可以对照体系文件规定的要求和预期目标来判断其能否实现。它还有助于巩固绩效。对经过验证有效的质量改进措施,可以通过质量管理体系文件的更改,将其固定下来。从而保障质量改进措施的持续有效。

五是沟通作用。体系文件可以将管理者和决策层对质量的承诺,传递给全体职工,并以此在组织内部达成共识。可以在各政府部门之间、职能部门之间提供信息,以利于更好地理解和界定相互关系。可以帮助员工理解自己在政府部门组织中的作用,从而加深员工对自身工作的目的和重要性的理解。

六是培训教材。体系文件是政府部门进行内部全员培训的教材之一。体系的有效运行取决于体系文件与人员、技能、培训的有机结合。质量体系培训可以不断促使体系文件水平和员工素质得到提高。质量管理体系的各项活动,都需要具有相应素质、技能和经验的人员来完成。质量体系文件实施的协调性和绩效,取决于政府部门各级人员的基本素质、技能和工作经验。为了保证人员的素质,就需要根据体系文件的要求来进行相关培训,体系文件本身就是重要的培训教材。体系文件要求的程度和经过培训的人员所能达到的技能要求应该相一致、相适应,从这个意义上说,体系文件的水平决定了培训应该达到的水准。

(二)体系文件的构成

ISO 10013 国际标准《质量管理体系文件指南》,规定了质量管理体系文件的结构、内容和基本构成。典型的质量体系文件,包括质量手册、质量体系程序文件、作业指导文件和其他质量文件。一般认为,其他质量文件还涉及质量计划和质量记录。质量手册是阐述组织的质量方针,并描述其质量体系的文件。程序软件是为完成某项活动而规定方法和途径的文件。详细作业文件,如作业指导书,是对具体作业活动做出规定的文件。质量计划是针对某一项目或合同而规定专门的质量措施、资源和活动顺序的文件。质量记录是为证明满足质量要求的程度,或为质量体系要素运行有效性提供客观证据的文件。

(三) 体系文件的特性

质量体系文件是由多层次、多种文件构成的。因此，政府部门在编制质量体系文件时，应充分注意和考虑体系文件编制的以下特性。

一是系统性。体系文件应反映政府部门质量体系的系统特征。应对政府部门在各项管理和服务质量形成过程中，影响质量的管理、人员、技术、设备等各种因素的控制做出规定。体系文件的各个层次之间、文件与文件之间，应做到层次清楚、结构合理、接口明确、协调有序。体系要素和内容的选择、剪裁要恰到好处。要做到以上各点，在策划和编制体系文件时，应该从一个组织的质量体系整体出发，所有文件的编制应在统一的指导思想下，统一规划、统一步骤进行。二是法规性。体系文件是政府部门实施质量管理和质量保证活动的行为准则。体系文件应该在总体上遵循 ISO 9000 国际标准的要求，同时也应结合本部门本单位的实际。考虑到法规性的特点，在组织内部，体系文件是必须严格执行的法规文件。三是动态性。质量体系文件的编制是一个过程，这个过程是一个动态、高增值的转化活动。质量体系文件形成后也将随着质量体系的运转而不断改进和完善，这种动态的增值作用对质量体系会有积极的影响。四是见证性。体系文件可以作为客观证据、适用性证据和有效性证据，向管理、服务对象和第三方证实政府部门质量体系的运行情况。五是适宜性。质量体系文件应根据政府部门的管理特征、服务特点、组织规模以及质量活动的具体特性，采取不同的形式。而体系文件的适宜性和有效性，在很大程度上取决于政府部门的人员素质、技能以及培训程度。在任何情况下，都应寻求体系文件的详略程度与政府部门的管理、服务情况、复杂程度、人员素质等因素相适应。使体系文件保持在一个合理水平，从而得到有效的贯彻执行。六是协调性。质量体系文件编制时应十分注意其协调性。文件的协调性表现在，体系文件所有规定应该与政府部门的其他管理规定相协调；体系文件各部分内容之间应该相互协调；体系文件应该与有关的技术标准、法律法规要求相协调。应该认真处理好各项接口的关系，并做出明确的规定，避免职责不清和相互扯皮。

(四) 体系文件的编制原则

质量体系文件编制的原则，也就是体系文件化的原则。包括以下四项。

首先是编写原则：写出要做的——"该说的要说到"。应该根据质量管理体系国际标准要求和组织质量方针、质量目标的规定以及顾客需求，来编写质量体系文件。体系文件应该能够满足上述要求。如果政府部门或一个组织的体系文件不能达到规定要求，那么就不能证明政府部门的体系有效。但同时要注意，在建立文件化质量体系时不能有过分的要求，如果文件规定的太死板、太苛刻或者不结合实际，将不利于体系的有效运行。

二是执行原则：做到所写的——"说到的要做到"。文件编制原则要求文件应该以满足需要为度,而不是越多越好、越严越好;而文件执行原则则要求凡是文件已经规定的,就必须遵照执行。根据标准要求,质量体系文件应该被有效地执行。同时政府部门应定期组织内部质量审核和管理评审,以保证质量体系的持续适用和有效。

三是记录原则:记录过程结果——"做到的要能看到"。文件化的质量体系要求做好相关活动的记录,并妥善保存。质量记录是各项管理和服务满足规定要求的证据,是质量体系有效运行的证据,是实现可追溯的依据,是采取纠正和预防措施的依据。质量体系标准要求明确指出各个组织应该保存好作为证据的相关记录。

四是求实原则:改进和提高——"最终要有成效"。在执行文件化的质量体系过程中,应该对体系文件中不适宜的规定及时进行纠正。对质量体系中已经存在的和潜在的不合格规定,要分析原因,采取纠正和预防措施,防止发生或者再发生。如果在质量体系运行中,政府部门提出了新的要求和目标,那么也应及时评价现行质量体系的适用性,并对其做出相应的必要改进。一个完善的质量体系最终将给组织带来实实在在的效果。这些效果反应在政府部门管理水平的改善和其所提供的管理质量和服务质量的提高上。

(五)体系文件的编制过程

1. 文件编制准备

在质量管理体系结构设计阶段任务完成以后,就可以进入质量体系文件的编制阶段。所以在文件编制准备阶段的第一项工作,就是要确认体系设计阶段各项任务已经完成。包括制定组织结构的确定,质量方针、质量目标的制定,确定质量管理体系覆盖范围,确定本部门本单位的产品、管理、服务,确定组织机构,确定各部门的职能分配,以及相关的资源要求。上述内容均完成以后,就具备了进入体系文件编写阶段的条件。

体系文件编制的准备阶段需要做以下工作。一是明确编制职责。体系文件应当由参加体系过程和活动的人员,最好是由该项过程和活动的负责人员来编写。这样做有助于加深对体系要求的理解,并且能使参与者产生责任感。同时还应确定文件编写的负责部门和管理部门。由于编写体系文件是临时性任务,一般可以有临时建立的体系文件编写工作班子,或者由质量体系的管理部门来承担文件编写的管理职责。二是组织对现有体系文件的评审和评价。政府部门现有的大量管理文件,如管理手册、各类管理程序、管理标准、工作职责、管理规定和工作标准、质量记录等等,都具有重要的参考价值。对这些文件和资料的评审和引用,将有效继承组织的管理经验和管理文化,大大缩短体系文件的编制时间。同时将有助于识别现有管理体系中存在的不足,便于弥补和进行改进提升。三是明确体系文件编写的工作依据。如统一体系文件的编写要求、体例和格式。在编制过程中，可以参考组织收集的外单位体系文件、指导标准文件和参考资料，但是要结合本单位本部门实际，切忌照搬照抄。对于组织现存的程序、作业文件、记录表单，可以大量继承和应用。在编制过程中，可以自行拟定相应的指导性编制导则。四是对文件编写人员进行专题培训。对文件编写人员进行比较系统的培训，可以使编制人员掌握文件编写的要求、依据、方法、应该遵循的原则和注意事项。这对于保证质量管理体系文件编写的进度和质量，是一个十分重要的环节。培训要求由具有文件编写和文件审核经验的人员来进行。

2. 文件编制策划

文件编写工作同样需要周密的策划，以便更好地掌控全局。在文件编制的准备工作完成以后，应该着手进行以下策划工作：一是确定质量管理体系文件的结构层次。二是提出质量管理体系文件的目录。除质量手册以外，需要列出程序和作业指导书的目录。三是确定文件编写小组和每个文件的主要执笔人。编写质量手册，建议组成专门的编写小组来进行。程序文件，建议由归口管理部门的负责人来执笔。作业文件，建议由业务主管人员执笔。四是建立文件编制进度表。要对文件编制工作进行精心安排，做到有条不紊。在安排计划时可以采用急用先编的方法，边试行边改进。

3. 文件编制组织实施

在文件编制过程中，归口管理部门要做好组织协调、监督检查、文件评审和审批工作。一是组织协调。对于各相关部门、相关活动之间的界面和接口，应该拟定处理原则，并及时解决不同文件之间交叉、重叠、矛盾、扯皮等问题。文件草案完成后，应组织专人进行统稿和核稿。二是监督检查。文件编制管理部门要按照编制计划，定期对文件的编制进度、编制质量进行监督、检查和督促，并帮助编写人员解决具体困难。三是文件评审。文件评审是保证文件质量的重要环节，它可以保证文件清楚、准确、内容充分、结构恰当。应组织文件使用者参与文件评审。文件一般可安排两次评审，一次是在初稿完成后，另一次安排在文件草案完成后进行。文件评审可以由管理部门组织相关人员进行。评审时，应特别注意体系文件是否符合标准规定要求，是否具有可操作性。四是文件审批。修改后的文件可提交审批。文件放行应当得到负责文件实施的管理者批准。在文件发布前首先需要确保文件内容正确可行，然后由最高管理者或其授权人员批准后颁布实施。

4. 文件编制方法

体系文件编制前应做的工作包括：一是有效识别实施质量管理体系所需要的过程。二是理解这些过程间的相互作用。三是根据这些过程控制程度确定文件编制需求，以保证过程有效运行和得到控制。

文件编制时应做的工作包括：一是根据选择的体系标准要求，确定体系文件要求。二是通过现状调研，如通过问卷调查和面谈，收集分析现有体系和过程的相关数据。三是列出现行使用文件，分析这些文件，以确定其可用性。四是对文件编制人员进行标准和文件编制的培训。五是从运作部门收集依据文件或引用文件。六是确定拟编制文件的结构和格式。七是编制体系范围内所有过程的流程图。对流程图进行分析和识别，以识别可能的改进。八是使用适宜的方法完成体系文件编制。九是通过试运行，确认体系文件内容。十是在文件发放前，对文件进行评审和批准。

二、质量手册

（一）质量手册定义

根据国际标准的术语规定，质量手册"是组织质量管理体系的规范"。

（二）特性和作用

国际标准《质量管理体系 文件编制指南》，对质量手册编制提出了原则要求。在编制质量手册时我们要充分注意质量手册的特性，主要有指令性、系统性、先进性、可行性、有效性。

1. 质量手册的指令性

质量手册的指令性，是由质量手册在整个体系文件中的地位决定的。质量手册是对政府部门质量方针、质量管理和各项职能以及各项质量活动的整体规定，是质量体系总体设计的主要文件。手册系统地规定了各部门、各层次、各岗位的职能、责任、工作要求、原则、方法，是实施质量体系的依据。质量手册由政府部门最高管理者批准后，各部门、全体人员必须严格执行。因此，质量手册的各项规定内容均具有指令性。所以在编制质量手册时，措辞要严谨，表达要明确。作为指令性的文件，就要求质量手册必须结构合理，用词准确，表达清晰，风格统一。具体的要注意四点。第一要准确。遣词造句必须明确，不能含糊其辞，模棱两可。例如，要严格区分应该、必须、可以、允许这些词汇的强制性和让步性的区别，不能混淆。第二要具体。不能笼统抽象，质量手册的内容必须合理、可行、具体、可操作。如果笼统抽象，执行时就会无所适从，势必造成空对空。第三要简洁。要避免繁琐冗长，重复累赘。手册内容应该充实有硬核，尽量不写非实质性的条文。文字表述上应简明扼要，尽量少用议论性、修饰性词组。第四要严谨。逻辑要严密。质量手册对于同一概念，只能用同一个词组来表达，避免产生矛盾和歧义。如果使用的词组具有若干含义，就应当在术语和缩写中加以说明，以保证对手册内容的正确理解。

质量手册作为指令性文件，就不能图虚名，走形式。政府部门领导应该高度重视，亲自组织编写并通过必要的程序，促使机关内部各个部门和全体员工都能正确理解和执行。在手册内容上也要强调可行性。要结合质量体系的标准要求和机关实际编写，使其既有激励性，又保证可实现。同时还要注意它的有效性，以保证质量手册的各项规定，能够成为政府部门内部管理控制的准则和规范。机关全员必须依照手册的规定办理，并照此检查和评审。一切工作都要按照程序要求进行控制，保证政府部门的管理和服务过程始终处于受控状态。

2. 质量手册的系统性

系统性的第一个特征是整体性。质量体系是由若干个相互关联、相互作用的要素所组成的，这些要素的结合不是简单相加，而是有机结合。在各个要素彼此孤立的情况下，它们仅具有单体、局部的作用。当这些要素围绕一个总体目标，形成一个和谐有序的系统时，就能实现质量体系的有效运行。各单元在形成综合能力的同时，能够创造出一种新能力。因此，在编制质量手册时，应该从一个体系总体出发，着眼于体系整体功能的发挥和优化。通过质量手册，阐明质量体系合理、完整的结构，规定有效的质量体系程序，反映体系全过程中各阶段的所有活动、系统的规定控制方法和控制要求。系统性的第二个特征是层次分明。质量体系要素可以分为三个层次。第一个层次是总体性要素。包括组织结构、管理职责、体系要求、纠正和预防措施、内部质量审核、管理评审等等。第二层次属于局部性要素。如合同评审、设计控制、采购控制、外部提供过程的控制、产品标识和追溯性、检验与试验、检测装置、设备控制、检验和试验状态、不合格控制、服务等多个要素。第三层次属于基础性要素。如文件记录控制、培训要求、系统分析、过程控制、风险控制、绩效控制等等。总体性要素对质量体系的建立、实施和评价起着保障作用，也对局部性要素和基础性要素的实施产生决定性影响。局部性要素是质量形成过程的主要环节，基础性要素是实施总体性要素、局部性要素的基础和保证。同样，基础性要素是否充分扎实、局部性要素职能是否充分发挥，对总体性要素的实现程度也会产生明显影响。

质量手册在系统性地描述质量体系时，在内容编排、章节划分上，应该体现出这种整体性和层次性。对各要素之间纵向、横向的联系以及接口处理，做出充分说明和明确规定，力求对质量体系做出系统、全面而扼要的规定。

3. 质量手册的先进性

质量手册编制不能只是对本部门、本单位的质量体系做简单的描述，而应该着眼于对现行管理体系的水平进行完善、改进和提升。要采用质量管理体系标准要求来指导政府部门的质量管理和质量控制活动，并且尽可能地把政府部门的现行管理与质量体系标准要求结合起来，去粗取精、去伪存真、融合提炼、自成一家。对各项质量活动要体现预防为主的原则，预防和把关结合。要积极采用国际上先进、科学的管理方法和控制方法，进一步提升和强化政府部门的管理水平。

4. 质量手册的可行性

质量手册中的各项规定，既要有一定的先进性，又要结合政府部门的实际情况，确保各项要求是切实可行的，是经过努力能够实现的。对目前已经确定不具备执行条件的，可以暂时不列入质量手册。待条件具备后，作为手册的修订内容予以列入。

质量手册中的各项规定，既要有定性要求，又要有定量要求。尽量做到质量体系文件化、文件内容定量化。这样不仅利于落实、操作，也便于检查。质量手册在实施过程中，需要不断修订和完善。可以使用增页换页的方法，予以补充修改，以保证手册的持续可行。所以质量手册采用活页装订的形式，也是合适可行的。

5. 质量手册的有效性

政府部门编制质量手册，不是为了当作门面、当作展示，也不是为了应付检查认证搞形式主义，而是为了加强政府部门质量管理、质量控制，提高管理水平。所以必须强调体系运行和讲求实效。要从政府部门实际出发，对于为实现质量目标所必须进行的各项质量活动做出明确规定。把这些活动的重点，放到已经掌握现存的或潜在的质量问题上，及时采取纠正和预防措施，提高质量活动的有效性。要使质量手册有效，还要结合我国国情和政府部门实际情况来编制质量手册，切忌生搬硬套，照搬照抄。要充分考虑政府部门的具体履职要求、政府管理和服务的特点，使质量手册符合政府部门履行职责的实际，符合质量体系的运行机制，符合管理活动的客观规律，这样才能提高质量体系运行的有效性。

（三）质量手册的基本内容

质量手册一般包含六个部分的基本内容，政府部门可以结合具体实际情况增加和删减。这六个部分是：

（1）前言。主要目的是使政府部门外部的顾客，在阅读前言以后，对于政府部门有个初步认识。前言的内容主要包括，政府部门和机关的名称、地址、通信方法、隶属关系、历史沿革，主要的管理职能和服务情况等等。

（2）体系范围和适用领域。需要说明手册所采用的管理体系标准，以及体系覆盖和适用的管理职能和服务范围。

（3）术语和定义。质量手册中应使用公认的术语和定义，并在这一部分明确加以说明。如果手册中使用了专业领域的习惯术语，也应该加以说明。同时，在术语和定义部分，还需要说明手册中引用的规范性文件。

（4）手册管理。在本部分中应该明确以下内容：一是负责管理质量手册的部门及其职责。二是质量手册有效状态的标识，包括授权人批准签字生效日期。也可以采用批准页的方法，授权人签字批准后颁布实施。三是质量手册修订和保持的简要说明。包括手册修订内容是由谁更改、谁评审、谁批准，以及评审日期、授权情况等。四是质量手册控制。手册文本的控制状态通常分为"受控状态"和"非受控状态"两种。在手册封面上应该有明显标识加以识别。例如，加盖受控或非受控字样的印章。受控质量手册必须严格管理，对于发放范围做出明确规定。手册修改时，应书面通知手册持有者进行修改，手册换版时应同时收回作废版本。非受控的质量手册发出后不负责通知修改，作废时也不收回。五是保密规定。六是规定受控质量手册发放的清单。

（5）体系要素描述。要素描述是手册的重点内容。编制手册时。应注意以下几点：一是应包含所采用的质量体系标准的全部要素。如果政府部门按照质量体系标准建立体系，那么，其质量手册就应该包含质量管理体系标准中全部要素的内容。如果个别要素确实发生不适用的情况，则应充分说明不适用的理由。二是可以采用与质量体系标准结构大体上保持一致的手册结构。三是手册中对每个体系要素的描述，应反映出所采用的体系标准中该要素的全部要求。对各体系要素描述的重点内容，是政府部门实现标准要求所采取质量活动以及在过程控制中达到的基本要求。体系要求是通过相关的质量手册规定和程序文件的实施来得以实现的，因此，程序文件是质量手册的基础。质量体系要素的描述与程序文件的规定应该是完全一致的。在质量手册各要素的控制要求描述中，应该明确列出相关的程序文件名称。

（6）附录。附录的主要作用，一是列出质量手册所涉及的程序文件清单。二是可以列出本质量手册编制、审核、批准人员的名单。三是附录中可以列出手册修改记录。四是附录中也可列出本手册其他相关内容。

第二节 标准要求

一、GB/Z 30006《政府部门建立和实施质量管理体系指南》标准要求

4.2.10.2 编写体系文件

政府部门质量管理体系文件包括：质量手册、程序文件、工作指导书、岗位职责说明书和工作记录；以及国家法律法规、规章和规范性文件；政府部门的年度工作计划和内部规章制度等。

质量管理体系文件，应明确政府部门各工作事项及过程的内容，包括：工作事项、工作依据、工作过程、工作程序、工作要求、工作记录、工作岗位和工作责任等。

政府部门的每一个工作人员都应按照质量管理体系文件的规定开展相应工作。
a) 质量手册
质量手册是质量管理体系的纲领性文件。政府部门通过编制质量手册，阐明质量方针，明确职责分工，并对体系运行方式做出规定。质量手册需说明：
——所依据的管理体系标准或其部分要求；
——质量管理体系的覆盖范围，可从覆盖的场所、内设机构、工作事项等方面综合界定；
——工作事项及过程的基本信息；
——工作事项及过程的相互关系。
质量手册的内容还应包括组织简介、质量方针、质量目标、机构职责、相关文件清单等必要的信息，形式上可用文字或图表的方式体现。

二、ISO 9000：2015《质量管理体系 基础和术语》标准要求

3.8.6
成文信息 documented information
组织（3.2.1）需要控制和保持的信息（3.8.2）及其载体
注1：成文信息可以任何格式和载体存在，并可来自任何来源。
注2：成文信息可涉及：
——管理体系（3.5.3），包括相关过程（3.4.1）；
——为组织运行产生的信息（一组文件）；
——结果实现的证据［记录（3.8.10）］。
注3：这是ISO/IEC导则 第1部分ISO补充规定的附件SL中给出的ISO管理体系标准中的通用术语及核心定义之一。

3.8.8
质量手册 quality manual
组织（3.2.1）的质量管理体系（3.5.4）的规范（3.8.7）
注：为了适应某个组织（3.2.1）的规模和复杂程度，质量手册在其详略程度和编排格式方面可以不同。

三、ISO 90001：2015《质量管理体系 要求》标准要求

A.6 成文信息
作为与其他管理体系标准相一致的共同内容，本标准有"成文信息"的条款，内容未做显著变更或增加（见7.5）。本标准的文本尽可能与其要求相适应。因此，"成文信息"适用于所有的文件要求。

在 GB/T 19001—2008 中使用的特定术语如"文件""形成文件的程序""质量手册"或"质量计划"等,在本标准中表述的要求为"保持成文信息"。

在 GB/T 19001—2008 中使用"记录"这一术语表示提供符合要求的证据所需要的文件,现在表述的要求为"保留成文信息"。组织有责任确定需要保留的成文信息及其存储时间和所用载体。

"保持"成文信息的要求并不排除基于特殊目的,组织也可能需要"保留"同一成文信息,如:保留其先前版本。

若本标准使用"信息"一词,而不是"成文信息"(如在 4.1 中"组织应对这些内部和外部因素的相关信息进行监视和评审"),则并未要求将这些信息形成文件。在这种情况下,组织可以决定是否有必要或适合保持成文信息。

第三节 质量手册案例

以下推荐两份国务院所属国家部委机关的《质量手册》,作为手册编制范例。

一、国务院直属机构——某正部级国家＊＊总局管理手册

质量管理手册(节选)

前　　言

一、总局质量管理体系的建立

为深入贯彻落实……,提高行政效能,建设服务型、责任型、法治型和廉洁型机关,实现"提升管理水平,服务科学发展",在深入调研、充分论证的基础上,总局党组决定运用质量管理体系标准,对总局机关实行规范化、科学化管理。

总局质量管理体系建设工作的指导思想是:

……,运用质量管理体系标准,全面加强总局和机关管理,促进各项工作的科学化、制度化和规范化,努力构建管理规范、运转高效、清正廉洁的机关,带动全国系统的规范化管理,促进总局事业科学发展,为经济社会发展发挥更大的作用。

总局通过运用质量管理体系标准进行管理,就是要实现:

——进一步转变管理观念,在总局机关树立科学的管理理念,引导全体干部职工强化责任意识和服务意识,不断转变工作作风;

——进一步加强内部管理,健全完善职责明确、协调有序、标准统一、行为规范、监督有效的工作机制,建立与之配套的信息化管理系统,确保权力正确行使,不断提高工作质量和效率;

——进一步增强创新能力,持续改进质量管理体系,不断提高适应新形势、新情况、新任务的能力,使总局机关始终能较好地履行职能和发挥作用;

——进一步发挥带头作用，辐射和带动全国系统各级机关和单位规范工作，保证政令畅通和执行有效，不断提高全国系统的管理水平和工作质量。

总局质量管理体系建设坚持了以下 4 项原则：

一是全员参与原则。运用质量管理体系标准对机关实行规范化管理，进一步强化机关全体人员的质量管理意识，充分调动每一个人的积极性，全员参与质量管理体系建设和运行，以质量管理体系标准规范每一个人的工作。

二是简单实用原则。结合机关的运行特点和任务繁重、工作量大的实际，创新做法，删繁就简，着眼实效，尽量减少环节，充分运用信息化手段，增强可操作性，不搞形式主义。

三是有机衔接原则。按照质量管理体系标准建立的质量管理体系文件，要与总局现有的规章制度紧密衔接。

四是循序渐进原则。从基础做起，从工作职责入手，逐步深化，持续改进，最终实现全方位、全过程、全覆盖。

……，总局局务会议审定通过了《总局质量管理手册》和程序文件，各司局也完成了工作质量目标的确定、工作指导书的编制、岗位职责的确定、工作质量检查和数据分析制度建立等质量管理体系建设工作。……，总局质量管理体系开始运行。

二、质量管理手册说明

本手册全面描述了总局质量管理体系，提出了总局质量管理体系的总要求，是总局质量管理体系的纲领性文件。

本手册根据总局职能和行政机关的管理特点编制而成，应用了 GB/T19001 标准，参阅了 GB/T19004—2000 标准的相关要求，引用了 GB/T19000 标准中的质量管理相关的术语。

本手册将实现全面提高我国产品质量总体水平，努力维护产品质量和安全的职责过程，视为"产品实现"过程，在全面承担总局行政责任的前提条件下，删除了 GB/T19001 标准第 7 章中与总局职能过程不适宜的部分内容，根据依法行政的要求、GB/T19001 标准的要求，对总局职能过程提出了质量管理和控制要求。手册还参阅 GB/T19004 标准的相关要求，明确了质量管理体系持续改进的要求。手册为总局质量管理体系提供了文件依据。

本手册按照《体系文件控制程序》进行管理。

第一章 总 则

一、质量管理体系建立的依据

总局依据履职相关的法律法规、国务院批准的《总局主要职责内设机构和人员编制规定》（以下简称国务院"三定"规定）、GB/T 19001 和 GB/T 19004 标准以及总局工作实际，建立质量管理体系。

二、质量方针与质量目标

（一）总局质量方针。

总局的质量方针以质量管理的原则为基础，坚持总局质量管理体系建设的指导思想，紧密结合总局实际，突出总局工作特点，概括总局工作质量方面的全部意图，体现总局未来发展的战略和方向，包括对总局质量管理体系运行有效性持续改进的承诺。既体现依法行政的总要求，又体现服务经济社会发展的要求，还体现了服务广大人民群众根本利益的要求。

总局的质量方针是：依法行政，规范管理；振兴质量，保障安全；廉洁高效，优质服务；提升水平，科学发展。

其含义是：

……

（二）总局质量目标。

总局的质量目标以质量方针为指引，结合新时期工作要求，确定了总局机关应当实现的质量管理工作目标。

根据总局的质量方针，确定总局的质量目标为：

1. 重大决策依法做出；
2. 年度重点工作任务全面落实；
3. 行政许可事项受理、办结时限符合法定要求，程序合法；
4. 处置产品质量和口岸突发事件及时、有效，符合法定要求；
5. 政府信息公开全面、及时、准确，符合法定要求；
6. 信访（投诉、举报）事项受理、办结时限符合法定要求，程序合法；
7. 党风廉政规定全面落实，无重大违法违纪案件发生；
8. 社会评价满意度保持较高水平。

总局对上述质量目标进行责任分解，并制定和实施具体的评价办法，以确保质量目标的实现。

三、工作过程的确定

总局根据国务院"三定"规定，梳理各项职能所包含的工作事项，确定完成工作事项的过程及其相互关系；依据法律法规、国务院工作准则和行政机关管理工作的特点，确定了各项工作过程的要求。这些工作过程的要求包括：工作依据、工作流程和相关的资源要求、监督检查的要求、行政权力运行监管的要求以及与这些要求相关的信息。

上述工作过程可以分为两大类：一是履行职能的工作过程，二是总局机关内部综合管理的工作过程。总局通过运行质量管理体系，明确职责分工，有效管理这两大类工作过程，并通过持续改进来提高履行职能的有效性和机关管理的规范化。

四、质量管理体系运行

总局采用策划—实施—检查—改进的管理方法（即PDCA）运行并保持质量管理体系。

PDCA的管理方法，是使质量管理工作按照内在逻辑的顺序进行，并且循环进行的科学方法。总局基于充分理解和满足质量管理要求的基础上，对工作过程及其相关过程实施质量策划、质量控制、质量保证和质量改进，力求从增值角度获得过程的最佳效果，并持续改进这些过程。

总局开展各项工作，都要遵循策划—实施—检查—改进的方法：首先从策划开始，根据相关要求确定工作目标，并据此确定完成目标需要采取的措施、步骤和方法；其次，要按照策划开展完成相应的工作任务；第三，对实施过程要进行检查，以确认是否实现了预期效果，是否达到预期的目标；最后，通过检查发现问题及原因，提出进一步改进的措施，评价改进措施的有效性，并总结经验，形成以后可以遵循的制度、措施等。按照这样的管理方法，将可以保证总局各项工作顺利开展，并实现持续改进。

总局质量管理体系运行，同样遵循了上述管理方法。总局结合履行工作职责的要求，策划并建立了质量管理体系；明确了质量管理体系的运行要求；通过实施各司局自查、内部审核、管理评审等制度，监督检查质量管理体系的实施情况；通过对质量管理体系监督检查结果的分析研究，不断完善体系内容，改进体系运行工作。

上述质量管理方法，是总局质量管理体系顺利运行的必要保障，是总局机关各项工作顺利开展的必要保障，是总局履行好法定工作职责的必要保障。

总局建立综合行政管理信息应用平台，以总局机关质量管理体系建设为基础，为质量管理体系运行、机关行政办公和综合业务管理提供信息化支撑，充分体现质量管理体系的过程管理和流程监控，实现质量管理体系文件管理、公文办理、公共事务管理、综合业务管理等应用功能，规范机关管理，提高机关工作效率。

五、质量管理体系文件

总局质量管理体系文件包括：国家法律法规、规章和规范性文件，总局的年度工作计划和内部规章制度，以及总局的质量管理手册、程序文件、工作指导书和工作记录等。上述质量管理体系文件，明确了总局各项工作过程的内容，包括：工作事项、工作依据、工作程序、工作要求、工作记录、工作岗位和工作责任。总局机关的每一个工作人员都应当按照质量管理体系文件的规定开展相应的工作。

总局编制质量管理手册和程序文件，各司局根据职责工作过程的需要，编制工作指导文件及其他管理文件。总局根据自身的宗旨和职能，制定质量方针和质量目标，并将其贯彻到全部工作之中；各司局根据各自职责，对总局的质量目标进行分解，制定各自的质量目标，以确保总局质量目标的实现。

总局质量管理手册表述了履行总局职责的全部业务工作过程和内部综合行政管理的工作过程，并引述了这些工作过程的程序文件，是质量管理体系运行的总纲领。

程序文件是总局依据法律法规的要求、国务院"三定"规定中总局各项职责要求、国务院对依法行政的要求、现行有效规章制度的要求以及质量管理体系的要求，为规范履行工作职责过程而制定的一系列文件。程序文件一经批准，与总局规章制度文件等同有效。程序文件中未尽事宜，可按照现行有效规章制度文件执行。未制定程序文件的事项，按照现行有效规章制度文件执行。

工作指导书（包括相关的流程图）是各司局根据程序文件和内部管理工作的实际需要，制定的一整套部门工作规范，是程序文件有关要求的具体化，是各部门在具体工作过程中的重要指导依据。

工作记录是质量管理体系运行过程中以及完成具体工作过程中所形成的各种记录，这些记录提供了体系运行情况和工作完成情况的证据，是监督检查和持续改进的重要信息。

总局编制和实施《体系文件控制程序》和《工作记录控制程序》，对上述质量管理手册、程序文件、工作指导书以及工作记录等文件进行控制和管理。

总局依法行政、内部管理和其他公务活动中所涉及的一般公文收文办理、机要文件收文办理、发文发电办理和内部签报等公文办理，按公文办理的有关规定和程序执行。

质量管理体系文件在总局机关内部与公文具有同样效力。

第二章　工作职责与分工

六、总要求

总局领导、各司局和全体工作人员，应当按照国务院"三定"规定、《总局工作规则》和质量管理体系的规定，为全面实现总局职能和质量方针、质量目标开展工作。

七、工作职责与分工

（一）总局实行局长负责制。

总局局长负责总局的全面工作。局长出差、出访或休假期间，由指定的副局长或党组成员主持总局的工作。

副局长或党组成员协助局长工作。副局长或党组成员按分工负责处理分管工作，并可代表总局进行外事活动。也可受局长委托，负责其他方面的工作或专项任务。

局长指定一名副局长，负责总局机关的质量管理体系工作，承担以下职责：

1. 确保质量管理体系所需的过程得到建立、实施和保持；
2. 向局长报告质量管理体系的绩效和任何改进的需求；
3. 确保在总局内不断提高所有工作人员满足人民和社会要求的意识。

（二）总局各司局按照分工，各司其职、各负其责。

各司局应按照国务院"三定"规定所确定的分工，认真履行工作职责，确保总局职能的实现。

（三）总局各级工作人员认真履行各自岗位职责。

各司局的主要负责人全面负责本部门的工作；其他工作人员应当在本司局负责人的领导下开展工作，认真履行好本岗位职责。

八、职责分工的管理

国务院"三定"规定明确了总局的工作职能。总局根据国务院"三定"规定，制定《总局各司（厅、局）主要职责内设机构和人员编制规定》（以下简称总局"三定"规定），进一步确定各部门的工作职责。

《总局工作规则》明确了工作职责分工和履行职责的要求。

总局的各项工作，原则上坚持一项工作由一个部门负责；确需多个部门负责管理的工作，应明确牵头部门，分清主次责任。

第三章　全面履行职能

九、总要求

总局工作涉及面广，每一项工作都与经济社会发展息息相关，与广大人民群众的切身利益息息相关。各部门履行职责的成效，直接关系到党的全心全意为人民服务宗旨和要求的落实，关系到党和政府在人民群众中的形象。总局工作必须充分依靠法律法规、依靠制度、依靠科学管理,切实提高工作能力和水平,使制度更完善、决策更科学、指挥更得当、管理更严格、效率更明显。

十、总局主要职能

根据国务院"三定"规定,总局的主要职能是:……

为确保全面履行好国家赋予的各项职能,总局编制和实施下列程序文件:

……

十一、履行职能的基本质量要求

根据《国务院工作规则》,总局履行工作职能的基本质量要求是:"实行科学民主决策,坚持依法行政,推进政务公开,健全监督制度"。

(一)**实行科学民主决策**。

总局的决策关系到国家经济社会的发展,关系到国家政策的落实,关系到相对人的权益和执行机关的行政成本,必须坚持科学民主决策的原则。

总局的决策必须符合国家法律法规,事先要经过深入调查研究,必要时须经专家或研究、咨询机构等进行论证;涉及法律法规解释、国际合作事务及两个以上部门职权的,应通过适当渠道进行充分协商;涉及重要公共利益和人民群众切身利益的,要向社会公开征求意见,必要时应举行听证会。要做到程序依法规范、工作过程民主公开、结果科学公正。

总局重大事项的决策应按照有关规定,及时报告国务院,必要时向相关部门通报。

(二)**坚持依法行政**。

依法行政是对行政机关履行行政职责的基本要求。总局在履行职能过程中,必须始终坚持有法可依、有法必依、执法必严、违法必究,规范行政行为,严格落实行政执法责任制和执法过错追究制。

为确保依法行政要求的贯彻落实,总局编制和实施下列程序文件:

1. 《规章和规范性文件制定管理程序》
2. 《行政许可工作管理程序》
3. 《业务委托管理程序》
4. 《行政救济管理程序》

(三)**推进政务公开**。

总局的决策、执行和监督过程应依法向社会公开,使权力在阳光下运行。为此,总局编制和实施《政府信息公开工作管理程序》。

总局及各部门大力推行政务公开,健全部门信息发布制度,完善公开办事制度。除需要保密的政策和事项外,均应通过总局网站、总局公报、新闻发布会以及报刊、广播、电视等方式,依法、及时、准确地向社会公开,提高工作透明度,切实保障公众的知情权、参与权、表达权和监督权。

(四)**健全监督制度**。

总局自觉接受全国人大、全国政协及其常委会的监督,认真及时办理人大代表议案和政协委员提案。

总局按照行政诉讼法及有关法律规定，接受司法监督；自觉接受监察、审计等部门的专门监督，对发现的问题认真查处和整改并向国务院报告。

总局接受社会舆论和公众的监督，重视新闻媒体报道和反映的工作中的问题，对重大问题积极主动地查处和整改，并向国务院报告。

总局重视人民群众来信来访工作，认真处理来信、接待来访，倾听人民群众的意见、建议和要求，接受人民群众的监督，努力为人民群众服务。为此，总局编制和实施《信访工作管理程序》，进一步完善信访制度，确保信访渠道的畅通。

同时，总局编制和实施《规章、规范性文件执行监督（控制）程序》和《督察内审工作管理程序》，加强对履行职责情况的监督检查，进一步完善层级间的监督制度。

第四章　加强内部管理

十二、总要求

总局建立并执行一整套机关内部综合管理制度，提供并管理各种办公资源、人力资源、财政资源和信息资源，保持良好、顺畅和高效的工作秩序，确保充分履行好工作职能，确保质量管理体系有效运行并持续改进。

在机关内部资源受到限制时，可以采用委托的形式将部分工作过程外包，并对外包工作进行必要的质量控制。

十三、综合议事和日常办公管理

总局建立了以会议决策为主的综合议事制度，编制并实施《会议管理程序》，加强会议计划和管理，严格会议审批制度，控制会议数量，提高会议质量，保证总局机关综合议事工作有效进行。

总局建立了一系列相互关联、衔接有序的公文办理工作制度，编制并实施《公文办理程序》，用于规范总局依法行政、内部管理和其他公务活动中所涉及的一般公文收文办理、机要文件收文办理、发文发电办理和内部签报等公文办理活动，提高公文办理效率和质量。

总局还建立了应急值守、督查督办、档案保密、信息宣传、行政管理等内部管理制度，编制和实施《突发公共事件应急管理程序》《公务接待工作管理程序》《保密工作管理程序》《新闻宣传工作管理程序》等，保证日常办公管理过程的正常运行。

此外，总局还为全体工作人员提供必要的办公场所、办公设备以及后勤保障，并有效管理这些资源，作为履行工作职责的基本保证条件，作为质量管理体系运行的基本工作环境。

十四、人事管理

总局根据各部门履行工作职责需要，结合各工作岗位的具体需要，对人力资源进行合理配置和有效管理，包括确定机构和编制、招录公务员和配选干部、对现有人员进行适当的教育和专业培训，使从事相关工作的人员能够胜任本职工作，确保总局总体工作目标的实现。

同时，总局还通过建立干部考核评价机制、表彰奖励激励机制、违法违纪处理机制等，促使全体工作人员正确认识履行职责的重要性，采取的措施还包括激励全体干部、职工，使每个人都能够认识到所从事的工作与核心过程的相关性和重要性，以及如何为实现总局的质量目标做出贡献。

为此，总局编制和实施《干部工作管理程序》和《机构编制工作管理程序》。

十五、财政预算与资产管理

政府财政预算支持是行政机关履行工作职能的基本保证。

总局执行国家财政预算管理制度，通过认真编制预算计划、积极争取增加预算安排、合理安排预算资金使用等方式，为履行好工作职能提供重要保证。总局严格执行预算管理的各项制度要求，加强对使用财政预算资金的管理，加强财务管理，规范政府采购工作，加强国有资产管理，建立绩效评价制度，提高财政资金的使用效益和效率。总局加强对预算执行情况的监督，发挥内部审计的作用，确保财政资金的合理使用。

为此，总局编制和实施《预算财务工作管理程序》《国有资产工作管理程序》《政府采购工作管理程序》和《督察内审工作管理程序》。

十六、信息化管理

总局加强信息化建设，充分利用现代信息技术手段，保证各项工作的高效运行。

总局建设信息化工程、网上行政审批系统等，为履行总局职能提供信息化保证；建立总局综合行政管理信息应用平台，满足机关综合行政管理工作需要；建立总局门户网站，作为政务公开、宣传工作、沟通交流重要平台。总局通过加强各种软、硬件的建设和配置，保证上述系统和平台的正常、安全运行。

为此，总局编制和实施《信息化工作管理程序》。

十七、机关党的建设

总局加强机关党的建设，通过加强党组和各级基层党组织的建设，推进学习型党组织的建设，提高党员干部的政治思想素质，提高党员队伍的生机活力；通过坚持党的民主集中制，加强党内民主建设；通过弘扬党的优良作风，发挥党员的先锋模范作用，加强文化建设，增强机关的凝聚力和活力，营造良好的工作氛围，促进形成机关良好风气；通过加强党风廉政建设和行风建设，落实惩治和预防腐败体系建设责任制要求，努力建设运转高效、作风优良的机关，努力塑造素质过硬、作风优良的干部队伍。

为此，总局编制和实施《机关党建工作管理程序》。

十八、行政权力运行监管

加强对行政权力运行的监管，既是建设服务型机关、责任型机关、法治型机关和廉洁型机关的基本要求，也是总局贯彻落实党风廉政建设责任制以及惩治和预防腐败体系工作规划的重大决策。

总局以预防权力腐败为核心，通过对行政权力梳理定位、规范运行流程、明确监管责任等，建立行政权力运行监管体系，切实加强权力运行中廉政风险的防控，保证各项行政权力的规范、有效行使。行政权力运行监管体系纳入总局质量管理体系同步运行。

按照党风廉政建设责任制"谁主管、谁负责"和"一级抓一级、层层抓落实"的要求和层级管理原则，加强对行政权力运行的监管：总局领导班子成员按照分工，对所分管的司局级干部的权力运行实施监管；各司局领导干部按照分工，对所分管的处级干部的权力运行实施监管；各处室领导干部按照分工，对所分管人员的权力运行实施监管。以行政权力运行监管工作为主线，以风险预防、风险监测、风险控制为基础，以检查考核为依托，全面落实党风廉政建设责任制及惩治和预防腐败体系工作规划。

为此，总局编制和实施《行政权力运行监管程序》。

第五章 持 续 改 进

十九、质量管理体系的持续改进

总局通过对质量管理体系运行情况的监督检查，不断分析、评价质量方针和质量目标实现的情况、履行职责的情况、贯彻各项政策措施执行能力的情况，采取一切可能和必要的措施，使总局机关质量管理体系持续、有效和高效地运行并得到持续改进，不断提高适应新形势、新情况、新任务的能力，确保总局始终很好地履行工作职能。

为此，总局编制和实施下列程序文件：

（一）《不符合事项控制程序》

（二）《纠正措施和预防措施控制程序》

（三）《内部审核程序》

（四）《管理评审程序》

同时，总局各项工作还建立了数据分析和工作质量检查制度，为质量管理体系持续改进提供信息。

质量管理体系标准在政府部门的应用，还处于不断探索、不断实践之中。总局将运用质量管理的原理、理念，创新机关管理工作模式，持续改进机关管理工作方法，努力探索适应政府机关管理要求的质量管理方法，切实履行好工作职能，建设好服务型机关、责任型机关、法治型机关和廉洁型机关。

附件：1. 总局主要职责内设机构和人员编制规定
   2. 相关法律法规目录
   3. 总局组织机构图
   4. 总局程序文件目录

二、国务院直属机构——某副部级国家部（委）质量手册

质量手册
目　次

Ⅰ 批准页
Ⅱ 任命书
Ⅲ 质量手册的管理

第一章 质量方针与质量目标

第一条 质量方针

质量方针是在一个时期内质量方面所追求的方向与努力实现的质量宗旨，是质量管理工作的行动指南和决策依据。本部（委）的质量方针为：依法行政、规范管理；廉洁高效、优质服务；注重结果、追求卓越。

其内涵为：（略）。

第二条　质量目标

质量目标是组织在质量方面所追求的目的，指明了本部（委）及各部室年度的努力方向和要达到的目标，提供了质量管理工作关注的焦点。

为了实现质量方针，本部（委）依据质量方针提供的框架与方向，制定发布年度质量目标。

质量目标内容既有共性目标，也包括各部室的个性化目标；部室目标，既有对本部（委）相关质量目标的分解与落实的定量或定性的指标，也包括根据部室的职责制定的部门质量目标；部室目标的内容既有工作结果的要求，也包括工作过程的要求。

质量目标的制定应突出核心工作、突出重点任务；目标设定应具有先进性和可实现性，既是所追求的，也是通过努力可实现的，同时又应是可测量可考核的。

每年根据年度的工作计划和重点任务要求，识别、研究、确定工作质量要求和质量改进要求，作为质量目标的内容，制定全部（委）和各部室质量目标。质量目标，每年以公文形式发布（年度质量目标另文）。

第三条　质量方针和质量目标的管理

部（委）领导负责主持质量方针和质量目标的制修订工作，各部室主任负责主持本部门质量目标的制修订工作，全体员工应积极参与质量方针与质量目标的制修订。

质量方针的制定应考虑本部（委）的使命、发展战略与规划、上级及工作服务对象的要求。

部（委）领导以适当的方式将质量方针和质量目标在本部（委）内得到充分沟通、理解和有效地贯彻实施。

质量办结合每年度工作计划提出全部（委）质量目标的初稿，在征求各部室意见的基础上报部（委）领导批准。质量办收集汇总质量目标的完成情况；人事部门负责全部（委）绩效考核办法的制定并收集汇总绩效考核情况；各部室主任负责本部门质量目标与绩效考核办法的制定与考核实施工作。

质量方针与目标是本部（委）进行业绩改进的重要依据，要定期对其进行评价，在进行总结（管理评审）时，质量办和各部室主任汇报全部（委）和本部门质量目标的完成情况，人事部门负责汇报绩效考核情况。需要时，对质量方针进行修订。质量方针的修订由质量办根据管理评审意见和建议，拟定修改建议，征求全部（委）意见，修改完成后，报管理代表审核，由部（委）领导批准发布。

第二章　质量管理体系

第四条　总体要求

基于 ISO 9000 族和卓越绩效评价准则标准的基本原理和内部管理工作的需要，制定了质量方针与质量目标。运用质量管理原理、方法及要求，建立、实施、保持和改进本部（委）质量管理体系。对"三定方案"规定的各项职责，运用"过程方法"的原理，进行识别、分解、确定具体工作事项，将每个工作事项作为一个过程，系统地识别并确定过程的依据、流程和资源要求，检查监督要求等，根据过程的关联度、风险程度、管理控制要求和现有的资源确定岗位要求，配置相应的人员及其工作条件。通过追求卓越的过程获得卓越的结果。

运用质量管理原则中"管理的系统方法"的思想，把全部（委）视为一个系统，无论是从战略规划、方针和目标的制定，还是具体的工作事项，都能站在全部（委）的高度，将相关的工作作为整体加以考虑，将相互关联的过程作为系统加以识别、理解和管理，运用系统的方法考虑和解决问题，将关乎质量的各相互关联的过程构筑为一个有效运作的质量管理体系，以高效地实现质量方针和目标。

当质量管理体系设计和实施考虑的主要因素，如本部（委）的内外环境、需要、工作任务和目标、职责、组织结构等发生重大变化时，质量管理体系应作相应的变化。

第五条　体系的目的与范围

建立质量管理体系的目的是引导全体干部职工树立科学的管理理念，不断转变工作作风，进一步强化责任意识和服务意识；进一步加强内部管理，形成行为规范、运转协调、公正透明、廉洁高效、决策科学、执行顺畅、监督有力的行政管理机制；进一步改进管理方式，增强创新能力，不断提高适应新形势、新情况、新任务的能力，使机关更好地履行职能和发挥作用。

质量管理体系适用于履行国务院"三定"规定职责所涵盖的内部业务管理、行政管理和财务管理工作。

第六条　体系的结构

质量管理体系是在质量方面建立方针和目标并实现这些方针、目标的体系。质量管理体系由管理职责，资源管理，职责履行，内部综合管理，检查、总结与改进5个部分组成。

体系文件引用了ISO 9000族和卓越绩效评价准则标准相关术语、导入了其管理原则，采用了适用的要求。

第七条　体系遵循的原则

在建立、实施质量管理体系过程中，遵循以下基本原则：

一是坚持立足实际，导入理念的原则。ISO 9000族和卓越绩效评价准则标准是通用的准则，其生命力在于与本组织的实际相吻合，导入ISO 9000族和卓越绩效评价准则标准质量管理体系，在引入其原理和方法上着力，关键是吸取精髓，不照抄照搬标准和有形无神、流于形式。建立质量管理体系必须联系实际，研究实际，把握实际。要找准职能定位和工作特点，抓住ISO 9000族和卓越绩效评价准则标准与本部（委）行政管理工作的结合点，建好建活体系。坚持在结合上着力，将质量管理基本原则与依法行政相结合、与履行职责相结合、与转变职能相结合、与提高行政效能相结合、与提高执行力相结合、与党风廉政建设相结合，把质量管理体系工作与学习实践整改相结合。通过系统化的管理，建立常态化、可预见的工作模式，建立健全长效机制。

二是坚持全员参与，力求实效的原则。机关全体干部职工积极参与体系建设，人人成为体系的建设者、责任人；对每一个部门、每一个岗位的工作任务认真研究，明确责任分工，确保工作落到实处；以质量管理体系标准规范每个人的工作。针对机关运行特点和任务繁重、工作量大的实际,删繁就简,突出重点,力求简单实用,着眼实效,尽量减少环节,充分运用信息化手段,增强可操作性;坚持既注重过程,更注重结果,更注重适用性和有效性。

三是坚持循序渐进,有机衔接的原则。导入 ISO 9000 族和卓越绩效评价准则标准体系工作,是一项长期性、系统性工程,没有终点只有起点,没有最好只有更好。从基础做起,从工作职责入手,逐步深化,持续改进,边建边改边完善,最终实现全方位、全过程、全覆盖。质量管理体系的导入,不能脱离现有行之有效的管理方式而另搞一套,要与机关已有工作有机衔接,编制的质量体系文件要与现有的规章制度紧密衔接。体系建设是把原有工作的加强,是优化升级,是提高质量、提高效率、提高工作水平。

四是坚持积极探索,不断创新的原则。在中央国家机关中应用 ISO 9000 族和卓越绩效评价准则标准,建立质量管理体系,是一项全新的实践,需要深入探索、与时俱进、勇于创新、不断超越。在建立运行质量管理体系过程中,既要坚持科学严谨的态度,按科学规律办事,按规定程序实施,更要大力倡导探索的精神,鼓励运用质量管理的原理,从本部(委)行政管理体制的特点出发,大胆创新,积极探索适应机关管理工作新模式,以切实履行好工作职责。

第八条 体系建立实施的方法

质量管理体系的建立、实施、保持和改进的方法与步骤为:

(一)根据国家赋予的职能、客观环境及自身的管理需求,确定本部(委)内部管理的需求和期望;

(二)建立质量方针和质量目标;

(三)确定实现质量目标必需的过程和职责;

(四)确定和提供实现质量目标必需的资源;

(五)规定检查考核各项工作的有效性和效能的方法;

(六)应用检查考核方法确定各项工作的有效性和效能;

(七)确定防止差错(不符合事项)并消除其产生原因的措施;

(八)建立和应用持续改进质量管理体系的过程。

第九条 体系文件

质量管理体系是形成文件的管理体系,文件的形成本身并不是目的,而是一项增值的活动,文件的价值在于沟通意图,统一行动,提供证实。

质量管理体系文件在机关内部与公文具有同样的效力。

质量管理体系文件可包括来自内部的和外部的文件。内部文件主要包括:质量方针和质量目标、质量手册、程序文件、工作指导文件、表格、质量计划、记录等。外部文件包括履行职责中需要使用的外来的法规类和技术类文件。

对质量体系文件实施分类管理,质量手册和质量管理体系基础程序由质量办归口管理;其他程序文件、工作指导等由归口部门管理。文件制修订工作遵循谁归口管理谁制修订的原则。为增强有关人员责任感,体现"全员参与"的原则,体系文件由实施过程和活动的人员来编写,这样既有助于识别文件的需求,也有助于理解和执行文件的要求。

各部室体系文件编制的多少与详略程度,应遵循以下原则:

一是各部室工作及其相关质量活动的类型、过程及其相互作用的复杂程度,人员的能力等;

二是文件编制应有助于:满足达到规定要求的需要,满足重复性和可追溯性的需要,满足提供客观证据的需要,满足人员培训的需要,满足评价质量管理体系的有效性和持续适宜性的需要,满足实施质量改进的需要。

第十条 质量手册

质量手册是描述质量管理体系信息的文件,是质量管理体系运行的总纲领,是指导质量管理体系工作的最高层次的内部规范性文件。

质量手册描述了质量管理体系的总要求,包括质量方针和质量目标,明确了质量管理体系的范围、组织机构、部门的职责、权限和相互关系,质量管理体系运作和管理的基本要求,履行职责的内部业务管理、行政管理和财务管理的工作过程,并引述了这些工作过程的程序文件。

质量手册中规定了工作的原则性要求与说明性要求。当出现没有规定或需要偏离当前质量管理体系规定的情况时,原则性要求应作为实施和评价的依据。本部(委)制定并保持质量手册管理的要求,以确保质量手册处于受控状态。

第十一条 程序文件

程序是为进行某项活动或过程所规定的途径。一般情况下,本部(委)的程序文件描述多个部室共同参与进行的活动,可通过文字、流程图、表格及其组合的方式描述,内容一般包括目的、范围、职责、活动的描述、相关记录及附录等,程序文件可引用工作指导文件。

本部(委)形成的程序文件包括了 ISO 9001 要求的质量管理体系基础程序和本部(委)机关内部业务管理、行政管理和财务管理工作核心过程和支持过程的程序。

程序文件一经批准,与规章制度文件同等有效。程序文件未尽事宜或尚未制定程序文件事项,可按照现行有效规章制度文件执行。

本部(委)程序文件的管理按《文件控制程序》执行。基础类程序文件制修订完成后,由质量办审核,管理代表负责审定;其他程序文件制修订完成后,由分管该部室的领导审定。审定完成后的程序文件由部(委)领导批准发布。

第十二条 工作指导文件

工作指导文件是有关工作任务如何实施和记录的详细描述,是对程序文件的支持。各部室确定是否需要编制工作指导文件应遵循的原则是:如果缺少该工作指导文件会对此项工作任务产生不利影响,则应编制。

工作指导文件应描述该项工作的关键活动,其结构、格式及详略程度应满足使用的需要,应能保证对活动进行有效的控制。工作指导文件可包括在程序文件中或被其引用。

第十三条 文件控制

文件控制的目的在于控制质量管理体系所要求的文件是全面、适宜和有效的,确保文件能够得到及时更新,防止作废文件的非预期使用。

本部（委）文件的性质和范围应能满足法律、法规要求以及工作的需要，文件可以采取适合本部（委）需求的任何形式或媒介。

相关文件的归口管理部门负责牵头组织制修订工作，相关使用部门应提出文件制修订需求意见与建议并积极主动参与有关工作。文件归口管理部门对拟制修订的文件，在有关领导批准后报质量办备案，文件制修订完成后，由质量办负责对文件进行标识、发放和收回工作。

质量办负责组织质量手册和质量管理体系基础程序文件的制修订工作，并负责对所有质量体系文件的版本控制（包括收集、标识、整理、存档、保管、发放和销毁）；办公室负责对外来文件、机关制定文件的控制、管理以及档案的管理；各部室负责本部门归口制修订文件及使用文件的管理工作。

本部（委）编制了《文件控制程序》，对质量管理体系文件的编制、审核、批准、标识、发放、保管、存档、借阅、复制、评审、更新、作废文件和丢失文件的处理、电子文档的管理等给出了管理控制要求。

第十四条　记录控制

记录控制的目的在于对质量管理体系所要求的记录进行有效控制和管理，实现其可追溯性，证实质量管理体系符合要求且得到有效运行，为质量管理体系的持续改进提供依据。

本部（委）质量办负责对与质量管理体系持续改进相关的记录进行管理，各部室负责对与本部门相关的记录进行管理与控制，包括记录的收集、保管、检索、立卷。

本部（委）编制的《记录控制程序》对记录的自身及记录的标识、贮存、保护、检索、保留和处置等给出了管理要求。

第三章　管理职责

第十五条　总体要求

领导确定了组织的统一宗旨和方向。"领导作用"是质量管理基本原则之一，卓越绩效评价准则特别突出强调高层领导的作用，领导与各部室主要负责人发挥的作用和积极参与是建立与实施质量管理体系的关键。在质量管理体系活动中，实行部（委）领导负责制，在部（委）领导授权下，各级领导与管理人员应切实履行各自职位的职责，做到各司其职、各负其责，做到忠于职守、令行禁止，保证政令畅通，确保质量管理体系的有效运行。

……

第二十四条　内审员职责

根据质量管理体系运行的需要，本部（委）在各部室选定内审员，除原有的工作职责外，在质量管理体系中应履行的职责有：

（一）组织内部审核时，按照内审计划，参与内部审核工作；

（二）协助所在部室质量管理体系分管领导，做好质量管理体系运行推进工作；

（三）内审员同时兼任所在部室质量管理体系联络员时，负责协助所在部室对管理体系文件的编制、修订和控制管理工作，负责与质量办对口联系的工作。

第四章 资源管理

第二十五条 总体要求

资源是战略规划和目标实现的前提和保障。为切实履行本部（委）职责，确保质量管理体系有效运行和持续改进，本部（委）应配置相应的资源。资源主要包括人力资源、财务资源、基础设施、工作环境、信息和技术资源等。

在机关内部资源受到限制时，可以采用委托的形式将部分工作过程委托。委托工作管理遵循的原则：一是应确保对委托工作过程进行控制，二是委托部门应对被委托工作的最终结果负责。

第二十六条 人力资源

根据国务院批准的职能配置、机构设置和人员编制等总体方案，人事部门应根据各岗位职责的需要及质量管理体系运行状况，对人力资源进行合理配置和有效管理，确保人员的能力、培训和意识满足岗位的需要。依据质量方针和目标，建立了以人为本的人力资源管理工作制度，本部（委）编制的《人事管理程序》对干部的招录、调配、任免和培训等管理工作做出了规定。

第二十七条 财务资源

根据财政部、上级单位批复的中央部门财务预算方案，财务管理部根据各部室的需要及质量管理体系运行状况，对财务资源进行合理配置和有效监督管理并进行内部审计。本部（委）编制的《预算管理程序》《日常财务工作管理程序》《内部审计管理程序》对财务的有关工作做出了规定。

第二十八条 信息系统

信息和数据是一项重要的基础资源，本部（委）配备了获取、传递、分析与发布数据和信息的设施，建立和运行信息管理系统。为了履行职责需要各部室按职责分工负责信息收集、确定、使用和管理等工作，本部（委）提供相应的支持。

第二十九条 工作环境

工作环境对工作质量和效率有重要的影响。本部（委）应对工作质量有重大影响的物理的、环境的、人文的及其他工作环境因素加以识别并进行控制与改进。各级管理者应在机关内部营造一种和谐的工作氛围，营造一种全员积极参与、主动实施改进的环境，以发挥和调动全体员工的积极性和潜能；尤其是应将持续改进、追求卓越作为组织文化和核心价值观的重要组成部分。

第五章 职责履行

第三十条 总体要求

根据国务院"三定"规定，形成机关的组织机构图和职责。对机关管理体系范围覆盖的所有部门和"三定"规定职责，按功能进行了归类，共分为：起草法规与行政规范性文件、行政许可管理、行政监管工作管理、行政备案管理、国际活动管理、科技管理、财务管理、部际联席会议制度、申诉与投诉处理等工作事项。

职责履行是机关质量管理体系中关键的一章，按照 ISO 9001 标准中"以过程为基础的质量管理体系模式"图的描述，"职责履行"的过程就是"产品实现"的过程。

在职责履行过程中要运用质量管理"策划—实施—检查—改进的管理方法（PDCA）"，即根据职责要求，对各职责事项履行过程进行策划，确定工作目标和要达到的要求及完成目标、要求需要采取的各项措施；按照策划方案实施各项工作；通过检查考核，确认过程控制和目标实现情况；通过对检查考核结果进行总结分析，以不断完善和改进；按PDCA方式再次循环进行。

……

第六章　内部综合管理

第四十二条　总体要求

内部综合管理是本部（委）履行职责的基础，通过质量管理体系的建设，要逐步形成权责一致、协调有序、行为规范、决策科学、执行顺畅、监督有力的行政管理机制；要进一步改进管理方式，加强对行政权力运行监督，廉洁从政，确保行政权力正确行使；要大力推进电子政务，实行政务公开，不断提高行政效能，为切实履行职责提供保障。

第四十三条　行政权力监督

依法、透明、公正、廉洁、高效是行政行为的基本原则，加强对行政权力运行的监督是重要的制度保障。建立以行政监管工作为主线，以风险预防、风险监测、风险控制为基础，以检查考核为依托的行政权力运行体系，以切实加强权力运行中的风险防控，以保证各项行政权力运行的规范和有效行使；建立以预防权力腐败为目标，通过对行政权力梳理定位，规范运行流程，明确监管责任。

第四十四条　突发事件处理

建立科学高效的管理机制和系统，是切实有效地应对处理可能遇到的突发事件的关键，本部（委）高度重视此类工作的预防、预测、预警，应急系统的建立与完善工作，力求做到早预防、早发现、早报告、早处置；坚持以预防为主、预防与应急相结合、常态与非常态相结合的原则，使应对突发事件处理工作规范化、制度化。

为做好应对突发事件处理的各项准备工作，本部（委）制定了《突发事件应急管理程序》，对此类工作做出了规定，相关工作按此程序执行。办公室负责归口管理。

第四十五条　办公业务管理

办公业务是机关内部日常性工作，办公业务管理是行政管理工作中重要的基础性工作，是内部管理高效运行的关键。为了加强办公业务规范管理，切实提高办公业务效率，本部（委）编制了《办公业务综合管理程序》《公文处理程序》《档案管理程序》，对日常办公业务中涉及的有关工作做出了管理与控制要求，相关工作按此程序要求执行。办公室负责归口管理。

第四十六条　督查督办

为了确保本部（委）各项工作能按计划要求进行，能按时完成各项任务，应加强对有关工作的督查督办工作。在《办公业务综合管理程序》中规定了督查督办有关要求，相关工作按此程序执行。各部室负责人负责本部门有关督查督办的组织工作，办公室负责归口管理。

第四十七条　宣传工作

为了加强对本部（委）宣传工作的管理，本部（委）编制了《信息宣传工作管理程序》，对宣传工作规定了管理要求，相关工作按此程序执行。办公室负责归口管理。

第四十八条　信息管理

信息工作是一项重要的基础工作，是有效决策的基础。为了加强信息的收集、分析、使用和有效管理工作，本部（委）编制《办公业务综合管理程序》，对业务统计工作、政府信息公开相关工作给出了管理与控制要求，有关工作按此程序相关要求执行。各部室应做好本部门的信息管理工作，办公室负责归口管理。

第四十九条　内部沟通

及时有效的内部沟通，是机关行政工作和质量管理有效运行的基础与保证，为使内部工作能够协调顺畅，高效运转，本部（委）编制了《业务工作沟通管理程序》，规定了机关内部工作沟通渠道、沟通方式与管理要求，相关工作按此程序执行。办公室负责归口管理。

第五十条　外部沟通

本部（委）应建立通畅、快捷的信息公开和外部沟通渠道，以确保与外部沟通的及时性和充分性。

为保障公众的知情权、参与权、表达权和监督权，按照政务公开的原则，本部（委）的有关政策、制度和行政事项等，除需保密的外，均可通过本部（委）网站、公报、新闻发布会及报刊、广播、电视等方式，依法、及时、准确地向社会公开。本部（委）编制的《办公业务综合管理程序》中规定了有关政府信息公开的管理与控制要求，相关工作按此程序执行。

本部（委）高度重视"两会"建议、提案办理、公众的来信来访工作，为确保"两会"建议、提案办理与信访渠道的畅通和有效处理，在编制的《办公业务综合管理程序》中规定了"两会"建议、提案办理、信访工作处理的要求，相关工作按此程序执行。

第七章　检查、总结与改进

第五十一条　总体要求

以结果为导向，对过程的持续改进和创新是卓越绩效评价准则的灵魂。检查、总结和改进过程是 PDCA 循环中的检查（C）和改进（A）所描述的过程，这是质量管理体系运行过程中非常重要的环节。此项工作应考虑来自质量管理体系的所有过程，应从能否改进本部（委）总体绩效，能否提高质量、提高效率、提高工作水平的角度，对检查结果进行评价，进行持续改进。

第五十二条　工作检查与绩效考核

为了掌握本部门各项工作计划的落实开展情况，各部室负责人组织策划实施对本部门工作的检查与绩效考核工作。每年1月制定工作检查与绩效考核方案，其内容包括检查与考核的依据、内容、要求、时间、频次、发现问题的后续处理等要求。每年12月对本年度工作的检查与绩效考核工作进行总结。检查与绩效考核内容包括计划完成情况、工作过程与结果质量、工作对象满意程度及绩效等。

工作检查与绩效考核可采用集中和抽查的方式，原则上集中检查每年进行2次，上半年和下半年各进行1次；抽查考核的频次，由各部室负责人根据需要来确定。

为了建立和实施各部室对工作质量的自我检查机制，编制了《工作（质量）不符合控制程序》。

第五十三条　内部审核

内部审核是评价质量管理体系符合性和有效性的一个重要手段，内部审核能够提供有关质量管理体系满足要求的程度和完成质量目标与质量管理体系有效性的信息，能够识别质量管理体系的薄弱环节和潜在的改进机会，并有针对性地采取相应的改进措施，以进一步提高质量管理体系的符合性和有效性。

本部（委）编制了《内部审核程序》，对审核的策划、实施、形成的记录以及报告结果的职责和要求做出了规定。

内部审核工作由质量办牵头策划并组织实施，内审员参加，各部室配合。

第五十四条　管理评审

为确保质量管理体系持续保持适宜性、充分性和有效性，并寻求改进机会，本部（委）按策划的时间间隔对质量管理体系进行评审。例行的管理评审一般安排在例行内审之后。两次管理评审的时间间隔不超过12个月。管理评审的形式包括：半年总结和年终总结会，规划、研究总体工作和发展等工作会议及必要时专门的管理评审会议等。

管理代表负责质量管理体系管理评审策划活动，质量办负责编制管理评审计划，由部（委）领导批准后，印发相关领导和部室。质量办、各部室根据计划要求，准备好职责范围内的管理评审输入的相关材料。

部（委）领导主持管理评审活动，管理代表协助做好相关工作，质量办做好工作记录。

每年的管理评审活动结束后，由质量办编制管理评审报告，经部（委）领导批准后按要求发放。管理评审提出的改进要求，由责任部门采取纠正措施或预防措施，经分管领导审核后，由管理代表批准实施，质量办对实施情况进行跟踪验证。

本部（委）制定了《管理评审程序》，规定了管理评审的过程和控制要求。

第五十五条　工作质量自查与不符合事项控制

各部室要对识别出的不符合事项实施控制，并及时采取措施，以降低影响。本部（委）编制的《工作（质量）不符合控制程序》，规定了工作质量自我检查的机制与方式，明确了不符合事项的发现、标识、隔离、评审、处置等控制要求。

各部室负责本部门工作质量自查机制的建立与实施，负责不符合事项的识别、处置及整改工作。质量办负责全部（委）工作质量自我检查机制的检查，负责不符合事项的统计及不符合事项的整改监督工作。

第五十六条　数据分析

"基于事实的决策方法"，是质量管理的基本原则之一，数据分析是有效决策的基础，通过数据分析评价本部（委）管理工作及质量管理体系的运行现状、分析质量管理体系适宜性及运行效果、寻找评价持续改进质量管理体系有效性的机会和需求。

本部（委）建立数据收集、统计、分析、使用等管理制度。应收集的数据可包括业务工作的数据、各方反馈的数据、工作质量的数据、质量目标完成的数据、内审与管理评审的数据等。各部室根据各自职责收集分析、使用相关的数据；法律部、办公室分别负责对全部（委）的数据进行分析汇总并发布分析结果。

第五十七条 纠正措施

采取纠正措施的目的是为了消除不合格的原因，防止问题的再次发生。拟采取的纠正措施应与问题的影响程度相适应。本部（委）编制了《纠正与预防措施程序》文件，规定了如何实施纠正措施活动。各部室负责人负责组织策划实施本部门的纠正措施。

第五十八条 预防措施

预防措施是为了消除潜在不符合的原因，防止潜在问题的发生而采取的措施。通过质量管理体系的建立和实施，把工作重点从"事后把关"转移到"事前预防"；从重"结果"转变为"结果"与"过程"并重。要树立"零差错"的意识，实行"预防为主"的方针，把"不符合"消除在其形成过程之中，做到"防患于未然"。坚持"措施与风险匹配"的原则，拟采取的预防措施应与潜在问题的影响程度相适应。除了考虑问题的大小和给工作带来的风险，还应考虑风险、利益和成本之间的关系，实现措施与风险、利益、成本有机的协调一致。

本部（委）编制了《纠正与预防措施程序》文件，规定了如何实施预防措施活动。预防措施是一项系统工作，各部室负责人负责组织策划实施预防措施，部室全员应积极参与。

第五十九条 持续改进

"持续改进"是质量管理的基本原则之一，持续改进是本部（委）的一个永恒目标。质量改进应基于过程，并通过过程的改进来实现。各部室应建立一个有效的改进机制，应规定相应的改进过程、程序和要求，各部室的负责人负责改进的策划、实施和控制。

可通过质量方针、质量目标、审核结果、数据分析、纠正措施和预防措施以及管理评审，来确认和促进改进的实施与运作。

预防性改进是改进的关键。持续改进的重点在于预防问题的发生，而不仅仅是事后的检查和补救。

持续改进的基本过程是PDCA循环，是一个反复采取措施、实施所策划的解决方案的过程。持续改进的基本活动包括：分析评价现状、确定改进目标、寻找解决办法、评价选择解决办法、分析和评价实施的结果、正式采纳更改等。

各部室负责人负责组织策划实施质量改进工作，以确保改进过程的有效实施和运行，并真正为本部门带来改进的绩效。

第六十条 追求卓越

本部（委）建立质量管理体系，采用循序渐进、分步实施的战略，第一阶段以规范提高机关内部管理为目的和切入点，通过导入ISO 9000标准的理论基础、原则，选择ISO 9001标准规定的质量管理体系要求中的部分要求，选择采用ISO 9004的部分方法，建立、实施、保持和改进质量管理体系，导入卓越绩效评价准则（GB/T 19580）部分要求与理念，着力解决最直接影响职责履行的各项管理活动的符合性和有效性，通过优化工作过程，不断提高全部（委）的工作业绩和行政效能。在完成第一阶段目标后，转入第二阶段，将质量管理体系覆盖范围逐步扩大，并将质量管理体系目的不仅用于提供内部管理同时用于对外部提供质量保证，全面引入 ISO 9001 和 ISO 9004 要求。在这两个阶段期间，建立质量管理体系，主要以 ISO 9000 族标准要求模式为基础，同时引入卓越绩效准则模式的部分要求和理念，把追求卓越作为一种精神和质量管理的战略发展方向。在达到 ISO 9004 标准要求后，实施第三阶段目标，不仅把追求卓越作为一种精神，而且全面导入卓越绩效评价准则适用部分，最终实现本部（委）提出的"追求卓越"的质量方针。

附件：

1. 部（委）简介
2. 组织机构图
3. 部（委）主要职责
4. 程序文件目录
5. 本手册与有关标准要求的对照表
6. 年度质量目标（另文）

第五章 程序文件编制

程序文件是政府部门体系运行的指导文件,是质量管理体系的主要文件之一。

本章由理论分析、标准要求、程序文件案例三部分组成。在理论分析中,首先对程序文件进行分析,具体包括了程序文件的概念和理解、结构和内容要求、编制步骤、编制原则和编制过程。在分别关注 ISO 9000 标准和 GB/Z 30006 标准对质量程序的规定要求以后,推荐了部分政府部门质量体系程序文件的样本。

第一节 理 论 分 析

一、程序文件的概念

在质量管理体系中,程序是"为进行某项活动或过程所规定的途径",包含有程序的文件可称为程序文件。质量管理体系程序文件,是在建立实施质量管理体系过程中所必需的指导质量活动的文件,它是质量管理体系的重要组成部分。程序文件是质量手册的具体展开和有力支撑。程序文件的多少和复杂程度,与组织的规模、产品和服务类型、过程复杂性、工作方法和相互作用,以及人员能力、素质等因素有关。程序文件可以引用比规定开展活动的方法更为详细的作业文件。编制质量管理体系程序,应该根据体系标准要求,紧密结合政府部门实际,创造性地研究如何优化过程控制,以提高质量体系活动的增值效益。

根据程序的定义,我们可以知道,程序是个广义的概念,因为"活动或过程"是广义的。大到政府部门的决策、监督管理和服务活动,小到一个具体的作业活动,都可以成为一项活动。而为这些活动所规定的途径和方法都可以称为程序。程序是人们从事管理、科研、生产以及其他活动的规律和工作经验的总结。但是应该注意,并不是政府部门里的每一项活动都要对应有一个程序。只有那些对工作影响较大、对体系影响较大、有必要统一规定的活动,才应该制定程序。

质量程序是为进行和开展质量活动所规定的途径和方法。从程序的定义可以知道,质量体系程序通常应该形成文件。政府部门通过制定质量程序和实施程序文件，对体系的直接质量活动和间接质量活动进行连续、恰当的控制，以保证质量体系持续有效地运行，最终达到实现政府部门的质量方针和质量目标。质量程序是实现质量手册中原则规定和政府部门质量方针目标的手段和工具，这就决定了程序的执行地位。质量程序不只是简单地描述质量活动的顺序和步骤，它包括对质量活动产生影响的各种因素，如活动的目的、范围以及5W1H，即何时、何地、由谁去做、用什么方法做、做什么、如何做，以及其他相关的物质资源配置等。如果一个程序文件对上述各因素做出了明确规定，也就规定了实现这项活动的途径和方法。

质量程序文件是质量手册的基础，它可以构成质量手册的组成部分和作为手册的支撑性文件。正因为如此，程序文件的内容与质量手册的要求不应有任何矛盾。在某些场合，有关的体系程序文件甚至与质量手册可能是相同的。程序文件也是政府部门制定决策和制定质量活动计划的基础性文件，针对具体管理和服务活动及项目的特殊要求，所专门制定的程序文件，以对质量手册所规定的各项质量活动加以适当、连续的控制，保证质量手册得以实现。程序文件的有效实施，需要通过作业指导文件和质量记录，要以作业指导文件和质量记录为依托。在程序文件中应该规定相应的作业指导文件和质量记录的格式以及控制要求。

程序是具有针对性的。程序是为进行某项活动所规定的方法和途径，是为完成某项特定活动所做的规定。由于政府部门的活动基本上可以分为管理性活动、技术性活动和服务性活动，相应的程序文件也就基本可分为管理性程序、技术性程序和服务性程序。就此角度而言，国内政府部门常见的一些管理制度、管理规定、管理标准、操作规程，甚至作业指导书等，不管它们的名称各异，但是根据其内容实质都应该划入质量程序类文件的范畴。

二、程序文件的编制

（一）可操作性是本质特性

如果说质量手册是质量体系文件的纲要，那么程序文件、作业指导书就是质量体系的主体文件，而质量记录则是质量体系活动运行的结果和证据。通常认为，程序文件是政府部门质量管理和质量保证的基础性文件。编制程序文件的目的，就是为了对政府部门所有与质量相关的管理活动和服务活动进行连续、有效、恰当的控制。也就是说，质量程序是为了实现质量活动的有效操作而制定的，是操作过程的指导性文件。

在分析质量手册和质量程序的不同地位和作用时，我们可以得出这样的结论：可操作性是质量程序文件的本质特性，这是第一位的特性。程序是为完成某项活动所规定的途径和方法，如果这个方法不能操作不可行，那么就失去了任何意义。政府部门在编制质量手册时，侧重注意质量手册与质量体系标准规定要求的符合程度，而在编制程序文件时，则应把注意力集中在质量程序的可行性，即可操作程度上。

（二）怎样编制程序文件

政府部门在编制质量程序时，首先碰到的问题是谁来编。是请一些秀才闭门造车式的编制呢，还是由政府部门内执行程序的人自己来编制？有的政府部门是请一些外来的和内部的专家，在较短时间内完成对整套质量程序的编制。这样编制自有其长处，如时间短、省精力，但是这种做法的短处也非常明显。外请专家通常对于政府部门的管理现状、管理过程和服务质量形成过程了解不深，编制出来的程序文件与政府部门的实际往往会有一段距离，执行起来比较困难。值得提倡的做法，是请政府部门内部执行程序的人员自行来编制程序。选择经过质量管理体系标准学习和程序文件编制培训的政府部门中层领导，结合本部门实际，按照标准规定和质量手册要求来进行编写。这样编写出来的程序文件既能满足体系要求，又为今后执行文件打下良好基础。

程序文件来自于管理、服务活动过程的质量形成，又能指导政府部门的管理和服务活动过程。在质量程序文件编制过程中，可以先由各部门领导把本部门所涉及的程序活动的现行做法写实描写下来，然后与质量专家们一起分析现行做法。与标准和质量手册要求的程度进行比较，找出其中的空白和薄弱环节。共同研究如何达到规定要求，拟定切实可行的做法和步骤。这里有一个注意点，就是要防止部门领导会站在本部门的角度，片面强调程序文件简单易行，减少工作环节、降低质量要求的倾向。

程序文件编制时，可以以该程序控制活动的过程为主线来展开叙述。形式上大多数程序可以采用工作流程图加文字描述的方法。先用流程图把本程序的控制环节，清晰明了地直观表述出来。明确该程序的每一个环节节点、流转过程、各个接口、接收标准和证实材料、文件和记录。流程图的优点是简单直白，便于理解，通俗易记，便于执行和检查。程序文件中的文字部分主要是对工作流程中每一个环节的表述和说明。重点要讲清楚每一个环节的 5W1H。即谁 who、什么时候 when、什么地点 where、为了什么 why、在做什么 what、如何做 how。如果该环节是一个判断环节，还要明确规定接收标准以及如何进行判断接收控制。

当一个程序文件不能详尽说明具体操作时，可以编制作业指导文件作为程序文件的补充。记录是程序中的证实材料，其作用一是证明程序的流转经过，二是证明该程序过程的受控程度。在编制质量记录表单时，要充分注意记录表单设计的证实作用和实用性。注意该记录表单证实的内容与体系标准和质量手册中规定内容的对应。如程序文件中规定，计划文件发布前应进行审批，那么在编制计划文件的记录表单时,就应该在计划表单中对应设计一个审批栏目,以为其在执行程序后留下可以说明该环节受控的证明。

三、程序文件的编制步骤

政府部门领导应充分重视程序文件的编制工作。通常政府部门要成立程序文件编写小组。编写小组由来自各有关职能部门的人员参加。编写小组不宜过大,参加文字编写的人员一般有5~7人。政府部门领导应指定一名组长,负责组织协调并为小组成员安排工作。小组成立后,可根据程序文件编制计划,按照以下步骤,编制质量程序文件。

一是调查并分析现行做法。政府部门的每一项管理工作和服务活动都有其相应做法和控制措施,这些做法通常都在政府部门有关文件中加以规定。编制质量程序文件的正确做法,是在现有相关文件的基础上进行补充和完善,使之规范化并符合体系标准的要求。本着这一指导思想来编制的质量程序文件,才能契合政府部门实际并沿革以往做法,因此会具有较强的可操作性和实际意义。

二是起草程序。在调查分析的基础上,按照程序文件编制要求起草程序。确定程序文件质量活动的工作流程,并且明确每个工作环节的5W1H。同时规定如何进行控制和记录,规定程序文件的统一结构和格式。在起草程序文件的内容时,既要注意程序活动的正常运行流程,也要注意发生例外情况、紧急状态的处理流程。同时要注意本程序与其他程序之间如何衔接。

三是形成征求意见稿。将程序文件的征求意见稿,分发给所有相关人员征求意见,尤其要注意征求该程序执行人员和把关人员的意见。

四是审查意见并提出报批稿。对所有反馈回来的意见应进行审查评价,以确定哪些意见是合理的,需要被接受,并结合这些意见对程序文件进行修改。提出质量体系程序文件的报批稿。

五是审查报批。将程序文件报批稿提交给有关部门有资格、经授权的人员进行审查,并报政府部门领导批准。

六是颁布实施。批准后的正式程序文件应颁发给所有有关人员,颁发并不意味着所有有关人员都应收到一份副本。但应充分保证他们能够随时查阅,能够熟悉和实施程序的内容和方法。在程序文件实施一段时间后应对程序文件的执行情况进行评价审核,以验证程序文件的协调性和有效性。

四、程序文件的内容和结构

(一)程序文件的基本内容

一个程序文件,实际上是对一个工作过程和管理活动所做出的具体规定。质量管理体系标准对过程的定义是,将输入转化为输出的一组彼此相关的资源和活动。其中的资源是作为广义资源理解，可包括人员、资金、设施、设备、技术和方法等。在编制一个程序文件时，应该对该项活动的输入、转换和输出都做出明确的规定。概括起来，应该包含以下几个方面的内容。

一是说明这项质量活动的各个环节，输入转化和输出所需要的文件、资源、人员、记录以及有关活动的接口关系。二是规定各环节活动，在资源、人员、信息和环境等方面应具备的条件。三是明确每个环节在转换过程中各项因素的要求，即5W1H的要求。环节如何控制，形成何种记录、报告，以及相应的签发手续。四是规定输入转换输出过程，以及各个把关环节的接收标准。五是规定输入转化输出过程中，需要注意的例外情况、特殊情况或紧急情况的处置措施和纠正措施。六是说明本程序和其他相关程序是如何衔接起来的。

（二）程序文件的结构

程序文件的结构包括封面、正文部分、刊头、刊尾、修改控制页。

封面。应具有便于识别文件和进行文件控制的标识，可在单份文件或在整套程序文件前加封面。

正文部分。一是说明制定程序的目的。二是说明程序的适用范围。三是规定实施程序责任者的职责和权限。四是对程序内容的规定和描述。五是说明本程序涉及或引用的其他文件。

刊头。在每页程序文件的上部都可以增加刊头，便于文件的控制和管理。

刊尾。在每份程序的尾部加刊尾。说明本程序文件的起草、审批、会签情况。

修改控制页。可单设也可与封面或与其他副页合并，说明程序文件修改的历史情况。

（三）程序文件的格式

程序文件一般包括以下格式和条目。

一是文件编号。按照本单位文件管理系统的编号规定统一编号。

二是标题。由管理对象和业务特性两部分组成。如不合格控制程序、管理评审控制程序。

三是目的。明确本程序的目的，说明为什么要开展这项活动。

四是范围。界定本程序适用范围，涉及哪些方面以及禁止事项。

五是相关文件和术语。说明本程序引用的有关文件，以及对本部门本单位有特定含义的专业术语定义。

六是职责。明确由哪些部门、哪些人员实施本程序，规定他们的职责、权限和相互关系。

七是工作流程。程序控制，应一步一步列出开展此项活动的细节，保持合理的编写顺序。明确各环节输入、转换和输出的内容，必要时辅以流程图。涉及作业文件和记录表单时，应做出索引，并规定记录表单的保存期限。

八是相关文件和记录表单。说明在执行本程序时所产生或所涉及的文件（如作业文件）和记录表单。记录表单需要写明名称和编号，必要时应附上表单式样。

五、程序文件的编写要求

一是与质量体系标准、质量手册要求保持一致。质量手册对选定的体系标准要求以及在政府部门的实施要求做了原则规定，这些原则规定需要通过程序的实施得以实现。所以程序文件编写时的第一个要求，就是必须与质量体系标准要求、质量手册规定的原则要求保持一致。要通过程序文件的规定把这些要求落到实处，而不允许降低和减少这些原则要求。程序文件要按照质量手册规定的所有要素和要求来展开制定。

二是动作式的语言。程序文件是要指导质量活动进行的，这就必然要求程序文件中的语言是"动作式"的，可以照着去做。如果说质量手册中的语言是"要求式"的语言，那么程序文件就要把这些要求转化为一个一个可以操作的动作，按照这些动作式的语言操作，去实现手册规定的要求。

三是程序文件应明确实施各种条件不同活动的方式。包括对通过不同活动、不同过程和不同路径，达到同一目的要求的规定，以及对需要采用的文件资料、需要进行控制环节的规定。

四是程序文件之间应该相互协调和衔接，对衔接方式应有明确的规定。

五是单元独立性。每个书面程序都应该是质量体系的一个逻辑上的独立部分。当然，它们可以是一个完整体系要素或其中的一部分。一个体系要素的活动，可以由一个或一个以上的程序文件加以规定。

六是程序文件数量。要根据政府部门管理和服务的复杂程度、机构规模大小程度、体系文件的结构形式以及管理和业务特点等情况来确定程序文件数量，并且尽可能在质量体系实施过程中加以补充或者删减。

七是规范的表达方式。就一个政府部门单位来说，程序文件的表达方式应该规范化。应该以相同或相似的格式、大体相同的结构编排来编制每一个程序，以便于程序文件的使用者熟悉程序，迅速查阅。同时也有利于在文件制定过程中，能系统地满足标准要求。

八是不宜过多涉及技术细节。程序文件一般不应涉及纯技术性的细节，这些细节内容应该在作业指导书、技术标准、工艺规程、检验规范等支撑性文件中加以规定。

九是程序文件应简练明确，尽可能规定出所采用的方法和合格评定准则。

十是程序文件的文字应准确、流畅，不产生歧义。

第二节 标 准 要 求

一、GB/Z 30006《政府部门建立和实施质量管理体系指南》标准要求

> b) 程序文件
> 程序文件规定工作事项及过程的实施步骤和方法。需要编制程序文件的范围,包括但不限于:
> ——GB/T 19001 要求的六个方面工作事项:文件控制、记录控制、内部审核、不合格控制、纠正措施、预防措施等;
> ——政府部门内部跨部门、跨职能的工作事项;
> ——政府部门内部某一类主要业务工作事项,虽然可能其并不跨部门、跨职能;
> ——必要时,也可以是政府部门内部某一机构内部整体运作过程。
> 除上述工作事项外,其他工作事项一般可根据需要选用工作指导类文件加以规定。
> 程序文件应规定这些工作事项的完成过程、途径和方法。具体可包括:
> ——工作事项的目标。
> ——适用范围。
> ——各过程、步骤的实施岗位。
> ——各过程、步骤的工作方法和控制要求。适用时,可引用作业类文件、规范类文件和记录表格。
> ——程序类文件可以包括流程图、所引用的其他文件。
> 工作事项的规定,可根据需要,选用程序文件或工作指导类文件加以规定。

二、ISO 9000:2015《质量管理体系 基础和术语》标准要求

> 3.8.7
> 规范 specification
> 阐明要求(3.6.4)的文件(3.8.5)
> 示例:质量手册(3.8.8)、质量计划(3.8.9)、技术图样、程序文件、作业指导书。

三、标准要求解读

(1)程序文件是一种规范文件。规范并不一定需要形成文件,但是在缺少规范文件就会影响质量的情况下,规范应当形成文件。规范可以用多种形式来表达,这些文件因为其规定的内容不同、层级不同、作用不同,就分别形成了质量手册、程序文件、作业指导文件、质量计划、技术规范等多种形式。

(2)根据体系运行实际需要,至少有下列体系活动需要用程序文件来规定

操作：

——质量管理体系标准要求的六个方面工作事项：文件控制、记录控制、内部审核、不合格控制、纠正措施、预防措施等；

——政府部门内部跨部门、跨职能的工作事项；

——政府部门内部某一类主要业务工作事项，虽然可能其并不跨部门、跨职能；

——必要时，也可以是政府部门内部某一机构内部整体运作过程。

除上述工作事项外，其他工作事项一般可根据需要选用工作指导类文件加以规定。

第三节　程序文件案例

本节提供部分政府部门和单位已经实施的质量程序文件案例，作为政府部门建立质量体系时编制程序文件的借鉴，当然这些案例仅供参考。各政府部门在编制程序文件时，应根据本单位本部门所履行的职责及所开展管理和服务活动的实际情况，按照体系标准的规定要求，编制出具有本单位本部门特色和特点的程序文件。

一、某省级检验检疫部门《认证监管控制程序》

认证监管控制程序

1. 目的

规范认证监管处（以下简称认证处）各项工作，确保认证认可监管工作过程处于受控状态，制定本程序。

2. 适用范围

本程序适用于认证处各项工作的控制。

3. 职责

3.1　认证处

3.1.1　负责管理体系认证、强制性产品认证（以下简称CCC）、食品农产品认证执法监管工作。

3.1.2　负责系统内检验检测机构资质认定（认可）管理、社会检验检测机构备案和企业实验室检测能力评定工作。

3.1.3　负责进出口商品检验鉴定机构的监督管理工作。

3.1.4　负责出口食品生产企业备案及国外注册管理工作。

3.1.5　负责进口食品注册、有机产品认证信息入境查验管理工作。

3.1.6　负责认证执法人员、实验室内审员及出口食品卫生注册评审员的业务培训和资质管理工作。
3.2 各分支局
3.2.1 负责管理体系认证、CCC 认证、食品农产品认证执法监管的实施工作。
3.2.2 负责免予办理 CCC 认证申请受理、审批和后续监管工作。
3.2.3 负责社会检验检测机构备案推荐及后续监管、企业实验室检测能力评定申请受理和日常监管工作。
3.2.4 负责进出口商品检验鉴定机构后续监管工作。
3.2.5 负责出口食品生产企业备案受理、现场评审、审批发证和后续监管工作。
3.2.6 负责出口食品生产企业国外注册申请受理、预评审和后续监管工作。
3.2.7 负责进口食品境外生产企业注册、有机产品认证信息入境查验的实施工作。
3.3 省局相关部门
3.3.1 省局检验检疫监管部门负责社会检验检测机构备案的推荐工作。
3.3.2 机场办负责进口 CCC 认证产品、有机产品认证及进口食品境外生产企业注册信息入境验证的实施工作。
3.3.3 省检科院负责对拟备案社会检验检测机构的检测能力补充实施界定。

4. 工作程序
4.1 管理体系认证、食品农产品认证执法监管工作
4.1.1 工作流程图
4.1.1.1 日常监管
　　认证处制定年度监管方案→分支局制定检查计划→认证处汇总、审核并下达全省系统年度检查计划→分支局实施检查→认证处督查或组织业务培训→分支局上报年度检查工作总结→认证处汇总分析报认监委
4.1.1.2 专项检查
　　认证处下达专项检查通知→组织分支局执法人员实施检查→工作总结报认监委
4.1.2 控制要求
4.1.2.1 日常监督
4.1.2.1.1 认证处于每年 2 季度前根据认监委的总体工作部署，制定并下达全省系统管理体系认证、食品农产品认证活动监督检查方案，包括对获证组织和认证机构的检查要求。
4.1.2.1.2 各分支局根据省局检查方案的要求，制定本辖区管理体系认证、食品农产品认证活动监督检查年度计划，并报认证处。
4.1.2.1.3 认证处汇总各分支局检查计划，并审核、下达全省系统管理体系认证、食品农产品认证活动监督检查计划。
4.1.2.1.4 各分支局按照《管理体系认证活动监督管理办法》和食品农产品认证监管工作文件要求实施检查，并对违法违规行为进行查处。
4.1.2.1.5 认证处对各分支局认证执法监管工作进行指导和督查，并根据工作需要组织开展认证执法人员的业务培训。

4.1.2.1.6　各分支局负责对辖区内管理体系认证、食品农产品认证活动年度监督检查情况进行总结并报送认证处。

4.1.2.1.7　认证处于每年的 10 月 30 日前对各分支局上报的管理体系认证、食品农产品认证活动监管工作总结进行汇总分析，并报送国家认监委。

4.1.2.2　专项监督

4.1.2.2.1　认证处根据国家认监委管理体系认证、食品农产品认证活动专项监督检查工作的安排，组织各分支局认证执法人员开展认证活动专项监督检查。

4.1.2.2.2　认证处也可根据工作实际，下达专项检查通知，自行组织开展管理体系认证、食品农产品认证活动专项监督检查。通过以检代培的方式，提升监管人员的业务水平。

4.1.2.2.3　被检查的获证组织所在地分支局配合做好专项检查的相关联络、协调工作。

4.1.2.2.4　认证处负责对专项监督检查工作进行总结，并报送国家认监委。

4.2　强制性产品认证执法监管工作

4.2.1　工作流程图

4.2.1.1　CCC 认证入境验证

认证处确定入境验证监管要求→分支局实施入境监管→认证处督查或组织业务培训→分支局上报年度监管工作总结→认证处汇总分析报认监委

4.2.1.2　CCC 获证产品监督抽查

认证处制订年度专项监督抽查方案→分支局实施产品抽样→指定实验室进行样品检测→分支局对不合格产品实施后续处理→认证处进行工作总结报认监委

4.2.1.3　免办 CCC 认证产品监管

认证处确定年度监管要求→分支局制定检查计划→分支局实施监督检查→认证处督查或组织业务培训→分支局上报年度免办工作总结→认证处汇总分析报认监委

4.2.2　控制要求

4.2.2.1　CCC 认证入境验证

4.2.2.1.1　认证处适时通过集中审单系统对进口 CCC 认证目录内产品设置凭证报检和货证核查控制要求，并结合产品风险程度和入境验证工作实际进行动态调整。

4.2.2.1.2　各分支局和省局机场办按照《强制性认证产品入境验证管理工作规范》要求，实施 CCC 认证目录内产品的入境验证工作。

4.2.2.1.3　认证处根据工作需要，适时举办 CCC 认证产品监管业务培训，指导和督查各分支局、机场办开展 CCC 认证目录内产品入境验证工作，必要时可以组织工作质量检查。

4.2.2.1.4　各分支局和省局机场办负责对辖区内 CCC 认证目录内进口产品入境验证情况进行总结并报认证处。

4.2.2.1.5　认证处于每年的 12 月底前对各分支局上报的 CCC 认证目录内产品入境验证工作总结进行汇总分析，并报送国家认监委。

4.2.2.2 CCC获证产品监督抽查

4.2.2.2.1 认证处根据国家认监委CCC获证产品年度专项监督抽查工作要求，制订专项抽查方案，并通过集中审单系统对列入抽查的CCC获证产品设置控制要求。

4.2.2.2.2 各分支局对被拦截的CCC获证产品实施抽封样，并送至指定的CCC检测实验室。

4.2.2.2.3 指定的CCC检测实验室原则上20个工作日内完成样品检测工作（特殊产品除外），并出具检测报告寄送抽查单位。

4.2.2.2.4 各分支局对抽查不合格的产品实施整改、销毁和退运等后续监管措施。

4.2.2.2.5 认证处于每年的9月底前汇总分析CCC获证产品专项抽查工作情况并报送认监委。

4.2.2.3 免办CCC认证产品监管

4.2.2.3.1 认证处按照国家认监委对免办CCC认证年度监管工作要求，结合上一年度免办审批情况和产品风险因素，明确年度监管内容、监管比例和监管要求。

4.2.2.3.2 各分支局根据省局免办CCC认证年度监管要求，制定本辖区免办CCC认证企业监管计划并报认证处。

4.2.2.3.3 认证处审核汇总各分支局检查计划，并下达全省系统免办CCC认证企业监管计划，必要时可组织开展专项检查。

4.2.2.3.4 各分支局按照《免予办理强制性产品认证实施细则》的要求，开展免办CCC认证审批和后续监管工作。

4.2.2.3.5 认证处适时对各分支局免办CCC认证工作质量包括免办审批和后续监管工作情况实施指导和督查。必要时组织开展免办CCC认证业务培训与交流。

4.2.2.3.6 各分支局负责对辖区内免办CCC认证年度工作情况进行总结并报认证处。

4.2.2.3.7 认证处于每年的12月底前汇总各分支局上报的免办CCC认证工作总结，并报送国家认监委。

4.3 系统内检验检测机构资质认定管理工作

4.3.1 工作流程图（见图1，略）

4.3.2 控制要求

4.3.2.1 认证处根据系统实验室建设的要求，指导和帮助新建实验室建立和完善实验室管理体系，必要时在检验检测机构资质认定和认可现场评审前，对申请资质认定和认可实验室的管理体系运行情况进行预评审，对发现问题的督促实验室进行整改。

4.3.2.2 认证处根据国家认监委检验检测机构资质认定监督检查要求，组织系统实验室开展自查自纠，并在各实验室自查基础上，对实验室进行监督抽查。每个实验室三年内至少安排一次现场监督检查。

4.3.2.3 认证处根据系统实验室管理需要，适时组织开展系统实验室的比对试验活动，并对比对结果进行分析、评估和通报。

4.3.2.4 认证处适时组织举办实验室内审员培训班，帮助实验室人员提高实验室管理水平。

4.3.2.5　系统实验室资质认定管理工作的具体要求，按《系统实验室资质认定管理办法》执行。

4.4　社会检验检测机构备案

4.4.1　工作流程图（见图2，略）

4.4.2　控制要求

4.4.2.1　认证处受理社会检验检测机构备案申请后，交分支局或省局相关检验检疫监管部门（以下简称"推荐单位"）提出推荐意见。

4.4.2.2　推荐单位根据检验检疫的工作需要和检验检疫系统的检测能力、检测条件提出推荐意见，明确备案的检测项目、执行标准、技术要求等。

4.4.2.3　认证处对拟推荐备案的社会检验检测机构，交省检科院提出是否能补充系统实验室检测能力的必要性的意见。

4.4.2.4　认证处根据推荐部门和省检科院的意见，正式受理社会检验检测机构备案申请，并在5个工作日内，对申请材料的符合性进行审查。

4.4.2.5　认证处在5个工作日内组织评审组，并下达社会检验检测机构现场评审计划。

4.4.2.6　评审组在10个工作日内，按照《社会实验室备案管理办法》的要求，对申请备案的社会检验检测机构的管理能力、技术能力进行现场评审，并将评审结果报认证处。

4.4.2.7　认证处在10个工作日内对评审组上报的考核结果进行综合评定，做出是否备案的决定。准予备案的，颁发备案证书；不予备案的，告知申请社会检验检测机构并说明理由。

4.4.2.8　认证处于每年的1季度下达备案社会检验检测机构年度监督检查计划，各分支局根据工作需要，对获得备案的社会检验检测机构实施监督检查，并于每年的10月底将检查情况报认证处。

4.5　企业实验室检测能力评定工作

4.5.1　工作流程图（见图3，略）

4.5.2　控制要求

4.5.2.1　各分支局受理企业实验室检测能力评定申请后，在5个工作日内，对拟评定的企业实验室申请材料进行形式审查，对拟评定的产品检测范围进行界定，并报省局认证处。

4.5.2.2　认证处对申请材料符合要求的企业实验室，在5个工作日内安排评审组，并下达企业实验室现场评审计划。

4.5.2.3　评审组在10个工作日内按照《出口商品生产企业检测能力评定管理办法》的要求，对企业实验室管理体系文件、技术标准、现场管理等方面进行文件审查和现场评审，并将评审结果报认证处。

4.5.2.4　认证处在10个工作日内对评审组上报的考核结果进行综合评定，做出是否通过检测能力评定的决定。准予评定的，颁发评定证书；不予评定的，告知申请企业实验室并说明理由。

4.5.2.5 认证处于每年的1季度下达获评企业实验室年度监督检查计划，各分支局按照省局年度监管要求做好检查的实施工作，并于10月底将监管情况报认证处。

4.6 进出口商品检验鉴定机构监管工作

4.6.1 工作流程图（见图4，略）

4.6.2 控制要求

4.6.2.1 认证处受理申请后，应当场或在3日内，对申请材料进行形式审查，并做出是否受理的决定。具体工作要求按国家局《关于改革进出口商品检验鉴定业务管理的通知》要求执行。

4.6.2.2 认证处应在受理之日起7日内，组织审核组按照《进出口商品检验鉴定机构管理办法》的要求，对申请材料的符合性、一致性和有效性进行文件审查；对申请机构的办公场所、检测场所、检测条件、技术能力等进行现场审核。具体工作要求按国家局《进出口商品检验鉴定机构许可工作程序》执行。

4.6.2.3 对初审合格的机构，认证处在3日内将初审意见和有关材料报国家局审批。对初审不合格的机构，告知申请机构并说明理由。

4.6.2.4 认证处于每年2季度组织开展进出口商品检验鉴定机构年度审查，对审查中发现的违法违规行为，按有关法律法规进行查处。具体工作要求按国家局《进出口商品检验鉴定机构监督管理细则（试行）》执行。

4.7 出口食品生产企业备案管理工作

4.7.1 工作流程图

　　认证处确定年度现场检查要求→分支局制订检查计划并报认证处→认证处汇总、审核并下达全省系统年度检查计划→分支局实施检查→认证处指导督查或组织业务培训→各分支局上报检查工作总结→认证处审核汇总并报认监委

4.7.2 控制要求

4.7.2.1 认证处于每年的3月前根据《出口食品生产企业备案管理规定》要求，确定出口食品备案企业年度现场检查要求。必要时，可以组织开展出口食品备案企业专项检查。

4.7.2.2 各分支局根据省局年度现场检查要求，制定本辖区出口食品备案企业现场监督检查计划，并报认证处。

4.7.2.3 认证处汇总、审核各分支局检查计划，并下达全省系统出口食品备案企业年度现场检查计划。

4.7.2.4 各分支局按《出口食品生产企业备案工作规范》实施检查，并做好相关监管记录。

4.7.2.5 认证处对各分支局出口食品生产企业备案工作进行指导和督查，并定期组织开展卫生注册评审员的业务培训。评审员的管理要求按《出口质量许可（注册登记）、卫生注册评审员管理实施细则》执行。

4.7.2.6 各分支局于每年的11月5日前和次年的2月10日前做好辖区内出口食品备案企业年度监管工作数量质量统计分析和年度报告审核情况总结，并报认证处。

4.7.2.7 认证处于每年的 11 月 15 日前对各分支局上报的《出口食品生产企业出口备案年度监管工作数量质量统计分析报告》进行汇总分析，并报国家认监委。

4.7.2.8 认证处于次年的 2 月底前对各分支局上报的上一年度《出口备案食品企业年度报告审核情况总结》进行汇总分析，并报国家认监委。

4.8 出口食品生产企业国外注册管理工作

4.8.1 工作流程图（见图5，略）

4.8.2 控制要求

4.8.2.1 各分支局负责辖区内出口食品生产企业国外注册申请受理和预评审。符合要求的，将申请材料报认证处。

4.8.2.2 认证处接收分支局上报的出口食品生产企业国外注册推荐材料后，应在流程卡上做好接收登记，并在 2 个工作日内进行形式审查。符合要求的，予以受理；不符合要求的，应在 3 个工作日内将推荐材料退回分支局或通知分支局补正材料，并一次性告知需要补正的全部内容。

4.8.2.3 推荐材料形式审查符合要求的，认证处应在 5 个工作日内进行内容审查。符合要求的，组织异地评审组；不符合要求的，应在 3 个工作日内将推荐材料退回分支局或通知分支局补正材料，一次性告知需要补正的全部内容。

4.8.2.4 认证处应在 5 个工作日内安排评审组，并下达异地评审任务通知。

4.8.2.5 评审组应在 8 个工作日内，按照《出口食品生产企业备案管理规定》《出口食品生产企业申请国外卫生注册管理办法》（认监委 2002 年第 15 号公告）、有关国家或地区的法律法规等要求，进行文件审查和现场评审，对发现的问题实施跟踪验证，并将评审结果报认证处。

4.8.2.6 认证处接收评审组上报的评审材料后，应在 5 个工作日内进行审核，符合要求的，流转至审批环节；对不符合要求的，应在 3 个工作日内将材料退回分支局或通知分支局补正材料。

4.8.2.7 认证处应在 5 个工作日内完成审批，提出推荐意见。

4.8.2.8 认证处接收审批材料后，应根据不同国家报送时间要求行文，并将推荐材料报送国家认监委。

4.8.2.9 认证处在完成推荐上报后的 1 个月内对国外注册推荐材料进行建档，并于每年年底对档案及档案目录进行更新处理。

4.8.2.10 各分支局负责对获得国外注册企业实施后续监管。必要时，认证处可组织开展国外注册企业专项检查。

4.8.2.11 出口食品卫生国外注册管理工作的具体要求，按《出口食品生产企业申请国外卫生注册管理办法》《出口食品生产企业申请国外卫生注册工作程序》执行。

4.9 进口食品注册、有机产品认证信息入境查验管理工作

4.9.1 工作流程图

认证处通过集中审单系统设置控制要求→分支局实施查验→认证处指导督查或组织业务培训→各分支局上报年度工作总结→认证处审核汇总报认监委

4.9.2 控制要求

4.9.2.1 认证处通过集中审单系统对进口食品境外生产企业注册信息及有机产品认证目录内产品设置凭证报检和货证核查的控制要求,并结合产品风险程度和入境验证工作实际进行动态调整。

4.9.2.2 各分支局和机场办按照国家认监委进口食品注册监管及《关于加强进口食品境外生产企业注册信息入境查验的通知》《进口有机产品入境验证工作程序》要求,对进口食品注册、进口有机产品认证情况实施入境验证,并及时向认证处报送不合格产品情况。

4.9.2.3 认证处指导和督查各分支局和机场办开展进口食品注册、进口有机产品入境验证工作,必要时可以组织工作质量检查和业务交流培训。

4.9.2.4 认证处于每年7月30日、10月30日、次年的1月30日分别汇总各分支局进口食品注册、进口有机产品入境验证年度工作总结,并形成《进口食品注册入境查验等监管情况半年度报告》《进口食品注册入境查验等监管情况年度报告》《食品农产品认证年度监管情况报告》报国家认监委。

5. 相关文件(略)

6. 相关记录(略)

7. 工作流程图(略)

二、国务院某部委《突发事件应急管理程序》

突发事件应急管理程序

1. 目的和范围

本程序规定了对与××××工作相关的突发事件的应对和处置要求与过程,以规范本单位对相关突发事件的处置活动。

本程序适用于本单位对与××××工作相关的突发事件应对和处置过程的控制。

本单位其他程序或文件已有明确工作处理要求的从其规定。

2. 术语

突发事件。与××××工作相关的事先不可预知、突然发生的,对社会生活、国民经济事业有重大负面影响而需采取必要应急措施的事件。

3. 职责

3.1 本程序由办公室归口管理。

3.2 本程序由应急领导小组办公室牵头,组织相关部门具体实施。

3.3 本单位成立应急领导小组,由本单位领导和办公室及相关部门负责人组成,其职责是:

    a) 评估突发事件对全国××××工作的影响;

    b) 研究突发事件的应急预案和措施;

    c) 批准对突发事件的调查与处理结果;

d) 决定对外的重要宣传工作;
e) 批准突发事件应急工作总结与效果评估报告;
f) 决定后续必要的纠正措施;
g) 就突发事件可能引发的社会稳定问题,对本单位干部的要求和思想教育工作进行部署。

3.4 应急领导小组办公室(应急办)的职责为:
a) 负责相关信息的收集与分析;
b) 编制应急预案与措施;
c) 按照领导小组的决定管理和组织应急预案的实施;
d) 组织对突发事件的调查并提出处理意见;
e) 进行应急工作总结与效果评估。

4. 工作流程图

突发事件应急管理流程图(略)

5. 信息来源

a) 上级通知、下属单位报告;
b) 新闻宣传报道;
c) 业务部门获得的信息。

6. 突发事件应急处置程序

6.1 信息收集和监测。办公室和相关部门通过各种渠道,随时对与××××工作有关的突发事件信息进行收集和监测。

6.2 信息筛选,报告应急办。各部室两个小时内将收集监测的信息报告应急办。

6.3 应急办随时收集的信息进行筛选并评估,并提出处理意见,填写《应急突发事件评估报告表》。当突发事件发生时,办公室或相关部门及时判断该事件对××××工作的影响,并进行预评估,提出处理意见,经应急办报本单位领导批准后启动本程序。

上级政府机关或本单位领导明确为突发事件的,按上级指示和本单位领导要求执行并启动本程序。

6.4 应急办将处理意见报应急领导小组审批。

6.5 启动程序。应急办根据应急领导小组的指示要求填写《突发事件应急处置措施表》,并开展工作,依据突发事件的影响和涉及的业务范围抽调或指定有关人员建立健全相关组织,如宣传疏导组、调查处置组、服务保障组等。必要时,启动值班值宿制度,并依据工作职能提出应对措施,调查事件起因,基本过程,已造成的后果,影响范围,事件发展趋势,处置情况等。

6.6 处置结束后,应急办应及时对突发事件应急处置情况进行总结和效果评估,填写《突发事件处置工作总结及效果评估报告》。

6.7 办公室将每次应急管理工作的所有文件记录归档。

三、国务院某部委机关《财务预算管理程序》

财务预算管理程序

1. 目的和范围

本程序规定了部门预算的要求与过程，以规范本部（委）的预算管理活动。

本程序适用于本部（委）对预算过程的控制与管理。

2. 术语

预算管理。本程序中预算管理是指根据财政部的要求，对申报列入年度中央部门预算的全部资金进行预算编报、预算执行、财务决算等方面进行监督管理等相关财务工作。

3. 职责

3.1 本程序由财务部归口维护。

3.2 财务部负责本部（委）部门预决算管理工作，按照财政部的要求组织编报、审核、汇总和下达部门预算，并监督各部门预算执行情况。其中财务部一处负责审核汇总并监督下属单位预决算，财务部二处负责审核汇总和监督管理机关预算并汇总本部（委）部门预决算。

3.3 本部（委）机关各部门根据编报预算的统一要求，负责本部门的预算编报、执行、情况说明等工作。

4. 工作流程图

预算管理程序工作流程图（略）。

5. 工作程序

本程序执行过程中，应严格按照财政部关于预算编报及执行过程中的有关原则和要求进行，遵循当年预算编报的指导思想、编报原则、工作重点、具体要求及编报时间进行预算编报工作。预算执行过程中应严格按照财政部关于预算执行有关方面的要求进行，加强预算科学化、精细化管理，保证预算资金使用的规范性、安全性、有效性，提高部门预算管理水平。

5.1 部门预算"一上"

5.1.1 部门预算项目清理工作

a）布置项目清理工作

财务部根据财政部的要求，将有关的通知要求和项目清理数据库及上报内容和时间要求，通知本部（委）各部门。各部门分别负责各自项目的清理工作，提供项目类别的依据和理由。

b）收审项目清理结果并报出

财务部收审并汇总各部门的项目清理结果，经部门主任审核同意后报本部门分管领导审阅后上报。

c）通报项目清理结果

财务部收到上级单位下发的项目清理结果后，将清理结果通报有关部门。

5.1.2 预算"一上"任务下达

a）参加上级单位部门预算编报工作布置会

财务部根据通知要求，参加上级单位部门预算编报工作布置会议。

b）汇报预算编报工作会议精神

财务部根据财政部关于编报部门预算的要求，形成预算编报布置工作情况报告、提出本部（委）预算编报工作方案和意见，报本部门分管领导审核。

c）召开"一上"编报工作布置会议

经本部门分管领导审核同意后，财务部召开本部（委）"一上"编报工作布置会议，传达财政部有关编报部门预算的要求，下达本部（委）年度预算编报任务，布置本部（委）"一上"编报工作的具体内容、格式和时间要求。各部门和下属单位负责按要求填报项目主要内容及当年预算、项目申报书、项目支出预算明细表、项目可行性报告、项目评审报告等内容。

5.1.3 预算"一上"报送

a）收审部门预算"一上"内容

各部门按照编报部门预算的要求及时编报预算，填写项目主要内容及当年预算、项目申报书、项目支出预算明细表、项目可行性报告、项目评审报告等内容，经本部门负责人审核报本部门分管领导审阅后报财务部。财务部对各部门报送的预算进行符合性审核并汇总。

b）报送预算"一上"

财务部根据各部门和下属单位报送的预算"一上"情况，提出本部（委）预算"一上"方案，报本部门分管领导审核后，经部（委）办公会审议通过后按规定要求和时间上报。

5.2 部门预算"一下"

5.2.1 上级单位下达"一下"控制数

上级单位根据财政部的部门预算控制数，下达本部（委）预算"一下"控制数。

5.2.2 汇报预算"一下"控制数情况

根据上级单位下达的预算控制数，财务部形成本部（委）预算"一下"控制数情况汇报，报本部门分管领导审核。

5.3 部门预算"二上"

5.3.1 召开本部（委）"二上"编报工作布置会议

经本部门分管领导审核同意后，财务部召开本部（委）"二上"编报工作布置会议。布置预算"二上"编报内容和具体要求。各部门和下属单位负责编报预算"一下"控制数范围内的项目主要内容及当年预算、项目申报书、项目支出预算明细表、项目可行性报告、项目评审报告等内容。

5.3.2 报送本部（委）预算"二上"

各部门按照编报部门预算的要求及时编报预算"二上"，填写项目主要内容及当年预算、项目申报书、项目支出预算明细表、项目可行性报告、项目评审报告等内容，经本部门负责人审核报本部门分管领导审阅后报财务部汇总。财务部对各部门报送的预算"二上"内容进行符合性审核汇总，报本部门分管领导审核同意后，按规定格式和时间要求上报。

5.4 部门预算"二下"

5.4.1 上级单位批复部门预算"二下"数据

上级单位通过正式文件并附相关表格将部门预算"二下"数据批复本部（委）。

5.4.2 汇报预算"二下"批复情况

财务部根据上级单位对预算批复情况，形成本部（委）预算批复情况汇报，报本部门分管领导审阅并通报其他领导。

5.4.3 转批下属单位预算

财务部根据上级单位对预算批复情况，按照程序转批下属单位预算。

5.4.4 通报各部门预算批复情况

将各部门预算"二下"项目资金批复情况及上年度资金结余情况通报各部门。

5.4.5 上报追加预算

财务部根据预算批复情况，结合本部（委）各部门工作情况，汇总需申请追加预算的项目及具体申报文本，经本部门分管领导审核同意后上报。

5.5 预算执行

5.5.1 各部门根据预算批复情况并结合当年工作计划，形成各部门项目资金使用计划报财务部。

5.5.2 年度预算经费使用采用"一事一签报"制度。各部门根据项目预算批复情况和年度项目资金使用计划，在使用经费时事前以签报形式提出申请，经财务部会签报分管财务领导审批同意后执行。

5.5.3 财务部对已执行的经费支出按照会计核算和管理要求及时进行账务处理工作，按时对机关各项经费使用情况进行统计和监督管理，及时通报各部门经费支出情况，必要时向领导汇报。根据部门项目经费使用计划督促各部门按计划支出经费，保障经费合理均衡支出。

5.5.4 根据全年工作重点和预算批复情况，将各部门专项经费中的一部分额度集中掌握，由本部（委）统筹安排、调配使用，主要用于与各专项业务有关的综合性工作和应急事项。统筹调配使用的经费由相关部门商财务部后提出申请，报领导审批后执行。

5.5.5 财务部对人员经费、公用经费、项目经费的支出情况进行分析统计，根据支出情况提出经费使用建议，为领导决策提供数据支持，督促各部门经费合理使用、均衡支出。

5.5.6 根据财政部对经费使用情况方面的要求，报送本部（委）预算执行情况报告。

5.6 决算

5.6.1 年终结转和结余资金编报工作

财务部根据当年经费预算批复和预算执行情况，进行年终财务结转和统计分析工作，根据实际支出和年终结余情况编报机关结余资金情况表和决算编报说明，汇总下属单位结余资金情况后上报。

5.6.2 编报年度决算

财务部根据财政部《关于编报××××年决算的通知》的要求,对年度决算工作进行布置,传达有关决算的范围、要求。各部门和下属单位按照财政部、上级单位的要求做好准备及基础工作。下属单位按照规定的时间要求,将年度决算报告、报表报送财务部。财务部编制的年度决算报本部门分管领导审核后按照规定时间上报。

6. 相关文件（略）

7. 记录（略）

8. 参考文件（略）

四、某省级检验检疫部门《科技管理控制程序》

科技管理控制程序

1. 目的

为了规范科技管理工作,确保本局科技管理工作顺利开展并处于受控状态,特制定本程序。

2. 适用范围

适用于本局各类科技规划、计划及规章制度的制订、组织和实施,科研及标准制（修）订、情报资料、实验室、检验检疫设备及科学技术委员会的日常管理工作。

3. 职责

3.1 科技处对各部门申报的科技计划进行汇总、论证、审批、上报及进度检查,做好重大科技项目攻关、新技术推广、引进学术交流与合作的组织协调,负责科技情报资料管理。

3.2 科技处负责本局实验室规划与管理。

3.3 科技处负责本局仪器设备的管理,编制购置计划,组织开展购置选型及招标,组织各使用单位做好设备的使用、计量及维护保养。

3.4 科技处承担局科学技术委员会的日常工作,负责各类科技规划、计划及规章制度的制订、组织和实施。

3.5 各分支局,本局各处室、直属单位负责落实第2款中本单位或本部门相关的科技管理工作。

4. 工作程序

4.1 一般工作管理

4.1.1 科技工作部署

4.1.1.1 科技工作部署的一般流程:接收—传达/部署—落实。

4.1.1.2 科技工作部署流程图（图1,略）

4.1.1.3 控制要求

4.1.1.3.1 科技处按权限接收法律法规和总局的规范性文件,并视情况需要进行转发或分送等将精神送至相关分支局、本局处室和直属单位,确保有关政策意见得以贯彻落实。必要时组织召开相应的全省工作会议进行布置。

4.1.1.3.2　各分支局，本局各处室、直属单位根据有关法律法规和总局、省局的规范性文件要求，落实有关政策意见的具体实施。
4.1.2　科技工作咨询、汇报的管理
4.1.2.1　科技工作咨询、汇报的一般流程：咨询/汇报—组织研究
4.1.2.2　科技工作咨询、汇报流程图（图2，略）
4.1.2.3　控制要求
4.1.2.3.1　各分支局，本局各处室、直属单位在处理问题时，如无相应的工作依据，应及时向科技处咨询、汇报。
4.1.2.3.2　科技处对于各分支局，本局各处室、直属单位报告的问题，应及时组织研究并视情况与相关部门协调，必要时向分管局长请示汇报。
4.1.2.3.3　向上级部门的请示汇报须由科技处统一进行。
4.2　行业管理
4.2.1　行业管理工作在省局分管局长领导下开展，科技处根据职责负责相关行业管理工作的具体部署、实施和监督检查，必要时可会同相关处室共同实施，各分支局，本局各处室、直属单位应对科技处的行业管理活动予以配合。
4.2.2　科技处承担本局科学技术委员会的日常工作，负责研究总局有关规章、规范性文件精神的贯彻落实、制订相关工作规范、计划及规章制度，提出科技发展方向及技术措施的建议和意见，参与审议涉及科技工作的其他重大问题。
4.2.3　各分支局，本局各处室、直属单位应按照有关行业管理的要求开展工作，严格执行相关的规定。执行中遇到问题，应以书面方式向科技处报告，科技处应及时组织研究并给予答复。
4.2.4　科技处应加强对全省科技工作的调研，对各分支局，本局各处室、直属单位的日常科技工作予以指导。
4.2.5　科技处提出年度专业培训计划，报人事处批准后实施。各分支局，本局各处室、直属单位可以提出培训需求。
4.2.6　科技处根据工作需要布置的任务，各分支局，本局各处室、直属单位应予以积极配合，按时提交。
4.2.7　科技处负责全省科技工作执行情况的日常监督和相关绩效考核指标的指导和督查。每年根据总局和省局统一部署对各分支局，本局各处室、直属单位的科技工作进行督查。
4.3　科研、标准制（修）订
4.3.1　一般流程：项目申报→推荐评审→立项→过程管理→验收/审定（图3，略）
4.3.2　项目申报
　　科技处根据总局、国家认监委、省科技厅等相关单位通知，组织各单位、各部门项目申报人按不同类别科技项目要求，填报项目申请书。申报项目须经各分支局科技管理部门和分管局领导审查，或各业务处室、直属单位领导审查后集中上报省局科技处，省局科技处对项目进行形式审查并反馈修改。

4.3.3 推荐评审

科技处组织局科技委专业技术组对通过形式审查的项目进行评议，必要时组织项目的申报答辩。局科技委各专业技术组提出拟推荐项目，科技处组织召开局科技委会议或专业技术组组长会议审议，形成拟推荐科研制标项目清单，报分管局领导审查确定，上报申报材料。

4.3.4 立项

科技处根据总局、国家认监委、省科技厅、本局科研标准立项计划下达通知，项目负责人填写项目任务书，科技处下达相关项目的补助经费。

4.3.5 项目过程管理

4.3.5.1 科技处负责审核科技项目计划任务书，做好在研项目中期检查和经费执行情况督查，按权限审批或上报无法完成项目的变更、撤销申请，对经费在省局本部的项目科技经费使用进行审核和台账登记。

4.3.5.2 项目负责人开展项目研究工作，严格按照项目下达单位的经费使用要求和本单位财务管理要求开支项目经费。

4.3.5.3 项目承担单位负责项目进度的管控，为项目组提供包括有效时间和配套经费在内的必要保障，并根据财务预算执行进度要求做好科技经费执行管理。

4.3.6 验收/审定

4.3.6.1 科研项目验收

项目负责人提交科研项目验收材料。科技处审核后按权限组织验收或上报总局、省科技厅验收。通过验收后，项目负责人负责成果登记与推广工作。

4.3.6.2 标准项目审定

科技处负责标准的征求意见、送审、报批等材料的审核工作以及标准的宣贯工作。

项目负责人提交标准征求意见稿，在反馈意见的基础上修改并提交送审稿，经审核后上报国家认监委。项目负责人参加国家认监委组织召开的标准审定会，经审定后提交标准报批稿，审核通过后上报国家认监委，由国家认监委批准发布。

4.3.6.3 科研、标准制（修）订工作的具体要求和程序，按照《局科技管理实施办法》的要求执行。

4.4 科技情报资料管理

4.4.1 一般流程：订购收集→登记上架→分发借阅→更新替换。

4.4.2 科技情报资料是指我局科技资料室馆藏的科技期刊、标准、图书、资料信息等（含电子版）。

4.4.3 科技处负责科技期刊的馆藏、查询、整理工作，局本部标准、图书、资料信息等的订购与收集、登记、上架、分发和更新工作，对标准文本做好相关标识和可追溯性控制。

4.4.4 订购收集

各部门根据业务的需要，提出科技情报资料的初步征订意见，汇总后报科技处审核。因工作需要临时购买科技情报资料，须按相关规定提出申请，经科技处领导审批后购买。

科技处应利用多种渠道和方式跟踪馆藏标准、图书、资料信息。

各部门应协助收集最新的标准、资料信息，并将收集到的标准、资料交科技处，由科技处出具签收证明并加以标识。

4.4.5 登记上架

科技处应对科技情报资料的名称、数量、质量等进行核实，发现不符或有质量问题，应及时予以补充或更换，查验无误后，加盖入库财产章，登记入册。登记后的科技情报资料应按相关分类法及时上架，供查阅。

4.4.6 分发借阅

科技处应根据业务需要，及时向有关部门发放相关科技情报资料，并在调拨簿上登记。本局工作人员履行相关借阅手续后，可借阅馆藏的科技情报资料。

4.4.7 更新替换

科技处应定期对科技情报资料进行更新替换，并在过期或作废的科技情报资料上加盖"被替换"字样。替换掉的科技情报资料由管理部门组织变卖，收入按有关财务制度处理。

4.5 实验室规划与管理

4.5.1 一般流程：规划与建设→验收与监督管理→技术管理。

4.5.2 规划与建设

4.5.2.1 科技处根据国家法律法规、国家局"＊＊五年科技发展规划"的精神、总局实验室管理要求以及辖区内经济发展和检验检疫业务需求，组织各相关部门进行调查研究，制订我局系统实验室的建设发展规划，经局党组讨论批准后，组织实施落实。

4.5.2.2 科技处会同有关部门做好实验室机构设置的规划。负责组织新建实验室的前期评估、可行性论证和审核工作。负责组织实验室新产品开验的审核论证工作。

4.5.3 验收与监督管理

4.5.3.1 科技处负责汇总各级实验室验收申请并提交总局。接受总局组织的国家重点实验室验收，由总局授权组织对区域性中心实验室和常规实验室进行验收，并上报验收合格的实验室材料。

4.5.3.2 验收依据和程序按照《国家级重点实验室能力建设与评定指南》《国家级重点实验室能力建设核查验收表（试行）》《检验检疫区域性中心实验室核查验收细则》和《检验检疫常规实验室核查验收细则》的要求和规定内容进行。

4.5.3.3 对列入规划内的各类实验室，科技处按照相应职责，视情开展实验室监督检查。对存在问题较大的实验室，科技处应会同有关管理部门采取必要措施。

4.5.3.4 监督管理内容按照《国家级重点实验室能力建设与评定指南》《国家级重点实验室能力建设核查验收表（试行）》《检验检疫区域性中心实验室核查验收细则》《检验检疫常规实验室核查验收细则》以及《本局实验室管理办法（试行）》《本局新建实验室管理办法》和《本局实验室新产品开验审核管理规定（试行）》进行。

4.5.4 技术管理

4.5.4.1 根据实验室建设情况和科技处相应职责规定，调查技术能力培训需求，制定培训计划，组织对检验检疫实验室人员的技术培训和技术交流。

4.5.4.2　组织本单位检验检疫实验室的国内外技术交流活动。
4.5.4.3　负责并协调检验检疫实验室的专业技术管理工作。
4.6　设备管理
4.6.1　一般流程：购置或更新→采购→验收→使用管理→使用、维护和保养→计量→降级和报废→记录。
4.6.2　设备分类

设备分为仪器设备和办公设备（含信息化设备）两类：

——仪器设备包括实验室设备、通信设备、计算机系统设备、检测设备和检测器具等；

——办公设备包括台式电脑、笔记本电脑、打印机、复印机、摄像机、数码相机、传真机、扫描仪等。

4.6.3　购置或更新
4.6.3.1　各部门当发现本部门设备不能满足要求时，应提交采购需求计划，报科技处、计财处审核，分管局领导批准后实施购置或更新。
4.6.3.2　计划外增添设备，使用单位应提交更新、添置报告，对更新添置的原因、要求等进行说明，经科技处、计财处审核能够列入追加预算的，报经局主管领导批准后实施购置或更新。
4.6.4　采购
4.6.4.1　各采购部门应根据《本局政府采购实施细则》《本局仪器设备政府采购工作规程》的要求，编制政府采购预算，并按照各级采购目录规定，实施相应模式的政府采购。
4.6.4.2　对于自行采购项目，各采购部门建立采购计划，按照《本局仪器设备政府采购工作规程》的要求组织采购。
4.6.4.3　采购部门应针对采购的内容建立相应的采购规定，对采购计划的审批、验收、实物发放、使用和资料等相关内容做出规定。
4.6.5　验收
4.6.5.1　设备的新增、更新、调入、转让、维护维修和重新启用，均需验收。
4.6.5.2　仪器设备管理部门应及时组织使用部门按合同条款、仪器设备技术指标进行验收。仪器设备使用部门应对设备开箱检验、安装调试等验收工作做好记录，及时填写仪器设备验收单，交有关部门备案。
4.6.5.3　验收中形成的有关基础资料由各使用单位进行保存保管。
4.6.6　使用管理
4.6.6.1　计财处建立《固定资产总账》和《固定资产明细账》，根据局对固定资产管理的要求，会同科技处进行固定资产盘点，做到账账相符、账物相符。
4.6.6.2　科技处根据《本局仪器设备管理办法》，对仪器设备的领用进行登记，并定期检查。
4.6.7　使用、维护和保养

4.6.7.1　各部门设立专人管理所用仪器设备，建立本部门的台账。

4.6.7.2　各部门依据所管理的仪器设备的特点，对重要、关键的实验设备等，应编写相应的作业指导书。内容包括：操作规程；使用注意事项；维护保养时间、频次、保养内容；维修方式及规定。

4.6.7.3　使用部门在接收仪器设备时应在验收合格后，方可投入使用。

4.6.7.4　使用部门日常使用过程中，应按照规定的时间、频次进行保养活动，确保保养内容符合规定要求，设备正常运行。

4.6.7.5　当仪器设备需要维修时应及时通知仪器设备主管部门及维修部门或分包方，并实施维修后的验收、重新检定或校准工作。

4.6.7.6　仪器设备的大修，应专门制定大修方案，按管理权限逐级上报，经审批后组织实施。

4.6.7.7　仪器设备的备品、备件由仪器设备使用部门负责统一管理，建立一览表和明细账。购置仪器设备备品、备件应报本单位设备管理部门审核。

4.6.7.8　暂不使用的仪器设备，设备管理部门应统一实施封存管理。仪器设备封存应办理封存手续，并加贴封存标志。封存仪器设备重新启用应办理启封手续。

4.6.7.9　使用部门对未安装使用的新到仪器设备以及封存的仪器设备，应根据存放条件采取必要防护措施，以防损坏。

4.6.8　计量

4.6.8.1　各使用部门需严格按照《中华人民共和国计量法》《中华人民共和国强制检定的工作计量器具检定管理办法》和《中华人民共和国强制检定的工作计量器具明细目录》的要求开展计量工作。

4.6.8.2　各使用部门应有专门人员，负责本部门仪器设备的管理，并建立本部门计量设备的台账。

4.6.8.3　各使用部门每年初应根据业务要求和所使用的计量设备检定周期要求，制定本年度计量检定计划并及时实施检定。

4.6.8.4　各使用部门在制定计量检定计划时，应根据能溯源到国际或国家标准的测量标准，按照规定的时间间隔要求，进行校准或检定。当无国际或国家检定或校准的标准时，可组织编制相应的内部校准规程，各使用部门实施内部校准并做好相应记录。

4.6.9　降级和报废

4.6.9.1　仪器设备的降级使用和报废需符合《本局仪器设备管理办法》规定。

4.6.9.2　对需要报废、变卖、转让的大型仪器设备，应由使用部门提出申请，设备管理部门组织技术鉴定，会同国有资产管理部门根据鉴定意见提出审核意见，由国有资产管理部门按财政部相关文件规定的审批程序和报批权限办理。

4.6.9.3　已报废的仪器设备，由设备管理部门组织统一变卖、转让，收入按有关财务制度处理。

4.6.10　记录

设备管理工作的安全和事故处理、档案与技术资料等具体要求和记录按照《本局仪器设备管理办法》要求执行，各有关部门单位依据仪器设备的重要性，执行《记录控制程序》规定。

4.7 局科技委工作

4.7.1 局科技委负责组织、指导、开展全局性的科技活动，是本局重大科技工作的审议、参谋和咨询机构。

4.7.2 局科技委下设秘书处，负责局科技委的日常工作。科技处承担秘书处以及《检验检疫科技》刊物编辑部工作。

4.7.3 学科带头人管理

4.7.3.1 局专业技术学科带头人（简称"学科带头人"）的选拔和管理，坚持"大胆选拔，重点培养，政策倾斜，动态管理"的原则。局科技委负责学科带头人的推荐、选拔、考核、培训和日常管理工作，人事处负责归口管理。

4.7.3.2 学科带头人的选拔和管理工作具体要求，按照《本局学科带头人管理办法》的要求执行。

4.7.4 中青年专业技术骨干管理

4.7.4.1 局科技委负责中青年专业技术骨干的推荐、考核等日常管理工作，人事处负责归口管理。

4.7.4.2 中青年专业技术骨干的选拔和管理工作具体要求，按照《局中青年专业技术骨干管理办法（试行）》的要求执行。

4.7.5 科技奖励

4.7.5.1 局科技委负责全局科技兴检奖、科技论文奖、"科技兴检"先进集体和先进个人等奖项的评定和推荐工作，科技处负责科技奖励的具体工作。

4.7.5.2 科技奖励工作的具体要求和程序，按照《本局科学技术奖励实施办法》的要求执行。

5. 相关文件（略）

6. 工作流程图（略）

五、某直辖市市场监管局《制造计量器具许可证签发工作程序》

制造计量器具许可证签发工作程序

1. 目的

签发制造、修理计量器具许可证。

2. 范围

2.1 市工商行政管理部门注册单位的制造计量器具许可证；

2.2 国家部、委、局在本市企业的制造计量器具许可证；

2.3 生产列入国务院质量技术监督部门重点管理目录的计量器具（电能表、水表、煤气表、衡器、加油机＜含加油机税控装置＞、出租汽车计价器）企业的制造计量器具许可证。

3. 职责

计量处负责受理属于市级发证范围的制造计量器具许可证申请（含复查），组织考核和签发许可证工作。

4. 工作程序

4.1　工作流程图（略）

4.2　工作说明

4.2.1　按照《中华人民共和国计量法》《制造、修理计量器具许可证监督管理办法》的规定，我局负责市级发证范围的《制造计量器具许可证》签发工作。

4.2.2　申请制造计量器具许可证，应当具备以下条件：

4.2.2.1　固定的生产场所，与所制造的计量器具相适应的生产设施，包括生产设备和工艺装备，以及生产过程中的计量检测设施等；

4.2.2.2　型式批准证书或者样机试验合格证书，完整的设计图样、工艺文件、产品标准和检定规程（或者检定方法）等；

4.2.2.3　保证产品质量的出厂检定条件，包括经考核合格的计量标准，相应的工作计量器具和检测设备，适应检定需要的环境；

4.2.2.4　工程技术人员和工人的技术状况符合生产的需要，承担出厂检定的人员经质量技术监督部门考核合格；

4.2.2.5　必要的质量保证制度和计量管理制度；

4.2.2.6　售后技术服务的条件和能力。

4.2.3　申请《制造计量器具许可证》的单位需向行政审批处递交以下资料：

4.2.3.1　单位的法人资格证明；

4.2.3.2　申请书一式三份（可复印）；

4.2.3.3　制造计量许可证原件（复查换证）或计量器具型式评价证书（新申请）。

4.2.4　有关单位应在《制造计量器具许可证》到期三个月前向原发证单位提出到期复查申请。

4.2.5　行政审批处接到申请后，签发《直辖市质量技术监督行政许可接收材料清单》。申请材料不齐全或者不符合法定形式的，当场或者在5个工作日内一次告知申请人需要补正的全部内容，并签发《直辖市质量技术监督行政许可补正通知书》。

4.2.6　申请材料齐全后，行政审批处在1至2个工作日内将材料送至计量处，由计量处审核后告知行政审批处是否受理，并由行政审批处在签发《直辖市质量技术监督行政许可接收材料清单》后2个工作日内通知申请单位。受理的，签发《直辖市质量技术监督行政许可受理通知书》；不受理的，签发《直辖市质量技术监督行政许可不予受理通知书》，退回申请材料。

4.2.7　计量处自接受行政审批处转来材料之日起10个工作日内，聘请考评员组成考核组（根据"制造、修理计量器具许可证考评员的培训、考核、聘任规定"，每组考评员一般为两三名）进行现场考核。

4.2.8　考核组在20个工作日内完成对申请单位生产条件的考核，由考核组长编制《考核报告》上报计量处。
4.2.9　计量处在 5 个工作日审核《考核报告》及其他有关资料，在 3 个工作日内完成确认呈报主管局长确认。
4.2.10　行政审批处对合格单位在 2 个工作日签发《直辖市质量技术监督行政准予许可决定书》，并颁发《制造计量器具许可证》。
4.2.11　行政审批处对不合格单位，在 2 个工作日内签发《直辖市质量技术监督不予行政许可决定书》，不予发证。
4.2.12　对于客户提供的材料，按文件控制程序进行控制，并依清单进行保存。
5. 相关文件（略）
6. 相关记录（略）
7. 流程图（略）

六、国务院某部委机关《档案管理程序》

档案管理程序

1. 目的和范围

本程序规定了本部（委）档案管理的要求与过程，以规范机关对文书档案、声像档案和实物档案的管理活动。

本程序适用于本部（委）对档案管理过程的控制与管理。

2. 术语

档案：档案是指过去和现在的国家机构、社会组织以及个人从事政治、军事、经济、科学、技术、文化、宗教等活动直接形成的对国家和社会有保存价值的各种文字、图表、声像等不同形式的历史记录。

档案管理：档案的收集、整理、保管、鉴定、统计、检索、提供利用和编研等活动。

3. 职责

3.1　本程序由办公室负责管理维护。

3.2　各部室负责本部室档案收集和整理工作。办公室负责档案的保管、统计、检索、提供利用工作。各部室配合办公室完成档案的编研和鉴定工作。

4. 工作流程图

4.1　归档流程图（略）

4.2　档案借阅流程图（略）

5. 工作程序

5.1　管理原则

档案管理工作坚持集中统一管理原则。

5.2　收集

5.2.1　各部室应将本部门在职能活动中形成、办理完毕、应归档的文件材料于第二年 3 月份收集齐全。

5.2.2 文书档案由各部室整理完毕后向办公室移交。声像、实物档案附文字说明向办公室移交后,由办公室进行整理。文字说明内容包括:时间、地点、人物、事由等要素。

5.2.3 各部室于6月底之前向办公室移交,移交时需填写《档案移交清单》。

5.2.4 归档范围主要包括:
 a) 本部(委)的各种正式发文、大事记、会议纪要、简报、情况通报等。
 b) 内部签报。
 c) 召开重要会议、举办重大活动等形成的文件材料。
 d) 信访及依申请政府信息公开的材料。
 e) 本部(委)与有关单位签订的合同、协议书等文件材料。
 f) 代上级单位拟稿文件的复制件。
 g) 需要贯彻执行的上级机关的文件材料。
 h) 同级机关和非隶属关系单位发来的非本部(委)主管业务,但需要贯彻执行的文件材料。
 i) 下级单位报送的请示、报告等。
 j) 在各项工作及重大活动中直接形成的、具有保存价值的照片、录音录像带及实物。
 k) 其他对本部(委)工作有查考价值的文件材料。

5.3 整理

5.3.1 文书档案的整理

文书档案整理过程中应遵循文件之间的形成规律,保持文件之间的有机联系,区分不同价值,便于保管和利用。注意将电子文件及时转贮到纸张,形成纸质文件,又要将纸质文件进行扫描加工形成电子文件,一并归档保存并使两者建立互联。电子文件应上传至综合档案管理系统。

纸质文件要去掉易生锈金属物,已破损的文件应予修整,字迹模糊或易褪色的文件应予复制,连同原件一并归档。整理过程包括装订、分类、排列、编号、编页、编目、装盒等几个步骤。

电子文件参照纸质文件的分类、整理方法,具体操作按照综合档案管理系统的要求进行。经整理的电子文件应与相应的机读目录一同拷贝至耐久性好的载体上,一式2套,一套封存保管,一套提供利用。

 a) 装订

归档文件应按件装订。一般以每份文件为一件,文件正本与定稿为一件,正文与附件为一件,原件与复制件为一件,转发文与被转发文为一件,报表、名册、图册等一册(本)为一件,来文与复文可为一件。装订时,正本在前,定稿在后;正文在前,附件在后;原件在前,复制件在后;转发文在前,被转发文在后;来文与复文作为一件时,复文在前,来文在后。

 b) 分类

根据实际情况,本部(委)文书档案采用年度—保管期限—机构分类法进行分类。

不同年度的文件一般不得放在一起归档。一般文件归入文件形成年度；但跨年度的来文与复文，应尽量作为一件，归入复文年，没有复文的，归入来文年；跨年度的规划、计划归入文件内容针对的第一年；跨年度的总结、报告归入文件内容针对的最后一年；跨年度的会议文件归入会议开幕年。

应依据文书档案保管期限规定，正确掌握划分档案保管期限的原则和要求，区分文件的不同价值，按永久、定期（定期一般分为 30 年、10 年）两种保管期限分类，不同保管期限的文件一般不得组合在一起。

本部（委）形成的文件归入其形成部门，本部（委）收到的外单位来文归入其承办部门。

c）排列

归档文件应在分类方案的最低一级类目内，按照事由结合时间、重要程度等进行排列。会议文件、统计报表等成套性文件可集中排列。

d）编号

归档文件应依分类方案和排列顺序逐件编号，在文件首页上端的空白位置加盖归档章并填写相关内容。归档章设置全宗号、年度、机构、保管期限、件号等项。

全宗号：档案馆给立档单位编制的代号。

年度：归档文件所属年度，以四位阿拉伯数字标注公元纪年，如 2010。

机构：作为分类方案类目的机构名称或规范化简称。

保管期限：归档文件所属保管期限，分为永久、30 年或 10 年。

件号：归档文件的排列顺序号。件号包括室编件号和馆编件号，分别在归档文件整理和档案移交进馆时编制。室编件号在分类方案最低一级类目内，按文件排列顺序从"1"开始标注；馆编件号按进馆要求标注。

e）编页

以件为单位编写页码。在有图文的页面上端用铅笔标注，正面标注在右上角，背面标注在左上角，页码用阿拉伯数字表示，空白页面不用编页码。

f）编目

归档文件应依据分类方案和室编件号顺序编制归档文件目录。归档文件应以盒为单位逐件编目。来文与复文作为一件时，只对复文进行编目，但应另起一行标注"附：+来文标题（文号）"。

归档文件目录设置件号、责任者、文号、题名、日期、页数、备注等项目。

件号：填写室编件号。

责任者：制发文件的组织或个人，即文件的发文机关或署名者。

文号：文件的发文字号。

题名：文件标题。没有标题或标题不规范的，可自拟标题，外加"[ ]"号。

日期：文件的形成时间，以 8 位阿拉伯数字标注年月日，如 20100122。

页数：每一件归档文件的页数。

备注：注释文件需说明的情况。

归档文件目录用纸幅面尺寸采用国际标准 A4 型，一式两份，一份装盒，一份装订成册并编制封面。归档文件目录封面设置全宗名称、年度、保管期限、机构等项目。其中全宗名称即立档单位的名称，填写时应使用全称或规范化简称。

g）装盒

档案盒应采用无酸纸制作，外形尺寸为 310 毫米×220 毫米（长×宽），盒脊厚度可以根据需要设置为 20 毫米、30 毫米、40 毫米等。档案盒封面应标明全宗名称，在盒脊设置全宗号、年度、保管期限、机构、起止件号（包括室编和馆编起止件号）、盒号等项。其中室编起止件号填写盒内第一件文件和最后一件文件的件号，中间用"-"号连接；馆编起止件号在档案移交进馆时按进馆要求编制；盒号是档案盒在分类方案的最低一级类目内的排列顺序号。

将归档文件、归档文件目录、备考表一同装入档案盒中。归档文件按室编件号顺序装盒，归档文件目录置于盒内文件之上，备考表置于盒内文件之后。备考表项目包括盒内文件情况说明、整理人、检查人和日期。

盒内文件情况说明：填写盒内文件缺损、修改、补充、移出、销毁等情况。

整理人：负责整理归档文件的人员姓名。

检查人：负责检查归档文件整理质量的人员姓名，一般为部门负责人或档案管理人员。

日期：归档文件整理完毕的日期。

5.3.2 照片档案的整理

a）分类

照片要按照年度进行分类，同一年度内的照片按问题结合时间、重要程度进行排列。跨年度且不可分的一组照片，可集中排列，归入形成年度的第一年。

b）编号

照片的编号由照片代码-年度-序号组成，如：ZP（SP）-2010-1。

照片代码：纸质照片代码为 ZP，数码照片代码为 SP。

年度：照片的形成年度。

序号：每张（组）照片的排列顺序号，反映同一内容的一组照片，组内再进行下一级排序。

c）编目

照片档案目录设置序号、题名、日期、拍摄者、参见号、备注等项目。

序号：每张（组）照片的排列顺序号。

题名：照片反映的人物、时间、地点、事由等要素的基本概括。

日期：照片的拍摄时间，用 8 位阿拉伯数字表示。

拍摄者：拍摄照片的人员姓名，必要时可加写单位名称。

参见号：是指与本张（组）照片有密切关系的其他载体档案的档号，如文书档案 2009-长期-办公室-1。

备注：其他需要说明的情况。

5.3.3　录音录像、光盘档案的整理

　　a）分类

　　录音带、录像带、光盘一般按载体类型分类，同一载体类型的可按接收时间顺序历年大流水编号。

　　b）编号

　　录音录像、光盘档案的编号由载体代码-年度-序号组成，录音带代码为 LY、录像带为 LX、光盘为 GP。

　　c）编目

　　录音档案目录设置序号、题名、讲话人、录制日期、录制地点、参见号、备注等项目。

　　录像档案目录设置序号、题名、录制日期、录制地点、录制人、参见号、备注等项目。

　　光盘档案的目录设置序号、题名、日期、参见号、备注等项目。

5.3.4　实物档案的整理

　　a）分类

　　实物档案按照实物类型分为荣誉、纪念及印章等类。荣誉类包括本部（委）及机关各部门在公务活动中获得的奖状、奖杯、奖牌、锦旗、荣誉证书、光荣册等；纪念类包括领导及各部门对外交往时收到的纪念礼品，本部（委）举办或承办重大活动形成的标志、会徽、证件、证书、纪念品等凭证性实物；印章类包括本部（委）自成立以来使用过的匾牌、停用的各种印章等。实物档案以件为单位进行整理（成套实物为一件），同一类的实物档案按照接收时间顺序历年大流水编号。

　　b）编号

　　编号由实物档案分类代码-年度-序号组成，荣誉类实物代码为 RY，纪念品类为 JN，印章类为 YZ。

　　c）编目

　　实物档案目录设置序号、题名、类别、日期、备注等项目。

5.4　保管

　　办公室负责档案的保管工作。

5.4.1　文书档案应本着便于保管、方便利用的原则，以盒为单位按照年度—保管期限—机构进行排架。

5.4.2　纸质照片可在背面标注其照片号，并与文字说明一同保管。数码照片应与数码照片档案目录、文字说明一同拷贝至耐久性好的载体上。

5.4.3　录音带、录像带、光盘应当在标签上标注编号及简要说明，应垂直竖放，不得堆积平放。

5.4.4　实物档案放入专门装具陈列保管，可用标签注明编号、时间、背景、赠送者等相关信息。

5.4.5　做好档案库房的日常管理，切实做到防火、防盗等安全防护工作。

5.5 鉴定

5.5.1 档案鉴定工作关系到档案实体的存毁，必须谨慎对待。应本着保存从宽、销毁从严的精神进行。

5.5.2 办公室负责制定档案价值鉴定的有关标准，如档案保管期限表等。

5.5.3 各部门在归档过程中负责判定归档文件的价值，确定其保管期限。

5.5.4 保管期满的档案鉴定工作应在办公室负责人主持下，由办公室和有关业务部门的人员组成鉴定小组共同进行，严禁擅自销毁档案。经鉴定确无保存价值的档案材料，应登记造册，并附上需销毁的清单，经办公室领导批准后方可销毁。销毁档案实行两人监销制。监销人完成销毁任务后，应在销毁清册上签名，并注明"已销毁"的字样和日期。

5.6 统计

办公室每年按照国家档案局的要求填写并上报《档案室基本情况年报》。

5.7 检索

办公室根据工作需要和实际情况进行档案检索工具的编制和维护。可通过案卷目录、卷内文件目录、归档文件目录及档案查询系统，实现多途径检索。

5.8 提供利用

5.8.1 本部（委）保存的档案对机关、下属单位开放利用。凡借阅档案者均需填写《档案借阅登记表》。

5.8.2 对于涉密档案，原则上只能借阅本部门经办归档的，确因工作需要借阅其他部门经办归档的涉密档案时，需填写《档案借阅审批单》，经本部门负责人同意，办公室负责人批准。

5.8.3 机关以外单位借阅档案时，必须持单位正式介绍信和阅档人工作证，经办公室负责人批准后，在指定地点查阅，如因特殊情况需外借时，应严格登记。

5.8.4 严禁在档案资料上填注、涂抹、改写、加点、涂点、画线、污损等。

5.8.5 不得转借、丢失档案，或擅自将档案带出办公区。

5.8.6 借阅人应及时归还所借档案。

5.8.7 非涉密档案尽可能在综合档案管理系统中查阅，以减少对纸质档案的破坏。如需下载、打印，可在系统中提出申请，经授权后即可进行相关操作。

5.9 编研

必要时，可利用档案资料和现行文件进行编辑和研究工作。

6. 相关文件（略）

7. 记录（略）

8. 参考文件（略）

七、国务院某部委机关《实验室与检查机构资质认定实施与监督管理程序》

实验室与检查机构资质认定实施与监督管理程序

1. 目的和范围

本程序规定了对国家产品质量监督检验中心授权、省级产品质检所（纤检所）验收、国家级计量认证、检查机构资质认定和司法鉴定机构资质认定实施和监管的做法和要求。

本程序适用于实验室部行政许可事项实施，包括申请、受理、技术评审、评审材料审核、审批、审批后发证工作，以及对上述行政许可及行政许可获证实验室和检查机构证后监管工作。

2. 术语 无

3. 职责

3.1 本程序由实验室部归口管理。

4. 工作流程图

4.1 实验室与检查机构资质认定实施程序流程图

4.2 实验室与检查机构资质认定监管程序流程图

5. 资质认定实施工作步骤

5.1 申请

5.1.1 申请人从网上下载《资质认定申请书》，按要求填写申请书和附表以及准备申请书要求的附件，以上材料一式两份，提交到行政审批大厅。

5.1.2 申请接收人在收到申请人提交的申请材料后进行登记。

5.1.3 申请接收人将材料分发到实验室部评审管理处或机构管理处。

国家产品质量监督检验中心授权、省级产品质检所（纤检所）验收、检查机构资质认定的申请材料，交机构管理处；其他国家级计量认证、司法鉴定机构资质认定申请材料交评审管理处。国家产品质量监督检验中心行政审批工作详见《国家产品质检中心技术评审管理工作指导》；实验室资质认定行政审批工作详见《实验室资质认定审批工作指导》；司法鉴定机构资质认定行政审批工作详见《司法鉴定机构资质认定行政审批工作指导》。

5.2 受理

5.2.1 评审管理处和机构管理处行政许可受理人员在接到相关材料后，对材料进行初步审查，如不属于本处负责的，交换到相关处。

5.2.2 受理人员对申请材料进行审查。审查重点是：

a）申请材料是否齐全。

申请材料包括：《资质认定申请书》及附表，以及《资质认定申请书》中要求的相关材料。

如首次申请国家产品质量监督检验中心授权的，还要求附有：

——总局和认监委批准筹建文件的复印件；

——批准筹建单位要求进行验收和授权的文件；

——筹建情况报告。

b）申请材料手续齐备。

如是否按要求加盖公章或签字。

c）申请材料内容是否正确、完整。

如有不清楚的地方，与申请单位电话沟通。

d）申请材料反映的申请单位情况。

如首次申请国家产品质检中心授权的,要判断是否基本符合授权条件。

申请的检测范围是否属于名称对应范围;申请的授权签字人是否符合国家产品质检中心相关人员要求。如不符合,必要时,与申请单位电话沟通。

5.2.3 自接收申请材料 5 日内,向申请人告知受理审查意见。

申请材料齐全且符合要求的,部门领导签发《质量监督检验检疫(认证认可)行政许可申请受理决定书》,并送交申请人。

经审查认为申请材料不齐全或不符合要求的,口头或书面一次性告知申请人,要求补充材料。

申请事项不符合受理条件的,经处长复核后,部门领导签发《质量监督检验检疫(认证认可)行政许可申请不予受理决定书》,并送交申请人。

5.3 技术评审

5.3.1 机构处和评审管理处对审查符合要求的申请,及时组织有关技术评审机构进行技术评审,并将技术评审所需时间书面告知申请人。

5.3.2 对于同时申请实验室认可的,由机构处或评审管理处对中国合格评定国家认可中心(CNAS)下达《评审任务委托通知书》;单独申请国家级计量认证的,由评审管理处审核批准有关国家计量认证行业评审组选派的现场评审组成员名单,执行现场评审。评审员的管理办法详见《实验室资质认定评审员管理工作指导》。

5.3.3 与认可中心项目负责人、评审组长及行业评审组沟通

机构管理处或评审管理处在下达对有关实验室进行现场评审的任务安排后,要与认可中心(CNAS)有关项目负责人、行业评审组或评审组长进行沟通。沟通内容包括:组长人选的确定,审查申请材料时发现的疑点、问题,申请项目或申请授权签字人不符合的,提出不予评审或不予推荐的建议,或者协商现场评审予以重点关注。

5.3.4 各评审机构按资质认定的相关要求委派评审组进行技术评审,并将评审结果报实验室部。

5.4 审核

5.4.1 行政审批大厅资质认定窗口工作人员在收到技术评审机构交来的技术评审材料后进行登记。

5.4.2 评审材料接收人将评审材料分发到实验室部评审管理处或机构管理处。

5.4.3 评审管理处和机构管理处行政许可技术评审材料审核人员在接到相关材料后,对材料进行初步审查,如不属于本处负责的,交换到相关处;属于本处审核处理的,进行登记。

5.4.4 审核人员对技术评审材料进行审核。审核重点是:

a) 技术评审材料是否齐全。

技术评审材料包括:

《资质认定评审报告》及附表,以及要求的相关材料;

《资质认定不符合项整改报告》;

《资质认定不符合项整改结论》。

b) 技术评审程序是否符合规定，评审人员是否满足要求；
c) 技术评审材料手续是否完备，内容是否正确、完整。
如是否按要求有评审组长、评审专家以及实验室负责人的签字；
如有不清楚的地方，与评审组长或专家电话沟通。
d) 技术评审材料中反映的申请单位情况。
重点关注：
评审组的评审结论；
推荐的检测能力范围是否属于名称对应范围（如不符合，在审核意见中注明）；
推荐的授权签字人是否符合相关人员要求（如不符合，在审核意见中注明）；
如申请国家产品质检中心授权的，要判断是否符合授权条件。

5.4.5 审核人员审核后，填写审核意见。
在《实验室资质认定审批单》相关栏中填写审核意见。

5.5 审批
5.5.1 起草审批文件和填写审批单。
审核后，评审管理处和机构管理处按照要求起草审批文件或填写审批单。
5.5.2 按认监委公文处理规定上报主管委领导进行批准。
（说明：自受理行政许可申请之日起20日内做出行政许可决定，不包括技术评审的时间）

5.6 发证或不予行政认可决定通知
5.6.1 批准实验室和检查机构资质认定行政许可的，将材料转到有关人员制作资质认定证书，并交送申请人。
不予实验室和检查机构资质认定行政许可的，书面告知申请人并说明理由。
（说明：批准行政许可10个工作日内完成证书制作。）

5.7 公告
将实验室和检查机构资质认定行政许可决定在认监委网站上公布。

6. 对资质认定获证机构的监管工作步骤

6.1 实验室部按规定负责对获得资质认定的实验室和检查机构进行监管。
评审管理处、机构管理处分工与5.1.3同。

6.2 对资质认定获证实验室和检查机构的监管包括日常监管、定期监督评审和年度监督检查（专项监督检查）。

6.3 实验室部按总局和认监委相关规定程序处理有关对资质认定获证实验室和检查机构的信访、投诉（日常监管）。

6.4 实验室部在资质认定有效期内对实验室和检查机构进行不少于1次的定期监督评审，以确定其是否持续符合资质认定的条件。

6.5 实验室部评审管理处和机构管理处按分工每年分别组织对部分获证实验室和检查机构进行专项监督检查工作。
a) 监督检查方案制定
实验室部评审管理处和机构管理处分别按照年度工作计划制定监督检查方案。方案内容主要包括：监督检查的对象；监督检查方式；监督检查内容；监督检查时间；监督检查经费预算等。

b）监督检查方案审批

监督检查方案经实验室部负责人审核同意后，按委请示报告程序报领导批准。

c）监督检查布置

实验室部评审管理处和机构管理处按领导批示精神布置监督检查工作。主要包括：确定监督检查人员（组长、组员）；提出监督检查要求（内容、质量、时间、程序、纪律等）。

d）监督检查实施

各监督检查组按照要求进行监督检查，并将监督检查情况报告实验室部评审管理处或机构管理处。

e）监督检查总结

评审管理处或机构管理处组织有关专家对本次监督检查情况进行总结，写出监督检查报告。

f）监督检查发现问题处理

对发现问题，实验室部评审管理处和机构管理处根据有关规定提出处理意见，按照委请示报告程序报委领导。按委领导批示，对监督检查发现问题进行处理。

7. 相关文件

7.1 国家产品质检中心技术评审管理工作指导

7.2 实验室资质认定审批工作指导

7.3 司法鉴定机构资质认定行政审批工作指导

7.4 实验室资质认定评审员管理工作指导

8. 记录（略）

八、某省级检验检疫部门《邮寄物检验检疫监管控制程序》

邮寄物检验检疫监管控制程序

1. 目的

为规范本局邮政口岸进出境邮寄物检验检疫监管工作，确保进出境邮寄物检验检疫监管工作过程处于受控状态，特制订本程序。

2. 适用范围

适用于通过邮政渠道，以邮件方式从本局邮政口岸进出境的邮寄物检验检疫监管工作，包括国际普包、EMS 国际快递、国际函件等。

3. 职责

本局邮检办事处（以下简称邮检办）的职责如下：

3.1 负责进出境邮寄物的查验、放行、退运工作。

3.2 负责进出境邮寄物的卫生处理、核生化有害因子监测工作。

3.3 负责进出境邮寄截留物的检疫处理、销毁工作。

3.4 负责进出境邮寄物有害生物、疫情疫病的实验室初筛鉴定工作。
3.5 负责非法邮寄行为的后续监管工作。
3.6 负责与驻地邮政、海关等单位沟通协调。
3.7 负责本局交办的其他业务。

4. 工作程序

4.1 策划

邮检办根据处室职责、工作范围、上级要求以及相关方的需求，确定各项工作开展需要达到的目标，以及工作过程中可能存在的风险和机遇。并以此为基础，策划工作流程，配备相关资源，制定工作程序，开展岗位培训，实施过程检查，实现持续改进，确保各项工作满足预期目标要求。

4.2 进境邮寄物的查验放行控制程序

4.2.1 进境邮寄物的查验放行一般流程（见图1，略）。

4.2.2 申报及审单

进境邮寄物实施全申报管理。邮寄物承运人（中国邮政速递物流有限公司本局市分公司，以下简称邮政速递公司）应向邮检办提供《进境国际邮寄物申报单》。邮检办指定人员负责审核并做好相关记录。

4.2.3 查验方式

X光机检查。所有进境邮寄物需要经X光机检查，发现可疑应检物的，暂时截留并存放检验检疫指定地点，作进一步拆包查验。

人工抽查。检验检疫人员负责审核进境邮寄物面单，包括来源国别和地区、收寄件人、邮寄物名称等，并综合邮寄物的外包装形状、重量以及气味等信息，抽取需要实施拆包查验的邮寄物，并由邮政速递公司对面单条形码逐一扫描，完毕后转移至检验检疫集中查验区。

海关移交。海关发现可疑物品，移交给检验检疫的进境邮寄物，如出具《邮件移交清单》，则由现场检验检疫人员签收存档，并在《进境邮寄物查验记录表》、《禁止进境物记录台账》或《截留物记录台账》备注"海关移交"字样。

4.2.4 查验流程

需要实施拆包查验的邮寄物，邮政速递公司指定人员负责拆包。

检验检疫人员对拆包的邮寄物，逐一打开包装，实施具体的检验检疫工作，包括检查邮寄物的实际情况，核查是否存在国家法律法规禁止的进境物和相关物品等。

4.2.5 结果处理

经拆包查验后，邮寄物内没有发现应检物的，检验检疫合格予以放行，邮政速递公司指定人员予以重封，重封时，应在邮寄物外包装上加施"中国出入境检验检疫"封识。

查验发现邮寄物全部为《中华人民共和国禁止携带、邮寄进境的动植物及其产品名录》（以下简称《名录》）内的物品，作退回或销毁处理，并向收件人寄送《进境邮寄物处理通知单》和宣传册。

查验发现邮寄物部分为《名录》内的物品，截获该物品作销毁处理，其余物品检疫合格后放行，并向收件人随寄《进境邮寄物处理通知单》和宣传册。

查验发现邮寄物带有特殊物品的，按照特殊物品检验检疫有关文件要求进行处理，具体作业要求另行制定。

查验发现邮寄物带有《名录》外的物品，需要送实验室做进一步检验检疫鉴定的，按照"4.7邮寄物有害生物实验室检疫鉴定控制程序"的规定办理。检验检疫合格的予以放行；不合格的，作退回或销毁处理。

查验发现需要作截留处理的进境邮寄物，检验检疫人员负责出具《进境邮寄物截留通知单》，截留期限一般不超过45日，特殊情况需要延长期限的，应上报邮检办负责人批准同意，同时应当告知邮政速递公司及收件人。

作退回处理的进境邮寄物，检验检疫人员负责将整个邮寄物交寄件人，由邮政速递公司指定人员签收《邮寄物交接记录单》。

根据拆包查验和实验室检疫结果，检验检疫人员分别在重封后的邮寄物上加盖"放行"、"销毁"或"退回"印章。

查验完毕，检验检疫人员应及时将查验结果登记在《进境邮寄物查验记录表》以及《禁止进境物记录台账》或《截留物记录台账》。

4.3 进境邮寄物的卫生处理控制程序

4.3.1 卫生处理指征

消毒。有下列情形之一的，应实施消毒处理：a）来自疫区，判定有受检疫传染病病原体污染可能的；b）受检疫传染病、监测传染病及国家法定的其他传染病病原体污染的；c）发现有国家卫生检疫行政主管部门公告要求实施消毒的对象的；d）发现其他应实施强制消毒的对象的。

除虫。有下列情形之一的，应实施除虫处理：a）来自疫区，可能存在与相应的传染病传播关系密切的医学节肢动物的；b）判定为染疫或染疫嫌疑，可能存在能传播染疫传染病的医学节肢动物的；c）出入境邮包中发现有与人类健康有关的医学节肢动物，足以为害的；d）发现有国家卫生检疫行政主管部门公告要求实施除虫对象的；e）发现其他应实施强制除虫对象的。

灭鼠。有下列情形之一的，应实施灭鼠处理：a）来自鼠疫疫区，可能携带鼠类的；b）出入境邮包被判定为鼠疫染疫或染疫嫌疑的；c）口岸出现鼠疫或鼠疫疑似病例、鼠类不明原因反常死亡的；d）出入境邮包发现有鼠迹的。

4.3.2 卫生处理流程

委托具备资质的卫生处理单位负责实施，原则上每天一次，并可根据实际情况调整。

根据邮寄物来源国家，由邮政速递公司每日分拣出疫区国家重点邮寄物，集中放置在指定处理场地。

卫生处理人员应按照规定穿戴防护器具并按规范的处理方法对邮寄物实施卫生处理。

邮检办检验检疫人员可对卫生处理过程实施监督。

卫生处理程序完成后，卫生处理人员及时填写《疫区邮寄物消毒登记表》或《卫生处理工作记录》，邮检办指定检验检疫人员负责对记录实施审核。虫样和捕获的鼠送实验室做进一步鉴定。

卫生处理后完毕的邮寄物方可进入正常查验程序。

4.3.3 卫生处理监督管理

邮检办对邮寄物卫生处理单位实行日常监督管理，定期核查卫生处理单位和卫生处理人员的资质状况，卫生处理人员应经专业知识和操作技能培训合格并持证上岗。

邮检办应科学地确定卫生处理措施，并要求卫生处理单位配备相应的物资药剂、作业器械和防护器具。

卫生处理使用的药剂和器械应经国家药械主管部门许可，国家卫生检疫行政主管部门审核推荐，不得使用国家明令禁止的药物。

确保各项措施的实施过程不会造成污染的扩散，保证现场人员健康与生命安全，最低限度地影响邮寄物的运递。

4.4 进境邮寄物核生化因子监测控制程序

进境邮寄物核生化因子监测流程图（见图2，略）。

4.4.1 作业准备

人员准备。现场查验、处置人员应具备核生化因子监测和检测、防护和处置专业知识，并经过专业培训，能够熟练掌握核生化因子监测和排查方法。

物品准备。

1）核生化监测处置设备。通道式放射性检测系统、手持式核素识别仪、αβ表面污染监测仪、直读式个人剂量计和手持式全功能化学探测器。

2）防护用具准备。A、B级防护服，正压式空气呼吸器、铅防护服、防毒手套、高性能防化靴。

4.4.2 口岸核与辐射因子监测处置

现场监测。根据工作实际，在邮件处理中心分拣场地配置通道式行包放射性检测系统和便携式放射性检测仪器，对入境邮寄物等进行放射性实时监测。

阈值设定。通道式行包放射性检测系统启动后可自行测量本底值。手持式核素识别仪设定报警阈值为 $0.21\mu Sv/h$。

报警与核实、判断。日常监测情况下，邮寄物通过通道式放射性监测系统时，系统发出报警，应要求该邮寄物再次通过监测通道进行核实，如无报警则可放行。如再次报警，则要求该邮寄物转移到专用查验场所进行排查。

使用便携式放射性监测设备每日在分拣场地内按顺时针路线进行巡检，如因超过阈值仪器发出警报，需迅速确定放射源方向和范围，在距疑似放射源邮寄物表面0.1m处任一点的剂量大于$1\mu Sv/h$时，则要求该邮寄物转移到专用查验场所进行排查。

现场排查。以监测剂量率0.1mSv/h为界线，向四周扩展6m，划出放射性安全警戒线，除监测人员外，其他无关人员不得进入。

排查人员按规定穿着铅防护服，佩戴直读式个人剂量计，设定累积剂量限值为：1mSv

（一次性短时间工作），达到或超过个人辐射剂量计累计剂量阈值时立即返回，更换排查人员。

结果判定。现场检疫人员对邮寄物进行开箱，及时联系收寄件人，判断是否符合以下条件：a) 有合法手续的放射性源、放射性物质，经严密的铅防护（中子放射源用水或石蜡封存）后，并且符合放射性物质运输安全标准；b) 有合法手续的含天然放射性核素的矿石、石材等货物，并且符合放射性物质运输安全标准；c) 有合法手续的用于工业、医疗等领域的放射源、放射性物质，并且符合放射性物质运输安全标准。

监测对象符合以上一项或几项条件并提前报知检验检疫部门，可以判定为合法入境，可登记信息后给予放行，否则进入现场处置程序。

现场处置。现场处置人员按规定穿着铅防护服，佩戴直读式个人剂量计。

如果待处理监测对象体积较小，可利用长柄工具将其置于贴有放射性警示标志的铅罐中。如果体积较大，将其用足够大面积的聚酯或塑胶材料完全覆盖，并设置放射性警示标志。

通知专业处置队伍对可疑放射性物质进行处置。对造成放射性沾染的物品和环境，配合专业处置队伍对污染物或环境进行洗消和除污。

4.4.3 化学因子监测处置

4.4.3.1 现场监测

出现以下情况之一的，进入现场排查程序：a) 不明原因的气雾或液滴，或异常气味；b) 可疑粉末或晶体、无色或淡黄色油状液体，或其他可疑化学品；c) 可疑的装有少量液体或固体粉末的小容器、小型注射器等，装有不明用途液体的塑料袋；d) 携带有特殊的解毒药物，自身带有防护器材或可作为防护器材的物品，以及有其他异常征候发生。

出现以下情况的，立即报告省卫生处，通知专业队伍开展处置行动，并引导人员撤离：a) 局部多人同时出现中毒症状，甚至死亡的，以及局部大量动物发病或死亡的；b) 现场发现具有化学毒剂相似理化特征的物质；c) 现场化学毒物浓度监测仪器发生报警。

4.4.3.2 现场排查

在采取有效防护措施的前提下，按照设备使用要求，使用手持式全功能化学探测器对可疑化学物质进行现场排查。如检测结果均为阴性，则将可疑物质封存后送有关实验室进一步检测；如检测出某种化学毒剂阳性，则立即进入处置程序。

4.4.3.3 现场处置

对不能说明用途的包装完好的有毒化学品或化学前体实施封存，移交相关部门处置；现场发现化学毒剂泄漏或释放的，应立即启动相应应急预案，现场应急处置人员立即开展现场控制、人员疏散和救治等工作，同时立即通知专业处置队伍，并配合其进行现场处置。

4.4.4 生物因子监测处置

现场监测。在口岸检疫查验工作中，监测是否有下列情况发生：a) 不明原因的气雾、烟羽、液滴，或有明显异味；b) 进境邮寄物中发现可疑白色粉末、培养物或注射器、气体释放装置或其他可疑容器；c) 同时出现多例异常发病或死亡的人员具有相同或相似症状和体征的；d) 同时出现大量不明原因的异常发病或死亡的动物。

如发现上述情况之一，则立即进行现场排查。

现场排查。在穿着有效的个人防护用具的前提下，按规范采集和制备样品，进行快速检测。检测完毕后，如检测结果均为阴性，则将其进行封存采样，并用生物安全运输箱送相关实验室进一步检测；如监测结果显示某种生物有害物质阳性，则按照相应应急预案，进入现场处置程序。对现场检测无法排除或无法检测的物品或人体、动物样本应进行封存并采样，送地方反恐部门指定的实验室检测。经现场快速检测阳性的物品，也应采样送地方反恐部门指定的实验室进一步检测确认。

现场处置。

对于现场排查、结果判定能排除生物恐怖事件的，能提供有关部门准许进口等合法手续，包装完整，用途明确的生物制剂，检疫放行。

对不能说明用途或无合法手续的包装完好的入境生物制剂、病原体、毒素等封存，移交相关部门处置。

经结果判定不能排除恐怖事件的，应立即报办事处领导，同时应按照不同级别的预警水平启动应急处置预案，开展处置行动。

现场发现有毒生物制剂、病原体、毒素泄漏或释放的，应立即启动相应应急预案，现场应急处置人员应立即开展现场控制、人员疏散和救治等工作，同时立即通知专业处置队伍，并配合其进行现场处置。

4.4.5 后续处理

信息报告。

对于经现场排查确定为合法入境或检测结果为阴性的情况，根据监测场所类别填写《邮检现场核生化因子监测调查表》。

对决定采取现场处置措施的情况，应在做出现场处置决定10分钟内以最快捷方式将情况上报邮检办负责人。

口岸现场发现的可疑核生化物质移交相关部门时，应填写《核生化有害因子交接信息登记表》，一式两份，分别由采样部门和移交部门留存，并在移交工作完成后报送省局卫生处存档。

4.5 邮寄进境截留物管理控制程序

4.5.1 对截获的禁止进境物实施统一管理，并设置专门截留室仓库，指定专门人员负责管理，截留物仓库配备必要的设施，截留仓库不得与其他物品共用，做到专库专用。

4.5.2 截留物以批为单位用密封袋或封箱带打包成一件，贴上标签，标签应包括面单号、品名、数量、日期等信息，仓库管理员核对数量后将截留物存放在指定的位置，物品摆放整齐，同时将截获的禁止进境物单号、日期、数重量、品名和货架号等信息记录《截留物品出入库清单》。

4.5.3 根据截留物的性质分类进行存放：1）需冷冻、易腐烂变质的产品（包括肉制品、水产品及禽蛋等）应存放冰柜；2）鲜活植物存放在阴凉背光处；3）其他有特殊储存要求的（如特殊物品）按特殊储存要求存放。

4.5.4 禁止进境物采用统一销毁方式，根据截留时间一般采用先入库的先销毁原则，销毁时事先办理出库手续，需两人以上在场，在入库清单上注明销毁时间、经办人（两人）等信息，仔细核对销毁数量，销毁物品交接须在视频监控下进行。

4.5.5 其他情况（如检疫处理、退运）需要出库的需在出入库清单上注明出库事由、出库时间和经办人员。

4.5.6 截留物入、出库时，截留仓库管理员负责办理相应物品的交接、移交手续，并及时记录和调整《截留物品出入库清单》，确保手续完整、账物一致。

4.6 邮寄进境截留物检疫处理和销毁控制程序

4.6.1 检疫处理

检疫处理委托具备资质的检疫处理单位负责，原则上每个月一次，并可根据实际情况调整。

需检疫处理的截留物按照截留物管理控制程序办理出库，由指定检疫处理单位运输至检疫处理场所，运输过程需在检验检疫工作人员监督下进行。

检疫处理单位按照规范的处理方法对截留物实施检疫处理，检验检疫工作人员可对检疫处理过程实施有效监督。

截留物经检疫处理后仍不满足除害要求的，予以退回或销毁。

4.6.2 截留物品销毁

截获的禁止进境邮寄物，需要实施集中销毁处理的，截留仓库管理员负责填写《检疫处理审批表》，报邮检办负责人审批后实施。

销毁时，截留室管理员做好出库记录，办理物品移交手续。

销毁方式。所有截留物品由具有资质的检疫处理单位定期到指定地点实施销毁。根据工作实际和截留物的性质，一般采取焚烧处理的销毁方式，对于特殊物品（如含有玻璃）采取石灰消毒并深度掩埋。

销毁时，拍摄面单号、物品以及销毁过程，由2名工作人员共同监督完成。

销毁人员将处理登记表、影像资料及时归档保存。并在电子登记台账上注明处置结果及日期。

4.7 邮寄物有害生物实验室检疫鉴定控制程序

邮寄物有害生物实验室检疫鉴定流程图（见附件3，略）。

4.7.1 取样

取样人对样品登记、标识，并妥善保存及留样处理，防止交叉污染。

取样应选取病症明显、特征明显、易于检疫鉴定的样品。

需微生物培养鉴定的，需在生物安全柜中进行。

对带有毒性、危险性的样品取样，须报请实验室负责人，并评估是否具备取样条件，并确定取样方法。

对可疑的禁止进境物，如需进行破坏性试验，需报请邮检办负责人审批。

4.7.2 检疫鉴定

实验室在检疫鉴定过程中应使用适当的方法，这些方法应满足检疫鉴定的要求，并确保使用的方法为最新有效版本。

实验室应尽可能优先选择国际、国家、行业标准方法，或有知名的技术组织及有关科学书籍和期刊公布的方法。

实验室应有良好技术操作规范，并确保其在实际工作中得到执行。

初筛人员根据初步鉴定结果填写送样单，并与样品一同送往省局动植检实验室进行复核鉴定。

因现场实验室条件限制无法鉴定的，初筛人员应妥善保存样品并送省局动植检实验室鉴定。

对省局实验室复核鉴定结果有异议的，可申请重新鉴定或协商后送其他专业实验室鉴定。

4.7.3　样品的处置

检毕的有害生物样品，如需留样的，按照各类样品的具体要求妥善留样；检毕准备丢弃及到保存期后需处理的样品，均需高压灭菌后方可丢弃。

检毕的昆虫、杂草、线虫等有害生物样品，如需长期保存的，制作成标本，保存于标本室。

4.7.4　防止污染及有害生物扩散

实验室必须采取必要措施防止污染及有害生物扩散。

植物检疫过程中，对可能含有易逃逸或传播、扩散的有害生物样品，应采取防逃逸或扩散的措施。昆虫检疫时，发现活体昆虫后将整个样品袋置入昆虫检查箱，用酒精、乙醚等方法将活虫杀死后取样；病害检疫时，如果发现病害症状，严格控制条件分离培养；对于一些可能携带病害的植物样品，放入植物检疫隔离培养室进行检验。大型植物实行隔离检验。

所有耗材和器具，若不是一次性，均要注意清洗，防止交叉污染。所有污染物如玻璃器皿、实验装置等，必须先经过消毒处理（以高压蒸气灭菌或化学杀菌），再行清洗或重复使用。

具有感染性的菌种、毒种必须保存在专用冰箱内。

因鉴定或科研需要进行饲养的检疫性昆虫（含幼虫）进行隔离饲养，并由专人负责管理。

可萌发的检疫性杂草标本，制标本前进行灭菌处理。

4.8　寄收件人约谈控制程序

4.8.1　约谈条件

发现存在以下情况时，约谈部门应当依照本程序规定启动约谈工作：

a）非法邮寄禁止进境物被截获 2 次以上（含）且间隔时间超过 30 日的；

b）非法邮寄禁止进境物且申报品名与内容物严重不符的；

c）邮寄各类活动物的；

d）邮寄濒危野生动植物及产品的；

e）邮寄燕窝、鱼翅、鱼肚、海参等贵重禁止进境物毛重 2.5 千克及以上或其他禁止进境的动植物及产品毛重超过 8 千克的；

f) 未经申报邮寄特殊物品，涉及细胞组织器官、动植物病原体、转基因生物材料，或数重量较大，且在截留期内不办理相关手续的；

g) 未经申报邮寄旧机电产品的；

h) 寄递物经检测含核生化有害因子的；

i) 其他需要进行约谈的情形。

4.8.2 约谈程序

约谈需组成 2 人以上（含）的约谈小组，其中一名为约谈主持人，一名为记录员。约谈可以根据需要邀请相关行业技术专家参加。涉及行政处罚案件约谈工作在下发行政处罚告知书前进行；

约谈小组在约谈前准备约谈方案，包括：约谈目的、参加约谈人员、时间、地点、事项、拟提出的方案或要求等；

约谈前，向被约谈对象发放约谈通知书，告知约谈事项、约谈时间、约谈地点和需要提交的相关材料；

约谈时，约谈小组成员向被约谈对象就约谈事项进行提问，并认真做好约谈记录，约谈结束时参加约谈人员应在记录上签名；

约谈工作结束后，应将约谈通知书、约谈记录以及约谈后的情况报告留档保存，留档保存期为三年。

4.8.3 约谈内容

约谈应当包括但不限于以下内容：

a) 约谈小组介绍约谈目的并向被约谈对象做情况通报；

b) 被约谈对象介绍相关情况并做原因分析；

c) 双方就关注问题进行交流；

d) 约谈小组向被约谈对象提出告诫或建议。

e) 涉及行政处罚案件的，约谈小组应就执法人员案件调查的行为是否规范，是否按照法律程序办案，是否弄虚作假、办人情案，是否存在吃、拿、卡、要等违法违纪行为向被约谈对象了解情况。

4.9 寄收件人诚信管理控制程序

4.9.1 列入灰名单条件

寄收件人有以下情况时，应列入灰名单：

a) 非法邮寄禁止进境物被截获 2 次间隔时间超过 30 日的；

b) 非法邮寄禁止进境物且申报品名与内容物严重不符的；

c) 邮寄各类活动物的；

d) 邮寄濒危野生动植物及产品的；

e) 邮寄燕窝、鱼翅、鱼肚、海参等贵重禁止进境物毛重 2.5 千克及以上的；

f) 两次及以上邮寄禁止进境物进境，且总重量超过 8 千克的；

g) 未经申报邮寄特殊物品，涉及细胞组织器官、动植物病原体、转基因生物材料，或数重量较大，且在截留期内不办理相关手续的；

h）未经申报邮寄旧机电产品的；

4.9.2 列入黑名单条件

寄收件人有以下情况时，应列入黑名单：

a）非法邮寄禁止进境物被截获3次以上（含）且间隔时间均超过30日的；
b）邮寄各类有毒活动物的；
c）寄递物经检测含核生化有害因子的；
d）列入灰名单后再次邮寄禁止进境物进境的；
e）通过故意变更收件人姓名、手机号、收件地址等手段企图逃避监管和处罚的；
f）列入灰名单后逃避或拒绝配合调查工作。

4.9.3 灰黑名单识别特征

灰、黑名单认定寄收件人以姓名、地址、联系电话为识别特征，只要有一项相同，则视为同一寄收件人，如有合理解释条件除外。

4.9.4 灰黑名单管理

邮检办建立寄收件人灰、黑名单档案，发现寄收件人符合灰、黑名单条件的，应填写《灰、黑名单寄收件人信息表》和《灰、黑名单寄收件人邮寄物信息表》，经邮检办负责人审批后，填写《灰名单寄收件人信息汇总表》或《黑名单寄收件人信息汇总表》，并将资料存档。

列入灰名单的寄收件人，约谈部门应当依照邮检办约谈程序规定启动约谈工作，进行检验检疫政策法规宣传和批评教育，涉及行政处罚案件的，按行政处罚程序处理，同时将寄收件人身份信息以及约谈记录复印件加入档案。

邮检办及时整理灰、黑名单的寄收件人的相关信息以及邮寄物外部特征，例如体积、重量、包装等特征，并在对邮寄物人工抽查时加大关注力度。

列入黑名单的寄收件人，邮检办根据严重程度及风险危害，视情况向全国其他邮办通报，对于情况特别严重的，可以建议在公开媒体进行曝光。

列入灰、黑名单的寄收件人，应通报驻地邮政、海关，提醒加强关注，涉及邮寄濒危野生动植物及其产品的，应通报濒危办。

实行黑名单管理期限不少于6个月，实行灰名单管理的期限为3个月。

寄收件人列入灰、黑名单后，在管理期限内没有再次邮寄禁止进境物入境的，可从灰黑名单寄收件人名单中删除，但其列入灰黑名单寄收件人名单的记录将永久保存。

列入灰名单的寄收件人，依法配合调查并主动说明情况，符合合理解释条件的，可从灰名单寄收件人名单中删除。

邮检办应加强对寄收件人诚信管理的信息化研究，探索先进筛选手段，打击更换姓名、地址、电话等故意逃避检验检疫的行为。

4.10 出境邮寄物检疫工作控制程序

出境邮寄物检疫流程图（见图4，略）。

4.10.1 范围

按照《进出境邮寄物检疫管理办法》，以下出境邮寄物应实施检疫：

a) 出境邮寄物中含有微生物、人体组织、生物制品、血液及其制品等特殊物品的；
b) 对输入国有要求或物主有检疫要求的出境邮寄物。

4.10.2 申报

出境邮寄物中含有微生物、人体组织、生物制品、血液及其制品等特殊物品的，寄件人应当主动向邮检办申报；对输入国有要求或物主有检疫要求的出境邮寄物，寄件人可向邮检办提出申请。

寄件人或物主按要求填制报检单并提供相关材料，办理报检手续，也可委托代理报检单位代理办理报检手续，代理报检的，须向检验检疫机构提供委托书。

邮寄特殊物品出境的还应提供《特殊物品审批单》。

报检材料不齐全或者不符合规定形式的，检验检疫部门不予受理报检。

4.10.3 检疫查验

邮检办受理报检后，按要求对出境邮寄物实施现场查验。

对于邮寄出境特殊物品，按以下要求查验：

a) 检查出入境特殊物品名称、成分、批号、规格、数量、有效期、运输储存条件、输出/输入国和生产厂家等项目是否与《特殊物品审批单》的内容相符；

b) 检查出入境特殊物品包装是否安全无破损，不渗、不漏，存在生物安全风险的是否具有符合相关要求的生物危险品标识。

对于输入国有要求或物主有检疫要求的出境邮寄物，按输入国的相关要求或物主的检疫要求进行查验。

查验完毕后填写《入/出境特殊物品卫生检疫现场查验记录》或《出境邮寄物现场查验记录》。

4.10.4 结果处理

邮检办对符合要求的出境邮寄物予以放行。有下列情况之一的，邮检办签发《检验检疫处理通知书》，予以退回或者销毁：

a) 特殊物品名称、批号、规格、生物活性成分等与特殊物品审批内容不相符或数量超出卫生检疫审批范围的；

b) 特殊物品包装不符合特殊物品安全管理要求的；

c) 特殊物品经检疫查验不符合卫生检疫要求的；

d) 邮寄物不符合输入国有要求或物主检疫要求的。

出境邮寄物经检疫合格的，邮检办出具有关单证，交由邮政机构运递。

4.11 评价和改进

为了评价各项工作程序的有效性，邮检办建立内部和外部的绩效评价机制，确保控制过程风险，提高工作绩效，并实现持续改进。

4.11.1 日常检查

邮检办负责人通过审核日常工作记录、监督过程实施情况、开展数据统计分析，以及处室工作例会等，检查评价过程绩效，必要时组织实施纠正和预防措施。

4.11.2　内部工作质量检查

抽调专人组成检查组,每年至少组织开展一次业务工作质量检查,对检查发现的问题及时采取纠正措施。

4.11.3　相关方反馈

日常工作中及时收集海关、邮政、地方政府以及省局相关部门的意见建议,受理进出境邮件收寄件人的投诉举报和相关意见,每年开展顾客满意度调查分析等,评价邮检各项工作的有效性以及潜在风险,并采取改进措施。

4.11.4　外部审查:接受上级部门的执法监督检查,以及各项审查、验收,采取纠正和改进措施。

5. 相关文件(略)

6. 相关记录(略)

7. 工作流程图(略)

第六章 作业文件编制

作业文件是政府部门体系运行的指导文件，是质量管理体系主要文件之一。

本章包括理论分析、标准要求、作业文件案例三部分组成。在理论分析中，首先对作业文件进行分析，具体包括了作业文件的概念和理解、内容要求、编制过程和编制注意事项。在关注了 GB/Z 30006 标准对质量作业文件的规定要求以后，推荐了部分政府部门质量体系运行中的作业文件案例。

第一节 理 论 分 析

一、作业文件

作业文件是规定某项具体活动如何进行的文件。在质量管理体系中，作业文件是指对某个特定的岗位/工作/活动，如何确保其有效地完成该岗位/工作/活动的要求，所做出具体规定的文件。相关人员均应严格执行作业文件的规定，从而保证该岗位/工作/活动的质量。

在新版 ISO 9000 术语标准中，对作业文件没有做出明确的术语定义，但在 ISO 90001 等标准中涉及作业文件。例如：在 ISO 9001 标准中 7.5.3 和 8.5.1 等条款中，都规定了对包括作业文件在内的"成文信息"的控制要求。而在 ISO 9000 族文件中，作业文件则定位为体系程序的支撑文件，称为作业规程或作业指导书。根据质量体系文件的构成模式，对于文件的第三、第四层次模式来说，作业文件属于第三层文件，用于支撑第二层次的程序文件。而程序文件则通过引用，链接有关的作业文件。作业文件，一般也可称为作业规程或作业标准。

质量管理体系程序是为进行某项质量活动和过程所规定途径和方法的文件。在产品和服务形成过程中需要开展大量的活动，以保证最终交付给顾客满意的产品和服务。对于在 ISO 9001 中有明确要求的活动，均应在相应的质量管理体系程序中描述，但限于篇幅或体系文件层级的原因，对许多质量活动，在程序中不能做到详尽的规定，描述不细或深度不够，这时，就可以引用作业文件，在作业文件中对这些活动做出详细的规定。对于在 ISO 9001 中虽没有要求，但为了更有效地控制体系、产品、管理或服务质量，需要开展的必要的活动，同样应该通过作业文件来规范其实施要求，这类作业文件可以被有关的程序文件引用。

作业文件通常主要以技术性的作业指导书及管理性的工作标准形式出现，如管理标准（或称管理规范）和工作标准（或称工作规范、工作细则、岗位规范）。

程序中引用的作业文件是对程序文件的支撑文件，它更详细地规定某些质量活动的具体管理活动怎样开展，如产品生产过程中涉及的有关设备管理、工装管理、工位器具管理、文明生产管理以及公用设施管理等。

从广义理解，作业文件也可以称为是一种特殊的程序（工作程序）文件。区分程序文件和作业文件，应该从文件内容上来看。程序文件规定的是一类活动的要求，而作业文件通常只是对一项具体的活动做出规定。作业文件和程序文件相比，在范围、时间和所描述对象等方面都有区别。程序文件规定的措施涉及的活动或过程范围会比作业文件广泛，但作业文件在对活动或工作的描述上，要比程序文件更详细。可以认为，作业文件是某项具体活动的工作程序文件。

何时需要编制作业文件？一般情况下，在一项具体体系活动的质量发生波动时，作业文件的需求就有可能产生了。作业文件的重要性主要体现在：1）使工作或活动有章可循，使过程控制规范化，处于受控状态。2）确保实现产品/工作/活动质量特性。3）保证过程的质量。4）对内、对外提供文件化证据。5）持续改进质量的基础和依据。6）某些情况下，若没有作业文件，则工作或活动的质量不能保证。

二、作业文件的内容

作业文件形式上五花八门，包括作业指导书、管理标准（或称管理规范）和工作标准（或称工作规范、工作细则）等等。比较程序文件而言，作业文件更加详细地规定了如何开展某项活动或规定某项管理工作的要求和验收条件。

作业文件的内容主要包括：所要描述和规定的活动/作业文件的目的、适用范围、职责、何时，何地，谁，做什么、怎么做（依据什么去做），留下什么记录来证实所做工作符合要求等，即5W1H要求。对于作业指导书，描述的关键内容主要是如何去做；而对于管理标准或工作标准，一般其描述和规定的主要内容是要求和验收条件。

在质量管理体系文件中，作业文件繁多，表现形式复杂。一般来说，作业文件主要受产品、服务和具体岗位/工作/活动的影响，产品复杂、品种繁多，工艺路线长，工序多、岗位多、服务内容多，则作业文件多。

三、作业文件编制

作业文件包括技术性作业文件和管理性作业文件。作业文件是质量管理体系文件的组成部分。在编制作业文件时，应遵循质量体系文件编制的一般通用要求。需要强调，作业文件在描述如何开展质量活动时，必须使其具有确定性。即对何时、何地、做什么、由谁来做、依据什么文件、怎么样做以及应保留什么记录等，必须加以明确规定，不能产生歧义，以排除人为的随意性。只有这样才能保证过程的一致性，才能保障产品和服务质量的稳定性。

此外，在编写作业文件时，还应考虑作业文件的特殊性，一般会在在编制作业文件时，事先编制一个《作业文件编制导则》，以统一作业文件的体例、格式、内容、方法和注意事项。作业文件编制导则，实质上就是一个编制作业文件的作业指导书，它对如何编制作业文件加以规定和描述。

应注意作业文件与程序文件的接口，凡是程序文件中引用的内容，在作业文件中要有相应的规定。作业文件支撑程序文件，在具体怎么操作方面，做出更为细化的规定和描述。

作业文件的内容应不限定在所依据质量管理标准要求的范围之内，它可以包容其他的业务活动控制要求。

四、作业文件编写注意事项

在编写作业文件时，应注意下列事项：

一是作业文件应能支撑程序文件。一定要处理好作业文件与程序文件的接口联系。通常，作业文件和有关的程序文件并非由同一人编写，在描写某一具体活动时，经常会出现脱离程序文件来编写作业文件的情况。如在程序文件中的某项活动没有详细规定，要依赖作业文件去解决，而在作业文件中也没有详细规定，就会使操作者不知道如何开展此活动。再如，有时会在作业文件中详细地描述了业务管理过程，却没有关注程序要求的重点，没有说明程序文件中要求展开的某些重要质量保证活动具体应该怎么做。

二是应注意分清作业文件与程序文件的界限。对质量管理体系而言，程序文件和作业文件都是描述对体系标准各过程相关质量活动如何进行控制，但控制内容范围大小不一样。一般情况下，程序文件提出一类活动的控制要求，而作业文件则是规定其中一个/一项活动具体控制所使用的特定要求。例如服装企业的采购控制程序，会对企业的所有采购活动提出控制要求，而采购特定服装面料，则会用一个作业指导书来提出控制要求。

三是区分体系要求与业务要求。应特别关注 ISO 9001 体系标准中明确规定的体系要求。应区分质量管理体系要求与业务要求，体系要求可以是业务要求的补充，但不能替代业务要求。

四是应关注职责、权限和相互关系的协调一致。作业文件中规定的职责、权限和相互关系，应该同质量手册和程序文件中的相应规定保持一致。

五是控制力度与质量要求相一致。作业文件中的控制力度，应该与质量活动的要求程度相一致，如果产品质量特性有具体要求，但却与作业文件中规定的工序（过程）控制要求不相匹配，就会造成工序能力不足的情况；反之也会造成控制过剩。另外，质量要求不同，作业文件的规定就会不同。不论是哪一类型的作业文件，都是针对某一特定的质量要求，规定相应的控制方式和控制手段；不同的质量要求，就会有不同的控制要求和不同的作业文件形式；内容决定形式，这也决定了作业文件形式的多样性，没有必要强求一致。

六是策划多种控制路径。作业文件在对常规控制路径和控制要求做出规定的同时，也要规定产生异常情况、突发情况时的控制路径。例如，当工序能力不能达到设计规范和产品质量要求、服务要求时，应事先策划相应预防性的控制安排，以免一旦发生这种情况时失去控制。

七是明确作业活动的全部输入与输出，加以全面控制。对于每项作业活动来说，都可视为一个"过程"，为了使这个"过程"受控，就必须认真识别它的全部输入和输出。我们经常看到，有些组织在一些重要过程和活动中，如设计开发、管理评审时遗漏了某些必要的输入，以致整个质量活动不能达到要求。同时，还要注意分析和研究外界对本"过程实现"可能产生的干扰，并加以排除。

八是应符合政府部门业务实际，并可以操作。首先作业文件是指导工作实际的，任何控制要求都应切合本单位本部门业务实际，应对各方面因素进行综合考虑。其次作业文件必须具有可操作性，能够被有效实施。否则，就会产生两层皮现象，被闲置不用。这样不但不利于体系的有效运行，而且会导致有章不循的严重后果。第三作业文件编制是一个动态过程，需要不断总结成熟的作业经验，完善后纳入作业文件；但是对作业文件中存在的问题，操作人员不能擅自修改，而应及时反馈信息，按程序规定要求进行修改。

第二节　标 准 要 求

一、GB/Z 30006《政府部门建立和实施质量管理体系指南》标准要求

> c）工作指导类文件
> 　　工作指导类文件规定和说明了构成工作事项及过程的一个或多个步骤，给出具体的操作要求。工作指导类文件可包括规范类文件、项目类文件、岗位职责说明书。

规范类文件一般是规定和说明某一特定方面（而非针对工作事项）的要求，如公文管理规定、保密控制规范等。

项目类文件一般是政府部门为开展某些专项行动、活动或某个阶段性工作，所编制、发布和实施的工作计划或方案，项目类文件通常适用于特定的时间段。

岗位职责说明书一般是用于描述各类工作岗位内容、规定各类人员的职责要求的文件，其内容可以包括岗位名称、工作类别、岗位职责、工作事项、工作要求、任职条件、培训要求、岗位廉政职责、在岗人员等。

d）工作记录

工作记录是在质量管理体系运行过程中，以及完成具体工作事项过程中所形成的各种记录。记录可以采用表格等形式。

政府部门是否需要编制新的文件以及新编文件的详略程度，可依据相关法律法规的要求、所使用的管理体系标准的要求、本指导性技术文件的内容、组织的规模、工作事项的复杂程度、工作人员的能力等因素来确定。

二、ISO 9000《质量管理体系　基础和术语》标准要求

3.8.7

规范　specification

阐明要求（3.6.4）的文件（3.8.5）

示例：质量手册（3.8.8）、质量计划（3.8.9）、技术图样、程序文件、作业指导书。

注1：规范可能与活动有关［如：程序文件、过程（3.4.1）规范和试验（3.11.8）规范］或与产品（3.7.6）有关（如：产品规范、性能规范和图样）。

注2：规范可以陈述要求，也可以附带设计和开发（3.4.8）实现的结果。因此，在某些情况下，规范也可以作为记录（3.8.10）使用。

第三节　作业文件案例

本节提供部分政府部门和单位业已实施的作业文件案例，作为建立质量体系时编制作业文件的借鉴参考。

一、某街道办事处《主要管理业务工作流程》

某街道办事处《主要管理业务工作流程》

1. 党政办公室工作流程

（1）出具政审和证明材料

a）流程：常住本辖区无业、失业、离退休人员→到其户籍所在地的社区党组织或居

委会开具相应的证明材料→持社区党组织（居委会）证明、户口簿、身份证等相关材料，到街道办事处党政办公室→按照证明材料的性质确定批准权限，经签发后由经办人负责加盖相应印章。

b）凡制发文（包括各类公文、介绍信等）需使用印章的必须经街道党政一把手签发；其他需要加盖印章的材料，党政办公室按相关规定加盖印章。

c）责任科室：党政办公室。

d）责任人：A角、B角。

（2）党组织关系接转

a）流程：常住本辖区无业、失业、离退休党员→本人持区委组织部门提供的转入介绍信（转出组织关系的持有社区党组织出具的转出证明）→到街道办事处党政办公室，由专人按其户籍所在地开具党组织关系介绍信，同时由本人填写党员信息表→由本人持党员组织关系介绍信到其户籍所在地社区党组织转接组织关系（转出的再到区委组织部办理）。

b）责任科室：党政办公室。

c）责任人：A角、B角。

2. 街政科工作流程

（1）办理最低生活保障工作

a）流程：人均收入低于最低生活保障线的常住辖区非农业户口家庭→到居委会提出个人申请（按要求提供家庭实际情况的各种证明，包括：户口簿原件、收入证明、居住地证明、残疾证明、单亲证明、学生在校证明、前三个月家庭用水、电、煤制气单据等）→居委会经审查核准后，入户调查；社区低保工作评估小组进行评估；经社区民主议事会讨论决定→居委会填写《审批表》上报街道办事处→由办事处民政助理对所提供的材料和证明进行审核→经办事处主任签字后，加盖公章→上报区民政局审批；受理之日起20个工作日内，告知是否批准→每月9日到办事处审证，15日发放保障金。

b）责任科室：街政科。

c）责任人：A角、B角。

（2）发放义务兵优待金

a）流程：辖区内在部队服役的义务兵亲属→持《入伍通知书》、《义务兵优待金领取证》；超期服役的，需持部队团以上证明信→经办事处审核→每年1月25日至30日发放。

b）责任科室：街政科。

c）责任人：A角、B角。

（3）办理老年人优待证

a）流程：常住辖区年满60岁以上居民→持户口簿、身份证及复印件、1寸免冠照片1张、10元钱→到居委会集中登记→办事处集中到区老龄委办理→每月25日集中办理→证件办理完成，发放到各社区居委会，通知其领取。

b）责任科室：街政科。

c) 责任人：A 角、B 角。

（4）办理残疾证

a) 流程：具有本辖区常住户口居民→持户口簿到街道残联出具证明→到指定医院进行体检→携带医院证明到区残联办理残疾证。

b) 责任科室：街政科。

c) 责任人：A 角、B 角。

（5）办理文化经营许可证

a) 流程：具有辖区常住户口的无业、退休人员→持个人申请、身份证及复印件 2 份、经营房屋证明及平面图、经营保证书到办事处提出申请→经调查了解、核实，加盖标有××路街道办事处文化站印章，并注明同意办理→报区文化局审批→经审批后，通知其本人领取文化经营许可证。

b) 责任科室：街政科。

c) 责任人：A 角、B 角。

3. 城管科工作流程

（1）辖区居民开门开窗及门头装修

a) 流程：辖区居民→征得上下邻居同意并签字；开门开窗需持区房产部门申请表、门头装修持规划部门申请表，到所在居委会出具同意证明信→街道办事处实地勘察签署意见后，分别报规划部门和区房产单位审批→依据《××市城市房屋装修管理暂行规定》和《××市规划管理办法》，受理之日起 10 日内。

b) 责任科室：城管科。

c) 责任人：A 角、B 角。

（2）办理餐饮业环保手续

a) 流程：辖区居民、单位→征得上下邻居、单位同意并签字；持环保部门申请表到所在居委会出具同意证明信→街道办事处实地勘察签署意见；环保局审批→依据《××市乡镇、街道企业环境保护管理暂行办法》，受理之日起 10 日内。

b) 责任科室：城管科。

c) 责任人：A 角、B 角。

（3）信访工作

a) 流程：辖区居民→当事人持户口簿或本人身份证，说明其申诉、举报、上访事由及要求，给予受理→依据《国务院信访条例》。

b) 责任科室：城管科。

c) 责任人：A 角、B 角。

4. 计划生育办公室工作流程

（1）办理《计划生育服务手册》

a) 流程：夫妻双方或一方为本辖区常住户口，依法登记结婚并自愿生育第一个子女→持结婚证、户口簿和夫妻 2 寸近期合影照片 1 张→到一方户籍所在地街道办事处计生办登记→审核发放《计划生育服务手册》，并告知其用途。

b）责任科室：计划生育办公室。
　　c）责任人：A 角、B 角。
　（2）办理《生育证》
　　a）流程：具有辖区常住户口，符合二胎生育规定，女方再育年满 30 周岁，初育年满 25 周岁→申请人到女方户籍所在地街道办事处计生办提交以下材料：夫妻双方申请，双方单位或居委会出具的本人生育证明，双方身份证、结婚证复印件各 1 份，家庭成员合影照片 1 张；已收养子女需持民政部门出具的收养证明；符合生育第二个子女条件的证明→审核，报区计生委办理《生育证》。
　　b）责任科室：计划生育办公室。
　　c）责任人：A 角、B 角。
　（3）流动人口管理与服务
　　a）流程：18～49 周岁流入本辖区居住 15 日以上的外地育龄妇女或流出××市外 30 日以上本辖区常住户口的育龄妇女→流出人员须持户口簿、身份证、结婚证、居委会或单位出具的婚育证明、个人 1 英寸照片 2 张，到街道办事处计生办审核并发放《流动人口婚育证明》，并告知注意事项；流入人员持《流动人口婚育证明》到居委会建档查验。流动人口已婚育龄妇女应每半年到居住地街道办事处进行孕检。
　　b）责任科室：计划生育办公室。
　　c）责任人：A 角、B 角。
　（4）办理《独生子女父母光荣证》
　　a）流程：具有辖区常住户口，只生一个子女，自愿不再生育的；已有两个子女，其中一个夭折后不再生育的；依法收养一个子女后不再生育的；子女 14 周岁以内或母亲年龄不超过 49 周岁→持身份证和户口簿，夫妻双方单位或居委会盖章的《计划生育服务手册》中领取《独生子女父母光荣证》的申请联→办事处审核后给夫妻双方分别办理《独生子女父母光荣证》。
　　b）责任科室：计划生育办公室。
　　c）责任人：A 角、B 角。
　5. **综合治理办公室工作流程**
　（1）居民纠纷调解
　　a）流程：辖区居民→社区居委会调解不成，司法所依据有关法律法规给予调解。
　　b）责任科室：综合治理办公室。
　　c）责任人：A 角、B 角。
　（2）法律咨询
　　a）流程：辖区居民及驻街单位→依据国家有关法律法规给予解答。
　　b）责任科室：综合治理办公室。
　　c）责任人：A 角、B 角。
　……

二、某区政府公共就业服务机构《工作事项表》

某区政府公共就业服务机构《工作事项表》

序号	服务项目	服务流程	相关文件	相关单位
1	居民就业登记	1）询问 2）企业立户 3）就业登记办理 4）补办就业登记手续（2008年8月1日前离职） 5）补办就业登记手续（2008年8月1日后离职）	"某区户籍居民就业登记"受理服务规范	街道劳动保障事务所
2	失业人员证办理	1）询问 2）申请人的申请资料审核 3）发放《某区户籍失业人员登记表》一份 4）资料录入"某区劳动业务网上办公系统" 5）街道审核 6）打印《失业人员证》 7）登记《办理失业人员证登记台账》 8）在《某区户籍失业人员登记表》的"备注"栏加盖"原件已审核"章，存档	《某区失业人员证》受理服务规范	街道劳动保障事务所、社区劳动就业服务窗口
3	失业员工证办理	1）询问 2）申请资料初核 3）档案袋内资料审核（此项工作须当着申请人的面进行） 4）发放《某区就业转失业人员登记表》 5）资料录入"××区劳动业务网上办公系统"，签署审核意见 6）打印《××区失业员工证》 7）封存档案；登记《办理失业人员证登记台账》	《某区失业员工证》受理服务规范	街道劳动保障事务所

（续）

序号	服务项目	服务流程	相关文件	相关单位
4	失业人员求职登记	1）询问 2）就业指导 3）求职信息录入 4）登记《失业人员求职登记台账》	"某辖区失业人员求职登记"受理服务规范	街道劳动保障事务所、社区劳动就业服务窗口、区人力资源服务中心
5	推荐失业人员就业	1）推荐方式 2）现场招聘会推荐方式 3）委托招聘推荐方式（社区、街道、区人力资源服务中心） 4）在"某区劳动业务网上办公系统"搜索人员、电话通知失业人员 5）审核拟推荐失业人员资料 6）职业指导 7）岗位推荐 8）信息反馈 9）职业再指导	"推荐失业人员就业"受理服务规范	街道劳动保障事务所、社区劳动就业服务窗口、区人力资源服务中心
6	再就业优惠证办理	1）询问（社区劳动保障窗口） 2）审核申请资料 3）社区劳动保障窗口指导填表 4）社区劳动保障窗口资料录入电脑 5）街道审核 6）区人力资源服务中心终审 7）登记申请《再就业优惠证》台账	《再就业优惠证》受理服务规范	街道劳动保障事务所、社区劳动就业服务窗口、区人力资源服务中心
7	就业困难人员零就业家庭的认定	1）询问（社区劳动保障服务窗口） 2）输入申请人失业证号码，审查资料 3）确定申请"就业困难"的类别	"就业困难人员和零就业家庭的认定"受理服务规范	街道劳动保障事务所、社区劳动就业服务窗口、区人力资源服务中心

(续)

序号	服务项目	服务流程	相关文件	相关单位
7	就业困难人员零就业家庭的认定	4) 资料审核 5) 输入"某区劳动业务网上办公系统" 6) 公示 7) 资料复审（街道劳动保障事务所服务窗口） 8) 人力资源服务中心终审 9) 认定就业困难资格	"就业困难人员和零就业家庭的认定"受理服务规范	街道劳动保障事务所、社区劳动就业服务窗口、区人力资源服务中心
8	青年见习培训报名	1) 询问 2) 申请人资料审核 3) 职业指导 4) 资料录入"某区劳动业务网上办公系统"	"青年见习培训报名"受理服务规范	街道劳动保障事务所、就业科（区行政服务大厅就业窗口）
9	取消原认定就业困难及零就业家庭资格	1) 确定取消对象 2) 取消资格条件 3) 核查方式 4) 取消流程	《取消原认定就业困难及零就业家庭资格》服务规范	街道劳动保障事务所、社区劳动就业服务窗口、区人力资源服务中心
10	重新申请认定就业困难及零就业家庭资格	1) 询问 2) 取消就业困难人员或"零就业家庭"失业人员的情形及重新申请期限 3) 查询	"重新申请认定就业困难及零就业家庭资格"服务规范	街道劳动保障事务所、社区劳动就业服务窗口、区人力资源服务中心
11	办理灵活就业失业人员发放社会保险费补贴	1) 询问（街道劳动保障服务窗口） 2) 有关情况查核 3) 审批 4) 上报 5) 市、区审核意见 6) 灵活就业备案流程 7) 市、区办理档案转移流程 8) 登记《灵活就业人员社会保险补贴登记台账》 9) 区劳动就业管理科负责发放灵活就业人员社会保险补贴	"灵活就业失业人员发放社会保险费补贴"受理服务规范	街道劳动保障事务所、区人力资源服务中心

（续）

序号	服务项目	服务流程	相关文件	相关单位
12	退休失业人员发放社会保险费补贴	1）询问（街道劳动保障服务窗口） 2）资料审核 3）上报 4）市、区审核意见 5）市、区办理档案转移流程 6）区劳动局就业管理科终审及发放补贴 7）登记《临近退休失业人员申请社会保险补贴登记台账》	"临近退休失业人员发放社会保险费补贴"受理服务规范	街道劳动保障事务所、区人力资源服务中心
13	失业人员技能培训报名	1）询问 2）申请人的申请资料初审 3）职业指导 4）资料录入"某区劳动业务网上办公系统"	"失业人员技能培训报名"受理服务规范	街道劳动保障事务所
14	失业人员创业培训报名	1）询问 2）申请人的申请资料初审 3）录入"某区劳动业务网上办公系统"	"失业人员创业培训报名"服务规范	就业科（区行政服务大厅就业窗口）
15	失业人员小额担保贷款	1）询问 2）申请资料审核 3）实地审核 4）街道劳动保障事务所出具调查证明和推荐审核意见 5）资料录入电脑 6）区人力资源服务中心复核 7）市劳动就业服务中心出具担保意见 8）申请人在一个月内持《灵活就业备案证明》和《档案转移通知书》到市劳动就业服务中心或区人力资源服务中心办理档案转移，工作人员登记《小额担保贷款已批登记台账》	《失业人员小额担保贷款》服务规范	街道劳动保障事务所、区人力资源服务中心

（续）

序号	服务项目	服务流程	相关文件	相关单位
16	失业人员随岗培训	1）街道及社区劳动保障工作人员流程 2）区行政服务大厅就业窗口流程 3）区劳动局就业科工作流程	"失业人员随岗培训"受理服务规范	就业科（区行政服务大厅就业窗口）
17	企业退休人员社会化管理	1）资料审核、收取资料 2）费用缴纳确认 3）社区劳动保障窗口信息采集 4）档案移交 5）登记《退休人员档案移交登记台账》 6）存档	"企业退休人员社会化管理"受理服务规范	街道劳动保障事务所
18	岗位开发	1）岗位开发前的准备工作 2）走访开发岗位后的工作 3）登记台账	"岗位开发"服务规范	街道劳动保障事务所、社区劳动就业服务窗口、区人力资源服务中心
19	青年见习培训补贴	1）区行政服务大厅就业窗口工作流程 2）区劳动局就业科工作流程	"青年见习培训补贴"受理服务规范	就业科（区行政服务大厅就业窗口）
20	落实3：1政策	1）询问 2）告知立户企业办理 3）岗位核实 4）信息录入 5）推荐 6）跟踪服务 7）开具已落实3：1政策报告书	"落实3：1政策"服务规范	就业科（区行政服务大厅就业窗口）、区人力资源服务中心
21	失业人员专场招聘会	1）开发、采集岗位空缺信息 2）招聘信息录入、编排与发布 3）宣传发动失业人员进场应聘 4）招聘会管理 5）居民就业部负责当天进场失业人员求职信息录入"某区劳动业务网上办公系统" 6）后续跟踪服务	"失业人员专场招聘会"受理服务规范	街道劳动保障事务所、区人力资源服务中心

(续)

序号	服务项目	服务流程	相关文件	相关单位
22	某区企业吸纳失业人员认定	1）询问 2）初次办理认定证明提交资料及审核 3）年审认定证明提交资料及审核 4）对于不符合申办或年审资格的，须向企业当面解释原因，退回所有申请资料，并开具《不予受理通知书》 5）经确认企业申请资料无误后，到企业实地调查或经过其他方式调查企业是否招用了持再就业优惠证的失业人员在企业上班 6）发证	"某区企业吸纳失业人员认定"受理服务规范	区人力资源服务中心
23	就业困难人员家访	1）预约家访 2）上门家访 3）情况处理	"就业困难人员家访"服务规范	街道劳动保障事务所、社区劳动就业服务窗口
24	岗位回访	1）电话回访 2）回访过程 3）岗位回访后的总结工作	岗位回访服务规范	街道劳动保障事务所、社区劳动就业服务窗口、区人力资源服务中心
25	失业人员技能鉴定费补贴	1）区行政服务大厅就业窗口工作流程 2）区劳动局就业科工作流程	"失业人员技能鉴定费补贴"受理服务规范	就业科（区行政服务大厅就业窗口）
26	失业人员定向培训	1）街道及社区劳动保障工作人员流程 2）区行政服务大厅就业窗口流程 3）区劳动局就业科工作流程	"失业人员定向培训"受理服务规范	就业科（区行政服务大厅就业窗口）
27	用人单位招用就业困难人员支付岗位、社保及奖励金补贴	1）用人单位提交资料 2）资料审核 3）计算补贴及报批 4）整理审批批件、申报资料及原始档案	"用人单位招用就业困难人员支付岗位、社保及奖励金补贴"服务规范	街道劳动保障事务所、社区劳动就业服务窗口、区人力资源服务中心

（续）

序号	服务项目	服务流程	相关文件	相关单位
28	某区户籍失业员工档案管理	1）接收各街道移交的档案 2）办理失业员工再就业提取档案 3）办理失业员工退休提取档案	《某区户籍失业员工档案管理》服务规范	街道劳动保障事务所、区人力资源服务中心
29	教育培训	教育培训操作流程	教育培训操作规范	街道劳动保障事务所、社区劳动就业服务窗口、区人力资源服务中心
30	就业统计报表的填报	1）区就业办报表内容及上报流程 2）街道劳动保障事务所报表内容及上报内容 3）区人力资源服务中心报表内容及上报内容 4）各类就业统计报表的报告期 5）各类就业统计报表的报送时间	《某区就业统计报表》填报服务规范	街道劳动保障事务所、社区劳动就业服务窗口、区人力资源服务中心
31	用人单位招用女35周岁、男45周岁以上失业人员补贴和奖励	1）申请资料审核 2）支付补贴	"用人单位招用女35周岁、男45周岁以上失业人员补贴和奖励"受理服务规范	街道劳动保障事务所、区人力资源服务中心
32	再就业培训机构申请失业人员技能培训费用结算	1）区行政服务大厅就业窗口服务流程 2）区劳动局就业科服务流程	"再就业培训机构申请失业人员技能培训费用结算"受理服务规范	就业科（区行政服务大厅就业窗口）
33	支付职业介绍补贴	1）区行政服务大厅就业窗口服务流程 2）区劳动局就业科服务流程	"支付职业介绍补贴"受理服务规范	就业科（区行政服务大厅就业窗口）

三、某省级检验检疫部门《出境植物性饲料及饲料添加剂检验检疫作业指导书》

出境植物性饲料及饲料添加剂检验检疫作业指导书

1. **目的**

为加强出境植物性饲料及饲料添加剂检验检疫工作过程质量活动的控制，特制订本作业指导书。

2. **适用范围**

本作业指导书适用于全省出境植物性饲料及饲料添加剂的检验检疫工作过程控制。

植物性饲料及饲料添加剂包括：干草饲料、糖、麸饲料、粮豆饲料（如饲用玉米、蚕豆等）、饼粕饲料（如棉籽、菜籽、大豆、花生、芝麻、甜菜等的饼或粕）、薯类饲料（如木薯、甘薯及其块、粒、粉、条等）、复合饲料、饲用棉籽和棉籽壳以及要求进行植物检疫的动物饲料和饲料添加剂。

3. **职责**

3.1 植物检验检疫监管处负责全省出境植物性饲料及饲料添加剂检验检疫工作的统一管理及注册登记工作；

3.2 植物检验检疫处负责辖区植物性饲料及饲料添加剂检验检疫工作、监督管理；

3.3 各分支局动植检科、办事处负责辖区植物性饲料及饲料添加剂检验检疫工作及监督管理。

4. **作业要求**

4.1 出口生产企业注册登记

4.1.1 申请注册登记的企业应当符合下列条件：

a）厂房、工艺、设备和设施：厂址应当避开工业污染源，与养殖场、屠宰场、居民点保持适当距离；厂房、车间布局合理，生产区与生活区、办公区分开；工艺设计合理，符合安全卫生要求；具备与生产能力相适应的厂房、设备及仓储设施；具备有害生物（啮齿动物、苍蝇、仓储害虫、鸟类等）防控设施。

b）具有与其所生产产品相适应的质量管理机构和专业技术人员。

c）具有与安全卫生控制相适应的检测能力。

d）管理制度：岗位责任制度；人员培训制度；从业人员健康检查制度；按照危害分析与关键控制点（HACCP）原理建立质量管理体系，在风险分析的基础上开展自检自控；标准卫生操作规范（SSOP）；原辅料、包装材料合格供应商评价和验收制度；饲料标签管理制度和产品追溯制度；废弃物、废水处理制度；客户投诉处理制度；质量安全突发事件应急管理制度。

4.1.2 申请注册：出口生产企业应当向植检处申请注册登记，并提交下列材料（一式3份）：

a）《出口饲料生产、加工、存放企业检验检疫注册登记申请表》；

b）工商营业执照（复印件）；

c）组织机构代码证（复印件）；

d) 国家饲料主管部门有审查、生产许可、产品批准文号等要求的，须提供获得批准的相关证明文件；

e) 涉及环保的，须提供县级以上环保部门出具的证明文件；

f) 管理制度；

g) 生产工艺流程图，并标明必要的工艺参数（涉及商业秘密的除外）；

h) 厂区平面图及彩色照片（包括厂区全貌、厂区大门、主要设备、实验室、原料库、包装场所、成品库、样品保存场所、档案保存场所等）；

i) 申请注册登记的产品及原料清单。

4.1.3 申请材料审查：植检处负责对申请材料及时进行审查，根据下列情况在5日内做出受理或者不予受理决定，并书面通知申请人：

a) 申请材料存在可以当场更正的错误的，允许申请人当场更正；

b) 申请材料不齐全或者不符合法定形式的，应当当场或者5日内一次性书面告知申请人需要补正的全部内容，逾期不告知的，自收到申请材料之日起即为受理；

c) 申请材料齐全、符合法定形式或者申请人按照要求提交全部补正申请材料的，应当受理申请。

4.1.4 现场评审

a) 植检处应当在受理申请后10日内组成评审组，对申请注册登记的出口生产企业进行现场评审；

b) 评审组应当在现场评审结束后及时向植检处提交评审报告。

4.1.5 评定：植检处收到评审报告后，应当在10日内分别做出下列决定：

a) 经评审合格的，予以注册登记，颁发《出口饲料生产、加工、存放企业检验检疫注册登记证》（以下简称《注册登记证》），自做出注册登记决定之日起10日内，送达申请人；

b) 经评审不合格的，出具《出口饲料生产、加工、存放企业检验检疫注册登记未获批准通知书》；

4.1.6 注册有效期：《注册登记证》自颁发之日起生效，有效期5年。

属于同一企业、位于不同地点、具有独立生产线和质量管理体系的出口生产企业应当分别申请注册登记。每一注册登记出口生产企业使用一个注册登记编号。经注册登记的出口生产企业的注册登记编号专厂专用。

4.1.7 变更及注销：

a) 出口生产企业变更企业名称、法定代表人、产品品种、生产能力等的，应当在变更后30日内向植检处提出书面申请，填写《出口饲料生产、加工、存放企业检验检疫注册登记申请表》，并提交与变更内容相关的资料（一式三份）；

b) 变更企业名称、法定代表人的，由植检处审核有关资料后，直接办理变更手续；

c) 变更产品品种或者生产能力的，由植检处审核有关资料并组织现场评审，评审合格后，办理变更手续；

d) 企业迁址的，应当重新向植检处申请办理注册登记手续；

e）因停产、转产、倒闭等原因不再从事出口饲料业务的，应当向植检处办理注销手续；

4.1.8 获得注册登记的出口生产企业需要延续注册登记有效期的，应当在有效期届满前3个月按照规定重新提出申请。

4.1.9 植检处应当在完成注册登记、变更或者注销工作后30日内，将相关信息上报国家质检总局备案。

4.1.10 进口国家或者地区要求提供注册登记的出口生产企业名单的，由植检处审查合格后，上报国家质检总局。国家质检总局组织进行抽查评估后，统一向进口国家或者地区主管部门推荐并办理有关手续。

4.1.11 注册登记证编号规则

植检处统一对注册登记的出口饲料及饲料添加剂生产、加工、存放企业进行编号，编号格式为：4100PF/FA/AFYYY。（"PF"表示出口宠物食品，"FA"表示出口饲料添加剂和添加剂预混合饲料，"AF"表示其他出口饲料；YYY为流水号。）

4.2 出境检验检疫

4.2.1 审单、接单、分单：检验检疫人员接到报检单后，要认真审核报检单随附单证的有效性，如发现问题应及时通知综务部门或报检单位进行改正；具有分单权限的检验检疫人员根据现场检验检疫需要进行接单、分单。

4.2.2 现场检验检疫

a）实施现场检验检疫的检验检疫人员准备相关检疫工具，联系确定检验检疫的时间、地点；

b）制订检验检疫方案：研究合同、单证中关于检验检疫项目、质量要求等内容；了解植物产品输入国家检疫要求，查阅有关文献资料；了解出境植物性饲料及饲料添加剂可能携带的有害生物种类及其在目的地国的发生情况，确定取样样与检验检疫方法；

c）对货物的外包装、铺垫材料进行检查，检查有无破损、霉变；核对货物的品种、数/重量、产地、输出国、唛头标记、注册登记号等与报检单是否相符；

d）检验检疫人员根据出境植物性饲料及饲料添加剂的种类、输往国家（地区）的检疫要求，依照《检验检疫工作手册（植物检疫分册）》的要求实施检验检疫，依照相关规定、检验标准的要求实施检验、抽取样品，并做好原始记录；

e）需要进行实验室检验、检疫的，检验检疫人员填写样品送检单并随样品送至国家质检总局认可的实验室进行检验、检疫。

4.2.3 结果评定

a）检验检疫人员根据现场检验检疫（送实验室检验检疫的，需根据实验室检测报告）结果，对照检验、检疫依据做出评定。

b）评定结果符合检验和检疫要求的，进入放行程序。

c）评定结果不符合有关检验或检疫要求的，进入检验检疫处理程序。

4.3 放行程序

4.3.1 检验检疫人员填写相关原始记录。

4.3.2 在CIQ2000业务管理系统中进行结果登记和证稿拟制。

4.3.3 拟制相应证稿后提交审核人审核。
4.3.4 审核人对证稿进行审核，审核合格后提交检务部门出证。
4.4 检验检疫处理程序
4.4.1 在现场检验检疫或实验室检测中不符合检验检疫要求的出境植物性饲料及饲料添加剂，通知货主或其代理人在检验检疫人员监管下做检验检疫处理，可做有效处理的，经处理合格进入放行程序。
4.4.2 不能做有效处理的，在CIQ2000系统进行不合格登记，拟制不合格通知单，不予放行。
4.5 检验检疫人员对截获的有害生物在CIQ2000业务管理系统中进行"结果登记"，并按要求上报。重大问题及时向局领导报告。
4.6 监督管理
植物检验检疫监管处及各分支局动植检科工作人员负责对出境植物性饲料及饲料添加剂生产加工企业进行日常监督管理和年度审核。
4.6.1 日常监督管理的内容包括：环境卫生；有害生物防控措施；有毒有害物质自检自控的有效性；原辅料或者其供应商变更情况；包装物、铺垫材料和成品库；生产设备、用具、运输工具的安全卫生；批次及标签管理情况；涉及安全卫生的其他内容；档案记录情况。
4.6.2 出口企业应当建立经营档案并接受检验检疫机构的核查。档案应当记录出口饲料的报检号、品名、数（重）量、包装、进口国家或者地区、国外进口商、供货企业名称及其注册登记号、《出境货物通关单》等信息，档案至少保留2年。
4.6.3 检验检疫机构应当建立注册登记的出口生产企业以及出口企业诚信档案，建立良好记录企业名单和不良记录企业名单。
4.6.4 出口饲料被国内外检验检疫机构检出疫病、有毒有害物质超标或者其他安全卫生质量问题的，检验检疫机构核实有关情况后，实施加严检验检疫监管措施。
4.6.5 注册登记的出口生产企业和备案的出口企业发现其生产、经营的相关产品可能受到污染并影响饲料安全，或者其出口产品在国外涉嫌引发饲料安全事件时，应当在24小时内报告所在地检验检疫机构，同时采取控制措施，防止不合格产品继续出厂。检验检疫机构接到报告后，应当于24小时内逐级上报至国家质检总局。
4.6.6 已注册登记的出口生产企业发生下列情况之一的，由直属检验检疫局撤回其注册登记：准予注册登记所依据的客观情况发生重大变化，达不到注册登记条件要求的；注册登记内容发生变更，未办理变更手续的；年审不合格的。
5. 相关文件（略）

四、某人民法院《服务质量考评作业指导书》

服务质量考评作业指导书

1. 目的
为规范本院服务质量考评工作，实行科学管理，确保服务质量考评工作顺利进行，特制定本指导书。

2. 范围
   本程序适用于为诉讼参与人提供司法服务的质量考评工作。
3. 职责
3.1　管理者代表督促各部门负责人做好服务质量考评工作。
3.2　各部门负责人负责组织考评工作。
3.3　监察室负责监督检查考评工作。
4. 工作内容
4.1　考评时间
   每季度首月考评上季度的服务质量。
4.2　考评小组
   各部门负责人组织两人以上的考评小组。
4.3　考评方式
   考评小组对照考评标准考评每个工作规范中所规定的工作，一项工作用一张考评表。通过询问诉讼参与人，观察服务提供现场，查阅上季度服务提供记录以及了解诉讼参与人意见等方式，全面掌握该项服务的情况，然后在考评表上给予记分评价。如果有扣分的，应说明扣分事实。
4.4　考评标准
   本院对司法服务质量主要制定了八项工作规范：
4.4.1　司法程序合法性：主要指工作应符合相关法律、法规、政策，确保司法程序合法；
4.4.2　事实认定充分性：主要案件标的明确、工作过程完善、事实认定清楚、证据充分确凿、材料齐全完备；
4.4.3　适用法律准确性：主要指案件适用法律准确，采取的措施恰当，工作的方法及结果正确；
4.4.4　司法过程公正性：主要指司法过程、结果要公平、公正，严守工作纪律，不受任何外来的不正常干预；
4.4.5　司法进度公开性：主要指司法服务过程中除依法不得公开的工作内容之外，都应予以公开，给予诉讼参与人充分的知情权，尤其是工作进度应公开、透明；
4.4.6　司法工作时限性：主要指严格在法律、法规及相关规定的审限内办结、执结案件，处理工作、事务应在规定的期限内完成，做到及时、快捷；
4.4.7　司法行为文明性：主要指司法行为应符合职业道德规范，要文明执法，礼貌待人；
4.4.8　法律文档规范性：主要指各类法律文书、文件、档案应严谨、规范。
4.5　考评分计算与记录
4.5.1　每项工作规范的满分为 100 分。如该工作规范中的某项有扣分情况，减去所扣分数后，则为该工作规范的实得分数。该工作规范的实得分即为该部门每个人的实得分数。
4.5.2　某部门如有 N 个工作规范，就将 N 个工作规范实得分之和除以 N，得出整个部门的平均分。

4.5.3 所扣分的工作规范必定有具体的责任人，在该责任人的平均分中再减去所扣分的二分之一，即得出该责任人的最后实得分数。

4.5.4 每年将每个人的 4 次分数之和除以 4，即得出该人员的全年分数。

4.5.5 每个部门编制部门人员质量考评分数总表。

4.6 考评的意义与结果的处理

4.6.1 服务质量的考评结果，体现了部门的团队精神，部门负责人得到的是平均分，表明部门负责人指导、监督部门工作的责任；同部门内没有参与或不存在扣分情况的人员也得平均分，表明同在一部门，相互间应协助、配合甚至监督本部门人员的工作。本部门的工作出现扣分，全部门人员均有责任，但主要责任人应承担较多的责任，因此，主要责任人实得分数比平均分数少，从而体现出工作的好与差。

4.6.2 考评结果，可纳入年终考核范围，占年终考核总分的 30%，考评结果由政治处参照有关规定处理。

4.6.3 在考评时如发现某工作规范的某项内容不符合标准，并且有必要立即纠正时，考评小组应立即开具《不合格服务评审处置表》，并填写该表第一栏，说清事实，将表交给服务提供责任人，责任人进行处置后，在表中记录处置经过，并将此表交回考评小组，考评小组对处置情况进行验证并记录在表中，此表最后由部门负责人保存。

4.6.4 在考评时如发现某类不合格多次出现时，考评小组与责任部门应研究不合格问题出现的原因，针对该原因采取相应纠正措施，并填写《纠正措施记录表》进行逐步操作。

4.7 其他工作的质量考评，每季度考评之前，部门负责人根据部门内的不同岗位职责参照《服务质量考评记录》，设定考评项目和扣分标准进行考评。

5. 相关文件（略）

6. 记录表格

6.1 《服务质量考评记录》

6.2 《不合格服务评审处置表》

6.3 《纠正措施记录表》

五、某人民检察院《受案工作操作标准》

受案工作操作标准

1. 目的

本操作标准旨在为反贪污贿赂部门的受理案件工作提供管理依据，保证受理案件线索后正确分流处理。

2. 适用范围

2.1 反贪污贿赂部门案件线索的受理、审查及管理工作。

2.2 人民检察院规范化管理体系的培训内容和评审依据。

3. 受理审查标准

3.1　收到线索后在《受理案件线索登记表》中记载收到时间、线索来源、涉嫌罪名、文件材料数量、线索简要内容等事项。

3.2　审查线索的内容为：线索的来源、本院是否具有管辖权、涉嫌罪名、被举报人的级别、地域、是否上级交办、批办等。

3.3　审查后根据线索的不同情况，分别做出处理：

　　a）对应由本部门查办的案件线索，应当在规定的期限内提出处理意见，报请批准，同时将案件线索移送举报中心；

　　b）对不属于本部门管辖的案件线索，应即移送举报中心；

　　c）对尚不具备查办条件的案件线索，应当存档备查，待时机成熟后再行查办；

　　d）对查办条件成熟的案件线索，应当提出查办意见，报决定人决定；

　　e）对上级检察院交办的案件线索，应当及时组织查办，并按有关要求将查办情况报告上级检察院。

　　f）对有关机关或部门移送审查的案件线索以及反贪污贿赂部门在查办案件中自行发现的线索，由承办人审查并提出意见。

3.4　要案线索备案的规定：

　　a）要案线索是指依法由人民检察院直接受理和立案侦查的县处级以上干部涉嫌贪污贿赂犯罪的案件线索。

　　b）要案线索实行分级备案。县处级干部的要案线索一律层报省级人民检察院备案，其中涉嫌犯罪金额特别巨大或者犯罪后果特别严重的，层报最高人民检察院备案；厅局级以上干部的要案线索一律层报最高人民检察院备案。

　　c）对于控告、检举和犯罪嫌疑人自首的要案线索和在工作中发现的要案线索，都应依法受理登记后及时报本院检察长决定。

　　d）要案线索的备案和移送，应逐案填写《检察机关要案线索备案、移送表》。备案、移送应在受理后5日内办理，情况紧急的及时办理。

　　e）最高人民检察院和省级人民检察院对备案的要案线索，应当及时进行审查，如有不同意见，应及时通知有关下级人民检察院。下级人民检察院必须认真执行上级人民检察院的指示。

　　f）每月受理的要案线索情况和处理结果，送举报中心，由举报中心统计上报并抄送本院统计部门。

　　g）对要案线索必须严格保密。一旦发生泄密事件，要及时采取补救措施，并根据情况和造成的后果，对责任人予以纪律处分直至追究刑事责任。

　　h）对涉嫌犯罪的要案线索，不得转送其他机关处理，不准压案不报、不查。

4. 相关文件

4.1　《中华人民共和国刑事诉讼法》

4.2　《人民检察院刑事诉讼规则》

4.3　《人民检察院举报工作规定》

4.4 《最高人民检察院关于要案线索备案、初查的规定》

初查工作操作标准

1. 目的

本操作标准旨在为反贪污贿赂部门的初查工作提供管理依据,保证初查工作依法、有序进行。

2. 适用范围

2.1 反贪污贿赂部门对案件线索的初查工作。

2.2 人民检察院规范化管理体系的培训内容和评审依据。

3. 初查的要求

3.1 《提请初查报告》应写明:初查对象的基本情况、线索来源和线索所涉及的主要问题;线索的可查性和理由;被查对象的行为涉嫌罪名;初查意见。

3.2 《初查结论报告》包括如下内容:

　　a) 线索来源、涉案案由、初查启动的程序和时间;

　　b) 初查工作简述和初查结果;

　　c) 相关证据简述;

　　d) 立案或不立案的理由和依据。

3.3 初查安全防范预案包括如下内容:

　　a) 明确安全防范领导和安全防范责任人;

　　b) 承办人与司法警察的分工配合;

　　c) 安全防范具体措施;

　　d) 安全防范的技术要求。

3.4 初查计划包括如下内容:

　　a) 简述线索审查情况;

　　b) 初查的重点和理由;

　　c) 初查的步骤、方法和人员安排部署;

　　d) 初查中可能出现问题的处理预案;

3.5 初查工作要求:

　　a) 初查一般应秘密进行、不接触被查对象。要案线索应秘密进行。如需接触被查对象,必须经决定人批准。

　　b) 初查不得对被查对象采取强制措施;

　　c) 初查不得查封、冻结、扣押被查对象的财产;

　　d) 初查可以采取询问、查询、勘验、鉴定、调取证据材料等不限制被查对象人身和财产权利的措施;

3.6 要案线索初查的要求:

3.6.1 地、州、市级人民检察院负责县处级干部犯罪线索的初查;省级人民检察院负责厅局级干部犯罪线索的初查;最高人民检察院负责省部级干部犯罪线索的初查。负责初查的人民检察院应当及时报告同级党委的主要领导同志。

3.6.2　根据需要，上级人民检察院可对下级人民检察院负责初查的要案线索直接初查或派员参与初查，也可将本院负责初查的要案线索交下级人民检察院初查。

3.6.3　对于控告、检举和犯罪人自首的要案线索和在工作中发现的要案线索，决定是本院初查的经本院检察长决定后逐案及时填写《检察机关要案线索备案表》报上级院备案，并提出初查意见；不属本院初查的填写《检察机关要案线索移送表》及时移送有关检察院处理。要案线索的备案和移送，应在受理后5日内办理，情况紧急的及时办理。

3.6.4　要案线索的初查工作应当秘密进行。进行初查后，应当分别情况做出处理：

　　a）有犯罪事实或者有事实证明有犯罪重大嫌疑的，应当立案侦查；

　　b）没有犯罪事实，或者犯罪事实显著轻微，不需要追究刑事责任的，不予立案，必要时可移送有关机关处理；

　　c）属于错告，如果对被控告、检举人造成不良影响的，应向有关部门澄清事实；

　　d）属诬告陷害的，应依法追究或移送有关机关追究诬告陷害人的责任。

3.6.5　初查后的处理情况，应在10日内按备案的范围报上级人民检察院。上级人民检察院如认为处理不当，应及时通知下级人民检察院依法处理。

4. 立案和不立案的条件

4.1　不立案的条件：

　　a）认为没有涉嫌犯罪事实的；

　　b）涉嫌犯罪事实不清，证据不足的；

　　c）具有刑事诉讼法第十五条规定情形之一的。

4.2　立案的条件：

　　认为有涉嫌犯罪的事实，需要追究刑事责任的。

5. 初查期限

5.1　举报中心移送的案件线索，应当在一个月内将处理情况书面回复举报中心，三个月内回复查办结果。

5.2　上级人民检察院交办的线索，应当在三个月内将处理情况报告上级人民检察院；

5.3　对实名举报，应当在三个月内，最迟不超过六个月内将查处结果答复或通知举报人。

6. 相关文件

6.1　《中华人民共和国刑事诉讼法》。

6.2　《人民检察院刑事诉讼规则》。

6.3　《人民检察院举报工作规定》。

6.4　《最高人民检察院关于要案线索备案、初查的规定》。

立案工作操作标准

1. 目的

　　本操作标准旨在为反贪污贿赂部门的立案工作提供管理依据，保证立案工作依法、有序进行。

2. 适用范围
2.1　反贪污贿赂局对贪污贿赂犯罪案件的立案工作。
2.2　人民检察院规范化管理体系的培训内容和审核依据。

3. 适用条件
3.1　经过对线索的初查，认为有涉嫌犯罪的事实，需要追究刑事责任，同时符合下列情况的，应当立案侦查：
    a）造成的财产性损失或其他结果已经达到立案标准；
    b）初查对象具备诉讼行为能力；
    c）有证据证实初查对象实施了属于本院反贪污贿赂部门应当查办的犯罪行为。
3.2　初查对象的行为造成的财产性损失或其他结果是否达到立案标准，应当依据《最高人民检察院关于贪污贿赂犯罪案件立案标准的规定》予以认定。
3.3　反贪污贿赂部门决定对人大代表立案的，应当报该人大代表所属的人民代表大会主席团或常委会许可。决定对本市以外的人大代表立案的，应当事先委托该代表所属的人民代表大会同级的人民检察院报告或者报请许可。担任两级以上人民代表大会代表的，应当分别委托该代表所属的人民代表大会同级的人民检察院报告或者报请许可。
3.4　反贪污贿赂部门对重特大渎职犯罪案件所涉及的必须及时查清的案件，经上级检察院机关同意，可以并案查处。
3.5　国家机关工作人员利用职权实施的其他重大的犯罪案件，需要由检察机关直接受理的，经省级以上人民检察院决定，可由反贪污贿赂部门立案侦查。
3.6　根据《中华人民共和国刑事诉讼法》的规定，结合司法实践经验，反贪污贿赂部门在查办直接立案侦查案件过程中发现新的犯罪嫌疑人，同时具备以下条件的，可以做出补充立案、并案侦查的决定：
    a）直接立案侦查案件处于侦查或者补充侦查阶段；
    b）新发现的犯罪嫌疑人与直接立案侦查案件的犯罪嫌疑人有共同犯罪的事实；
    c）依法应当追究新发现的犯罪嫌疑人的刑事责任；
    d）需要对新发现的犯罪嫌疑人和直接立案侦查案件的犯罪嫌疑人并案侦查。
3.7　以事立案
3.7.1　以事立案的条件：
    a）属于反贪污贿赂部门立案标准的规定，且属于本院管辖的；
    b）有涉嫌犯罪的事实；
    c）需要追究刑事责任；
    d）犯罪嫌疑人尚未确定；
    e）符合其他依法立案的规定；
3.7.2　经过侦查，有证据证明涉嫌犯罪事实是由确定的犯罪嫌疑人实施的，应当制作《确定犯罪嫌疑人报告》，内容包括：
    a）犯罪嫌疑人基本情况；
    b）涉嫌犯罪的事实及认定犯罪事实的主要证据；

c）结论（包括拟对犯罪嫌疑人采取的强制措施和侦查手段）。

3.7.3 确定犯罪嫌疑人之前，不得对涉案人员采取强制措施，不得查封、扣押、冻结涉案对象的财产。

3.7.4 确定犯罪嫌疑人后，不需要另行立案，直接转为收集犯罪嫌疑人实施犯罪的证据阶段，依法使用侦查手段和强制措施。

4. 相关文件

4.1 《中华人民共和国刑事诉讼法》

4.2 《人民检察院刑事诉讼规则》

4.3 《最高人民检察院关于贪污贿赂犯罪案件立案标准的规定》

4.4 最高人民检察院《关于检察机关职务犯罪侦查部门以犯罪事实立案的暂行规定》

不立案工作操作标准

1. 目的

本操作标准旨在为反贪污贿赂部门的不立案工作提供管理依据，明确不立案的适用标准，保证不立案工作的依法进行。

2. 适用范围

2.1 反贪污贿赂部门的不立案工作。

2.2 人民检察院规范化管理体系的培训内容和评审依据。

3. 适用条件

3.1 具备下列情形之一的，应当依法做出不立案的决定：

a）认为没有犯罪事实的；

b）情节显著轻微，危害不大，不认为是犯罪的；

c）犯罪行为已过追诉时效的；

d）经特赦令免除刑罚的；

e）初查对象死亡的；

f）初查对象已因初查发现的犯罪事实受过刑事处罚的；

g）法律修订或新的司法解释颁布导致初查对象的行为不再被认为是犯罪或者不再达到立案标准的；

h）有其他法律规定的免予刑事处罚的情形。

4. 工作要求

4.1 对认为没有犯罪事实或事实不清、证据不足的，具有《中华人民共和国刑事诉讼法》第十五条规定情形之一的，应当决定不予立案；需要追究党纪、政纪责任的，移送有关主管机关处理。

4.2 决定不予立案后，对个人实名控告的，案件承办人应当制作《不立案通知书》，写明案由和案件来源、决定不立案的原因和法律依据，由反贪污贿赂部门在十五日以内送达控告人；对单位举报的，应当向单位反馈查处意见，说明不立案的理由；并将不立案决定书面通知本院举报中心。

4.3 对未构成犯罪，决定不予立案，但需要追究党纪、政纪责任的被举报人，应当经决定人批准后，将有关材料移送主管机关处理。对于属于错告的，如果对被控告人、被举报人造成不良影响的，应当向有关部门澄清事实。

5. 相关文件
5.1 《中华人民共和国刑事诉讼法》。
5.2 《人民检察院刑事诉讼规则》。
5.3 《最高人民检察院关于贪污贿赂犯罪案件立案标准的规定》。

采取拘传措施操作标准

1. 目的
本操作标准旨在为反贪污贿赂部门采取拘传措施提供管理依据，保证拘传措施的依法、正确实施。

2. 适用范围
2.1 反贪污贿赂部门对犯罪嫌疑人采取拘传措施。
2.2 人民检察院规范化管理体系的培训内容和审核依据。

3. 适用拘传的标准
3.1 拘传是指对于已经立案侦查且尚未被拘留、逮捕的犯罪嫌疑人采用的使其到指定地点接受讯问的强制措施，拘传适用对象必须是已被立案侦查且尚未采取羁押措施的犯罪嫌疑人。
3.2 拘传包括一般拘传和径行拘传两种。
3.3 一般拘传适用于反贪污贿赂部门依法对犯罪嫌疑人进行传唤后，犯罪嫌疑人无正当理由拒不到指定地点接受讯问。
3.4 有下列情形之一的，反贪污贿赂部门可以不经过传唤程序，径行拘传犯罪嫌疑人：
  a) 犯罪嫌疑人有可能潜逃、自杀的；
  b) 犯罪嫌疑人有可能与其他同案嫌疑人或证人进行串供的；
  c) 犯罪嫌疑人有可能毁灭、转移、隐匿、伪造证据的；
  d) 犯罪嫌疑人有可能继续实施犯罪或实施新犯罪的；
  e) 犯罪嫌疑人有可能对举报人、证人进行报复的；
  f) 犯罪嫌疑人没有固定住所，无法进行传唤的。
3.5 反贪污贿赂部门应当根据具体情况指定拘传地点：
  a) 犯罪嫌疑人在本市（县）的，指定在本市（县）的地点进行讯问；
  b) 犯罪嫌疑人不在本市（县）的，指定在其工作单位所在市、县的地点进行讯问；
  c) 特殊情况下，也可以在其户籍地或住所地所在的市、县指定地点进行讯问。
3.6 反贪污贿赂部门在本市（县）以外的地点对犯罪嫌疑人进行讯问的，应当在当地检察院的讯问室进行。

4. 拘传工作要求
4.1 拘传犯罪嫌疑人，必须向犯罪嫌疑人出示《拘传证》。
4.2 拘传犯罪嫌疑人时，执行拘传的人员不得少于二人。

4.3 对抗拒拘传的犯罪嫌疑人,可以使用械具,强制其到案。

4.4 拘传时间由犯罪嫌疑人到案后开始计算,最长不得超过 12 小时。两次拘传的时间相隔不得少于 12 小时,不得连续拘传。

4.5 犯罪嫌疑人是妇女时,应当有女工作人员或女法警在场。

4.6 犯罪嫌疑人到案后,应当责令其在《拘传证》上注明到案时间然后立即进行讯问。讯问结束后,应责令其在《拘传证》上填写讯问的结束时间。被拘传对象拒绝填写的,由侦查人员在《拘传证》上注明。

5. 拘传后的措施

5.1 拘传并进行讯问后,无证据表明被拘传对象与在办案件有实质联系的,应当立即解除拘传。

5.2 被拘传对象依法不必要采取其他强制措施的,应当在自被拘传对象到案后 12 小时内解除拘传。

5.3 根据案件的具体情况,认为犯罪嫌疑人符合采取其他强制措施条件的,应当在拘传期限内依法变更为其他强制措施。

6. 相关文件

6.1 《中华人民共和国刑事诉讼法》。

6.2 《人民检察院刑事诉讼规则》。

6.3 《关于检察机关侦查工作贯彻刑诉法若干问题的意见》。

6.4 《关于人民检察院在办理直接立案侦查案件工作中加强安全防范的规定》。

取保候审措施操作标准

1. 目的

本操作标准旨在为反贪污贿赂部门采取取保候审措施提供管理依据,保证取保候审措施的依法、正确实施。

2. 适用范围

2.1 反贪污贿赂部门对犯罪嫌疑人采取取保候审措施。

2.2 人民检察院规范化管理体系的培训内容和审核依据。

3. 取保候审的适用对象

3.1 对有下列情形之一的犯罪嫌疑人可以适用取保候审:

  a) 可能判处管制、拘役或者独立适用附加刑的;
  b) 可能判处有期徒刑以上刑罚,不予逮捕不致发生社会危险性的;
  c) 对被拘留的人,需要逮捕而证据尚不符合逮捕条件的;
  d) 应当逮捕但患有严重疾病的;
  e) 应当逮捕但正在怀孕或哺乳自己婴儿的;
  f) 被羁押的犯罪嫌疑人不能在法定侦查期限内结案,需要继续侦查的;
  g) 持有有效护照或者其他有效出境证件,可能出境逃避侦查,但不需要逮捕的。

4. 取保候审的适用要求

4.1 取保候审的适用时间最长不得超过 12 个月,取保候审期限届满的,应当解除取保候审或变更为其他强制措施,不得连续或重复采取取保候审措施。

4.2 根据案件具体情况可以依职权主动决定采取取保候审措施，被羁押的犯罪嫌疑人及其近亲属、法定代理人或者犯罪嫌疑人聘请的律师也可以向反贪污贿赂部门申请对被羁押的犯罪嫌疑人采取取保候审。

4.3 取保候审的保证方式有保证金保证和保证人保证。保证金保证是指责令犯罪嫌疑人交纳一定数额的保证金以保证其履行取保候审期间的义务，否则没收其保证金，确有必要的依法对其变更强制措施。保证人保证是指责令犯罪嫌疑人向反贪污贿赂部门提供保证人，由保证人出具保证书，监督被保证人履行取保候审的义务，并及时向执行机关报告被保证人违反取保候审义务的行为。

4.4 决定采取取保候审的，应当根据案件的实际情况，选择其中一种保证方式予以适用，不得对同一犯罪嫌疑人同时采用保证金保证和保证人保证两种方式。

5. 保证金保证的适用要求

5.1 保证金的金额根据涉案金额大小以及犯罪嫌疑人的认罪、悔罪态度来确定，但不应少于一千元。

5.2 保证金应当以人民币交纳至执行机关指定的取保候审保证金账户。

5.3 犯罪嫌疑人经济状况较差，家庭生活比较困难，而其本人对所犯罪行又能真诚悔过，对其实行取保候审不致妨碍侦查的，可以适当减少保证金的数额。

5.4 对于犯罪嫌疑人违反取保候审期间规定的，应当没收其保证金，并根据案件具体情况，责令犯罪嫌疑人具结悔过、重新交纳保证金、提供保证人或变更强制措施为监视居住、逮捕。

犯罪嫌疑人违反取保候审期间规定是指：
  a) 未经执行机关批准，擅自离开其所居住的市、县的；
  b) 对其传讯时没在环节规定时间内到案的；
  c) 对证人采取威胁、殴打、利诱、侮辱等报复措施，致使证人不敢作证或者无法如实作证的；
  d) 对证人采取贿赂、指使、引诱等手段，致使证人不愿作证或作伪证的；
  e) 为了逃避侦查，毁灭、转移、隐匿、伪造有关案件证据的；
  f) 具有其他妨碍侦查的行为，反贪污贿赂部门认为其不适宜再继续取保候审的。

5.5 决定没收保证金的，应当通知执行机关向犯罪嫌疑人宣布。

5.6 收到没收保证金的回执后，应当在5日内做出变更强制措施或责令犯罪嫌疑人重新交纳保证金、提出保证人的决定。

5.7 没收保证金后，决定对犯罪嫌疑人继续取保候审的，取保候审的时间应当累计计算。

5.8 犯罪嫌疑人没有违反取保候审规定的，取保候审结束后反贪污贿赂部门应在环节规定时间内通知执行机关退还保证金和回收有关收据。

6. 保证人保证的适用要求

6.1 犯罪嫌疑人应当向反贪污贿赂部门提供一到二名符合法定资格的保证人。保证人必须同时符合以下条件：
  a) 与本案无牵连；

  b）有能力履行保证义务；
  c）享有政治权利，人身自由未受到限制；
  d）有固定的住处和收入。

6.2 保证人必须出具本人签名或盖章的保证书，保证犯罪嫌疑人不违反取保候审期间的规定。

6.3 承办人应当告知保证人注意督促犯罪嫌疑人履行取保候审期间的义务，发现犯罪嫌疑人有违反规定的行为或有可能实施违反法律规定的行为，应当及时向执行机关报告。

6.4 保证人明知犯罪嫌疑人违反或有可能违反取保候审的有关规定而未向执行机关告知的，承办人应当通知执行机关，要求执行机关对保证人做出罚款决定。

6.5 保证人具有下列情况之一的，除对保证人处以罚款外，应当追究保证人的刑事责任：
  a）协助犯罪嫌疑人藏匿、逃跑、自杀等妨碍侦查行为的；
  b）明知犯罪嫌疑人藏匿的地点而拒不汇报，并为犯罪嫌疑人藏匿提供便利条件的；
  c）协助犯罪嫌疑人或主动毁灭、转移、伪造证据的；
  d）协助犯罪嫌疑人实施原有犯罪行为的；
  e）协助犯罪嫌疑人或主动实施新的犯罪的。

6.6 犯罪嫌疑人违反取保候审期间规定的，应根据案件具体情况，责令犯罪嫌疑人具结悔过，变更为保证金保证方式、由原保证人继续保证或提出新的保证人或变更为监视居住、逮捕。

6.7 对违反规定的犯罪嫌疑人决定继续取保候审，保证人提出不愿再做犯罪嫌疑人的保证人，或犯罪嫌疑人要求更换保证人的，反贪污贿赂部门应当予以准许。

7. 取保候审的执行

7.1 本院决定取保候审的，交由犯罪嫌疑人居住地公安机关执行，本院对公安机关的执行情况予以监督。案件属于国家安全机关移送的，交由国家安全机关执行。

7.2 取保候审应当向犯罪嫌疑人出具《取保候审决定书》，并责令犯罪嫌疑人在决定书上签字或盖章。

7.3 决定对犯罪嫌疑人采取取保候审的，应当在环节规定时间内告知犯罪嫌疑人必须遵守取保候审期间的有关规定，并告知违反有关规定或重新犯罪应当承担的后果。

7.4 犯罪嫌疑人申请离开其所居住的市、县的，承办人应当根据案件具体情况进行审查，确有正当理由且不致妨碍侦查的，可以层报审核人审核、决定人批准。

8. 取保候审的限制

  根据《人民检察院刑事诉讼规则》以及相关法规规定，具有下列情况之一的犯罪嫌疑人不得取保候审：
  a）严重危害社会治安的；
  b）以自伤、自残方式逃避侦查的；
  c）犯罪性质恶劣、情节严重的。

9. 取保候审的变更

9.1 犯罪嫌疑人符合下列情况之一的，承办人应当在环节规定时间内解除取保候审：

a) 经过侦查发现犯罪嫌疑人与案件无实际关联或无足够证据表明犯罪嫌疑人实施过犯罪行为的；
b) 发现不需要追究犯罪嫌疑人刑事责任的；
c) 案件被撤销的，或是决定不再追究犯罪嫌疑人刑事责任并终止侦查的；
d) 职务犯罪的犯罪嫌疑人主体不适格的，应当移送相应侦查机关并同时解除取保候审。

9.2 对下列违反取保候审的犯罪嫌疑人，应当予以逮捕：
a) 企图自杀，逃避侦查、审查起诉的；
b) 实施毁灭、伪造证据，或者串供、干扰证人作证行为，足以影响侦查、审查起诉工作正常进行的；
c) 未经批准，擅自离开所居住的市、县，造成严重后果，或者两次未经批准，擅自离开所居住的市、县；
d) 经传讯不到案，造成严重后果，或者两次经传讯不到案的。

9.3 对在取保候审期间故意实施新的犯罪行为的犯罪嫌疑人，予以逮捕；已交纳保证金的，同时通知公安机关没收保证金。

9.4 犯罪嫌疑人符合其他强制措施适用标准的，承办人应当在取保候审期限届满前提出变更为其他强制措施的意见，层报审核人审核、决定人批准。

10. 相关文件（略）

监视居住措施操作标准

1. 目的

本操作标准旨在为反贪污贿赂部门采取监视居住措施提供管理依据，保证监视居住措施的依法、正确实施。

2. 适用范围

2.1 反贪污贿赂部门对犯罪嫌疑人采取监视居住措施。

2.2 人民检察院规范化管理体系的培训内容和审核依据。

3. 监视居住的适用标准

3.1 对有下列情形之一的犯罪嫌疑人，可以监视居住：
a) 可能判处管制、拘役或者独立适用附加刑的；
b) 可能判处有期徒刑以上刑罚，不予逮捕不致发生社会危害性的；
c) 对被拘留的人，需要逮捕而证据尚不符合逮捕条件的；
d) 应当逮捕但患有严重疾病的；
e) 应当逮捕但正在怀孕或哺乳自己婴儿的；
f) 被羁押的犯罪嫌疑人不能在法定侦查羁押、审查起诉期限内结案，需要继续侦查或者审查起诉的；
g) 持有有效护照或其他有效出境证件，可能出境逃避侦查，但不需要逮捕的。

4. 监视居住的工作要求

4.1 决定对犯罪嫌疑人采取监视居住的，应当根据其具体情况指定监视居住地点：

a) 犯罪嫌疑人在本辖区有固定住处的，指定其住处为监视居住地；
　　b) 犯罪嫌疑人在本辖区没有固定住处的，应当为其指定监视居所；
4.2　不得将下列地方指定为监视居住场所：
　　a) 看守所、监狱等采取羁押措施的场所；
　　b) 行政拘留所、留置室等实际剥夺人身自由的场所；
　　c) 人民检察院的办公场所；
　　d) 有可能危及犯罪嫌疑人人身安全，不适宜居住的场所。
4.3　决定监视居住的，应当向监视居住的犯罪嫌疑人宣读《监视居住决定书》，并责令犯罪嫌疑人签名或盖章。
4.4　犯罪嫌疑人在监视居住期间，应当遵守下列规定：
　　a) 未经执行机关批准不得离开住处监视居住地；
　　b) 未经执行机关批准不得会见他人；
　　c) 传讯的时候在环节规定时间内到案；
　　d) 不得以任何形式干扰证人作证；
　　e) 不得毁灭、伪造证据或者串供。

5. 监视居住的执行

5.1　决定对犯罪嫌疑人适用监视居住的，应当在环节规定时间内将监视居住决定书送交公安机关执行。
5.2　犯罪嫌疑人在监视居住期间与聘请律师会见无须经过批准，但不得妨碍侦查的进行。
5.3　犯罪嫌疑人在监视居住期间确有需要离开住处、居所或者会见他人的，应经做出监视居住决定的人民检察院批准。
5.4　犯罪嫌疑人违反监视居住期间有关规定，情节较轻的，应予以训诫、责令其具结悔过。
5.5　监视居住期限，最长不得超过6个月。

6. 违反监视居住的行为

6.1　有下列违反监视居住规定的行为，属于情节严重，应当予以逮捕：
　　a) 故意实施新的犯罪行为；
　　b) 企图自杀、逃跑、逃避侦查、审查起诉的；
　　c) 实施毁灭、伪造证据或者串供、干扰证人作证行为，足以影响侦查工作正常进行的；
　　d) 未经批准，擅自离开住处或者指定的居所，造成严重后果或者两次未经批准，擅自离开住处或者指定的居所的；
　　e) 未经批准，擅自会见他人，造成严重后果或者两次未经批准，擅自会见他人的；
　　f) 经传讯不到案，造成严重后果，或者两次传讯不到案的。

7. 相关文件

7.1　《中华人民共和国刑事诉讼法》
7.2　《人民检察院刑事诉讼规则》

7.3 最高人民检察院《关于适用强制措施有关问题的规定》
7.4 《中华人民共和国全国人民代表大会和地方各级人民代表大会代表法》
7.5 最高人民法院《关于依法监视居住期间能否折抵刑期问题的批复》

拘留措施操作标准

1. 目的

本操作标准旨在为反贪污贿赂部门采取拘留措施提供管理依据,保证拘留措施的依法、正确实施。

2. 适用范围

2.1 反贪污贿赂部门对犯罪嫌疑人采取拘留措施。

2.2 人民检察院规范化管理体系的培训内容和审核依据。

3. 拘留的适用条件

3.1 对于已经被立案侦查的犯罪嫌疑人,符合下列条件之一的可以对其决定拘留:

  a)犯罪后企图自杀、逃跑或者在逃的;

  b)有毁灭、伪造证据或者串供可能的。

4. 拘留的工作要求

4.1 决定对犯罪嫌疑人采取拘留措施的,应当将《拘留决定书》送达公安机关执行,必要时也可派侦查人员协助执行。

4.2 对符合拘留条件的犯罪嫌疑人因情况紧急,来不及办理拘留手续的,可以先行将犯罪嫌疑人带至公安机关,同时立即办理拘留手续。

4.3 公安机关对犯罪嫌疑人执行拘留后,应当在自拘留后的24小时内将拘留的原因和羁押的处所通知犯罪嫌疑人的家属或其所在单位。

4.4 因有碍侦查,不能在24小时内通知被拘留的犯罪嫌疑人家属或其所在单位的,应当经决定人批准,并将原因写明附卷;因客观原因无法通知的,应当向决定人报告,并将原因写明附卷。

4.5 拘留犯罪嫌疑人羁押时限10日,特殊情况下可延长1至4日,期限届满的,应当立即解除拘留措施或者变更为其他强制措施。

5. 拘留后的措施

5.1 发现有下列情形之一的,应当解除拘留并释放犯罪嫌疑人:

  a)犯罪嫌疑人不构成犯罪或者依法不应当追究刑事责任的;

  b)犯罪嫌疑人犯罪情节显著轻微,依法不认为是犯罪的。

5.2 侦查中发现犯罪嫌疑人涉嫌的犯罪不属本院立案侦查范围的,应当移交相应侦查机关处理,同时解除拘留措施。

5.3 在拘留期限内未能查清犯罪事实,需要继续侦查的,应当提请批准逮捕或变更强制措施为取保候审或监视居住。

5.4 对政协委员采取拘传,应当将有关情况通报该委员所属的政协组织。

6. 相关文件

6.1 《中华人民共和国刑事诉讼法》。

6.2 《人民检察院刑事诉讼规则》。
6.3 最高人民检察院、公安部《关于适用刑事强制措施有关问题的规定》。

移送审查逮捕工作操作标准

1. 目的

本操作标准旨在为反贪污贿赂部门移送审查逮捕工作提供管理依据，保证逮捕措施的依法、正确实施。

2. 适用范围

2.1 反贪污贿赂部门对犯罪嫌疑人的移送审查逮捕工作。

2.2 人民检察院规范化管理体系的培训内容和审核依据。

3. 提请逮捕的适用条件

3.1 对同时具备以下 3 个条件的犯罪嫌疑人，应当移送审查逮捕：

  a）有证据证明有犯罪事实；

  b）可能判处有期徒刑以上刑罚；

  c）采取取保候审、监视居住等方法，尚不足以防止发生社会危险性，有逮捕必要的。

3.2 "有证据证明有犯罪事实"是指同时具备以下情形：

  a）有证据证明发生了犯罪事实，该犯罪事实可以是单一犯罪行为的事实，也可以是数个犯罪行为中任何一个犯罪行为的事实；

  b）有证据证明发生的犯罪事实是犯罪嫌疑人实施的；

  c）证明犯罪嫌疑人实施犯罪行为的证据已查证属实的。

3.3 犯罪嫌疑人有下列情形之一的，认为具有社会危险性，采取取保候审、监视居住不足以防止其危险性：

  a）可能继续实施犯罪行为的；

  b）可能毁灭、伪造证据、干扰证人作证或串供的；

  c）可能自杀或者逃跑的；

  d）可能打击报复的；

  e）可能有碍其他案件侦查的。

3.4 对已经采取其他强制措施的犯罪嫌疑人，发现其严重违反有关规定，根据案件的具体情况有逮捕必要的，应当移送审查逮捕。

4. 移送审查逮捕和执行逮捕的工作要求

4.1 决定对犯罪嫌疑人移送审查逮捕的，应当将案件有关材料和证据等移送侦查监督部门，并附《逮捕犯罪嫌疑人意见书》。

4.2 侦查监督部门认为证据不足，做出不批准逮捕决定的，承办人应当根据侦查监督部门提出的意见进行相应的补充侦查，经补充侦查认为犯罪嫌疑人确实符合逮捕条件的，应当将案件再行移送侦查监督部门审查。

4.3 决定逮捕的，反贪污贿赂部门应当立即通知公安机关执行，并在公安机关执行逮捕后 24 小时内，将犯罪嫌疑人被逮捕的原因和羁押场所通知其家属或所在单位，并要求其家属或所在单位签字。

4.4 犯罪嫌疑人被逮捕后24小时内，反贪污贿赂部门应当对其进行讯问。
4.5 反贪污贿赂部门发现拟移送审查逮捕的犯罪嫌疑人是人大代表的，应当暂缓移送，并将有关情况报请该人大代表所属的人民代表大会主席团或常委会许可。
5. 执行逮捕后的措施
5.1 反贪污贿赂部门发现有下列情形之一的，应当解除逮捕并释放犯罪嫌疑人：
    a) 经侦查发现犯罪嫌疑人不构成犯罪或依法不应当追究刑事责任的；
    b) 经侦查发现犯罪嫌疑人的犯罪情节显著轻微，危害不大，依法不认为是犯罪的。
6. 相关文件
6.1 《中华人民共和国刑事诉讼法》
6.2 《人民检察院刑事诉讼规则》
6.3 最高人民检察院、公安部《关于依法适用逮捕措施有关问题的规定》

六、某市公安局《居住房屋出租登记服务指南》

居住房屋出租登记服务指南

一、适用范围

本市行政区域内的居住房屋出租登记。居住房屋是指出租后用作或者兼用作居住的房屋。旅馆业客房、廉租房、公共租赁房屋除外。

二、事项审查类型

即审即办。

三、审批依据

《省居住房屋出租登记管理办法》第二条　本省行政区域内的居住房屋出租登记管理，适用本办法。

本办法所称的居住房屋，是指出租后用作或者兼用作居住的房屋。旅馆业客房、廉租房、公共租赁房屋除外。

本办法所称的居住房屋出租登记，是指按本办法规定报送、记录、管理居住房屋租赁当事人相关信息的活动。

四、受理机构

县级人民政府公安派出所或者受公安机关委托的服务管理机构。

五、决定机构

县级人民政府公安派出所或者受公安机关委托的服务管理机构。

六、数量限制

无。

七、申报（登记）条件

出租人应当自居住房屋出租之日起3个工作日内办理居住房屋出租登记，并报送下列信息：（一）出租人的姓名（名称）、公民身份号码、工作单位、联系方式，承租人（包括其他实际租住人员）的姓名（名称）、身份证件种类和号码以及性别、民族、户籍地址、工作单位、联系方式等；（二）居住房屋的地址、租期、使用功能等基本情况；

出租人与承租人终止居住房屋租赁关系的，出租人应当自居住房屋租赁关系终止之日起3个工作日内，报送承租人的名单。

八、禁止性要求

无。

九、申报（登记）材料目录

纸质申请材料采用A4纸，手写材料应当字迹工整、清晰。

（一）房屋所有权或者使用权证明，原件一份；

（二）房屋租赁证明，原件一份；

（三）填写《居住房屋出租信息登记表》。

十、申报接受

服务窗口受理、网上申请、移动端申请。

十一、办理基本流程

申报人填写《居住房屋出租信息登记表》，提交办理材料，材料齐全符合要求，当场直接办理。申报材料不齐全的，一次性告知需要补充的材料。

十二、办理方式

窗口办理、网上办理、移动端办理。

十三、办结时限

当场办结。

十四、收费依据及标准

不收费。

十五、审批结果

当场告知。

十六、结果送达

当场送达。

十七、行政相对人权力和义务

无。

十八、咨询途径和办理进程、结果公开查询

由县级人民政府公安派出所或者受公安机关委托的服务管理机构公布。

十九、监督投诉渠道

由县级人民政府公安派出所或者受公安机关委托的服务管理机构公布。

二十、办公地址和时间

办公地址：由县级人民政府公安派出所或者受公安机关委托的服务管理机构公布。

办公时间：由县级人民政府公安派出所或者受公安机关委托的服务管理机构公布。

二十一、办理进程和结果公开查询

由县级人民政府公安派出所或者受公安机关委托的服务管理机构公布。

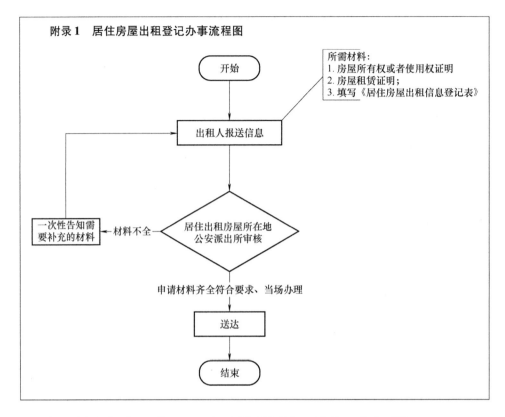

七、某省交通厅《水运工程建设项目竣工验收工作指导》

水运工程建设项目竣工验收工作指导

1. 目的

为规范水运工程竣工验收工作,保证工程质量。

2. 范围

适用于全省水运工程建设项目竣工验收。

3. 职责

省港航局负责水运工程建设的行业管理,对水运工程新建、改建、扩建和技术改造项目进行审查,并监督实施。

3.1 综合办公室(受理窗口)受理。对市港航局转报的申报材料进行审核,符合条件的进行受理,出具受理通知书,并将申报材料转送港口管理处;不符合条件的,不予受理,出具不予受理通知书,并说明理由。

3.2 港口管理处负责对综合办公室(受理窗口)转送的申报材料进行初审,并拟办竣工验收通知。

3.3 主管局长签发竣工验收通知。

3.4 港口管理处组织相关部门代表、专家组成竣工验收委员会，对项目进行竣工验收，形成竣工验收鉴定书。

3.5 竣工验收后，港口管理处整理申请材料，连同由各级责任人和局长审核签批的《行政许可决定审批表》一并交到综合办公室（受理窗口），由综合办公室（受理窗口）送达许可决定书、竣工验收证书，归档并网上公示结果。

4. 工作程序

4.1 受理申请人的申报材料，并进行符合性审查；

4.2 组织相关部门代表、专家组成竣工验收委员会，对项目进行竣工验收，形成竣工验收鉴定书。

水运工程建设项目竣工验收工作流程图

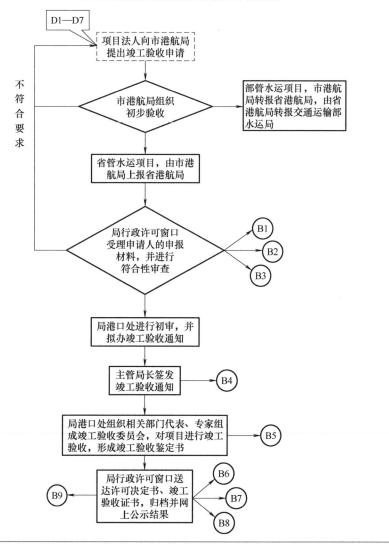

注：
D1- 中华人民共和国港口法
D2- 省港口条例
D3- 建设工程质量管理条例
D4- 港口建设管理规定
D5- 港口工程竣工验收办法
D6- 交通部《关于实施〈港口工程竣工验收办法〉有关事项的通知》
D7- 航道建设管理规定
B1- 行政许可申请书
B2- 行政许可申请受理通知书
B3- 行政许可送达回证
B4- 竣工验收通知
B5- 竣工验收鉴定书
B6- 行政许可决定审批表
B7- 行政许可决定书
B8- 行政许可文书送达回证
B9- 竣工验收证书

第七章 风险管理应用

基于风险的思维，是政府部门建立质量管理体系的基础思想之一。本章首先进行风险管理理论分析，然后介绍风险管理理论在政府部门体系建设过程中的应用。在理论分析部分，重点介绍了风险和风险管理概念、风险管理基本原则、风险管理方法、风险管理过程控制，以及政府部门风险管理的实践过程。在关注了 ISO 9001 标准和 GB/T 24353《风险管理 原则和实施指南》标准所提出的风险管理要求以后，介绍了部分政府部门风险管理的具体做法，包括风险管理办法、程序和作业指导文件的编制。

第一节 理 论 分 析

风险是客观存在，无时无处不在。任何组织都会面临风险，组织所有活动也都涉及风险。风险会影响到组织从战略决策到过程控制的各个方面，进而影响到组织目标的实现。

一、风险

国际标准对风险（risk）术语的定义是："不确定性的影响"。风险的本质是不确定性。风险管理通过考虑不确定性及其对组织目标的影响，确定和采取相应的措施，为组织在实现发展目标及其过程中，有效应对各种突发事件提供指导和支持。风险管理适用于组织生命周期全过程，包括组织的所有领域和层次、所有部门和活动。风险管理的目的是保证组织能够恰当地应对风险、合理配置资源，提高风险应对的效率和有效性，增强组织行动的合理性。

风险，也是人们在工作与生活中的一个常用词，基于人们对某种事情的判断。通常把风险作为某种不期望发生事情的可能性来理解和应对。其实风险本身是一把"双刃剑"，既有消极方面，也有积极方面。如购买股票虽然存在风险，但可能获得较高的收益，这就是股民愿意去冒的风险；而政府部门人员面对复杂的市场情况去管理、去监督、去执法，就可能存在违规风险，这种风险就是我们不希望发生并需要尽量避免的情况。当我们判断某类具有负面意义的事情发生的可能性较大时，我们会说风险大；反之我们会说风险小。仅仅从事情发生的可能性去界定风险大小还是不全面的，在考虑负面事情发生可能性的同时，还需要考虑事情发生产生后果的严重程度。也就是说，风险是不期望发生事情的发生概率，一般以风险发生后果程度来综合判断，并界定"风险"的大小。

二、风险管理

风险管理是一门相对新兴的管理学科。1983年在美国召开的风险和保险管理协会年会上，讨论并通过了"101条风险管理准则"，标志着风险管理开始成为人们关注和研究的软科学。1986年10月，在新加坡召开的风险管理国际学术讨论会，表明风险管理研究已经向世界各地区发展。我国风险管理研究始于20世纪80年代。一些学者将风险管理和安全系统工程理论引入国内企业试用后，降低风险的结果令人满意。随着我国经济快速发展，伴随而来的风险控制和危机管理任务日益艰巨，成为企业管理重点、社会关注焦点和媒体报道热点。近年来国内行政机关对风险管理日趋重视，学习风险管理、识别本单位行政工作风险、采取措施降低风险，成为各级政府的关注焦点与重要工作任务。

为了在世界范围内统一各国对风险管理的基本认识和实践，国际标准化组织与国际电工委员会，在2002年发布了《风险管理术语和定义》指南文件（ISO/IEC Guide 73）。2009年，国际标准化组织出台了ISO 31000风险管理系列标准。目前我国实行的风险管理国家标准，主要包括GB/T 23694—2013《风险管理 术语》、GB/T 24353—2009《风险管理原则与实施指南》。

GB/T 23694《风险管理 术语》标准等同采用ISO/IEC Guide 73。内容包括"与风险有关的术语""与风险管理有关的术语""与风险管理过程有关的术语"。

GB/T 24353《风险管理原则与实施指南》标准，是参考国际标准化组织发布的国际标准草案ISO/DIS 31000编制的。该标准阐述了风险管理原则、风险管理过程和风险管理实施三部分内容。

三、风险管理基本原则

风险管理的具体应用，依据组织性质与复杂程度而异。GB/T 24353《风险管理原则与实施指南》标准，确定了8项经实践证明行之有效的风险管理基本原则：控制损失、创造价值；融入组织管理过程；支持决策过程；应用系统和结构化的方法；基于有效信息；环境依赖；广泛参与、充分沟通；持续改进。作为组织在实施风险管理时有效管理风险所遵循的原则。

（1）控制损失，创造价值。以控制损失、创造价值为目标的风险管理，有助于组织实现目标、取得具体可见的成绩和改善各方面的业绩，包括人员健康和安全、合规经营、信用程度、社会认可、环境保护、财务绩效、产品质量、运营效率和公司治理等方面。

（2）融入组织管理过程。风险管理不是独立于组织主要活动和各项管理过程的单独活动，而是组织管理过程不可缺少的重要组成部分。

（3）支持决策过程。组织的所有决策都应考虑风险和风险管理。风险管理旨在将风险控制在组织可接受的范围内，有助于判断风险应对是否充分、有效，有助于决定行动优先顺序并选择可行的行动方案，从而帮助决策者做出合理的决策。

（4）应用系统和结构化的方法。系统的、结构化的方法有助于风险管理效率的提升，并产生一致、可比、可靠的结果。

（5）基于有效信息。风险管理过程要以有效的信息为基础，这些信息可通过经验、反馈、观察、预测和专家判断等多种渠道获取，但使用时要考虑数据、模型和专家意见的局限性。

（6）环境依赖。风险管理取决于组织所处的内部和外部环境以及组织所承担的风险。需要特别指出的是，风险管理受人文因素的影响。

（7）广泛参与、充分沟通。组织的利益相关者之间的沟通，尤其是决策者在风险管理中适当、及时的参与，有助于保证风险管理的针对性和有效性。利益相关者的广泛参与有助于其观点在风险管理过程中得到体现，其利益诉求在决定组织的风险偏好时得到充分考虑。利益相关者的广泛参与要建立在对其权利和责任明确认可的基础上。利益相关者之间需要进行持续、双向和及时的沟通，尤其是在重大风险事件和风险管理有效性等方面需要及时沟通。

（8）持续改进。风险管理是适应环境变化的动态过程，其各步骤之间形成一个信息反馈的闭环。随着内部和外部事件的发生、组织环境和知识的改变以及监督和检查的执行，有些风险可能会发生变化，一些新的风险可能会出现，另一些风险则可能消失。因此，组织应持续不断地对各种变化保持敏感并做出恰当反应。组织通过绩效测量、检查和调整等手段，使风险管理得到持续改进。

四、风险管理方法

在风险管理过程中，可考虑使用的典型方法包括：

（1）风险坐标图。一种可视化工具（见图7-1）。将各种风险以图形方式，在事件发生可能性轴向和事件发生后影响测定轴向上展示。可用以识别和判断某项工作事项（事件）潜在风险的重要程度。图7-1中，①、②、③等是用序号代表的可预见的某一工作事件。观察该图可见，事件①是一个低风险情况；而事件⑤和事件⑥显然就是高风险情况。

（2）业务风险管理（BRM）。指相关工作负责人，主动进行风险识别、分析与评价的方法。典型的BRM流程见图7-2。

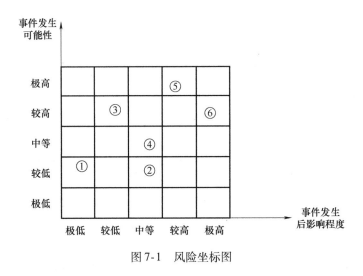

图7-1 风险坐标图

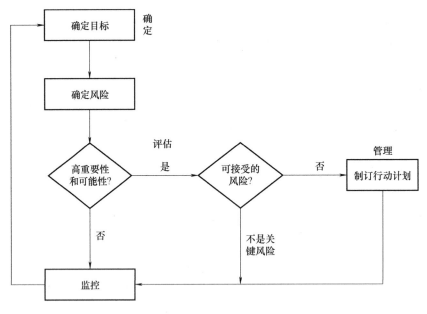

图7-2 业务风险管理（BRM）图

（3）失效模式及后果分析（FMEA）。一种风险识别与评价方法。它实际上是失效模式分析（FMA）和失效影响分析（FEA）的组合。从失效后果严重度、原因发生可能性以及控制手段有效性三个角度，以量化方式对各种可能的风险进行评价、分析，以便在现有管理与技术基础上消除这些风险或将风险降低至可接受水平。目前，FMEA是在全球汽车行业通行的产品设计与过程控制方面的风险管理方法。由于该方法的通用性和有效性，国内经过研究、分析，也推荐在政府部门风险管理中选择应用。

五、风险管理过程

风险管理是组织管理体系的有机组成部分，融入于组织的文化和实践，贯穿组织的所有过程。风险管理过程由明确环境信息、风险评估、风险应对、监督与检查等组成，其中风险评估包括风险识别、风险分析和风险评价三个步骤。

一般通用的风险管理过程见图7-3，表现出风险管理的"过程控制"特点。

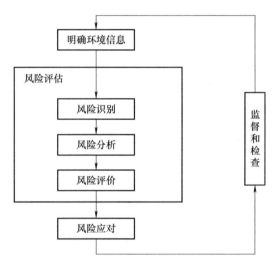

图7-3 风险管理过程图

（一）明确环境信息

通过"明确环境信息"，组织可以明确其风险管理目标，确定与组织相关的内部和外部参数，并设定风险管理范围和有关风险管理准则要求。

例如，对于检验检疫系统而言，发生风险的内部环境信息可包括：
1）本单位、部门的管理方针、年度工作目标；
2）组织结构与资源；
3）决策过程与方式；
4）工作人员的知识能力和管理方式；
5）管理信息系统的及时性与有效性；
6）自身风险管理的成熟度等。

发生风险的外部环境信息可包括：
1）国家和辖区有关经济发展的法规与政策；
2）委派履行工作职责的国家总局要求；

3）自然环境和辖区企业面临的国内外竞争环境；
4）改革试点；
5）财政与金融条件变化；
6）相关企业等利益相关方诉求及其对风险承受能力等。

（二）建立风险准则

"明确环境信息"的直接结果是确定风险准则。风险准则是用于评价风险等级程度的标准，一般需要考虑如下因素：

1）法规要求和上级要求；
2）政府部门的风险承受度；
3）可能发生的后果与类型；
4）可能性和后果的时限（追溯期）；
5）风险的度量方法；
6）风险的等级。

具体的风险准则应尽量在风险管理开始阶段就初步确定，并在后续风险管理过程中检查、改进，以及进行必要的调整。

（三）风险评估

风险评估是识别和分析影响目标实现的相关风险，为确定如何管控风险打好基础。对风险因素进行科学的量化和比较，包括风险识别、风险分析和风险评价三个步骤。

（1）风险识别。风险识别的主要目的是为分析风险来源和评价风险程度，以便针对每一项风险采取有效应对和防范措施。风险识别的主要任务是对政府部门履行职责的过程和结果可能产生的风险，生成一个全面的风险列表，进行分析和确定。

政府部门的业务和管理风险可能包括：

1）起草法规和行政规范性文件中程序不符或考虑不周，会在实施后带来风险。
2）做出某一行政决策时授权不足、信息不充分、分析不到位，或过程不完整，使出台的决策在实施中产生风险。
3）做出的某具体行政决定发生错误或偏差。
4）在履行职责时因主观客观原因带来风险等。

另一类就是政府部门队伍廉政风险。由于掌握社会资源与行政审批、行政监管和处罚的权力，政府部门确实存在着廉政风险。这是指政府部门特定岗位在行政履职过程中，违背有关廉政要求所导致后果以及可能性的集合。政府部门行政机关的性质，决定了其存在权力寻租的空间与可能性。廉政建设始终是政府部门需要重点关注和管控的领域。

(2) 风险分析。风险分析是在风险评估基础上,对可能出现的后果进行充分的估计和衡量。根据风险识别确定的风险类型、获得的信息,针对每一风险进行定性和定量分析,确定风险等级,以根据不同风险发生后果的严重程度,采取有效应对措施。

(3) 风险评价。风险评价是对风险分析结果与准则进行比较,以及对不同类别风险结果进行比较,以便决定"风险应对"的有效方法和措施。风险评价的结果应满足风险应对的需要,否则应做进一步分析。

在进行政府部门风险评价时,可以基于职能梳理所识别的工作事项,针对重点工作事项中的各个环节,从以下步骤来进行综合风险评价:

1) 确定该环节可能发生的负面情况,评价负面情况影响的严重程度,可以考虑把这种严重程度进行分级量化,例如分为1~5级,5级为最严重程度等级。

2) 确定负面情况发生的概率(例如分为1~5级,5级为发生概率最大)和潜在原因。

3) 结合现有管控措施来确定杜绝或防止潜在原因以及负面情况发生的预防能力,也可按照1~5级进行分级,5级为管控措施能力最强。

4) 评价这些原因或负面情况发生时现有管控措施的监察能力,也可依照1~5级来进行分级,5级为监察预警能力最强。

5) 对工作事项的风险,用上述所获得的四个方面结果级别相除,获得量化评价,即:

$$风险程度(值) = \frac{负面情况的严重程度 \times 风险事件发生的概率}{杜绝和预防的能力 \times 监察能力}$$

该分值越高,意味着风险越大,反之,风险越小。

6) 设定最大容忍的风险极限值,对于那些超过最大值的工作事项,要从防范与监察手段这两个角度进行改进,从而使风险降低到可控的程度。对于属于应急范畴,特别是产生突发事件、严重后果的工作领域,应建立应急预案。

(四) 风险应对

风险应对是根据风险评估结果有针对性地制定风险防范措施。风险应对目的是通过预防手段来降低风险发生的可能性,采取必要措施减轻风险事件的后果程度。

政府部门可以采取以下风险应对措施:一是停止导致风险的活动以规避风险;二是消除产生风险的来源;三是改变风险事件发生可能性的大小及分布性质;四是改变风险事件发生的可能后果;五是转移风险;六是分担风险等。

确定和实施风险应对措施,首先要考虑符合法律法规要求,还要考虑操作可行性与行政管理成本可承受。风险应对措施的制定和评估是一个递进过程,有时还需要评估实施应对措施后的剩余风险是否可承受。如果仍不可承受,则需要调整或制定新的风险应对措施。

(五) 监督和检查

首先需要确定对风险管理进行监督检查部门和人员的职责和责任。政府部门常常面临工作特别紧迫、责任特别重大、任务特别艰巨的情况，履行职责的风险随时随地可能发生。监督检查的作用就是为了确保风险管理的有效与及时，评估风险管理水平，并提出风险管理过程的改进意见。

监督检查的内容可以包括：
1) 当风险事件发生时，开展监测与调查，分析变化趋势，从中汲取教训；
2) 发现内部和外部风险信息变化，包括风险本身的变化；
3) 对照风险应对计划，检查工作进度，保证风险应对措施的实施与有效；
4) 监督并记录风险应对措施实施后的剩余风险，适当时做进一步处理；
5) 报告风险应对计划的进度与实施情况；
6) 实施风险管理绩效评估。

六、政府部门风险管理

任何类型和规模的组织都面临风险，组织的所有活动也都涉及风险。风险会影响组织目标的实现，这些目标可能关系到组织中从战略决策到运营的各种活动，包括各个过程和具体项目，表现在领导、战略、经营、财务、环境、社会、声誉等各个方面。

风险管理通过考虑不确定性及其对目标的影响，采取相应的措施，为组织的运营和决策及有效应对各类突发事件提供支持。风险管理适用于组织的全生命周期及其任何阶段，其适用范围包括整个组织的所有领域和层次，也包括组织的具体部门和活动。风险管理旨在保证组织恰当地应对风险，提高风险应对的效率和效果，增强行动的合理性，有效地配置资源。

风险的实质是一种危险的不确定性。随着全球化和信息化的发展，风险源不断增多，风险的扩散性和变异性日益增强；而政府与私人或商业领域相比，面临着数量更繁多、形式更复杂的风险，当风险成为政府不可避免的现实状态，处理与风险有关的事物已成为政府的重要职能和工作环节，政府风险管理越来越成为政府管理的常态。

(一) 政府部门风险的定义

简单来说，所谓风险就是指在一个特定的时间内和一定的环境条件下，人们所期望的目标与实际结果之间的差异程度。政府部门在实现其政府管理的各项活动中，会遇到各种不确定性事件，这些事件发生的概率及其影响程度是无法事先预知的，这些事件将对政府管理活动产生影响，从而影响政府部门目标实现的程度。这种在一定环境下和一定限期内客观存在的、影响政府部门目标实现的各种不确定性事件就是风险。

政府部门风险可定义为：政府部门未能及时发现查处管理相对人违反法律法规事件，而给国家利益造成损害的可能性及程度。

（二）政府部门风险管理的内涵及特点

风险管理是指某实体围绕总体目标，通过在该实体管理的各个环节和管理过程中执行风险管理的基本流程，培育良好的风险管理文化，建立全面风险管理体系，包括风险管理策略、风险理财措施、风险管理的组织职能体系、风险管理信息系统和内部控制系统，从而为实现风险管理的总体目标提供合理保证的过程和方法。政府部门进行全面风险管理工作，要经过搜集信息、风险评估、制定风险管理策略、制定实施解决方案和监督与改进这五个步骤。

1. 政府部门风险管理的内涵

政府作为公共权力的代表，有着提供公共服务、保障公共利益的义务。"服务型政府"必然是一个责任政府，作为一种制度安排，责任政府意味着保证政府责任实现的一整套法制化的机制，切实实施行政问责制，以法制化手段强化对行政权力的监督，明确各监督主体的法律地位和权限，保证公共服务的有效供给。

政府部门风险管理以维护政府部门业务活动和人民生活安定为出发点，具体到行政执法风险管理，则是行政执法机关及其工作人员在执行法律、法规所赋予的权力和履行职责的过程中，没有按照或没有完全按照法律、行政法规和规章的要求来执法或履行职责，或是应履行而没有履行职责，这侵犯和损害了国家与人民群众的利益，对国家和人民群众造成了一定的物质和精神上的损害，所以应承担相应的责任。必须高度重视政府风险，深入研究体制机制中存在的漏洞，理顺管理模式，落实执法责任，强化执法监督检查，防范执法风险。政府风险的存在，使得政府部门履行职能的结果呈现不确定性，为了履行好职能，政府部门就必须关注这些风险，有效地识别风险，并采取措施降低和控制风险，减少风险事件对国家利益的损害，这种管理活动就是政府部门风险管理。

2. 全面风险管理

2004年9月，美国COSO委员会正式发布《全面风险管理——整合框架》（Enterprise Risk Management——Integrated Framework）。COSO全面风险管理框架力求实现以下四种类型的目标：战略目标——高层次目标，与使命相关联并支撑其使命；经营目标——有效和高效率地利用企业资源；报告目标——报告的可靠性；合规目标——符合法律法规的要求。全面风险管理框架包括八个相互关联的构成要素，这些要素来源于管理当局经营企业的方式，并与企业管理过程整合在一起。八个要素分散于风险管理的三个维度，全面风险管理三维框架如下文所述。

(1) 第一维:风险管理目标。风险管理目标和组织的风险要求紧密联系,决定着组织经营活动中对风险的容忍度。整体框架所界定的目标有四类:战略目标、经营目标、报告目标和监管目标。
- 战略目标,战略目标是组织最高层次目标,与组织的远景紧密关联。战略目标关乎组织定位以及为股东创造价值的管理抉择;
- 运营目标,涉及组织资源使用的有效性;
- 报告目标,涉及组织报告的可信性;
- 监管目标,涉及组织对其适用的法律法规的遵守。

这种分类可以把重心放在全面风险管理的不同侧面,不同类型的目标互相重叠,一种特定的目标可能会落入不止一个类别,不同类别的目标对应组织的不同需要。这种分类可以分清对不同类别目标的不同期望,报告目标和监管目标在组织的控制范围内,因此能够期望全面风险管理能为这些目标的实现提供合理的保证,而战略目标和运营目标的实现受外部事件影响,不一定在组织的控制范围内,因此,全面风险管理只能使管理层和负责监督的董事会能及时了解组织在朝着战略目标和运营目标实现的方向进展到了什么地步。

(2) 第二维:全面风险管理要素。全面风险管理包括八个方面的要素,即内部环境、目标设定、风险识别、风险评估、风险对策、控制活动、信息和交流、监控,这几个要素最初来自经营企业的管理方式,并和管理流程整合在一起。八个要素相互独立、相互联系又相互制约,共同构成了全面风险管理这一有机体系。

- 内部环境。管理部门建立一套关于风险的哲学,并且确定组织的风险偏好。内部环境为组织人员正确看待风险及如何控制风险奠定了基础。任何组织的核心都是组织的人员,内部环境包括他们的人品、性格以及在环境中的经营能力。他们是推动组织发展的内在动力,也是组织内一切事物赖以生存的基础。
- 目标设定。只有先设定目标,管理部门才能确定可能影响目标实现的事件。全面风险管理确保管理部门有一套确定目标的程序,并保证已设定的目标与整个组织的任务相一致,而且符合组织的风险偏好。
- 风险识别。事件的识别包括对组织内部和外部的因素识别,这些因素会对潜在事件如何影响战略实施和目标实现产生作用。事件的识别也包括区别哪些潜在事件代表风险,哪些代表机遇。
- 风险评估。分析确定的风险,为如何应对风险打下基础。风险的评估是以其固有风险和剩余风险为基础的,而且这种评估会考虑到风险发生的概率及其产生的影响,一个潜在事件可能会产生一系列可能的结果。
- 风险对策。在特定的战略和目标下,管理部门选择一种方法或一系列的行动,使已确定的风险符合组织的风险偏好。风险应对对策包括避免风险、接受风险、降低风险和分散风险。

- 控制活动。制定和实施一套政策和程序，以确保管理部门选定的风险应对对策能够有效地执行。
- 信息和交流。信息在组织中的各个层面被需要，用来确认风险、评估风险和应对风险。信息要以能够促使员工履行其职责为目的，恰当并适时地确认、捕捉和交流。交流也必须在一个更广泛的意义上出现，自上而下地贯穿于整个组织。
- 监控。整个全面风险管理过程应该被监控，并在必要时做出修正。在这种方式下，系统能积极地做出反应，并能随着条件的变化而变化。监控通过持续的管理活动、独立评估二者的结合来完成。

八个要素相互独立、相互联系又相互制约，共同构成了全面风险管理这一有机体系。内部环境是全面风险管理的平台，风险管理环境中的管理理念和风险偏好影响决定了风险管理目标的设定；风险管理目标设定是风险识别、风险评估和风险对策的前提，具体风险管理战略和流程都要符合风险管理对策的要求，实现风险管理的目标；风险识别、风险评估、风险对策是风险管理的具体实施流程，是对风险管理目标的细化和执行；内部控制活动是风险管理目标实现和风险管理流程有效运行的保障；风险信息和交流是保障银行全面实施风险管理的媒介；监控是对风险管理体系进行再控制和再完善，以保持风险管理体系的科学性和适宜性。此外，全面风险管理不是严格的顺序流程，不是必须按顺序一步一步来，而是多方向的、不断重复的流程。确定组织的全面风险管理是否有效，主要判断八要素是否存在，是否有效运作。如果要素齐全并正常运转，就不会有什么大的缺陷，也不会有什么风险超出组织的风险容忍度之外。如果确定组织的全面风险管理各个目标都各自有效，组织决策层就可以获得合理保证，了解组织的战略和营运目标的实现程度，确保组织的报告可靠，组织活动遵循合适的法律法规。

(3) 第三维：组织的各个层级。组织的各个层级包括组织的高级管理层、各职能部门、各基层组织。组织里的每个人对全面风险管理都有责任。组织领导人负最终责任。其他管理人员支持全面风险管理的理念，促使组织在风险偏好内运作，并在各自负责的领域把风险降低到相应的风险容忍度内。风险主管、财务主管、内部审计及其他人员通常承担关键的支持性责任。组织的其他人员负责按照制定的指令和协议执行全面风险管理。决策层对全面风险管理进行监督，要了解并同意组织的风险偏好。至于组织的外部相关方，经常能提供一些有用的信息影响到全面风险管理，但他们不是全面风险管理的一部分，而且他们也不对组织全面风险管理的有效性负责。

全面风险管理框架三个维度的关系是，全面风险管理的八个要素都是为组织的四个目标服务的；组织各个层级都要坚持同样的四个目标；每个层级都必须从以上八个方面进行风险管理。该框架适合各种类型的企业或机构的风险管理。

3. 政府部门风险管理的特点及改进方向

（1）特点。

1）具有特定的目的性。没有目标，风险管理就无从开展。政府部门风险管理的目标就是降低和控制监管结果不确定性给政府机构职能履行所带来的负面影响，以最小的行政成本使政府机构所维护的国家利益获得最大的安全保障。

2）系统化的管理过程。包括辨别面临何种风险，评估这些风险的影响程度，决定防范和控制风险的措施，即：风险识别、风险测量、风险处置，而且该过程是周而复始、循环往复的。

3）一项整合性的工作。风险管理要想有效开展，就必须与整体发展战略和各项职能活动紧密结合起来，对资源配置发挥指导作用，从而将风险管理的机能分散至其他各项管理中执行落实，因而是一项统筹全局的工作。

（2）改进方向。

1）以问题为导向，全面提升政府部门的危机管理能力。政府部门的风险管理从问题导向的视角，具有三方面的功效：一是强调针对政府部门面临的全部风险的管理，用以应对突发和小概率的危机；二是突出全流程的风险管理，用以应对管理流程中的脱节；三是凸显全员风险管理，用以应对管理板块之间的"接口"。这三个方面，得以应对当前政府在危机管理中的主要问题。

2）以结果为导向，全面提高政府部门的综合服务水平。政府部门的风险管理从结果导向的视角，通过三种渠道，实质上以提高政府综合服务水平为目标：一是政府部门对于各项政府行为的风险评估，用以保障服务的效果；二是政府部门对于战略和政策这些高层次风险的把控，用以确保服务的效益；三是社会各界、利益相关群体参与的风险沟通，既综合了多方意愿，又发扬了民主，用以提高服务的满意度。这三重渠道，得以达成政府部门在今后公共服务中的主要目标。

风险管理强调全面覆盖，无论是职能质量安全监管还是内部队伍管理，我们都希望通过风险管理能够覆盖到系统管理的每一方面，能够多维度、全方位地监测、评价、控制全过程中任何环节的风险，从而能够实现全面控制风险的目的。强调全员参与，在风险管理的每一个细节都需要整个系统的全体人员全面参与，各个职能机构按照职权责任、细化分工，对于任何细节的监测都不能放过，只有全体人员坚决执行、认真贯彻，才能使风险管理起到良好的作用。

风险管理体系基于全面风险管理原理，要求从系统的整体目标和战略目标出发，寻找系统内、外各种风险点，来实现风险管理体系对系统内外管理的全覆盖。

风险管理是组织管理的有机组成部分，嵌入在组织文化和实践当中，贯穿于组织的整个运行过程。风险管理过程即明确环境信息、风险评估、风险应对、监督和检查。组织实施风险管理过程需要一个风险管理体系，包括相关方针、组织结构、工作程序、资源配置、信息沟通机制以及相关的技术手段等基础设施，以便将风险管理嵌入到组织的各个层次和活动之中。通过在组织的不同层次和特定环境内实施风险管理过程，风险管理体系帮助组织有效地管理风险。

（三）风险管理的作用

（1）风险管理强调风险意识。风险管理使政府部门集成管理有了目标约束，从整个部门的所有业务范围出发，结合日常管理活动，落实到管理的各个基本环节、每个人员及部门，综合、全面地认识风险并采取相应措施，尽可能减少风险并将其控制在可接受的限度内。风险管理理念作为政府部门对于风险的整体态度和认识，要能够使部门各个岗位的成员所共同认同，才能够在整体上对风险进行及时发现、准确评估、合理应对。它要求部门内部各个岗位、各个层次员工必须对风险管理有正确认识，能够通过各种途径，及时提醒全员风险管理意识，并告知全员在政府管理中可能会面对的各种不确定及相应后果，才能够使全员真正具有危机意识和风险意识，才能在日常工作中积极发现管理风险，主动上报存在的风险。

（2）将发展战略与风险管理相融合。超前实施和运用风险管理，为计划和决策奠定可靠的基础，减少不必要的损失，更好地实现政府部门目标和策略。政府决策失误往往产生巨大的负面效应，且关系着公共利益，风险管理可以很好地帮助政府部门有效配置资源，预防风险损失。

（3）风险管理为政府部门内部控制和内部改进提供了思路和基础。对于某些无法通过自身约束或规避的风险，唯一的途径是加强政府部门管理的责任制度。

风险管理在内部控制目标上增加了战略目标，在控制内容上增加了风险控制，在控制环节上将原来的风险评价拓展为目标设定、风险识别、风险评估和风险对策四个环节。不难看出，新框架直接凸显风险管理。对风险的控制不仅面向过去，而且也面向未来，使得风险管理不仅贯穿于操作层面也贯穿于管理层面，不仅贯穿于战术层面也贯穿于战略层面，不仅贯穿于执行层面也贯穿于决策层面，从根本上改善内部控制。

（4）关注廉政风险。腐败既是一个历史性话题也是一个世界性话题。如何有效地预防腐败，加强廉政风险建设，已成为摆在我们面前一个高度敏感、充满挑战和意义深远的重大政治课题。与反腐败的其他路径相比，管理路径本身就偏重于预防腐败，廉政风险管理尤为如此。风险管理能够在腐败实际发生之前干预、控制其风险，防止腐败风险向腐败事实转变，有利于从源头上预防腐败。廉政风险管理是一种整合于政府日常管理活动中的相对常规的治理腐败行为，其成本与过程更易于控制，有利于稳定地预防腐败。风险管理为廉政风险防控提供了平台和思路。从风险管理角度来考虑，以风险排查为基础，以固化权力流程为主线，以完善廉政制度为根本，最大限度地把预防腐败的要求融入监管权力结构和运行机制的各个环节。抓住行政审批、行政执法等环节，深入查找岗位职责风险、业务流程风险、制度机制风险和外部环境风险，扩大风险防范的范围。

七、出入境检验检疫部门风险控制

（一）必要性

长期以来，我国检验检疫系统有效履行国家赋予职责，充分发挥职能优势，在维护国家经济安全、促进经济发展中，起到了不可替代的积极作用。但是，面临当前纷繁复杂的国际国内经济发展形势，检验检疫系统必须清醒认识和有效化解自身工作中存在的风险。这些风险既会局限国家经济的发展，也会严重影响检验检疫系统自身的生存和发展。这些风险、矛盾和问题体现在各个方面：既存在于和党中央国务院要求、和改革发展一致性的宏观决策方面，也存在于和经济发展、社会需求一致性的方面，更存在于和检验检疫事业持续发展的一致性方面。

在检验检疫事业的生存和发展过程中，所有工作和活动都会涉及风险。这些风险直接影响检验检疫工作管理全过程和有效履职，包括思想观念、管理理念、制度建设、工作模式、工作程序、行为规范、过程控制、工作结果以及社会影响各个方面。虽然风险理念、风险技术、风险方法等风险管理因素已经在各项检验检疫业务中得到运用，但是目前我国还未建成较为完善的检验检疫风险管理体系。面对国际经济贸易快速增长，进出口产品安全把关的复杂性、艰巨性越来越大，建立运行检验检疫风险管理体系，已经成为提升国境执法把关和服务能力的首选。

（二）存在问题

当前检验检疫系统在风险管理方面，存在着以下主要问题：

一是缺乏风险意识。长期的和平环境造成了检验检疫系统习惯于常态管理，缺乏对风险的足够认识和警惕，存在侥幸心理。这对于风险预防和控制是极为不利的。因为，风险的产生和发展虽然是多方面因素综合作用的结果，但是，它的产生和发展与人们的认知有着极大关系。而且，风险本身就与"对风险的感知与对风险、威胁和危险由什么构成以及它们是对谁而言等问题的认识有紧密联系"。缺乏风险意识就会加剧风险。在忽视预防和控制风险的情况下，风险的产生和发展会导致灾难性的后果。而且，由于传统观念影响，一些单位和部门领导往往认为风险是负面的，是工作失误的表现，因此，对于风险总是习惯性地予以回避和否认，甚至试图掩盖风险事实的真相。这种做法会延误风险应对的最佳时机，影响风险事件的及时处理，也会阻碍整个社会风险意识的增强和风险预防体系的有效建立。在风险社会里，我们只有勇于承认风险存在，直面风险，积极应对，才能减少风险或避免风险，才能保持社会的和谐稳定。

二是风险体系不够健全。由于对风险管理关注不够，因而没有建立起统一协调的风险管理体系。整个系统缺乏对风险管理的有机协调和配合，上下左右相互之间缺乏信息沟通，信息资源并没有完全有效地整合起来，同时也缺乏专业的风险管理知识。因此，难以对风险进行全面的预计、估测和预防，没有形成风险管理所必需的协同应对的管理体系。这种状况一方面不利于各种资源的有效利用，不利于提高风险管理的水平和效率；另一方面，也不利于有效地应对现代风险的多因性、系统性和不可预期等特性。这种分散的管理体制已经很难适应现代风险管理的需要，很难对风险进行全面的监测和预警。而且由于缺乏健全的风险管理制度和方法，一旦风险事故发生，在如何急救、如何善后等问题上，往往是手忙脚乱，束手无策。

三是预警机制落后。风险管理是一项系统工程，它包括事前、事中和事后的管理。但是，目前检验检疫系统的风险管理较多侧重于事故发生以后的应急处理，例如疫病过后的救灾救助和生产生活的恢复，而风险发生前的预警和防备机制则比较薄弱。一般来说，风险管理能力与对风险的认识和预警有比较大的关系。很多天灾人祸可以通过多元的风险预警机制及其管理，避免或者减轻其损失。因此需要在风险预警机制方面加强建设。

四是风险管理职责不清。面对日益复杂的现代风险，加强风险管理、解决风险问题不应仅仅是政府部门的职责，而应是全社会的事情，需要政府和全社会群策群力，协同参与。政府部门应当是风险管理的主体，但是政府不应成为整个风险的承担者。一旦出了事故或灾害，由政府大包大揽的做法不利于整个社会主动规避风险和增强风险意识，也不利于提高政府部门风险管理的水平和能力，反而可能造成不必要的损失。目前，全社会风险意识薄弱、风险管理体制不善、管理方法单一落后，综合导致了我国目前比较落后的风险管理状况。为了应对当今社会复杂和广泛的风险，政府部门首先应当转换思维和管理方式，明确风险管理职责，才能有效应对当代社会风险所提出的挑战。

（三）具体做法

在检验检疫系统应用风险管理，集中体现在对检验检疫的管理风险控制、业务风险控制、队伍风险控制三个主要方面。

管理风险的影响是全方位的，包含在各个具体过程和工作环节中。检验检疫系统所面临的管理风险，既存在于内部监督管理活动之中，也存在来自外部的风险。同样对检验检疫管理风险的控制，包含在检验检疫管理风险因素识别→风险分析和评估→风险控制→风险监督与检查各个环节中。以下从检验检疫系统行政执法监督管理的特点出发，选择法制工作管理风险控制过程进行分析研究。

1. 风险因素识别

在检验检疫监管工作中，可以说，任何法制管理工作都是风险源。管理风险因素识别要全面彻底，就需要考虑所有的工作过程、逐一分析过程运作中存在的风险。例如，直属局法制工作包括了行政许可、行政违法案件调查处理、行政复议等多项。法制工作风险因素识别，见表7-1。

表7-1　法制工作风险因素识别一览表

工作名称	行政许可	行政违法案件调查处理	行政复议
风险因素	行政许可申请材料不符合要求而受理了行政许可	对行政违法案件的调查材料或其他证据不具备法律效力	行政复议申请材料不符合要求而受理了行政复议
	在规定的行政许可受理期限内未受理应受理的行政许可申请	因查封、扣押等强制性措施造成严重后果	在规定的行政复议受理期限内未受理应受理的行政复议申请
	应举行听证的行政许可事项未举行听证	查封、扣押物品发生损坏、丢失或其他意外情况	受理不符合行政复议条件的行政复议申请
	受理不符合行政许可条件的行政许可申请	行政违法案件调查处理人员不能秉公执法	行政复议审理人员不能秉公执法
	行政许可收费不符合规定要求	行政违法案件调查处理程序不符合法定要求	未在规定期限内做出行政复议决定
	应向社会公开的行政许可信息未公开	行政违法案件调查处理结果偏离法律规定	行政复议审理程序不符合法定要求
	行政许可项目现场审核不符合规定要求，致使行政许可结果偏离规定的准则	行政违法案件调查处理期间受到来自外部影响公正处理的压力	行政复议审理期间受到来自外部影响公正审理的压力
	未在规定期限内做出是否许可的结论	行政处罚案卷在规定的保存期内丢失	行政复议审理决定偏离法律规定
	应撤销或注销的行政许可项目未撤销或注销	行政违法案件调查处理人员受到人身攻击	行政复议案卷在规定的保存期内丢失 由于行政相对人对行政复议结果不满而造成群体事件

2. 风险分析和评估

对于已经识别的风险，针对每个风险分别评价其潜在危害，确定风险的严重程度，为风险控制提供依据。构成风险的因素有两个方面，包括风险发生的可能性和后果。

一是进行可能性分析。风险发生的可能性受客观条件制约，与资源和环境条件密切相关。例如，对于表7-1中的"行政许可申请材料不符合要求而受理了行政许可"，如果是一名缺乏经验的新职工办理，存在风险可能性就大。由于在分析风险发生可能性时，分析并没有真正发生，因此，这种可能性是一个估计的取值区间，一个估计的值域。

二是风险后果分析。后果是不希望的事件一旦发生后产生的不利结果。根据后果的不利程度确定其危害程度。通常，不同的风险，后果不同，危害程度也不同。对不同组织所产生的影响不同，而不同组织的承受能力也可能是不同的。风险的不利结果也是一个估计结果，如果用数据表示，也是一个值域。

三是风险严重程度分析。风险严重程度是风险可能性与风险后果的函数。对于每一个识别的风险，根据其可能性与后果，可以在坐标系中找出其代表严重程度的矩形区域，形成风险分析图。

四是风险等级确定。依据检验检疫部门的特点和实际管理情况，管理风险可以分为四个等级：低度风险、中度风险、高度风险和重大风险，如图7-4所示。检验检疫行政处罚风险识别流程图，见图7-5。

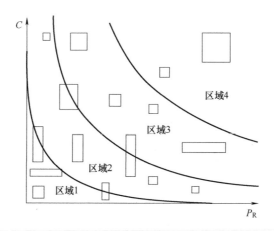

区域1：低度风险区；区域2：中度风险区；区域3：高度风险区；区域4：重大风险区。

图7-4 风险等级图

3. 风险控制

风险控制的总体要求是实现风险管理目标。管理风险控制从两个方面考

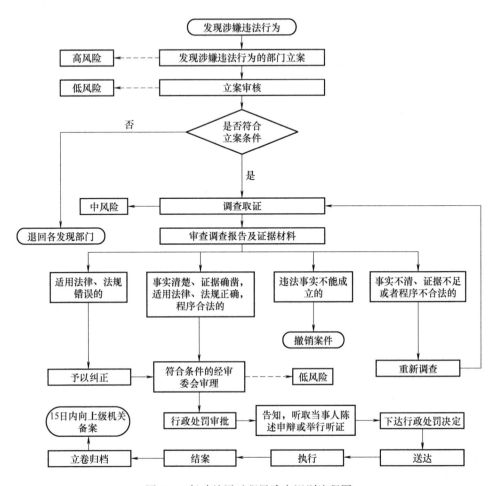

图 7-5　行政处罚过程风险点识别流程图

虑,一是降低风险发生概率,二是减少风险一旦发生造成的危害。降低风险发生概率应从加强风险控制的工作过程入手,根据风险分析结果,在风险来源的过程中,加入管理措施,实现风险管理关口前移。而减少风险危害应从实际出发,在资源允许的情况下,针对风险危害设定应对措施,加强抗击风险能力。

直属局检验检疫行政许可的管理风险控制主要流程,参见图 7-6。

4. 风险救济

风险自身的性质决定了风险存在的绝对性。检验检疫应采取有针对性的预备措施,对风险发生后造成的危害进行补救,即管理风险救济。由于风险补救措施需要占用资源,通常风险救济应该在风险识别时一并进行。

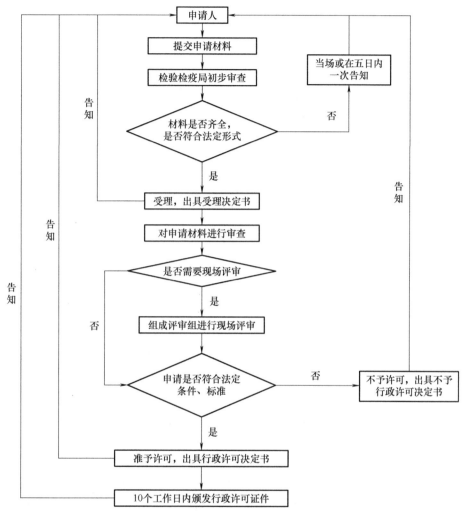

图 7-6 检验检疫行政许可工作流程

在风险等级图中,画一条平行 P_R 轴的直线,直线上方区域的风险为后果特别严重风险,应为其预备风险补救措施,见图 7-7。风险补救的典型做法是制定风险应对预案,一旦风险发生,应急预案随即启动,以达到预防或降低损失,努力使风险危害降低到最低限度的目的。

5. 对策建议

根据上述分析研究可以看出,风险管理在检验检疫系统的应用,一是完全可行,二是充分必要。据此提出在当前形势下,提高检验检疫部门风险管理能力和水平的几点建议:

(1) 加强风险管理意识。风险意识直接影响并决定着检验检疫系统对风险

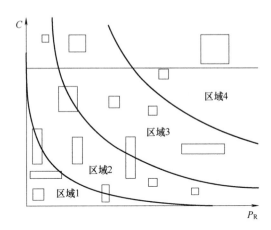

图7-7　后果特别严重风险识别图

管理的决策。为了提高全系统风险管理的水平和能力，首先应当加强风险管理的意识，应当把风险管理引入检验检疫各项日常业务工作中，把风险管理能力评价纳入检验检疫工作绩效考核体系。同时，由于风险产生是多方面的，它与人们的道德、心理乃至文化也有关系，因此，各级领导不仅应当努力提高自身风险管理的意识，而且还应当在全系统中积极开展风险教育宣传，提高全员的风险意识和抗击风险的能力。

（2）建立全过程风险监控机制。有效履职要求相关部门既应该注重加强对风险爆发后的监控与分析，更应该重视对风险前期的预防和管理。由于检验检疫风险管理涉及许多业务领域，风险防范和控制需要全系统各领域的通力合作。因此，应当建立和完善全国性的突发事件及风险信息的互通网络系统，整合有利于风险衡量的参考指数，形成较为完整的风险管理信息资源。在这个过程中，诸如各项业务的风险值等较为直观和综合的指数，都应被引入到整个风险管理系统中去。

（3）强化政府部门风险管理职责。对风险的应急处理能力，体现了政府部门的管理效能和执政水平。应强化政府部门风险管理职责，加强风险管理专业队伍建设，尤其应该注意加强专家治理队伍的建设，形成不同领域、不同学科的专家协同参与风险处理的治理结构。在硬件方面，应当建立健全国家重要应急物资监测网络、预警体系和应急物资生产、储备、调拨及紧急配送体系，确保应急所需物资和生活用品的及时供应。

（4）提高全社会抗风险能力。一是要整合社会资源，重视社会不同利益群体的声音，开放风险治理的渠道。二是现代社会中风险大多是由人为政策所导致，为了最大程度地减少决策偏差，政府部门应采取开放态度，改变传统观念中政府无所不管的"全能型"或"家长式"治理模式，转变为经营管理者和协调者角色。三是要重视听取社会各方声音，尤其在当代社会利益多元化的情况下，政府部门应注重提高全社会抗风险能力，努力建立社会意见多元化、决策沟通协调多向化的风险管理机制。

（5）提高风险管理效率。一要改变以往政府部门经常采取的风险自留方式，即在风险损失发生后由政府负责买单。二要有效减少或避免风险带来的损失，注意加强对风险管理的全过程控制。三要注意各种风险管理方法的结合应用。风险管理方法可分为避免风险、减小损失、降低发生率、自留风险、风险转移等。在这些风险管理方法中，政府部门应当注意从减小损失和降低发生率方面入手。比如疫情疫病预防，远比疫情暴发以后再想办法进行补救更为有效。四是在风险管理过程中政府也可以相应地转移风险，通过建立健全各级政府的风险管理责任制，强化各级领导干部的风险管理职责，使全社会分担风险，促进全社会牢固树立风险防范意识。

第二节 标 准 要 求

一、ISO 9001《质量管理体系　要求》标准要求

0.3.3　基于风险的思维

基于风险的思维（见 A.4）是实现质量管理体系有效性的基础。本标准以前的版本已经隐含基于风险思维的概念，例如：采取预防措施消除潜在的不合格，对发生的不合格进行分析，并采取与不合格的影响相适应的措施，防止其再发生。

为满足本标准的要求，组织需策划和实施应对风险和机遇的措施。应对风险和机遇，为提高质量管理体系有效性、获得改进结果以及防止不利影响奠定基础。

某些有利于实现预期结果的情况可能导致机遇的出现，例如：有利于组织吸引顾客、开发新产品和服务、减少浪费或提高生产率的一系列情形。利用机遇所采取的措施也可能包括考虑相关风险。风险是不确定性的影响，不确定性可能有正面的影响，也可能有负面的影响。风险的正面影响可能提供机遇，但并非所有的正面影响均可提供机遇。

6.1　应对风险和机遇的措施

6.1.1 在策划质量管理体系时，组织应考虑到 4.1 所提及的因素和 4.2 所提及的要求，并确定需要应对的风险和机遇，以：

a）确保质量管理体系能够实现其预期结果；

b）增强有利影响；

c）预防或减少不利影响；

d）实现改进。

6.1.2　组织应策划：

a）应对这些风险和机遇的措施；

b）如何：
1）在质量管理体系过程中整合并实施这些措施（见4.4）；
2）评价这些措施的有效性。

应对措施应与风险和机遇对产品和服务符合性的潜在影响相适应。

注1：应对风险可选择规避风险，为寻求机遇承担风险，消除风险源，改变风险的可能性或后果，分担风险，或通过信息充分的决策而保留风险。

注2：机遇可能导致采用新实践、推出新产品、开辟新市场、赢得新顾客、建立合作伙伴关系，利用新技术和其他可行之处，以应对组织或其顾客的需求。

A.4 基于风险的思维

本标准以前的版本中已经隐含基于风险的思维的概念，如：有关策划、评审和改进的要求。本标准要求组织理解其组织环境（见4.1），并以确定风险作为策划的基础（见6.1）。这意味着将基于风险的思维应用于策划和实施质量管理体系过程（见4.4），并有助于确定成文信息的范围和程度。

质量管理体系的主要用途之一是作为预防工具。因此，本标准并未就"预防措施"设置单独条款或子条款，预防措施的概念是通过在质量管理体系要求中融入基于风险的思维来表达的。

由于在本标准中使用基于风险的思维，因而一定程度上减少了规定性要求，并以基于绩效的要求替代。在过程、成文信息和组织职责方面的要求比GB/T 19001—2008具有更大的灵活性。

虽然6.1规定组织应策划应对风险的措施，但并未要求运用正式的风险管理方法或将风险管理过程形成文件。组织可以决定是否采用超出本标准要求的更多风险管理方法，如：通过应用其他指南或标准。

在组织实现其预期目的的能力方面，并非质量管理体系的全部过程表现出相同的风险等级，并且不确定性的影响对于各组织不尽相同。根据6.1的要求，组织有责任应用基于风险的思维，并采取应对风险的措施，包括是否保留成文信息，以作为其确定风险的证据。

二、GB/T 24353《风险管理 原则和实施指南》标准要求

引 言

任何类型和规模的组织都面临风险，组织的所有活动也都涉及风险。风险会影响组织目标的实现，这些目标可能关系到组织中从战略决策到运营的各种活动，包括各个过程和具体项目，表现在领导、战略、经营、财务、环境、社会、声誉等各个方面。

风险管理通过考虑不确定性及其对目标的影响，采取相应的措施，为组织的运营和决策及有效应对各类突发事件提供支持。风险管理适用于组织的全生命周期及其任何阶段，其适用范围包括整个组织的所有领域和层次，也包括组织的具体部门和活动。

风险管理旨在保证组织恰当地应对风险，提高风险应对的效率和效果，增强行动的合理性，有效地配置资源。有效的风险管理应当融入整个组织的理念、治理、管理、程序、

> 方针策略以及文化等各方面。风险管理意识应当是整个组织文化的一部分。
>
> 虽然风险管理在长期的实践中得到了发展，并在许多行业满足了不同的需要，但是目前还缺乏一个一般性的方法，用来保证风险管理一致、有效的实施。本标准提供了风险管理的原则和实施的通用指南，有助于组织在任何范围和具体环境中以透明和可靠的方式实施风险管理。

第三节 应用案例

在国内政府部门建立运行质量管理体系的过程中，风险管理已经有了大量的实践应用，并取得明显的成效。以下提供政府部门风险管理应用的实践案例，以供参考学习。

一、某省级政府部门《风险管理办法》

> **风险管理办法**
> **第一章 总 则**
>
> 第一条 为加强本局风险管理工作，防范、控制、化解、处理发生或可能出现的风险，保证检验检疫各项活动有序运行，特制定本办法。
>
> 第二条 本局风险管理所涉及的风险主要有工作风险、队伍风险、产品风险。本办法适用于检验检疫工作风险的排查、评估、处置、预警和监督管理等活动。
>
> 队伍风险和产品风险的管理活动由本局各职能处室（以下简称职能处室）依据职责分工另行组织实施。
>
> 第三条 本办法所称的工作风险，内容包括职责、文件、执行三个方面。
>
> 第四条 本办法所称的风险管理是指本局针对检验检疫工作风险，建立与其相适应的管理体系，采用适用的管理方法和手段，在各个管理环节中执行风险管理流程，培育良好的风险管理文化，为实现工作风险控制提供保证的过程和方法。
>
> 第五条 本局风险管理处（以下简称风险处）负责研究和建立风险管理体系，拟订风险管理的规章制度和工作流程，并组织实施、协调和监督全省系统风险管理工作。各职能处室负责本行业和本部门工作风险管理的实施工作；各分支检验检疫局、××机场办、邮检办、各直属单位（以下简称各单位）负责本部门的工作风险管理的实施工作。
>
> 第六条 风险管理应当遵守全面合法、预测先导、权衡轻重、重点监控、管理有效的原则，消除、预防、规避和减少各类检验检疫工作风险。
>
> 第七条 各单位、各职能处室应当结合质量管理体系建设，加强风险控制管理，建立健全风险管理制度，有效预防与控制工作风险。
>
> **第二章 风险排查**
>
> 第八条 风险处结合质量管理体系运行的要求，提出全省系统风险管理年度工作计划，每年组织开展工作风险排查等管理活动。

第九条　各单位、各职能处室应当结合工作实际，做好年度风险排查工作，并将风险排查纳入质量体系运行管理，使风险排查工作常态化。

第十条　各单位、各职能处室应当根据内外部环境的变化，对检验检疫工作所面临的风险进行排查，包括职责、文件、执行三个方面。加强主要工作事项、关键环节和重点领域的风险识别和自我检查，对发现的风险信息，及时进行初步风险评估，主动采取措施预防和应对风险。

第十一条　各职能处室根据工作需要，组织所属业务领域的风险排查活动，各单位应当认真落实职能处室风险排查工作要求，做好风险排查工作。

第三章　风险评估

第十二条　本局根据全省系统风险评估工作统一管理的需要，成立风险评估委员会，负责对重大风险或难以确定等级的风险实施评估。

各职能处室根据风险评估工作需要，成立相关专业领域风险评估专家组或依托本局相关专业组，负责承担并指导各单位开展相关领域风险评估工作。

各单位根据日常工作管理的需要，成立风险评估专家小组，做好本单位风险评估工作。

第十三条　各单位根据风险排查情况和日常发现的风险信息，按照行业管理的要求和程序，形成风险评估结果，报相关职能处室和风险处。

第十四条　各职能处室根据风险排查情况，确定风险等级和风险因素，形成风险评估结果，并报风险处。必要时，可提交风险评估专家组评估。

第十五条　风险处应当及时公布各单位、各职能处室提交的评估结果，建立风险管理综合信息的收集和积累机制。各单位、各职能处室应当建立相关风险信息数据库，收集风险信息，加强风险信息管理，对重大风险进行提示，制定具体应对方案。

第十六条　各单位、各职能处室风险评估专家组应当接受本局风险评估委员会的统一指导，认真完成交办的风险评估任务，及时评估风险、确定风险级别、提出风险处置意见。

第四章　风险处置与预警

第十七条　各单位、各职能处室根据风险评估结果，对存在的风险点，制订系统、全面、专业的整改措施和完成时限，并组织验证。必要时，经风险评估专家组或本局风险评估委员会确认。

第十八条　各职能处室依据风险评估结果，决定是否发布预警信息，进行风险预警。风险警示发布用于以下几种情况：

（一）风险警示信息用于发布对预防风险具有提醒和示范作用的预警信息。

（二）风险警示通报用于发布需要进行风险排查的预警信息。

（三）风险处理通知用于发布需要尽快采取风险处理措施的预警信息。

第十九条　各单位依据预警信息，应当加强风险防范意识，开展风险排查，迅速实施风险处理，落实好风险处置措施，并将有关情况向相关职能处室报告。

第二十条　各单位、各职能处室应当制定相关突发重大风险的应急处置预案，遇到突发重大风险事件应及时启动预案，妥善进行应急处置。

第五章 监督管理

第二十一条 风险处应当建立风险监督与考核机制，确定年度风险管理考核指标与考核标准，及时对风险管理的效果和效率进行持续监督和考核评价，提升风险管理能力。

第二十二条 各单位、各职能处室应建立风险管理责任制度，定期对风险管理工作进行自查，及时发现工作缺陷，主动做好应对并积极改进，重大风险情况应及时报告风险处和相关职能处室。

第二十三条 对发生突发重大风险事件，相关单位和职能处室应当及时调查评估风险环境，分析事件原因，加强和改进风险管理工作。涉及责任追究的按相关规定程序追究相关人员的责任。

第二十四条 风险处根据风险管理工作需要，定期组织开展风险管理知识的培训和业务交流活动，培养和建立一支风险管理人才队伍。

第二十五条 各单位、各职能处室应当结合质量管理体系管理要求，认真总结风险管理工作，向风险处提交年度工作报告。

第六章 附 则

第二十六条 各单位可依据本办法制定本单位风险管理实施细则。

第二十七条 本办法由风险处负责解释。

第二十八条 本办法自发布之日起生效。

二、工作程序

工作风险管理控制程序

1. 目的

为规范风险管理活动，对风险信息分析的科学性、风险等级评定的合理性和风险处置措施的有效性进行控制，特制定本程序。

2. 适用范围

本程序适用于本局在工作过程中发生或可能发生的工作风险的管理与控制，涵盖职责风险、文件风险、执行风险。

3. 术语与定义

3.1 风险信息：有关风险因素、风险事件、风险损失的信息。

3.2 风险准则：按照一定原则确定的风险严重性评价方法和风险等级评价标准。

3.3 风险识别：发现、确认和描述风险的过程。

3.4 风险分析：理解风险性质、确定风险等级的过程。

3.5 风险评价：对比风险分析结果和风险准则，以确定风险是否可以接受或容忍的过程。

3.6 风险评估：依据风险信息进行风险识别、分析、评价的过程。

4. 职责

4.1 本局风险管理处（以下简称风险处）负责研究和建立风险管理体系，拟订风险管理的规章制度和工作流程，并组织实施、协调和监督全省系统风险管理工作。

4.2 本局各职能处室（以下简称职能处室）负责本行业和本部门工作风险管理的实施工作。

4.3 各分支检验检疫局、××机场办、邮检办、各直属单位（以下简称各单位）负责本部门的工作风险管理的实施工作。

4.4 本局根据工作风险统一管理的需要，成立本局风险评估委员会，负责对重大风险或难以确定等级的风险实施评估。

各职能处室根据风险评估工作需要，成立风险评估专业组，负责承担并指导相关领域重要风险的评估工作。

5. 程序

5.1 工作流程

制定风险管理计划 → 组织工作风险排查 → 开展工作风险评估 →

采取风险处置措施 → 发布风险预警信息 → 实施动态监督管理

5.2 制定风险管理计划

风险处根据本局《风险管理办法（试行）》，提出全省系统风险管理年度工作计划，风险管理计划至少应包括：

（1）风险管理活动范围；
（2）职责和权限的分配；
（3）风险管理活动的评审要求；
（4）风险的可接受性准则；
（5）其他。

5.3 组织工作风险排查

风险处组织各单位、各职能处室按照《工作风险排查作业指导书》，每年开展一次所属业务领域的风险排查活动，排查内容包括职责、文件、执行三个方面，填写《风险排查、评估、处置、预警一览表》（附表1）。

各单位在日常工作中发现的风险信息，填写《风险信息登记表》（附表2），必要时，按照行业管理要求和程序报行业管理部门和风险处。

5.4 开展工作风险评估

各单位、各职能处室按照《风险评估作业指导书》开展风险评估，填写《风险排查、评估、处置、预警一览表》。必要时，提交风险评估专家组评估，对重大风险和难以确认等级的风险，提交风险评估委员会评估，并形成《风险评估记录表》。风险处负责收集、确认全省系统的风险准则（见《风险评估作业指导书》），必要时，提交风险评估专家组或风险评估委员会评审确认风险准则。

5.4.1 风险识别

各单位、各职能处室根据风险排查和日常发现的风险信息，确认风险因子、风险事件、风险损失的构成因素，描述相关风险。

5.4.2 风险分析

各单位、各职能处室根据所识别的风险及所涉及的活动，从外部、人员、工具、管理四个方面进行定量或定性的分析，发现潜在的风险事件和风险损失。

5.4.3 风险评价

各单位、各职能处室将风险分析的结果与风险准则进行比较，或者在各种风险的分析结果之间进行比较，确定风险等级，以便做出风险应对。如果该风险是新识别的风险，则应当制定相应的风险准则，以便评价该风险。

5.5 采取风险处置措施

各单位、各职能处室依据风险评估结果，按照《工作风险处置作业指导书》，提出预防和控制风险的具体措施建议，并组织实施与验证，填写《风险排查、评估、处置、预警一览表》。

各单位、各职能处室制定相关突发重大风险的应急处置预案，遇到突发重大风险事件及时启动预案，妥善进行应急处置，并组织实施与验证，填写《风险排查、评估、处置、预警一览表》。

5.6 发布风险预警信息

各职能处室依据风险评估结果和验证情况，决定是否发布预警信息，进行风险警示。风险警示发布用于以下几种情况：

风险警示信息用于发布对预防风险具有警示和示范作用的预警信息。

风险警示通报用于发布需要进行风险排查的预警信息。

风险处理通知用于发布需要尽快采取风险处理措施的预警信息。

5.7 实施动态监督管理

5.7.1 风险处公布各单位、各职能处室提交的《风险排查、评估、处置、预警一览表》，并动态维护。

5.7.2 风险处制定风险管理年度考核指标与考核标准，结合质量体系运行要求，对各单位和各职能处室的工作风险管理进行考核评价。

5.7.3 风险处至少每年组织一次业务交流活动或风险管理知识培训。

5.7.4 各单位、各职能处室至少每年对工作风险管理进行一次自查，结合质量管理体系运行情况，总结风险管理工作，并报送风险处。

5.7.5 风险评估专家组实施聘任制，按照《风险评估专家工作组管理规则》进行管理。

6. 相关文件
7. 相关记录

三、作业文件

工作风险排查作业指导书

1. 工作流程

制定排查方案→组织实施→排查结果确认

2. 制定排查方案
2.1 排查范围
　　工作风险排查范围主要包括职责、文件、执行方面涉及的外部、人员、工具、管理等内容。
2.2 排查方法
　　工作风险排查一般从要点事项着手，找出风险事项及风险点。现有工作的要点事项和风险事项见附表。排查方法主要有以下三种：
　　符合性排查：针对单个文件的有效性、有据性、适用性，以及文件中具体规定的职责落实情况和具体事项的执行情况。
　　流程性排查：针对经常性的、有固定程序的、反复执行的过程或工作。
　　要点式排查：针对临时性的、无固定程序的、阶段执行的过程、项目或工作。
2.3 排查工具或方式
　　风险排查应当选择适当的排查工具或方式，如专家检查，分解需要排查的相关工作的具体结构，使用风险调查图表，召开情景分析会，查阅相关风险记录资料等。
3. 组织实施
3.1 符合性排查
3.1.1　识别文件。纳入工作风险排查范围的文件包括以国家总局名义发布的依据（国家总局局长令、国家总局发布的规范性文件和规章制度），国家总局各司局发布的依据（规范性文件和管理制度），本局及各单位发布的规范性文件和管理制度（包括程序文件、作业指导书），通过其他形式发布的各类带有规范性要求的公告、通知等。
3.1.2　开展排查。重点排查文件是否处于有效状态，文件中各个条款是否得到现行有效的上位法支持，并初步评价文件规定是否能得到落实。
3.2 流程性排查
3.2.1　识别过程。采取适宜的方法收集核实过程信息，将输入转化为输出的一项或一组工作事项，可以视为一个过程。
3.2.2　开展排查。对照相关工作依据，针对每个工作过程的各个程序和环节进行排查，重点排查流程时限、人员权限、文件化信息等方面是否能满足规定。
3.3 要点式排查
3.3.1　确定要点。采取适宜的方法收集核实要点信息，将临时性的、无固定程序的、阶段执行的过程、项目，或工作中的步骤性、规范性、结果性要求作为要点。
3.3.2　开展排查。对照相关工作依据，针对临时性的、无固定程序的、阶段执行的过程、项目，或工作中的步骤性、规范性、结果性要求进行排查。
4. 排查结果确认
　　将工作风险排查发现的要点事项、风险事项及风险点，对照以下标准进行归类。
4.1 职责风险
　　——职责漏项：未得到履行的本局职责、部门职责、科室职责、岗位职责事项。
　　——职责多项：超越岗位职责、科室职责、部门职责、本局职责的事项。

——职责交叉：同一职责由多个部门承担，且界定不清晰的事项。
——其他风险：未列入以上类别的职责事项。

4.2 文件风险
——缺乏上位法：文件无上位法支持。
——上位法失效：遵从的上位法已修订、废止或失效。
——无效文件：本级现行文件失效。
——文件缺位：具体工作无适当文件可以执行。
——文件缺陷：上级或本级文件在可行性等方面存在缺陷。
——造成难以执行等情况。
——其他风险：未列入以上类别的文件风险。

4.3 执行风险
——流程风险：未遵守文件规定的工作流程。
——时限风险：未遵守文件规定的工作时限。
——规范风险：未遵守文件的操作要求。
——质量风险：工作结果未能达到文件要求。
——资源风险：人员、设备设施、信息系统等资源配置不当。
——安全风险：人员安全、设备设施安全、环境安全以及财务安全、信息安全等方面的不确定性。
——其他风险：未列入以上类别的执行风险。

5. 记录要求
工作风险排查完成后应当如实填写《风险排查、评估、处置、预警一览表》（风险排查部分）

6. 相关文件
《工作风险管理控制程序》。

7. 相关记录
《风险排查、评估、处置、预警一览表》，略。

工作风险处置作业指导书

1. 工作流程
制定工作风险处置措施→组织实施→结果验证

2. 制定工作风险处置措施

2.1 基本方式
风险规避，即停止或避免引发工作风险的所有行动，如中止某项工作、对工作进行调整等。

风险控制，即采取针对性的控制措施，降低风险发生的可能性或影响程度，是风险处置中最常用到的处置方式。

风险转移，即通过一定途径使用特定的方法将某些风险转移至其他外部承担者。

风险接受，即当风险的影响程度在可承受范围内或者对其进行处置的成本明显高于其带来的影响后果时，不采取风险处置，但是要对其加强监视。

2.2 主要内容

风险处置措施可以包括但不限于以下内容：

（1）具体目标和时间安排。

（2）所采取的风险处置方式和具体做法。

（3）涉及的具体业务和管理活动。

（4）组织领导和涉及的资源需求。

（5）后续的跟踪验证要求。

3. 组织实施

在风险处置措施提出的时间安排范围内，落实风险处置方式和具体做法，实现具体目标。

4. 结果验证

风险处置应实行过程管理，进行跟踪验证。跟踪验证可以包括但不限于以下内容：

（1）风险处置过程中的风险变化。

（2）内外部环境的变化。

（3）风险处置方式和具体做法的实施。

（4）风险消除或控制的情况。

如风险处置措施未有效地化解或控制风险，应重新制定风险处置措施。

5. 记录要求

工作风险处置完成后应当如实填写《风险排查、评估、处置、预警一览表》（风险处置部分）。

6. 相关文件

《工作风险管理控制程序》。

7. 相关记录

《风险排查、评估、处置、预警一览表》。

第八章 过程控制理论应用

过程控制,是政府部门建立运行质量管理体系的基础方法之一。本章首先进行过程方法理论分析,然后介绍过程控制理论和方法在政府部门体系建设中的应用。

第一节 理 论 分 析

过程和过程方法是质量管理体系最重要的概念之一。过程控制是质量管理体系的基础方法,过程方法是质量管理体系的基本原则之一,可以说,体系中任何一项活动都是以过程控制为单元的。

一、过程

> **过程 process**
> 利用输入实现预期结果的相互关联或相互作用的一组活动。
> **注1**:过程的"预期结果"称为输出(3.7.5),还是称为产品(3.7.6)或服务(3.7.7),照相关语境而定。
> **注2**:一个过程的输入通常是其他过程的输出,而一个过程的输出又通常是其他过程的输入。
> **注3**:两个或两个以上相互关联和相互作用的连续过程也可作为一个过程。
> **注4**:组织(3.2.1)通常对过程进行策划,并使其在受控条件下运行,以增加价值。
> **注5**:不易或不能经济地确认其输出是否合格(3.6.11)的过程,通常称之为"特殊过程"。
> **注6**:这是ISO/IEC导则 第1部分ISO补充规定的附件SL中给出的ISO管理体系标准中的通用术语及核心定义之一,最初的定义已经被改写,以避免过程和输出之间循环解释,并增加了注1至注5。

过程是质量管理体系的核心定义之一。我们需要准确理解过程的概念。

标准术语给出的"过程"定义是,利用输入实现预期结果的相互关联或相互作用的一组活动。同时标准给出了过程的六个相关注解。根据过程定义,我们可以从以下角度来把握对过程的理解。

(1)过程是一个广义的概念。任何一组输入转化为输出的相互关联或相互作用的活动都是过程。政府部门管理和监督活动是过程，服务活动是过程，工厂生产产品是过程，学校培养学生是过程，医院诊疗病人是过程，政府机关进行决策也是过程。可以说任何活动都是过程。

（2）过程内部和过程之间是相互关联和相互作用的。这就告诉我们要从不同角度来看过程，可能从一个角度看是一种关联的过程，从另一个角度看却是一个大过程中的一组小过程。比如工厂生产产品，从用户角度看，也许只是一个过程，但是站在工厂自己的角度，其实这个大过程里还包括了许多小过程：如设计过程、工艺过程、采购过程、生产制造过程、检验过程、销售过程、安装调试过程、用户服务过程等等。这些过程又可以细分成更多的过程。如设计过程又可以分成设计策划过程、方案设计过程、技术设计过程、工作图设计过程、样机试验过程、设计评审过程、设计确认过程、设计验证过程等等。这其中的任何一个过程又可以再细分。如技术设计过程又可以分为总体设计过程、功能结构设计过程、技术设计过程、工作图设计过程等等。所以我们不能仅仅习惯于站在一个角度看问题，看过程。

（3）过程的输入是广义的。首先，根据过程的不同，过程的输入也就不同。过程是广义的，它的输入也是广义的。其次，过程输入的是资源，对资源也应作广义的理解，如人财物是典型的资源，但是注意他们只是资源的一部分；时间、空间、信息流甚至是人的智能、人类技术等级等都是资源。如与产品实现过程相关的资源就包括了人力资源、基础设施、工作环境等内容，其中的人力资源中相关到人的能力、教育、培训、经验和人的意识。而工作环境则是指工作时所处的一组条件，这里的条件就包括了物理的、社会的、心理的和环境的因素等。

（4）输入的资源在过程中进行转化。在过程转化中要注意，第一要对过程的转化进行策划。为了使过程有效地运行并达到预期的结果，就要求对过程实现进行系统的策划、识别，并适当的规定。安排和分配过程实施主体的职责，明确过程转化的各种依据和程序，同时确定过程实现中所需要的有效性测评，包括测量和评价方法。第二，过程的转化要在"受控条件下"进行，通常体现出受控状态。对过程的受控条件要从5M1E，即人、机、料、法、环、测各个方面来确定和提供。这里的人，是指过程的主体，如操作者。机，是指相关的机器设备等工作资源设备。料，是指过程的输入，如工厂生产产品时的原材料。法，是指方法，泛指工作依据，如加工金属零件时，操作工使用的图样、工艺技术文件、检验规程、操作规范等。环，是指工作环境测试。测，指操作者的自我检验、验证和把关活动，如工人加工好零件以后的自检、互检和班组长的巡检等。过程的受控状态，是指过程中体现出来的，由合格的操作者，使用适宜的机床和工具，在合格的原材料上，依据现行有效的工作文件，在适宜的工作条件、环境条件下进行加工和操作，并用合格的检测仪器对加工零件进行严格的自检，这样一种良好的工作状态；并且要求这种工作状态，在产品实现的过程中始终得到维持和体现。第三，过程要增值。如果过程不增值，那么就失去了过程的意义。第四，过程的增值应该是可测量的，因此要在过程的输入、转化、输出各部分，设置必要的测量点来监控和改进这种增值。

(5) 过程的输出就是该过程的产品。标准对产品的定义是，产品就是过程的结果。要注意，第一，由于过程是广义的，所以产品也是广义的。通常可以把产品分为硬件、软件、流程性材料和服务四种通用的类型。第二，产品通常是上述4种类型的组合。第三，在对过程的结果进行验证时，要关注输入与预期输出的比较。第四，当过程输出的产品是否合格，不容易或者不能经济地进行测量验证时，通常称之为"需要确认的过程"，或者是特殊过程。

(6) 一个过程的输出通常是其他过程的输入。这样环环相扣，过程就形成了"过程链"。众多过程链同时在运动和作用着，所以这些过程链又形成了"过程网络"。在从过程到过程链到过程网络的分析中，我们要充分关注过程的网络特征和运动规律；在控制过程中，我们要充分注意过程间"接口"的控制。

(7) 用过程方法来识别不同过程之间的关联性和相互作用，是过程控制和过程改进的关键。

(8) 过程可以从不同的角度来理解。例如从过程控制的角度，我们可以用PDCA来理解过程，其中P是策划，即根据顾客要求和组织的方针目标，为提供过程结果建立必要目标的过程。D是实施，即实施过程。C是检查，即根据策划对过程的产品进行监视和测量，并报告结果。A是处置，即采取改进措施，以持续改进过程业绩。在用PDCA来理解过程、进行过程控制时，要充分注意过程的闭环，防止在管理上经常出现的有头无尾、虎头蛇尾的现象。

二、过程方法

(1) 过程方法，就是把活动和相关资源作为过程来进行管理的方法。例如，在组织建立和实施质量管理体系时，需要用过程方法来识别和管理众多相互关联的活动。通过使用资源和管理，将输入转化为输出的活动，就是一个典型的过程。我们把组织内部诸过程的系统应用，连同这些过程的识别和转化，相互作用及其管理，称为过程方法。

过程方法的优点是能够对诸过程等系统中单个过程之间的联系，以及过程的组合和相互作用进行连续的控制。当组织在管理体系运行中应用过程方法时，应强调以下方面的重要性：一是理解并满足要求；二是需要从增值的角度考虑过程；三是需要获得过程业绩和有效性的结果；四是基于客观的测量和分析，持续改进过程。

应用过程方法原则，组织需要开展的活动包括，根据组织生产及产品和服务等一般生命周期，确定产品实现的质量环；识别过程的界面及其各个环节的主要过程；界定过程，明确预期实现的目标；识别并测量过程的输入和输出；明确规定过程转换的控制要求，以及对过程进行管理控制的职责、权限和义务；识别过程的内部和外部顾客、供方和其他相关方；监视、测量、分析和改进过程的实现，以达到预期的结果。

（2）质量管理体系适用于产品和服务质量形成的全部活动，并相互作用。质量管理体系涉及产品生命周期的全部阶段，从最初的识别市场需要，到最终满足要求的所有过程。

一般硬件产品生产的典型生命周期各阶段是：
- 营销和市场调研；
- 产品设计和开发；
- 过程策划和开发；
- 生产或服务提供；
- 运输和储存；
- 销售和分发；
- 安装和投入运行；
- 技术支持和服务；
- 产品使用寿命结束时的处置或再生利用。硬件产品一般生命周期阶段图解说明，见图8-1。

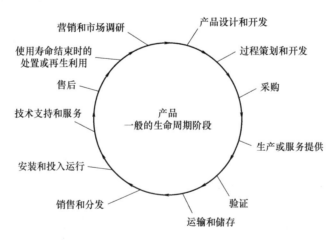

图8-1 硬件产品一般生命周期图

随着社会经济发展和人民生活质量的提升，服务产品的发展十分迅速。服务产品的过程控制，同样可以应用生命周期理论。

典型的服务产品生命周期各环节是：
- 服务需要；
- 服务营销过程；
- 服务体验；
- 服务设计；
- 服务规范或服务提供规范；
- 服务质量控制规范；
- 服务提供；
- 供方评定；
- 服务结果；
- 顾客评定；
- 服务业绩分析；
- 服务改进；
- 新的服务需求。

(3) 实施过程方法原则能够为组织带来的效应，主要包括：一是对于组织方针和战略的制定，采用过程方法，可以增强运作结果，实现的可预见性。二是对于组织目标的实现，了解过程，有助于确立更具有先进性和挑战性的目标。三是对于运作管理，采用过程方法可以降低成本，避免失误，控制偏差，缩短过程时间，实现预期的过程结果。四是对于人力资源管理，可以配置和使用人力资源，使组织的人员具备胜任过程需要的能力。

管理需要方法。过程管理也需要方法，这个方法就是对过程进行系统的管理。如果我们将相互关联的过程作为系统，来加以识别、理解和管理，就会有助于提高组织实现目标的有效性和效率。管理的系统控制实际上是指用系统的方法去实施过程管理，质量管理体系标准提倡组织采用系统的、透明的方法进行管理。

系统管理和透明管埋，构成了当今现代管理缺一不可的两大基础。

所谓系统，就是一组相互关联和相互作用的要素。我们所赖以生存的世界，就是由大大小小的系统构成的。有形的世界如此，家庭是系统，学校是系统，工厂是系统，政府部门、政府机构也是系统。无形的世界也是如此，知识是系统，思想是系统，程序是系统，过程也是系统。系统之间还会有相互联系、相互关联和相互作用，而且每一个系统还可以继续分解成若干子系统，构成各种系统网络。

(4) 质量管理体系是在组织对质量方面进行指挥和控制，组织建立方针目标，并实现这些目标的相互关联和相互作用的一组要素。换言之，质量管理体系就是一个由过程、过程链、过程网络构成的系统。对于这样一个系统进行管理,当然要采用系统管理的方法。

进行过程系统管理方法的重点,是对过程的控制。但是要注意,一是一个过程系统可以由多个过程构成,但是一个过程也可能就是一个系统。二是系统是有层次的,即系统和过程都是相对的。三是系统的主要特性,有整体性、关联性、有序性和动态性,要注意研究系统的特性及其相互关系。

管理的系统控制包括了系统分析、系统工程和系统管理。具体的技术方法有系统分析法,成本效益法(CEA)、价值工程,最优化技术,风险分析,技术协调技术(PERT)和权衡技术等。

在质量管理体系中,过程管理的系统控制就是,对质量管理的过程采用系统控制方法。管理的系统控制是系统论在质量管理中的应用,它的特点在于:围绕组织设定的方针和目标,确定实现方针目标的关键活动,识别由这些活动所构成的过程,分析这些过程间的相互作用和相互影响的关系,按照其内在规律和特定方式,将这些过程有机的组合成系统,进行管理和控制;由这些系统构筑成组织的系统网络,使之能够协调有效的运作,实现组织所设定的目标。

过程管理系统的控制重点,首先是要确定和分析过程系统中各个过程的运行状态,要通过理顺管理职责来解决一些过程环节中存在的无人管理的"缺环"。这些缺环所在的过程,往往是工作难度大,而又无利可图的"鸡肋"。但是这些环节的存在,却造成了体系过程链的断裂,造成了有效信息的缺失,使得体系运行失效。另外还要解决在这些过程中存在的重复管理的现象,这些现象使体系运行的稳定性和有效性大大降低,并且降低了管理的效率和效益。过程管理系统的另一个控制重点,是要识别确定和控制各过程间的"接口",如果系统中各过程间的接口控制不好,同样会降低体系的有效性和稳定性。因此在质量管理体系标准中,有多个条款提出了对组织之间的接口控制要求;如对设计接口的管理要求、对分包过程的控制要求、对组织外部提供产品的控制要求。

应用系统管理方法对过程系统进行管理控制,同样是过程方法原则的应用。组织需要建立起对过程方法进行系统控制的机制,主要包括:一是建立一个系统的机制,即质量管理体系运作机制;二是确定组织预期实现的方针和目标,以最有效的方法,实现组织的目标;三是理解体系各过程之间的内在关联性,确定体系内部各个过程的活动规范和控制要求,以及过程间接口的控制要求;四是通过测量、分析和评价,持续地改进体系业绩。

当我们实现了过程控制和对过程管理的系统控制以后,预期可以为组织带来如下管理效应:一是对于组织发展战略和方针目标,会有助于制定出具有激励性、先进性的目标;二是对于体系的运作,将使所有的过程协调一致,以最大限度地实现预期目标;三是,在过程控制中,增强了对关键过程的控制,同时会增强顾客和相关方对组织的信任,并对提高组织体系的有效性和效率建立信心。

三、过程方法在政府部门体系中的应用

政府部门的质量管理体系建设，一要在质量方针、质量目标层面解决方向性、目的性问题，二要解决方法问题。这就如同我们要过河，如果没有桥或船，过河就是一句空话。尽管管理方法很多，但过程方法和基于事实决策方法是质量管理体系建立实施的基本方法。

应用"过程方法"的基本思路是：识别过程、管理过程、控制过程之间的相互作用，从而实现过程目标。

（一）识别过程

过程是政府部门依法履职的基本单元，是业务流程的基础。政府部门的所有工作都是通过"过程"来实现的，所有工作结果（不论好坏）都是"有因之果"。"过程"就是"因"，只有"过程"的质量好，工作结果才会好，反之亦然。质量管理体系的一个基本理念是预防为主，通过提高过程的有效性和效率，从而提高行政管理和服务的有效性和效率。

过程识别的步骤如下：

（1）职能梳理；

（2）针对每项职能，识别和确定履职全过程中所涉及的每一个单个过程以及这些过程之间的相互关系、相互作用，特别是该机关的核心业务过程必须清晰地进行识别；

（3）确定每一个过程的输入是什么，包括对该过程的要求（如法律法规要求、服务对象的需求和期望）、依据（如服务规范）、信息、职责、资源等；

（4）确定该过程的输出是什么，如审批结果、符合性（如时限）、可测量指标（如差错）、接收者的满意程度、产生的影响等；

（5）确定该过程所需要进行的一项或一组活动是什么，如核查资料、调查、取证、研究等。应当注意，对过程中一项或一组活动可以这样理解：如审批可以视为一项活动，而针对某一事项的多次研究可以视为一组活动。在进行这些活动中需要使用资源并管理，才能有效地将输入转化为输出；

（6）确定该过程与内部、外部有关的过程有哪些，存在什么样的接口或联系方式。

过程识别的结果，可以用书面文字或形成流程图或过程描述的方式来体现。

（二）管理过程

管理过程是指对过程的管理，应当解决以下几方面问题。

（1）针对所识别出来的过程，是否有相应的管理规范，标准并没有要求每个过程都要编制文件进行控制，但原则是：如果这些过程缺少文件的控制，就

不能有效地对其进行策划、运作和控制,则需要建立文件化的控制程序;

(2) 是否能够执行对过程的管理规定要求,如程序文件或作业指导书;

(3) 该过程的物流、信息流如何流动,与其他有关过程的接口是否优化,沟通是否通畅;

(4) 本过程的结果可以建立什么可测量的绩效指标、过程目标;

(5) 采用什么方法对过程的输入、过程的活动和过程的输出进行检查、测量、评价;

(6) 如何识别过程的改进机会,当存在这种机会时,如发现偏离管理规范时,能否启动内部管理机制不断改进过程的有效性。

(三) 控制过程之间的相互作用

过程运作不是孤立进行的,必然具有相互关联性。系统地识别过程之间的关联性,并对这些关联性进行连续的控制,有利于打破部门壁垒,有利于行政履职和服务的科学性和规范性。

在应用过程方法时,应当强调以下这些方面的重要性。

(1) 充分理解要求,包括法律法规的要求,行政管理和服务对象的要求,本单位已经形成的规范的要求,没有形成文件但不言而喻的要求等。

(2) 设定过程目标,即过程的输出要达到什么结果、什么状态、什么水平等。如果可行,这些目标应可测量。设定过程目标应当基于过程的增值来考虑,如时间、效能、准确程度等。

(3) 确定对过程实施的检查、督查、评价的方法,确保过程在规范内实施。

(4) 确定对具有相互关系、相互作用的过程之间的关系和接口(内部和外部)进行有效管理,确保一组过程的连续控制和有机协调。

为提高应用过程方法的有效性,需要采用"P(策划、计划、规划)—D(实施、执行)—C(检查、督查、评价、考评)—A(处置、评审、改进)"循环模式。

例如:开发区对新入区企业设立的审批过程控制,包括了企业入区、高新技术企业认定、工商注册、组织机构代码办理、国税登记、地税登记六类审批项。这其中每一个审批项可以视为一个过程,而这些审批项之间存在着先后次序和关联性,应当对每一个审批项过程和审批项之间的接口进行协调和系统管理,就是"过程方法"。如果某一审批项过程还有更细小的过程,如二级审批或三级审批,则对这些细小的过程同样按照上述方法进行控制。

从以上例子可以看出:

(1) 六类审批项(六个政府部门)共同完成了新入区企业设立的审批过程。

(2) 每一个审批项的审批过程是新入区企业设立审批过程的过程单元。

(3) 过程可信,结果才可信;过程好,结果才好。对每一个审批项的质量进行控制,并对每一个审批项之间的关系进行连续控制,才能确保最终审批结果的质量。

(4) 为确保新入区企业设立审批过程的质量,应当制定程序文件。过程识别是编制程序文件的基础,存在联系的过程需要编制程序文件来进行控制。而针对单一审批岗位,可以制定工作标准或工作指导书,确保使每一个审批过程都在受控的条件下进行,以支持整个程序。

(5) 可以从最终效果(如服务对象满意程度调查或者抱怨)来评价过程、改进过程。

(四) 过程控制方法

政府部门在内部具有不同分工,在外部与其他政府部门具有不同职能,但客观上内部之间、内部与外部之间存在着各种联系,应当从"过程系统控制"的角度去认识、理解并管理这些联系。

"过程的系统控制",是将相互关联的过程作为体系(系统)来看待、理解和管理,有助于政府部门提高实现单位目标的有效性和效率。

"过程方法"与"系统控制"的联系是:"系统控制"建立在"过程方法"的基础上,进而进行综合、协调的方法。在政府部门中,不同处(科、室)的职能和业务是不一样的。对相同业务(不管是行政审批还是人力资源管理),应当采用"过程方法"(如优化业务流程)进行管理和控制;对不同业务(如行政审批和人力资源管理),应当采用"系统控制"进行管理和控制。

"过程方法"与"系统控制"的区别是:采用过程方法的目的,是为了实现过程目标;采用系统控制的目的,可以实现上一层过程/组织的目标。

我们可以这样理解:为了提高行政审批的规范性,需要对行政审批过程规定相应的程序(必要时制定程序文件),这个程序所遵循的是"过程方法"。但是,提高行政审批的质量,需要确保从事审批的人员具有相应的工作能力,这种能力可以从培训过程获得。为了确保培训过程的有效性,需要对培训过程规定相应的程序(必要时制定程序文件),这个程序所遵循的也是"过程方法"。这两个程序(过程)存在着联系,即:培训过程的质量支持着行政审批的质量,只有将这两个过程都综合、协调地进行控制,才能有利于实现政府部门的最终质量目标。推而广之,这样的综合、协调可以应用到机关内部和外部所有与"过程"有关的方面。这样的管理就是"系统控制"。"过程方法"和"系统控制"的应用必须协调一致,才能有助于提高政府部门履职的价值和目标。

例如:某市政府在质量目标中提出要不断提高市民幸福指数。要实现这一目标,仅靠一两个政府职能部门的努力是不可能的,而是与公共设施、道路、就业、环保、安全等几乎所有的政府部门都有关系。在实现这一目标的过程中,每一个政府职能部门都要按照过程方法依法行政、规范服务,控制具体的行政管理和服务过程，在某一方面让市民提高幸福感；同时，对相关联的职能过程采用"系统控制"进行综合、协调有序的管理，让市民在整体上提高幸福感，才能实现市政府"不断提高市民幸福指数"这一目标。

（五）应用基于事实决策原则

决策是面对未来而筹划做出的决定。政府决策不同于企业决策，这是不言而喻的。任何决策，都会受到不确定性的影响，会伴随着程度不同的风险。在国家机关质量管理体系建设过程中，应当采用"基于事实的决策方法"，以使决策风险降低到最小限度。质量管理体系的有效运行，可以帮助政府部门降低决策的风险。

基于事实的决策方法，就是要让决策建立在有效数据和信息分析的基础上。我们历来坚持的"没有调查研究，就没有发言权"的思想，这与质量管理体系中"没有充分的数据和信息支持，就没有科学的决策"的理念是一致的。

政府部门所面对的内部、外部环境变化是复杂的，政府部门的质量管理体系，应当具有适应内外部环境变化的敏捷性，特别是在持续改进方面，应当在基于事实基础上科学地做出决策。在质量管理体系运行过程中应用统计技术，有助于分析数据、了解变异，帮助组织了解问题、解决问题，也有助于更好地利用所获得的数据和信息进行决策。在政府部门履职过程中，这些变异可以通过行政管理和服务过程的可测量性观察到，也可以在政府部门履职的不同阶段中感受到。对数据进行统计分析，能够更好地理解变异的性质、程度和原因，从而有助于解决、甚至防止由变异引起的问题，并促进持续改进。

政府部门质量管理体系所产生的数据和信息的来源可以是：

（1）质量目标或基础评价指标或绩效指标的实现情况；

（2）工作检查或督查、督办的结果；

（3）内部审核或自我评价的结果；

（4）服务对象和其他相关方（如行风评议）满意程度的调查结果，或服务对象抱怨的处理结果。

政府部门应当充分利用质量管理体系所产生的数据和信息，在确定防止不合格并消除其产生原因的措施方面、持续改进现有的质量管理体系方面不断进行决策。

（六）政府部门的过程识别和确定

在制定了质量方针，明确了质量目标，并对现有管理体系进行调研后，就应对质量管理体系过程进行识别、确定和策划，特别注重对与组织战略相一致的质量目标的实现过程做出规定。

（1）考虑因素。识别、确定和规定质量管理体系过程时，需要考虑以下因素：

- 组织的战略；
- 已确定的质量目标；
- 顾客和其他相关方的需求和期望；
- 对法律法规要求的评价；
- 对产品性能数据的评价；
- 对过程性能数据的评价；
- 过去的经验教训；
- 已显示的改进机会；
- 相关风险的评估及减轻的数据。

通过对质量管理体系的策划，明确质量管理体系的目标、结构、建立体系的职责划分、文件的层次及大体数量、文件编制的职责和编制过程的协调、文件发布的时间表等内容。

（2）过程分析。过程是将输入转化为输出的相互关联、相互作用的一组活动。过程管理的基本方法是 PDCA。计划（PLAN）：明确所要解决的问题或所要实现的目标，并提出实现目标的措施或方法；实施（DO）：贯彻落实计划中的措施和方法；检查（CHECK）：对照计划方案，检查贯彻落实的情况和效果，及时发现问题和总结经验；处置（ACTION）：把成功的经验加以肯定，变成标准，分析失败的原因，吸取教训，以此为依据，进入下一个 PDCA 循环。

（3）确定过程。为使质量管理体系有效建立和实施，构建质量管理体系时应：
- 明确有哪些过程会直接或间接影响服务对象满意；
- 明确这些过程之间的联系；
- 明确这些工作应得到哪些成果、需要哪些资源，以及包括哪些具体步骤，并明确这些成果、资源、步骤事项应遵守的标准；
- 为这些过程的开展提供所需的资源；
- 检查和评估这些过程是否按要求展开，是否达到预期的目标；
- 解决发现的问题，并进一步提出更高的要求。

（4）确定体系文件需求。质量管理体系文件是体系建立和实施的依据，体系的建立和运行是通过有效执行体系文件来实现的。组织通过文件贯彻质量方针，有效地运行质量管理体系，保持体系及其要求的一致性和连续性，实现组织的职能和提供产品。

质量管理体系文件是组织开展质量活动的依据，是组织体系存在的载体，同时也是内部和外部审核的重要依据。

质量管理体系文件是由多层次、多种文件组成的，一般包含和涉及质量手册、质量程序文件、作业指导文件、记录表和质量计划等。在编制体系文件时，要注意满足和考虑文件的系统性、规范性、适宜性和协调性。

以下提供一个比较完整的过程识别案例——某省海事局对本海事机构的过程识别，包括对相关管理职能、职责、顾客、产品/服务、方针目标、体系文件等内容的识别和界定。

某省海事局体系过程识别

一、某海事局简介

中华人民共和国某海事局（以下称某海事局），是代表国家对某市沿海水域的水上交通安全和防治船舶污染工作实施统一管理的行政执法机关（副厅级）。海事局下设处级单位 20 个，直属科级单位 1 个。其中机关部门 12 个，分别为办公室、党群工作部（组织部）、人事教育处、装备与信息处、财务处、纪检监察处（审计）、工会、指挥中心、监管处、督察处；机关内设机构的办事机构 1 个，即政务中心；基层单位 8 个。

二、海事管理机构和职能

1. 海事管理机构

国务院交通主管部门在中央管理水域设立的海事管理机构（垂直管理的直属海事机构）和省、自治区、直辖市人民政府在中央管理水域以外的其他水域设立的海事管理机构（地方海事机构），依据各自的职责权限，在所辖水域履行海事管理职能。

在全国沿海地区和主要跨省内河（长江、珠江、黑龙江）干线及重要港口设立交通运输部直属海事机构，管辖全国沿海水域、宜宾以下长江干线水域和黑龙江、广东、广西、海南四省（区）全部内河水域。除黑龙江、广东、广西、海南四省（区）以外的 27 个省（区、市）设立了地方海事机构。

2. 海事管理职能

海事管理职能概括表述为"保障水上交通安全、保护水上环境清洁、保护船员整体权益、维护国家海上主权"，涉及船舶管理、船员管理、通航管理、防污染管理、危险品管理、船舶检验管理、航海保障管理、水上突发事件应急反应等事务，内容既广泛又复杂。内容广泛以"长链条、宽幅度、多领域"为特征，复杂以"技术性、经济性、涉外性、规范性、整体性很强"为特征。

三、海事局职责

海事局根据授权，依据《中华人民共和国海上交通安全法》《中华人民共和国海洋环境保护法》等法律法规规章、《1974 年国际海上人命安全公约》《国际防止船舶造成污染公约》《1978 年海员培训、发证和值班标准国际公约》等国际海事公约以及相关技术规范、规则、标准，在辖区内履行海事管理职能。主要职责如下：

（1）贯彻执行国家与地方有关水上交通安全、防治船舶污染水域、航海保障等方面的法律、法规和规章。结合辖区实际，制定各项具体管理规定，并监督执行。

（2）负责辖区内国际航行船舶进口岸审批、进出口岸检查、中国籍国内航行船舶签证工作。监督对外国籍船舶实施强制引航。参与辖区内二类口岸开放和国际航行船舶进入辖区非开放水域审核。

（3）对辖区船员培训机构、船员用人单位、船员服务机构及其活动实施监督管理。组织辖区船员考试、评估。签发船员适任证书和船员专业培训证书、船员服务簿，签发海员证和海员出境证明。对船员持证任职情况实施监督检查。组织对辖区危险货物申报员、集装箱检查员的培训、考核、发证工作。

（4）负责审核辖区航道、航路的规划及助航标志、通航密集区、交通管制区、锚地、抛泥区的设置，核定通航水域安全水深、码头和泊位的技术状况，审批码头、泊位开工、投产及港口岸线使用，审批船舶使用航道、码头和泊位，审批水上水下施工作业、海上大型及笨重物拖带，发布航行通（警）告，管理辖区内沉船、沉物打捞工作。

（5）负责辖区内船舶的登记及有关船舶管理的法定证书、操作性手册和文书的审批和签发。受理辖区船公司安全管理体系审核的申请，对船公司安全管理体系运行实施日常监督管理。参与有关造成海洋环境损害的工程建设项目的环境影响评价。审批船体水上拆解、船员放艇、检修、舷外拷铲、刷油漆、危险货物申报、船舶熏蒸、船舶残废油接收处理、船舶供受油、布设围油栏、水上液货过驳及仓储作业、压载水排放等各类申请。

（6）负责对辖区水域实施巡航，码头现场实施巡视，港口水域实施VTS监控，监督检查船舶适装、适载、配员和遵守航行规则等情况，发布交通管制命令，实施强制护航；对辖区船舶实施安全检查、防污染检查、船舶载运危险货物检查、船舶检查质量监督等现场监督管理工作。

（7）组织、落实辖区抗防灾害性天气和恶劣海况及海上搜救工作，搜寻救助水上遇险船舶及人员，参与交通战备日常工作。

（8）负责辖区海上船舶交通事故、船舶污染事故的调查处理工作，办理海事声明、海事签证，调解有关交通事故和污染事故赔偿纠纷，调查处理辖区船舶、船员违法案件。

（9）按照授权，负责辖区内水上安全通信工作，守听、处理船舶遇险信息，维护船舶无线电通信秩序。

四、海事局过程/产品识别

海事局的产品（最终对外提供的）指本局海事行政执法活动的结果，即"海事行政行为"，包括行政许可、行政审批、行政报备、行政确认、行政检查、行政调查、行政处罚、行政强制等具体行政行为。包括以下六大方面：1）通航管理；2）船舶管理；3）船员管理；4）船舶载运危险货物管理；5）防治船舶污染；6）海上人命救助。

五、海事局产品形态识别

作为海事行政执法机关，海事局提供的产品是管理和服务，管理和服务结果通常以文件、证书、证件、通告、表单、标识、指导、指令等形态体现，管理和服务结果的载体有书面、电子、口头。

六、海事局顾客识别

海事局的直接顾客指海事行政相对人，是本局产品（海事行政行为）的直接接受者，是监管对象和服务对象。海事行政相对人包括航运、港口、航道工程、航务工程、船员培训、船员服务、船舶修造、船舶检验、船舶引航等单位及其相关从业人员。

另外，海事局的间接顾客是指与海事行政行为有关的其他组织和个人，例如上级机关、地方政府、合作单位、水产养殖者等。

七、确定海事局质量方针和质量目标

（一）质量方针

局质量方针为"立足依法履行海事职能，服务航运安全清洁便利，致力海事事业科学发展"。质量方针的理解导引如下：

（1）立足依法履行海事职能。海事职能是海事管理机构的存在前提和实践内容，必须按照依法行政、执法为民的要求，实现规范执法和全面履职。规范执法指海事执法行为符合法律、法规和规章的规定，具有法律授权和明确的法律依据，不超越法定权限、不违反法定程序，证据充分、裁量得当。全面履责指要全面履行好法律法规以及上级海事管理机构授予的各项海事管理职能，以及国际公约规定的海事政府义务，逐步提升海事执法能力、履约能力，实现海事执法和履约的整体表现的持续改进。

（2）服务航运安全清洁便利。关注海事行政执法的法律效果、社会效果和政治效果的统一性，关注行政执法与公共服务的关联性，关注海事监管与航运业发展的相互依存性，服务经济社会发展特别是为航运业安全发展、清洁发展、快速发展提供优质高效的执法服务，使航行更安全、水域更清洁。

（3）致力海事事业科学发展。海事管理机构必须根据形势的变化和认识的深化，不断探索海事发展的特点和规律，研究丰富管理内涵、创新管理方式，提高海事管理效能，提高海事执法管理能力和海事内部管理能力，促进形成海事管理活动持续改进的长效机制，致力于海事事业的科学发展。

（二）质量目标

1. 总目标

海事局质量总目标："务实推进水上安全可控，确保辖区水上安全形势持续稳定，海事公共服务能力建设有新突破，社会满意度和社会影响力有新提升，和谐型服务型海事建设有新成果"。质量目标的理解导引如下：

（1）务实推进水上安全可控，确保水上安全形势稳定。努力控制把握与水上安全相关的海事管理、行政相对人、航运经济等多方面要素，并力争处于可控状态，是水上安全管理的主线，指明了安全管理的途径。实现"水上安全可控"是长远理想目标，引领海事主动作为、主动控制安全形势的努力方向，按照"水上安全可控"的要求，务实推进水上安全可控，实现海事管理机构队伍素质、资源保障、运行机制、能力、成就等的持续提升。确保水上安全形势稳定是海事履约履责的一个基本要求，是上级海事管理机构和行政相对人对海事的期望，也是服务航运安全清洁便利的具体表现。

（2）海事公共服务能力建设有新突破。海事管理现代化、沿海开发以及其他发展战略和规划，又给海事管理提出了新任务和新命题。海事公共服务能力必须适应全面履责、依法行政、规范管理、优质服务等需要，必须适应航运业发展趋势和规划前景，必须适应行政相对人的合理需求。以信息化引领海事公共服务能力建设，应用信息化技术，加强海事监管手段、监视监测方法等，不断提高海事执法及管理的科技含量和质量水平。

（3）社会满意度和社会影响力有新提升。以行政相对人为关注焦点，必须不断改进海事管理水平，满足社会需求，树立良好的海事执法形象。

（4）和谐型服务型海事建设有新成果。以科学发展为统领，以构建和谐型服务型××海事为主线，统筹海事业务、党建、队伍、装备、作风、文化、运行机制等各方面建设，构建和谐型服务型海事，营造良好的海事发展内外部环境，促进管理效能、服务水平、队伍素质、海事形象等不断提升。

2. 局年度主要工作任务目标

（1）主要工作任务目标：

a) 加强安全监管，确保辖区水上安全形势稳定；
b) 落实服务举措，保障民生安全促进经济发展；
c) 推进基本建设，提升硬件保障和监管信息化水平；
d) 稳步核编转制，提升人力资源管理水平；
e) 深化内部管理，提升管理规范化水平；
f) 服务中心工作，提升党建科学化水平；
g) 培育海事文化，提升发展软实力；
h) 加强廉政建设，树立良好海事形象。

（2）工作目标任务责任书：根据局年度主要工作任务，进行了任务分解，明确工作事项、工作任务和时间安排。

八、确定体系文件需求

海事局质量管理体系文件包括1份管理手册、56份程序文件（见表8-1）、82份作业指导书。

表8-1 海事局质量管理体系程序文件目录

序号	类　　别	程序文件名称
1	体系程序	文件控制程序
2		记录控制程序
3		内部审核控制程序
4		不符合控制程序
5		纠正措施控制程序
6		预防措施控制程序
7	综合管理类程序	目标管理控制程序
8		工作环境管理控制程序
9		印章管理控制程序
10		接待与外事管理控制程序
11		信息管理控制程序
12		车辆管理控制程序
13		会议管理控制程序
14		党建工作控制程序

(续)

序号	类别	程序文件名称
15	综合管理类程序	干部管理控制程序
16		文明创建控制程序
17		群团工作控制程序
18		新闻宣传控制程序
19		人力资源管理控制程序
20		财务管理控制程序
21		预算编制与执行控制程序
22		设备设施管理控制程序
23		基本建设管理控制程序
24		信息化控制程序
25		档案管理控制程序
26		纪检监察控制程序
27		社会满意分析评价控制程序
28		海事履约评估控制程序
29		数据分析控制程序
30		监督检查控制程序
31	业务运作类程序	应急反应控制程序
32		水上交通事故调查处理控制程序
33		船舶污染事故调查处理控制程序
34		通航环境管理控制程序
35		船舶进出港控制程序
36		水上动态执法指挥控制程序
37		水上水下活动管理控制程序
38		航行通警告发布管理控制程序
39		巡航管理控制程序
40		船舶登记控制程序
41		船舶证书与文书核发控制程序
42		航运公司安全管理体系监督控制程序
43		船舶安全检查控制程序
44		港内安全作业报备管理控制程序
45		防治船舶污染控制程序
46		船舶载运危险货物管理控制程序

(续)

序号	类别	程序文件名称
47	业务运作类程序	船员考试评估控制程序
48		船员培训管理控制程序
49		船员证件签发控制程序
50		船员适任检查控制程序
51		海事法制工作控制程序
52		行政处罚控制程序
53		行政强制控制程序
54		规费征收控制程序
55		海事船舶管用养修控制程序
56		船舶检验质量监督管理控制程序

第二节 标准要求

一、GB/Z 30006《政府部门建立和实施质量管理体系指南》标准要求

0.1 总则

政府部门建立和实施质量管理体系，有助于建立和完善依法行政、规范履职、廉洁透明、高效服务的工作机制，使各项工作科学化、制度化和规范化，从而更加规范和高效地履行公共服务和社会管理职能，增强人民群众对政府部门的满意程度。

政府部门建立和实施质量管理体系的过程，是以政府部门所承担的公共服务和社会管理职责为前提，以为人民服务为宗旨，基于现代质量管理的理念和基本原则，运用过程控制、系统管理、基于事实决策等方法，实现依法行政、规范履职、廉洁透明、高效服务的政府自身建设目标的过程。

本指导性技术文件基于 GB/T 19000—2008《质量管理体系 基础和术语》中所阐明的质量管理原则和质量管理体系基础，按照 GB/T 19001—2008《质量管理体系 要求》，结合我国政府部门的实际和工作特点，为政府部门建立和实施质量管理体系提供一种框架性指南。

4.2.4.2 需特别关注的方面

在质量管理体系建立过程中，根据实际情况，可考虑以下内容：

a) 从增值的角度考虑体系框架的设计；

b) 分析以往的管理体系和管理基础，提炼原有管理经验并纳入体系，对其不足和缺陷做出改进和完善；

c) 梳理现有工作事项所依据的文件；
d) 优化工作流程；
e) 从履行职责的需要出发，适当补充资源配置的不足；
f) 与工作事项的重要性和复杂程度相适应；
g) 从体系运行的角度考虑，可以将体系文件中规范的工作环节、工作流程用信息化技术加以固化，建立应用程序，形成信息化应用系统。

二、ISO 9000《质量管理体系 基础和术语》标准要求

2.3.4 过程方法

2.3.4.1 概述

将活动作为相互关联、功能连贯的过程组成的体系来理解和管理时，可更加有效和高效地得到一致的、可预知的结果。

2.3.4.2 依据

质量管理体系是由相互关联的过程所组成。理解体系是如何产生结果的，能够使组织尽可能地完善其体系并优化其绩效。

2.3.4.3 主要益处

主要益处可能有：
——提高关注关键过程的结果和改进的机会的能力；
——通过由协调一致的过程所构成的体系，得到一致的、可预知的结果；
——通过过程的有效管理、资源的高效利用及跨职能壁垒的减少，尽可能提升其绩效；
——使组织能够向相关方提供关于其一致性、有效性和效率方面的信任。

2.3.4.4 可开展的活动

可开展的活动包括：
——确定体系的目标和实现这些目标所需的过程；
——为管理过程确定职责、权限和义务；
——了解组织的能力，预先确定资源约束条件；
——确定过程相互依赖的关系，分析个别过程的变更对整个体系的影响；
——将过程及其相互关系作为一个体系进行管理，以有效和高效地实现组织的质量目标；
——确保获得必要的信息，以运行和改进过程并监视、分析和评价整个体系的绩效；
——管理可能影响过程输出和质量管理体系整体结果的风险。

2.4.1.3 过程

组织拥有可被确定、测量和改进的过程。这些过程相互作用以产生与组织的目标相一致的结果，并跨越职能界限。某些过程可能是关键的，而另外一些则不是。过程具有相互关联的活动和输入，以实现输出。

三、ISO 9001《质量管理体系 要求》标准要求

0.3 过程方法

0.3.1 总则

本标准倡导在建立、实施质量管理体系以及提高其有效性时采用过程方法,通过满足顾客要求增强顾客满意。采用过程方法所需考虑的具体要求见4.4。

将相互关联的过程作为一个体系加以理解和管理,有助于组织有效和高效地实现其预期结果。这种方法使组织能够对其体系的过程之间相互关联和相互依赖的关系进行有效控制,以提高组织整体绩效。

过程方法包括按照组织的质量方针和战略方向,对各过程及其相互作用进行系统的规定和管理,从而实现预期结果。可通过采用PDCA循环(见0.3.2)以及始终基于风险的思维(见0.3.3)对过程和整个体系进行管理,旨在有效利用机遇并防止发生不良结果。

在质量管理体系中应用过程方法能够:

a) 理解并持续满足要求;
b) 从增值的角度考虑过程;
c) 获得有效的过程绩效;
d) 在评价数据和信息的基础上改进过程。

单一过程的各要素及其相互作用如图8-2所示。每一过程均有特定的监视和测量检查点以用于控制,这些检查点根据相关的风险有所不同。

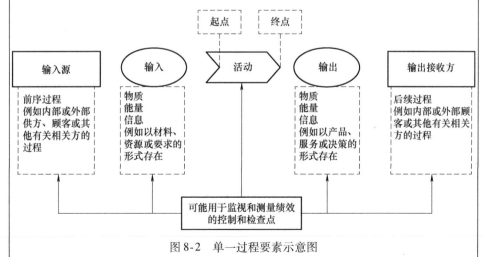

图8-2 单一过程要素示意图

0.3.2 PDCA循环

PDCA循环能够应用于所有过程以及整个质量管理体系。图8-3表明了本标准第4章至第10章是如何构成PDCA循环的。

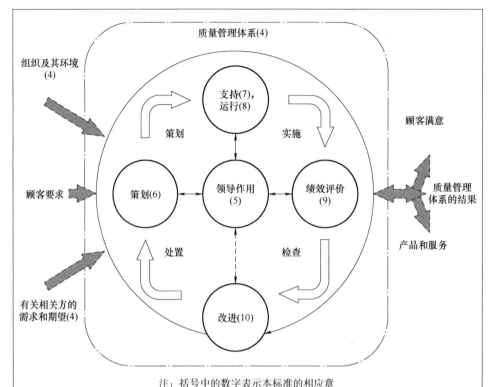

注：括号中的数字表示本标准的相应章

图 8-3　本标准的结构在 PDCA 循环中的展示

PDCA 循环可以简要描述如下：

——策划（Plan）：根据顾客的要求和组织的方针，建立体系的目标及其过程，确定实现结果所需的资源，并识别和应对风险和机遇；

——实施（Do）：执行所做的策划；

——检查（Check）：根据方针、目标、要求和所策划的活动，对过程以及形成的产品和服务进行监视和测量（适用时），并报告结果；

——处置（Action）：必要时，采取措施提高绩效。

4.4　质量管理体系及其过程

4.4.1　组织应按照本标准的要求，建立、实施、保持和持续改进质量管理体系，包括所需过程及其相互作用。

组织应确定质量管理体系所需的过程及其在整个组织中的应用，且应：

a) 确定这些过程所需的输入和期望的输出；

b) 确定这些过程的顺序和相互作用；

c) 确定和应用所需的准则和方法（包括监视、测量和相关绩效指标），以确保这些过程的有效运行和控制；

d) 确定这些过程所需的资源并确保其可获得；

e) 分配这些过程的职责和权限；

f) 按照6.1的要求应对风险和机遇；

g) 评价这些过程，实施所需的变更，以确保实现这些过程的预期结果；

h) 改进过程和质量管理体系。

4.4.2 在必要的范围和程度上，组织应：

a) 保持成文信息以支持过程运行；

b) 保留成文信息以确信其过程按策划进行。

7.1.4 过程运行环境

组织应确定、提供并维护所需的环境，以运行过程，并获得合格产品和服务。

注：适宜的过程运行环境可能是人为因素与物理因素的结合，例如：

a) 社会因素（如非歧视、安定、非对抗）；

b) 心理因素（如减压、预防过度疲劳、稳定情绪）；

c) 物理因素（如温度、热量、湿度、照明、空气流通、卫生、噪声）。

由于所提供的产品和服务不同，这些因素可能存在显著差异。

8 运行

8.1 运行的策划和控制

为满足产品和服务提供的要求，并实施第6章所确定的措施，组织应通过以下措施对所需的过程（见4.4）进行策划、实施和控制：

a) 确定产品和服务的要求；

b) 建立下列内容的准则：

1) 过程；

2) 产品和服务的接收。

c) 确定所需的资源以使产品和服务符合要求；

d) 按照准则实施过程控制；

e) 在必要的范围和程度上，确定并保持、保留成文信息，以：

1) 确信过程已经按策划进行；

2) 证实产品和服务符合要求。

策划的输出应适合于组织的运行。

组织应控制策划的变更，评审非预期变更的后果，必要时，采取措施减轻不利影响。

组织应确保外包过程受控（见8.4）。

第三节 应用案例

以下提供过程控制方法在政府部门质量管理体系中的应用案例，供参考借鉴。

一、某市某区公共就业服务机构工作过程案例

某市某区公共就业服务机构，由区劳动局、8个街道办事处等25个职能部

门组成,组长由区长担任,副组长由常务副区长和分管劳动工作的副区长担任。就业服务机构下设办公室,办公室设在区劳动局,办公室主任由区劳动局局长担任。按《中华人民共和国就业促进法》的规定,某区全面建立了区、街道和社区三级网络的公共就业服务机构,范围是:区就业服务机构办公室(区劳动局就业管理科)、区人力资源服务中心居民就业部、区8个街道劳动保障所、94个社区工作站劳动保障服务窗口。为进一步提升就业管理和服务的规范化、标准化水平,该公共就业服务机构全面导入 ISO 9001 质量管理体系,旨在进一步提高该区公共就业服务机构全体工作人员的质量意识、能力和素质,促进服务质量的持续改进,赢得服务对象的持续满意。该组织共有10个办事场所,质量体系覆盖所有场所。

公共就业服务机构体系实施案例

一、公共就业服务机构简介

公共就业服务,是指政府为促进就业,运用经济、财政、税收、金融等政策,为城乡劳动者提供公益性就业服务的公共体系。公共就业服务机构是政府设立的专门机构,是代表政府履行公共就业服务职能的机构,具有公益性性质。

1. 公共就业服务机构的作用。《就业服务与就业管理规定》(劳动保障部令第28号)第二十四条:"公共就业服务机构根据政府确定的就业工作目标任务,制订就业服务计划,推动落实就业扶持政策,组织实施就业服务项目,为劳动者和用人单位提供就业服务,开展人力资源市场调查分析,并受劳动保障行政部门委托经办促进就业的相关事务"。由此可以看出公共就业服务机构可以促进就业,促进经济发展与扩大就业相协调,促进社会和谐稳定。

2. 职能特点。各级公共就业服务机构要按照省级以管理指导为主,市(州)级和市(区)级以服务为主,乡、镇(街道)及社区以基础工作为主,其主要职能为:

(1) 实施就业政策和人才政策,对城乡所有劳动者提供公益性就业服务;
(2) 对就业困难群体提供就业援助;
(3) 对用人单位用人提供招聘服务;
(4) 对就业与失业进行社会化管理;
(5) 对用人单位和劳动者提供基本人力资源社会保障事务代理等。

二、某区公共就业服务机构职能

在体系建立过程中,某区就业服务机构根据其组织构成认真进行了职能梳理,明确了各个职能的责、权、利。并针对每个职能部门制定了组织机构设置,并在手册中对各职能部门的职责权限做出规定。

1. 区就业工作领导小组
(1) 贯彻执行党和国家、省、市就业方针政策和法律、法规;
(2) 负责制订某区公共就业服务机构发展战略、发展规划;
(3) 负责建立与质量体系运行相适应的组织结构,并明确职责、权限和相互关系;

(4) 负责提供质量管理体系正常运行所需要的资源,以确保质量活动的顺利开展;
(5) 调控各单位运行;
(6) 主持制定管理方针、管理目标;
(7) 负责任命管理者代表和副管理者代表;
(8) 主持某区公共就业服务机构的管理评审工作。

2. 管理者代表/副管理者代表
工作职责见管理者代表任命书。

3. 区就业工作领导小组办公室
(1) 组织内部质量体系审核;
(2) 负责就质量管理体系有关事宜与外部各方进行联络,协调外部审核的相关事宜;
(3) 负责组织协调政策调研和综合性文件的起草;
(4) 负责全局性会议组织、公文处理、督办、机要保密、档案、文秘、宣传信息和接待、联络、保卫工作;
(5) 负责质量管理体系文件的起草、打印、分发、回收、作废等管理工作;
(6) 法律法规及政策收集整理工作;
(7) 召集和组织委员会的各项活动;
(8) 进行各成员单位之间的工作联络和统筹协调;
(9) 每年进行一次全区就业情况分析报告;
(10) 不定期提交居民就业工作情况简报;
(11) 统筹调剂政府资源创造的岗位;
(12) 优先安排辖区户籍居民就业;
(13) 代表委员会对各部门及有关企业执行就业政策法规情况进行检查和监督等;
(14) 完成区政府交办的其他工作。

4. 8个街道劳动保障事务所
(1) 建立和落实就业再就业工作目标责任制,"一把手"负总责;
(2) 宣传和落实就业和再就业政策;
(3) 建立健全街道社区劳动保障工作平台,确保"机构、人员、场地、经费、制度、工作"六到位;
(4) 大力开发社区就业岗位,明确开发岗位的领域数量、措施和责任制,优先安置就业困难群体(特别是"零就业"家庭的失业)人员的就业;
(5) 摸清本辖区就业困难人员底数,实行"一对一"跟踪服务,帮助困难群体就业;
(6) 完成区就业办交办的其他工作。

5. 区人力资源服务中心居民就业部
(1) 宣传和落实就业再就业政策;
(2) 落实年度就业再就业工作目标责任制;
(3) 开发辖区就业岗位,促进辖区失业人员就业与再就业;
(4) 负责对企业岗位核实、录入、信息发布;

（5）负责举办失业人员专场招聘会；

（6）负责辖区失业人员推荐就业、居民就业登记、再就业优惠证办理、就业困难人员认定、小额担保贷款服务、受理企业吸纳失业人员认定证明等工作；

（7）进一步完善就业服务平台，提高服务质量，为辖区企业和户籍失业人员服务。

6. 社区劳动保障服务窗口

（1）宣传和落实就业和再就业政策；

（2）大力开发社区就业岗位，明确开发岗位的领域数量、措施和责任制，优先安置就业困难群体（特别是"零就业"家庭的失业）人员的就业；

（3）摸清本辖区就业困难人员底数，实行"一对一"跟踪服务，帮助困难群体就业。

三、就业服务机构的产品

依据质量体系标准中的定义，产品是"过程的结果"，区就业服务机构的产品主要是指就业服务，包括：

（1）就业政策法规咨询；

（2）职业供求信息、市场工资指导价位信息和职业培训信息发布；

（3）职业指导和职业介绍；

（4）对就业困难人员实施就业援助；

（5）办理就业登记、失业登记等事务；

（6）其他公共就业服务等。

其产品形态是通过政府出资向劳动者提供公益性的公共就业服务，以服务就业为宗旨，以促进就业为目标，加强就业管理，完善就业服务。

四、就业服务机构的顾客

某区就业服务机构的顾客是就业服务对象，这些服务对象是每一个组织存在的基础。因此应在服务提供过程中把服务对象的要求放在第一位，调查研究服务对象的需求和期望，并把它转化为质量要求（包括对服务、过程、质量管理体系等方面的要求），并在机构内部各相关层次进行沟通，采取有效措施使其实现。最高领导者把满足服务对象的要求和期望作为工作的出发点和评价工作结果的依据，在某区公共就业服务机构的管理方针和目标中体现满足服务对象及其他受益者的需要和期望。测量服务对象满意程度，并将测量结果和服务对象反馈的信息传达至相关单位进行确认和评估，并采取改进措施，以促进服务对象满意度的提高。

五、质量方针和质量目标

（一）质量方针

质量方针为：以人为本、真情相助；服务规范、廉洁高效；与时俱进、构建和谐。

（二）质量目标

（1）城镇居民登记失业率控制在3%以下（充分就业社区控制在2.8%以下）；

（2）100%完成市、区下达的促进失业人员就业再就业工作目标；

（3）服务对象满意度≥85%；

（4）100%实现有就业愿望的零就业家庭至少1人就业；

（5）有就业愿望的就业困难人员就业援助率100%；

（6）就业困难人员认定正确率100%；

（7）就业岗位开发有效率≥85%；

（8）职业介绍成功率≥20%；

（9）充分就业社区有就业愿望的居民就业率≥90%；

（10）就业专项资金支付及时率100%。

以上方针和目标的制定，紧扣工作主题，体现了服务提供过程中把服务对象的需求和愿望放在第一位的工作宗旨，并纳入管理评审中持续改进。

六、质量管理体系文件

区就业服务机构的质量管理体系文件分为四个层次。

（一）质量管理手册

质量管理手册是某区公共就业服务机构各相关业务单位质量管理活动中的纲领性文件，它阐述了某区公共就业服务机构的管理方针、管理目标及为实现管理方针、管理目标和满足服务对象的要求与愿望、质量管理体系的持续改进所进行的策划，对某区公共就业服务机构的质量管理体系的过程进行了识别，确定了相关过程的顺序和相互关系，规定了质量管理体系及其过程的运行准则，提供了质量管理体系审核的文件依据。手册的编制结合工作实际情况将标准用语简化成了行业用语，易于理解。

（二）程序文件

按照体系标准的要求，结合某区公共就业服务机构质量管理体系实际运作情况的需要，在识别了相关过程后，程序文件规定了进行某项活动的方法。它是对质量管理手册相关要求的有力支持，并对质量管理手册的控制要求作了更进一步的阐述，是达到质量管理手册相关要求的控制基础。编制了18份程序文件，其中包含了标准中要求形成文件的程序。程序文件的命名灵活、贴近工作实际，将标准的语言转换成了行业术语，易于理解。18份程序文件分别为：

（1）内部审核程序；

（2）管理评审程序；

（3）文件管理程序；

（4）服务记录管理程序；

（5）工作差错（不规范服务）认定及纠正、预防措施程序；

（6）满意度调查程序；

（7）内部沟通协调管理程序；

（8）工作标识和追踪程序；

（9）政策法规识别管理程序；

（10）业务过程的策划控制程序；

（11）政务公开程序；

（12）工作质量检查程序；

（13）公文拟定程序；

（14）会务管理程序；

(15) 行政效能投诉处理程序；
(16) 督办事项管理程序；
(17) 课题研究管理程序；
(18) 信息管理程序。

(三) 工作指导书

根据相关工作的内容，由区就业服务机构办公室编制具体的工作指导、服务规范文件，以达到对相关过程的有效策划、操作和控制。工作指导书详细规定了服务活动的标准流程和达到要求的评价准则，是工作人员开展服务工作的指南。

(四) 管理记录

管理记录文件是提供质量管理体系符合 GB/T 19001 标准要求和服务对象要求及某区公共就业服务机构有效运行的证据。

七、履行职责工作过程控制

(一) 就业服务实现过程

某区公共就业服务机构，其产品实现的过程即为就业服务提供的过程，由于体系运行为多场所运行，就业服务项目较多，某区就业服务机构针对工作的特殊性制定了每一服务项目的服务流程及服务标准，形成文件，对应相关单位，直观清晰，易于识别、易于执行。对 8 个街道以及下面的工作站服务窗口办事流程、方法统一了标准，提升了工作质量和办事效率，本区公共就业服务机构各工作事项见表 8-2。

表 8-2 某区公共就业服务机构工作事项表

序号	服务项目	服务流程	相关文件	相关单位
1	居民就业登记	1) 询问 2) 企业立户 3) 就业登记办理 4) 补办就业登记手续 5) 记录、存档	"某区户籍居民就业登记"受理服务规范	街道劳动保障事务所
2	失业人员证办理	1) 询问 2) 申请人的申请资料审核 3) 发放《某区户籍失业人员登记表》一份 4) 资料录入"某区劳动业务网上办公系统" 5) 街道审核 6) 打印《失业人员证》 7) 登记《办理失业人员证登记台账》 8) 在《某区户籍失业人员登记表》的"备注"栏加盖"原件已审核"章、存档	《某区失业人员证》受理服务规范	街道劳动保障事务所、社区劳动就业服务窗口

(续)

序号	服务项目	服务流程	相关文件	相关单位
3	失业员工证办理	1）询问	《某区失业员工证》受理服务规范	街道劳动保障事务所
		2）申请资料初核		
		3）档案袋内资料审核（此项工作须当着申请人的面进行）		
		4）发放《某区就业转失业人员登记表》		
		5）资料录入"××区劳动业务网上办公系统"，签署审核意见		
		6）打印《××区失业员工证》		
		7）封存档案；登记《办理失业人员证登记台账》		
4	失业人员求职登记	1）询问	"某辖区失业人员求职登记"受理服务规范	街道劳动保障事务所、社区劳动就业服务窗口、区人力资源服务中心
		2）就业指导		
		3）求职信息录入		
		4）登记《失业人员求职登记台账》		
5	推荐失业人员就业	1）推荐方式	"推荐失业人员就业"受理服务规范	街道劳动保障事务所、社区劳动就业服务窗口、区人力资源服务中心
		2）现场招聘会推荐方式		
		3）委托招聘推荐方式（社区、街道、区人力资源服务中心）		
		4）在"某区劳动业务网上办公系统"搜索人员、电话通知失业人员		
		5）审核拟推荐失业人员资料		
		6）职业指导		
		7）岗位推荐		
		8）信息反馈		
		9）职业再指导		
6	再就业优惠证办理	1）询问（社区劳动保障窗口）	《再就业优惠证》受理服务规范	街道劳动保障事务所、社区劳动就业服务窗口、区人力资源服务中心
		2）审核申请资料		
		3）社区劳动保障窗口指导填表		
		4）社区劳动保障窗口资料录入电脑		

（续）

序号	服务项目	服务流程	相关文件	相关单位
6	再就业优惠证办理	5）街道审核 6）区人力资源服务中心终审 7）登记申请《再就业优惠证》台账	《再就业优惠证》受理服务规范	街道劳动保障事务所、社区劳动就业服务窗口、区人力资源服务中心
7	就业困难人员零就业家庭的认定	1）询问（社区劳动保障服务窗口） 2）输入申请人失业证号码，审查资料 3）确定申请"就业困难"的类别 4）资料审核 5）输入"某区劳动业务网上办公系统" 6）公示 7）资料复审（街道劳动保障事务所服务窗口） 8）人力资源服务中心终审 9）认定就业困难资格	"就业困难人员和零就业家庭的认定"受理服务规范	街道劳动保障事务所、社区劳动就业服务窗口、区人力资源服务中心
8	青年见习培训报名	1）询问 2）申请人资料审核 3）职业指导 4）资料录入"某区劳动业务网上办公系统"	"青年见习培训报名"受理服务规范	街道劳动保障事务所、就业科（区行政服务大厅就业窗口）
9	取消原认定就业困难及零就业家庭资格	1）确定取消对象 2）取消资格条件 3）核查方式 4）取消流程	《取消原认定就业困难及零就业家庭资格》服务规范	街道劳动保障事务所、社区劳动就业服务窗口、区人力资源服务中心
10	重新申请认定就业困难及零就业家庭资格	1）询问 2）取消就业困难人员或"零就业家庭"失业员的情形及重新申请期限 3）查询	"重新申请认定就业困难及零就业家庭资格"服务规范	街道劳动保障事务所、社区劳动就业服务窗口、区人力资源服务中心

(续)

序号	服务项目	服务流程	相关文件	相关单位
11	办理灵活就业失业人员发放社会保险费补贴	1）询问（街道劳动保障服务窗口）	"灵活就业失业人员发放社会保险费补贴"受理服务规范	街道劳动保障事务所、区人力资源服务中心
		2）有关情况查核		
		3）审批		
		4）上报		
		5）市、区审核意见		
		6）灵活就业备案流程		
		7）市、区办理档案转移流程		
		8）登记《灵活就业人员社会保险补贴登记台账》		
		9）区劳动就业管理科负责发放灵活就业人员社会保险补贴		
12	退休失业人员发放社会保险费补贴	1）询问（街道劳动保障服务窗口）	"临近退休失业人员发放社会保险费补贴"受理服务规范	街道劳动保障事务所、区人力资源服务中心
		2）资料审核		
		3）上报		
		4）市、区审核意见		
		5）市、区办理档案转移流程		
		6）区劳动局就业管理科终审及发放补贴		
		7）登记《临近退休失业人员申请社会保险补贴登记台账》		
13	失业人员技能培训报名	1）询问	"失业人员技能培训报名"受理服务规范	街道劳动保障事务所
		2）申请人的申请资料初审		
		3）职业指导		
		4）资料录入"某区劳动业务网上办公系统"		
14	失业人员创业培训报名	1）询问	"失业人员创业培训报名"服务规范	就业科（区行政服务大厅就业窗口）
		2）申请人的申请资料初审		
		3）录入"某区劳动业务网上办公系统"		

（续）

序号	服务项目	服务流程	相关文件	相关单位
15	失业人员小额担保贷款	1）询问 2）申请资料审核 3）实地审核 4）街道劳动保障事务所出具调查证明和推荐审核意见 5）资料录入电脑 6）区人力资源服务中心复核 7）市劳动就业服务中心出具担保意见 8）申请人在一个月内持《灵活就业备案证明》和《档案转移通知书》到市劳动就业服务中心或区人力资源服务中心办理档案转移，工作人员登记《小额担保贷款已批登记台账》	《失业人员小额担保贷款》服务规范	街道劳动保障事务所、区人力资源服务中心
16	失业人员随岗培训	1）街道及社区劳动保障工作人员流程 2）区行政服务大厅就业窗口流程 3）区劳动局就业科工作流程	"失业人员随岗培训"受理服务规范	就业科（区行政服务大厅就业窗口）
17	企业退休人员社会化管理	1）资料审核收取资料 2）费用缴纳确认 3）社区劳动保障窗口信息采集 4）档案移交 5）登记《退休人员档案移交登记台账》 6）存档	"企业退休人员社会化管理"受理服务规范	街道劳动保障事务所
18	岗位开发	1）岗位开发前的准备工作 2）走访开发岗位后的工作 3）登记台账	"岗位开发"服务规范	街道劳动保障事务所、社区劳动就业服务窗口、区人力资源服务中心
19	青年见习培训补贴	1）区行政服务大厅就业窗口工作流程 2）区劳动局就业科工作流程	"青年见习培训补贴"受理服务规范	就业科（区行政服务大厅就业窗口）

（续）

序号	服务项目	服务流程	相关文件	相关单位
20	落实3∶1政策	1）询问	"落实3∶1政策"服务规范	就业科（区行政服务大厅就业窗口）、区人力资源服务中心
		2）告知立户企业办理		
		3）岗位核实		
		4）信息录入		
		5）推荐		
		6）跟踪服务		
		7）开具已落实3∶1政策报告书		
21	失业人员专场招聘会	1）开发、采集岗位空缺信息	"失业人员专场招聘会"受理服务规范	街道劳动保障事务所、区人力资源服务中心
		2）招聘信息录入、编排与发布		
		3）宣传发动失业人员进场应聘		
		4）招聘会管理		
		5）居民就业部负责当天进场失业人员求职信息录入"某区劳动业务网上办公系统"		
		6）后续跟踪服务		
22	某区企业吸纳失业人员认定	1）询问	"某区企业吸纳失业人员认定"受理服务规范	区人力资源服务中心
		2）初次办理认定证明提交资料及审核		
		3）年审认定证明提交资料及审核		
		4）对于不符合申办或年审资格的，须向企业当面解释原因，退回所有申请资料，并开具《不予受理通知书》		
		5）经确认企业申请资料无误后，到企业实地调查或经过其他方式调查企业是否招用了持再就业优惠证的失业人员在企业上班		
		6）发证		
23	就业困难人员家访	1）预约家访	"就业困难人员家访"服务规范	街道劳动保障事务所、社区劳动就业服务窗口
		2）上门家访		
		3）情况处理		

（续）

序号	服务项目	服务流程	相关文件	相关单位
24	岗位回访	1）电话回访 2）回访过程 3）岗位回访后的总结工作	岗位回访服务规范	街道劳动保障事务所、社区劳动就业服务窗口、区人力资源服务中心
25	失业人员技能鉴定费补贴	1）区行政服务大厅就业窗口工作流程 2）区劳动局就业科工作流程	"失业人员技能鉴定费补贴"受理服务规范	就业科（区行政服务大厅就业窗口）
26	失业人员定向培训	1）街道及社区劳动保障工作人员流程 2）区行政服务大厅就业窗口流程 3）区劳动局就业科工作流程	"失业人员定向培训"受理服务规范	就业科（区行政服务大厅就业窗口）
27	用人单位招用就业困难人员支付岗位、社保及奖励金补贴	1）用人单位提交资料 2）资料审核 3）计算补贴及报批 4）整理审批批件、申报资料及原始档案	"用人单位招用就业困难人员支付岗位、社保及奖励金补贴"服务规范	街道劳动保障事务所、社区劳动就业服务窗口、区人力资源服务中心
28	某区户籍失业员工档案管理	1）接收各街道移交的档案 2）办理失业员工再就业提取档案 3）办理失业员工退休提取档案	《某区户籍失业员工档案管理》服务规范	街道劳动保障事务所、区人力资源服务中心
29	教育培训	教育培训操作流程	教育培训操作规范	街道劳动保障事务所、社区劳动就业服务窗口、区人力资源服务中心
30	就业统计报表的填报	1）区就业办报表内容及上报流程 2）街道劳动保障事务所报表内容及上报内容 3）区人力资源服务中心报表内容及上报内容 4）各类就业统计报表的报告期 5）各类就业统计报表的报送时间	《某区就业统计报表》填报服务规范	街道劳动保障事务所、社区劳动就业服务窗口、区人力资源服务中心

(续)

序号	服务项目	服务流程	相关文件	相关单位
31	用人单位招用女35周岁、男45周岁以上失业人员补贴和奖励	1）申请资料审核 2）支付补贴	"用人单位招用女35周岁、男45周岁以上失业人员补贴和奖励"受理服务规范	街道劳动保障事务所、区人力资源服务中心
32	再就业培训机构申请失业人员技能培训费用结算	1）区行政服务大厅就业窗口服务流程 2）区劳动局就业科服务流程	"再就业培训机构申请失业人员技能培训费用结算"受理服务规范	就业科（区行政服务大厅就业窗口）
33	支付职业介绍补贴	1）区行政服务大厅就业窗口服务流程 2）区劳动局就业科服务流程	"支付职业介绍补贴"受理服务规范	就业科（区行政服务大厅就业窗口）

（二）体系监控

首先由管理者代表组织各单位确定区公共就业服务机构现有服务项目的控制要求，在执行过程中，管理者代表根据内审情况、服务对象意见及满意度情况、服务质量情况等对各服务过程进行确认，以证实服务过程能满足服务对象的要求和组织的目标。

区就业办负责对服务过程和服务结果的监控。主要通过以下方法实施监控：

（1）各单位负责本单位服务质量的自检。

（2）区就业办负责对公文办理情况进行监督，随时了解办文情况。

（3）区就业办组织年度各单位的就业工作目标责任完成情况考核。

管理者代表负责组织制定《公共就业服务机构内部审核程序》具体内容为：

——区就业办负责组织实施内部审核；

——区就业办负责制订《年度审核计划》；

——管理者代表批准；

——区就业办负责制定《内部审核计划表》，确定审核组长、审核员和审核日程、内容；

——实施内审（审核组在审核前需策划审核大纲，并形成《内部审核检查表》）；

——审核员在审核中发现不符合项，用《不符合项报告》形式通知责任单位；

——各单位采取纠正措施，审核组跟踪验证；

——区就业办保存审核有关记录。

对应的程序文件主要有：《督办事项管理程序》《工作质量检查程序》《公共就业服务机构内部审核程序》。

八、持续改进

区就业办负责制定持续改进的程序文件，内容包括：

——策划质量管理体系的持续改进；
——根据持续改进信息确定日常改进项目或重大改进项目；
——改进项目的实施并评价改进的结果。
（一）持续改进的信息来源
（1）管理方针、目标；
（2）审核结果；
（3）数据分析；
（4）纠正预防措施；
（5）管理评审。
（二）需确定的改进项目
（1）目标；
（2）总体要求；
（3）方案。
（三）持续改进的依据
（1）数据分析的结果；
（2）服务对象满意度调查结果；
（3）内部、第二、第三方审核；
（4）管理评审；
（5）相关方提供的信息或服务不满足规定的要求；
（6）服务发生严重投诉；
（7）管理者代表认为有必要时。

九、工作成效

某区公共就业服务机构自推行 ISO 9001 质量管理体系以来，规范了各项公共就业服务工作，全面提升了就业服务水平，优化了公共就业服务软环境，为人民群众提供了优质、快捷、高效的就业服务，取得了令百姓和社会各界满意的成效。主要体现为：

（1）全区公共就业服务机构提高了行政效能，各项工作实现了科学规范发展。

（2）各级公共就业服务机构岗位责任实现了无缝化衔接。通过体系的实施、管理与监督，某区三级公共就业服务机构形成一盘棋，明确了各级机构的岗位职责，细化了各项业务的办事流程，解决了横向监督管理不到位、纵向监督管理脱节的问题，实现了区、街道和社区一级抓一级、层层抓落实的就业工作格局。

（3）人民群众满意度不断提高。某区所执行的体系文件，把服务对象（人民群众）的满意度作为体系管理的十大目标之一，编写了各项就业工作的服务规范，简化了原本繁琐的办事流程，既规范了工作人员的工作言行与工作内容，也极大地方便了群众办事，群众满意度调查达到 92.6%。

二、某直辖市海洋石油局体系实施案例

某直辖市海洋石油局是中国石化集团唯一一家从事中深海油气勘探、开发

和生产经营活动为主的单位,具有油气资源研究、调查、海洋物探、海洋钻井、测井、固井、测试等综合油气勘探开发生产能力。主要装备有:两条物探船;两座作业能力达6000m、适用水深分别为91m和200m的海洋钻井平台;多艘三用工作船以及能为油气田提供后勤保障支持的作业码头和供应基地。该局在突出主营业务的同时,还承担了大量市政建设的地基勘测、桩基施工等任务,具有国内一级勘测资质。

(一)质量管理体系过程关系(见图8-4)

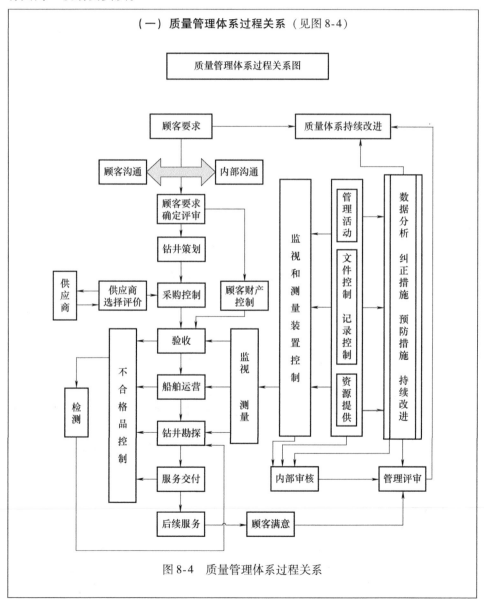

图8-4 质量管理体系过程关系

（二）钻井分公司施工作业控制程序

1. 目的

对钻井分公司施工过程中影响施工质量的各种因素进行有效的控制，以确保施工始终处于受控状态，保证施工质量。

2. 适用范围

本程序适用于钻井分公司施工全过程的运作和控制。

3. 职责

3.1 钻井分公司经理或局其他指定人员负责与顾客的沟通。

3.2 钻井分公司工程技术部负责编制相应的工艺规程技术文件，供施工人员使用，并对施工过程进行监控。

3.4 钻井分公司工程技术部负责依据合同、《施工进度计划》和施工进度制定《季度工作安排计划》，进行施工安排以及施工过程的有效运行及自主检验。

3.5 钻井分公司调度室负责组织召开安全生产协调会和组织季度安全施工会；

3.6 其他相关配合部门负责保障施工得以正常运行；

4. 定义（略）

5. 程序

5.1 施工相关信息和文件

5.1.1 施工计划控制：钻井分公司各部门负责按季度制定施工计划，并安排具体施工。各施工单位每日负责向工程技术部发送《钻井日报表》，以便于工程技术部对施工进度（日程）进行跟踪并在日安全生产协调会上交流。

5.1.2 局工程技术处负责收集下发各类技术规范。钻井分公司工程技术部和相关技术人员负责编制、修订各类《工艺规程》等文件，按《文件与资料管理程序》经过审核、定稿，由相关的授权人员批准后，发给各施工单位指导施工。

5.1.3 工程技术部需对工艺规程做调整时应按《文件与资料管理程序》的要求进行，作好文件的更改、审批、下放、回收、培训和监督执行工作。

5.2 过程确认

5.2.1 施工工艺和流程：附后（略）。

5.2.2 施工过程中关键工序和特殊工序（详见各分公司的《控制计划表》）。

 a) 关键工序包括：

 （1）对钻井的质量、性能、功能、安全、可靠性及成本等有直接显著影响的工序；

 （2）钻井重要质量特性形成的工序；

 （3）工艺复杂，质量容易波动，对工人技艺要求高或问题发生较多的工序。

 b) 特殊工序包括：

 （1）影响钻井质量且无法通过后续测量或监控加以验证的；

 （2）该工序所导致质量特性，仅在交付使用之后其不合格的质量特性才能暴露出来的。

5.2.3 钻井分公司的关键工序和特殊工序应明确规定。工程技术部对这些工序应进行确认，证实工序的过程能力能够满足施工的质量要求。这些确认的安排应包括：

a）工程技术部对过程进行鉴定，证实所使用的过程方法是否符合要求并有效实施；

b）钻井分公司物资装备部对所使用的设备、设施能力（包括操作性、精确度、安全性、有效性等要求）进行试验以及进行维护保养，并保存维护保养记录，具体执行参照《设施与设备管理程序》的有关规定；

c）相关施工人员要通过岗位培训，考核合格，持证上岗；

d）对施工过程监控应进行记录，填写相应的《操作记录》；

e）过程的再确认：按规定的时间间隔或当施工条件发生变化时（如地质情况、材料、设施、人员的变化等）。

应对上述过程进行再确认，确保对影响过程能力的变化情况能及时做出反应；根据需要对相应的施工工艺和作业指导书进行更改，并执行《文件与资料管理程序》关于文件更改的有关规定。

5.3 内外钳工、泵工、井架工、电工、钳工、车工、水手、吊车司机、安全员等特殊工种应通过岗位培训，合格后方可上岗。钻井分公司人力资源部保存相关记录，具体执行《人力资源管理程序》关于培训和考核的规定。

5.4 钻井分公司应使用合适的施工设备，安排适宜的工作环境，并按规定对设备进行维护保养，执行《设施和设备管理程序》的有关规定。

5.6 施工过程中做好钻井设备防护工作，注意防火、防潮、防人为损害、防盗等。

5.7 对施工过程实施监视和测量，配置适用的测量与监控装置，执行"工艺规程"、《质量监督检验管理程序》。

5.8 对施工过程需作好相应的检验记录。对施工的放行应执行《质量监督检验管理程序》的相关规定。

5.9 在施工和检验过程中发现的不合格，依《不合格控制程序》执行。

5.10 在施工过程中出现各种异常工况时应执行《纠正与预防控制管理程序》。

5.11 在配合顾客需求情况的变更进行施工计划调整时，须按照《施工计划变更报告》对施工作业计划加以应变调整，具体执行《钻井分公司施工计划管理程序》。

6. 相关文件（略）

（三）船舶分公司计划、运营和监控程序

1. 目的

通过规定船舶分公司的工作计划、船舶运营以及船舶运营过程监控的管理方法，以实施对船舶分公司运营全过程中影响服务质量的各种因素进行有效的控制，确保配合钻井施工和船舶分公司的其他服务项目的顺利完成。

2. 适用范围

本程序适用于船舶分公司船舶运营的整个服务过程的运作和控制。

3. 职责

3.1 局每年向船舶分公司下达年度任务指标。

3.2 船舶分公司负责船舶的运营和维护。
3.3 船舶分公司各部门根据年度生产指标制定各自的生产工作计划。
3.4 船舶分公司生产调度室根据年度任务指标对生产安全进行监控,掌握船舶动态。
3.5 船舶分公司机务供应部负责船舶及设备的修理、维护保养并对船舶证书进行及时更新。
3.6 船长负责船舶的具体运营与管理。
3.7 分公司市场部负责跟踪合同执行情况,并及时与顾客沟通。

4. 定义(略)

5. 程序

5.1 工作计划的制定

5.1.1 工作计划制定的主要依据:
   a) 船舶公司下达的年度生产指标;
   b) 能力及设备运行状况;
   c) 市场和潜在客户需求预测;
   d) 行业组织的相关规范和要求(详见《HSE规章制度汇编》、各种操作须知)。

5.1.2 船舶分公司生产调度室、安全环保部、机务供应部、市场部负责制定本部门的《季度工作计划》草案。

5.1.3 船舶分公司根据实际情况对各部门的计划草案进行汇总并调整,定稿后下发。

5.1.4 工作计划在以下情况下需要做出调整:
   由于本公司业务需要对合同进行变更;
   市场情况的变化;
   与顾客需求有关的变更(船舶租用方的要求);
   运营和设备事故;
   其他不可预见的非常情况。

5.2 工作计划的执行

5.2.1 《季度工作计划》下达后,涉及部门应严格执行,并根据相应操作规程予以贯彻落实。

5.2.2 各部门应互相协调、配合一致,如有协调配合的困难应及时统筹解决,不能解决时则必须及时上报分管副局长或局长,通过召开计划协调会议进行处理。对于重大或特殊的作业,应制定相应的具体作业计划予以贯彻落实。

5.2.3 船舶分公司市场部要对合同执行情况进行跟踪。要确保承租方的要求按时、按质、按量完成,提供船舶运营配合和支持的部门要确保船舶的需求得到充分满足,对于它们的工作情况也应予以跟踪,以防出现脱节。

5.2.4 由于船舶及设备本身的原因,预期会对完成计划任务造成任何可能的延误时,机务供应部必须根据实际情况采取适当措施以便最大限度地予以补救及降低损失,并由市场部向承租方通报相关情况。

5.3 当由于市场情况的变化或本公司业务需要对工作计划进行调整时,应由市场部与承租方进行协商,参照合同有关条款和《文件与资料管理程序》中文件修改的程序执行。

5.4 船舶运营

5.4.1 船舶分公司在得到船舶新航次任务后应立即通知分公司海务管理人员和船长做好新航次海务准备工作,并由船长召集全体船员召开航前会议,以确认各部门的情况和提前解决或预防在新航次中可能出现的问题。航前会议内容应详细记录在《船舶安全会议记录簿》中。

5.4.2 船舶开航前各部门应认真做好开航前的检查工作,确保船舶处于适航状态。开航前检查完毕后,及时填写《开航前检查表》。在确保各项检查完毕,且不存在影响航行安全和航次任务的情况下,将检查结果报分公司海务管理人员后,方可航行。

5.4.3 船舶在航行过程中应严格执行公司、行业国际准则、国家法律法规的各种相关规定,并按规定向分公司生产调度部门报告船位。

5.4.4 船舶根据实际情况如需对航行计划作较大改动,在情况许可时,必须向分公司海务管理人员报告,以得到分公司的允许和确认。

5.4.5 分公司海务管理人员应随时掌握船舶航行动态,为船舶提供航路上航海支持,并应在每天8:00前向局值班室及时报告船舶实际船位和动态,以便局机关能对突发事件采取相应的手段对策。

5.4.6 航次结束后由船长负责对本航次海务工作进行小结,并以报告形式将本航次执行情况和存在的问题报分公司海务管理人员。分公司海务管理人员应会同有关部门及时处理船舶存在的问题,使船舶尽快处于适航状态。同时海务管理人员,按照《质量记录管理程序》将该船本航次的所有海务工作资料存档,并作妥善管理。

5.5 船舶运营的监控

5.5.1 船舶分公司应按照条款5.4在运营过程中对船舶进行运营监控。

5.5.2 分公司每年应组成检查小组,按照《船舶安全环保、设备检查表》对运营船舶每年最少进行4次全面的检查。

5.6 船舶的保养和维修

5.6.1 每年年底轮机长/人副应组织各主管人员根据各自分管设备说明书和船舶检验规范要求,并充分考虑有关规定、规则和公司有关要求以及设备实际技术状况,编制《船舶年度维修计划表》,经船长审批后,报机务监督审核、修改、批复;反馈船舶(一份)后执行。

5.6.2 轮机长/大副在每月底根据年度计划及实际情况编制下月度维护计划,并分发给每个主管人员执行。每月底,轮机长/大副根据维修保养执行情况填写《维修保养月报》,经船长签署后应及时报送机务监督。

5.6.3 船舶保养维修的具体执行参照《设施和设备管理程序》。

6. 相关文件(略)

7. 相关记录(略)

三、某区人民防空办公室《人防组织指挥过程控制程序》

人防组织指挥过程控制程序

1. 目的

为了保证组织指挥与各项计划工作的实现,对从事指挥保障人员进行各种形式的教育,提高工作人员的服务意识、业务能力和综合素质,以适应战时防空和平时防灾的需要,使工作人员达到胜任本职工作的目的,结合本单位实际,特制定本程序。

2. 范围

适用于本单位与质量管理体系有联系的指挥管理保障工作。

3. 职责

3.1 指挥管理科

  a)负责人防办平时及战备期间人员值班工作;
  b)负责人民防空宣传教育计划与落实;
  c)负责人防警报通信器材安装工作;
  d)负责拟定《本区人民防空袭方案》。

4. 工作程序

4.1 值班工作

4.1.1 建立健全人防办值班制度。指挥管理科负责安排平时及战备期间人员值班,每班24小时,每班分别安排值班领导、值班员、值班司机各一人。值班情况处理见《值班制度》《值班员对几种情况的处理方法》。

4.1.2 指挥管理科负责组织编制《值班室管理规定》《值班制度》《值班员职责》《值班员对几种情况的处理方法》,经相关领导及各科室审阅修改,办公会通过后,作为人防办人员值班的主要依据。

4.2 人民防空宣传教育

4.2.1 指挥管理科负责本区人民防空宣传教育工作。以开展主题活动为主,建设宣传教育基地、人防展区等。

4.2.2 指挥管理科负责组织编制《本区人防工作要点有关人防宣传教育的计划安排》,主要依据《市人防工作要点》及办公室对年度筹划的主要工作,分时间、阶段进行部署安排人防宣传教育及协助区教委抓好初级中学的"三防"教育活动。

4.3 负责人防警报通信器材安装工作

4.3.1 指挥管理科负责行政区域内通信警报的选点、安装、管理(不负责鸣放)终端控制等工作。

4.3.2 指挥管理科根据市人民防空年度通信工作安排,负责编制本区新设警报点计划,在规定时间内完成新设警报器安装,加强管理。具体工作见《市人民防空通信工作安排》。

4.4 《本区人民防空袭方案》

4.4.1 指挥管理科是《本区人民防空袭方案》组织管理单位。

4.4.2 指挥管理科负责组织编制《本区人民防空袭方案》工作，每年定期进行修改，组织协调有关部门对方案的修订与完善工作。具体内容见《本区人民防空袭方案》。
5. 相关文件（略）
6. 记录（略）

四、某省交通厅公路工程初步设计过程控制程序

（一）公路工程初步设计过程控制程序

1. 目的

加强公路建设项目（不含高速）初步设计管理，规范初步设计审批工作。

2. 范围

全省行政区域内开展两阶段初步设计的一、二级公路建设项目。

3. 职责

3.1 窗口工作人员负责申请材料的形式审查、受理和送达登记及案卷的保存、归档。

3.2 承办人员负责申请材料的实质审查，提出审查意见。

3.3 处长负责审查意见的审核，提出拟办意见。

3.4 综规处负责对办理事项的拟办意见提出会签意见。

3.5 厅总工程师负责技术把关工作。

3.6 厅领导负责拟办意见的审定，做出审批决定。

4. 工作程序

4.1 窗口工作人员对申请人提交的申请材料进行形式审查。材料不全的，一次性告知申请人补正（5个工作日内）；不符合受理条件的，不予受理并告知申请人（5个工作日内）；符合受理条件的，当日受理，办理相关手续。

4.2 受理后，处室承办人员进行实质审查，出具审查意见，报处领导审核（14个工作日内）。处领导审核审查意见（2个工作日内），报厅领导审定，做出审批决定（4个工作日内）。

4.3 厅领导审批后，出具初步设计批复文件，办理相关手续。

公路工程（不含高速）初步设计文件审批工作流程（见图8-5）。

5. 相关文件（略）

（二）公路工程竣工验收过程控制程序

1. 目的

规范公路工程竣工验收工作，保障公路安全有效运营。

2. 范围

全省行政区域内除国道主干线，国家、部、省重点建设项目以外的公路基本建设项目竣工验收，具体为低于100千米国家审批的高速公路项目、省内审批的高速公路项目及交通运输厅审批初步设计的其他公路项目。

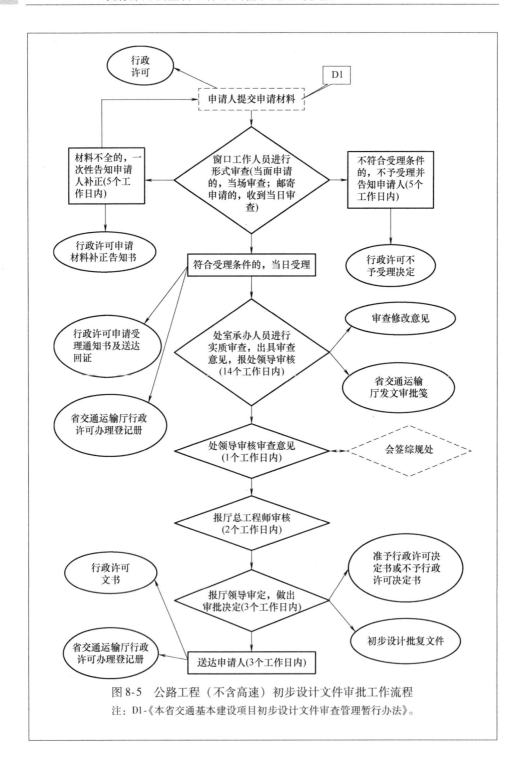

图 8-5 公路工程（不含高速）初步设计文件审批工作流程
注：D1-《本省交通基本建设项目初步设计文件审查管理暂行办法》。

3. 职责

3.1 窗口工作人员负责申请材料的形式审查、受理和送达登记及案卷的保存、归档。

3.2 承办人员负责申请材料的实质审查，组织竣工验收，并提出鉴定意见。

3.3 质量监督机构负责开展质量鉴定工作，出具工程质量鉴定报告。

3.4 处长负责鉴定意见的审核，提出拟办意见。

3.5 厅总工程师负责拟办意见的审核工作。

3.6 厅领导负责拟办意见的审定，做出审批决定。

4. 工作程序

4.1 窗口工作人员对申请人提交的申请材料进行形式审查。材料不全的，一次性告知申请人补正（5个工作日内）；不符合受理条件的，不予受理并告知申请人（5个工作日内）；符合受理条件的，当日受理，办理相关手续。

4.2 受理后，处室承办人员进行实质审查（3日内），质量监督机构同时开展质量鉴定工作，出具工程质量鉴定报告（30日内）。

4.3 处室承办人员组织竣工验收，形成鉴定意见，报处领导审核（20日内）。处领导审核审查意见（2日内），报厅领导审定，做出审批决定（5日内）。

4.4 厅领导审批后，出具竣工验收鉴定书，办理相关手续。

公路工程竣工验收工作流程（见图8-6）。

5. 相关文件（略）

6. 相关记录（略）

（三）交通运输建设项目审计工作程序

1. 目的

对建设项目全过程进行审计监督，核定工程造价，出具审计报告，规范建设程序和管理行为，确保建设程序合法；维护财经法纪，促进资金合理、规范使用，防止损失浪费，提高资金使用效益。

2. 范围

列入交通运输主管部门和交通运输企事业单位基本建设计划的拨款、贷款、自筹和融资新建、改扩建、迁建、技术改造的工程项目。

3. 职责

3.1 交通运输建设项目自行审计职责

3.1.1 审计成员负责按照审计方案的分工实施审计并撰写相应的审计工作记录和审计工作底稿。

3.1.2 项目主审负责审计方案的起草，审计通知书的拟定、下发，按照审计方案的分工实施审计并撰写相应的审计工作记录和审计工作底稿。负责将审计成员的审计工作底稿汇总，撰写审计报告初稿。负责审计意见书或审计决定的起草、印发及后续审计和审计档案整理存档工作。

3.1.3 审计处（组）长负责审计方案、审计工作记录和审计工作底稿、审计报告初稿、审计意见书或审计决定的审阅，组织与被审计单位交换意见。

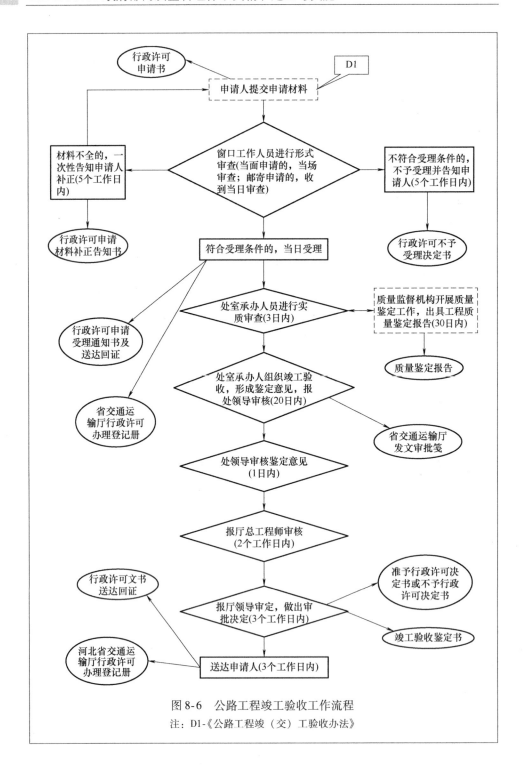

图 8-6 公路工程竣工验收工作流程

注：D1-《公路工程竣（交）工验收办法》

3.1.4 厅内有关部门对审计报告提出会签意见。
3.2 交通运输建设项目委托审计职责
3.2.1 受托的社会中介机构负责审计方案的编制，按照审计方案实施审计并撰写相应的审计工作记录和审计工作底稿，编制审计报告初稿及出具正式审计报告。
3.2.2 项目协调人负责编制招标方案，拟定、下达审计通知书，协调社会中介机构和被审单位之间的关系，负责审计意见书或审计决定的起草、印发及后续审计和审计档案整理存档工作。
3.2.3 审计处长负责招标方案、审计报告初稿、审计意见书或审计决定的审阅，组织与被审计单位交换意见。
3.2.4 厅内有关部门对审计报告提出会签意见。

4. 工作程序

4.1 交通运输建设项目自行审计工作程序
4.1.1 按照年度计划的安排或领导批示，项目主审编制该项目的审计方案。
4.1.2 逐级报审计处（组）长和厅领导审批。
4.1.3 审批通过后，项目主审起草并下达审计通知书。
4.1.4 按照审计方案的分工实施审计。
4.1.5 审计实施中，审计成员形成各自的审计工作记录，编制审计工作底稿后交项目主审统一汇总。
4.1.6 项目主审根据审计成员的工作底稿汇总情况起草审计报告初稿并报审计处（组）长审阅。
4.1.7 审阅通过后，审计处（组）长组织征求被审计单位意见。
4.1.8 项目主审起草正式审计报告。
4.1.9 由厅财务、基建部门会签后报厅领导审批。
4.1.10 审批后，项目主审起草并下达审计意见书或审计决定。
4.1.11 项目主审组织对被审计单位执行情况实施后续审计。

交通运输建设项目自行审计工作流程（见图8-7）。

4.2 交通建设项目委托审计工作程序
4.2.1 按照年度计划的安排或领导批示，项目协调人编制该项目的委托审计的招标方案。
4.2.2 逐级报审计处（组）长和厅领导审批。
4.2.3 审批通过后，自行招标或委托招标。
4.2.4 通过招标选定实施审计的社会中介机构。
4.2.5 项目协调人起草并下达审计通知书。
4.2.6 社会中介机构按照投标时的审计方案实施审计。
4.2.7 审计实施中，社会中介机构形成审计工作记录，编制审计工作底稿并起草审计报告初稿。
4.2.8 项目协调人将审计报告初稿报审计处（组）长审阅。
4.2.9 审阅通过后，审计处（组）长组织征求被审计单位意见。
4.2.10 社会中介机构出具正式审计报告。

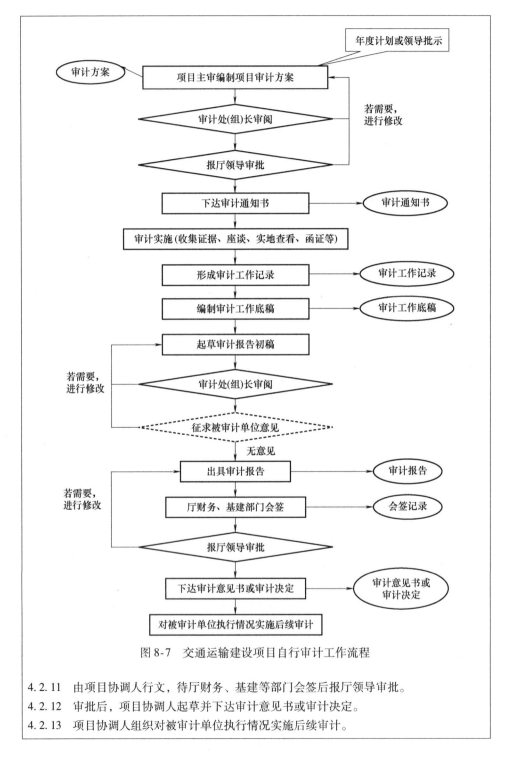

图 8-7 交通运输建设项目自行审计工作流程

4.2.11 由项目协调人行文,待厅财务、基建等部门会签后报厅领导审批。

4.2.12 审批后,项目协调人起草并下达审计意见书或审计决定。

4.2.13 项目协调人组织对被审计单位执行情况实施后续审计。

交通运输建设项目委托审计工作流程（见图8-8）。

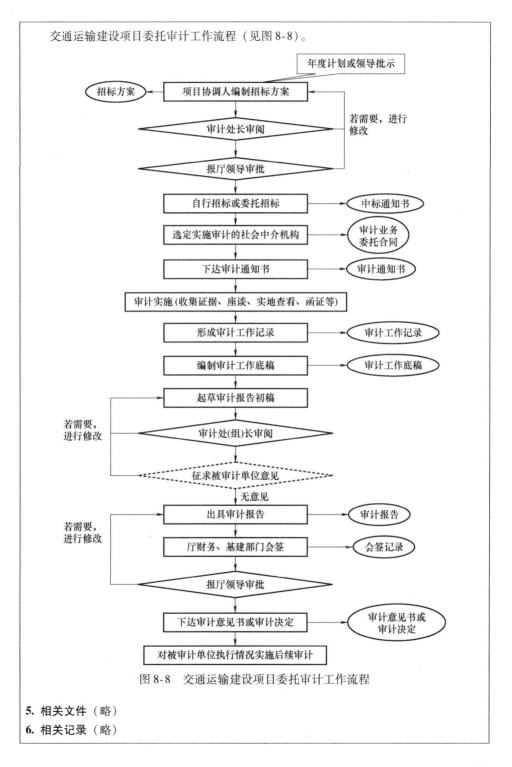

图8-8 交通运输建设项目委托审计工作流程

5. 相关文件（略）
6. 相关记录（略）

第九章 绩效管理应用

绩效管理，是对政府部门体系运行目标和结果的管理。绩效管理理论应用是政府部门建立实施质量管理体系的基础。本章包括理论分析、标准要求、案例分析三部分组成。在理论分析中，首先对绩效管理进行分析，重点叙述了政府部门绩效管理的含义、作用、特点、指标、方法、存在问题、改进方法，以及模型建构等方面的内容。在分别关注了 ISO 9000、ISO 9001 标准和 GB/Z 30006 标准对绩效管理的规定要求以后，提供了绩效管理在政府部门质量体系建立运行中的相关案例。

第一节 理 论 分 析

随着行政管理体制改革的不断深化，政府绩效管理越来越受到各级政府组织的重视和青睐。积极研究和探索科学的政府绩效管理模式，构建以政府战略为导向的绩效管理模型，已经成为广大专家学者共同关注的课题。如何科学决策和规范实施各项绩效管理活动，有效提高政府绩效水平，也已成为各级政府组织及其管理者的理论思考和实践探索。

一、绩效的概念

什么是绩效？绩效就是指业绩和效果。但学术界对绩效如何定义，却是众说纷纭。经过总结和梳理，发现主要存在以下三种观点。1）行为观——从行为的角度。牛津辞典中将"绩效"的概念解释为：执行或完成一项活动、任务或职能的行为或过程。这一观点强调绩效的关键在于行为或过程。2）结果观——从结果的角度。与前一观点不同，有些学者认为绩效并非行为本身，而是指行为的结果。也就是说，绩效的关键在于结果。3）综合观。综合前两种观点，不难发现无论是绩效结果观还是绩效行为观，都有其局限性。如果把绩效作为结果，则容易导致行为短期化，并使团队合作及资源配置的有效性受到影响。而如果把绩效作为行为，则会导致缺少目标激励，使注意力彻底分散，预期结果将无法实现。因此，一些学者认为绩效是一个综合的概念，是行为和结果的综合，它应包含三个因素：行为、产出和结果。

综合以上三种观点，我们认同绩效的定义应该是行为与结果的综合。当我们在对个体和组织绩效进行评价时，不仅要考虑投入（行为），还需要考虑产出的结果。

二、绩效管理的内涵

纵观百年的管理发展史，不难发现无论是管理者的实践探索，还是专家学者理论研究，都是围绕绩效展开的，都是以改善组织绩效为出发点，并始终致力于提升绩效水平这一根本目标。从这个意义上讲，管理学的发展历史同时也就成了绩效管理的探索历史。

为了提升绩效，一些专家学者提出了"绩效评价"的概念。随着绩效评价理论及方法研究的不断深入，人们逐渐意识到"绩效评价"只是对绩效结果进行评价，而对如何促使绩效目标的达成和绩效水平的提升，缺乏必要的指导和促进，对提升绩效的促进作用不够明显。因此，学者们指出绩效不应单纯地进行评价，应从管理的高度，通过绩效计划、绩效监控、绩效评价以及绩效反馈等一系列过程，确保绩效目标的全面实现和绩效水平的持续提升。在这一背景下，学者们在绩效评价的基础上，进一步提出了绩效管理的概念，特别是在20世纪80年代后期和90年代，诞生了许多关于"绩效管理"含义的不同观点。概括起来主要有以下三种：

（1）强调组织绩效的观点。绩效管理是管理组织绩效的系统。该观点从对组织绩效进行管理的角度来解释绩效管理，强调通过对组织结构、生产工艺、业务流程等方面的调整来实施组织的战略目标。

（2）强调个人绩效的观点。绩效管理是管理员工绩效的系统。该观点是从对员工个人绩效进行管理的角度来解释绩效管理的，强调以员工为核心的绩效管理概念。该理论隐含的前提假设是在对员工绩效进行管理时，组织的目标已经明确，并得到了组织内部员工的认同和承诺。

（3）综合组织绩效和个人绩效的观点。绩效管理是综合组织绩效和员工绩效的系统，也就是将组织绩效管理和员工绩效管理统一整合的过程。但此种观点的内涵，却因强调的重点不同而存在差异。一种观点是更加强调组织绩效，该观点强调绩效管理是通过将每个员工或管理者的工作行为与整个组织的宗旨连接在一起来支持组织的整体事业目标；另一种观点是更加强调员工个人绩效，该观点指出绩效管理的中心目标是挖掘员工的潜力，提高他们的绩效，并通过将员工的个人目标与组织战略结合在一起来提高组织的整体绩效。

通过对"绩效"概念的探讨和研究，我们知道，绩效管理应关注过程和结果两个方面。综合学者们对绩效管理概念的各种观点，我们认为，绩效管理是指组织中的各级管理者，用来确保下属员工的工作行为和工作产出与组织的目标保持一致，并通过不断改善其工作绩效，最终实现组织战略的手段及过程。绩效管理不应简单地被理解为一个测量和评价的过程，而应是在战略的指引下对组织的绩效进行科学系统的计划、监控、评价与改进的循环过程。

理解绩效管理的概念，应注意把握以下几点：

一是绩效管理是所有各级管理者的职责。即组织内的各类管理工作都是围绕绩效开展的，组织的每一个决策和行动都处于绩效管理的范畴之中，绩效管理是全体管理者的职责。

二是绩效管理不仅强调绩效的结果，而且重视达成绩效目标的过程。完整的绩效管理应该包括：计划绩效、监控绩效、评价绩效和反馈绩效四个环节。不论哪一个环节出现了问题，都会影响组织最终的绩效水平。

三是绩效管理是一个强调管理者和员工持续沟通的过程，沟通贯穿于整个绩效管理过程的始终，管理者通过与员工沟通来了解绩效现状、设定绩效目标、分析绩效差距、寻求解决方案、进行绩效反馈，从而提高绩效水平。

四是绩效管理的最终目标是实现组织战略。绩效管理不是简单的任务管理，而是为了体现组织战略的一系列中长期目标，管理者应该将组织的绩效管理工作置于战略的高度去考查和把握，使组织不同层次和不同单元的工作绩效始终指向战略目标，并保持动态的协调一致和相互支撑，从而最大限度地实现战略目标。

三、绩效管理的特点和方法

（一）绩效的特点

绩效是组织期望的结果，是组织为实现其目标而展现在不同层面上的有效输出。政府部门绩效是指政府部门在积极履行公共责任的过程中，讲求内部管理与外部效应、数量与质量、经济因素与伦理政治因素、刚性规范与柔性机制相统一的基础上，获得的公共产出最大化。

（二）绩效管理的特点

（1）绩效管理，是指各级管理者和员工为了实现组织目标，共同参与的绩效计划制定、绩效辅导沟通、绩效考核评价、绩效结果应用、绩效目标提升的持续循环过程。换句话说，绩效管理是为了达到组织的目标，通过持续开放的沟通过程，形成组织所期望的利益和产出，并推动团队和个人做出有利于组织目标达成的行为，即通过持续的沟通和规范化的管理不断提高员工和组织绩效、提高员工能力和素质的过程。由此可以看出，绩效管理是管理者保证员工的工作活动和结果与组织目标保持一致的一种手段和过程。它通过识别、衡量和传达有关员工工作绩效状况和水平的信息，并做出相应的指引来使组织的目标得以实现。

（2）绩效管理的目的，是持续提升个人、部门和组织的绩效。绩效管理是政府部门管理的核心，为政府部门开展员工培训、薪酬管理、人员配置提供依据。完整的绩效管理体系由目标管理系统、绩效评价系统和激励反馈系统三个子系统组成。目标管理系统就是通过目标的制定层层分解，实现压力有效地向下传递，以确保目标为战略服务；绩效评价系统就是以定期的绩效评价测量，适时纠偏，确保目标实现；激励反馈系统则是通过合理运用对组织、员工的绩效评价结果，形成有效激励，改变人的行为，进而促进绩效完善。绩效管理是政府部门战略发展和人力资源管理的必然要求，作为一项重要的管理工具，被绝大多数政府部门接受和运用。

（3）绩效管理系统，所包括的几个环节紧密联系、环环相扣。绩效管理过程是一个完整的、封闭的过程环。第一部分，制定目标和绩效计划。这一部分主要是把组织的整体战略与部门和个人的工作目标相联系，确定个人具体的标准和行为，为绩效考核提供依据，同时获得个人对目标的承诺。第二部分，持续的绩效沟通。这是个人执行任务的过程。组织在这个过程中，应该对个人的绩效进行反馈、监督和指导。第三部分，实施考核。这本身也是一个动态的持续的过程。组织定期对个人的绩效进行考核。这一阶段的任务是组织怎样尽可能客观真实地对个人的绩效做出评价，同时又尽可能让个人感到满意。绩效考核的起点是前面双方制定的绩效合同或称绩效协议。第四部分，绩效考核和绩效改进。这绝不仅仅是一个奖罚手段，更重要的是它能为组织提供一个促进工作改进和业绩提高的信号。

（4）绩效管理具有以下特点。

一是绩效管理以组织战略为导向，是综合管理组织团队和员工绩效的过程。通过绩效管理过程，使组织的目标分解为各部门或团队的目标，并进一步将部门或团队的目标，落实为各岗位的目标，确保员工的工作活动和产出，与团队及组织的目标保持一致。因此，通过绩效管理过程，可以把员工的工作目标与组织目标进行有效整合，防止组织战略稀释现象发生。开放沟通的行为将持续贯穿绩效管理的全过程，绩效管理特别强调管理者与员工之间的双向、持续的沟通。不论是绩效目标的制定、绩效实施过程的绩效辅导，还是绩效评价结果的确定与绩效改进计划的制定，都需要管理者与被管理者双方进行持续开放的双向沟通。只有通过开放的沟通，才能使员工对绩效目标产生高度的承诺，并使管理者与员工准确了解绩效实施过程中存在的障碍与不足之处，然后采取有效措施克服员工绩效实施过程中的困难，从而不断提高员工绩效水平。

二是绩效管理是提高工作绩效的有力工具，这也是绩效管理的核心目标之一。绩效管理的各个环节都是围绕这个目的服务的。绩效管理的目的并不是要把员工的绩效分出上下高低，或仅仅为奖惩措施寻找依据，而是要针对员工绩效实施过程中存在的问题，采取恰当的措施，提高员工的绩效，从而保证组织目标的实现。

三是绩效管理是促进员工能力开发的重要手段，这也是绩效管理的核心目标之一。通过完善的绩效管理促进人力资源开发职能的实现，已成为人力资源管理的核心任务。通过绩效沟通与绩效考评，不仅可以发现员工工作过程中存在的问题，从而通过针对性的培训措施及时加以弥补，更为重要的是，通过绩效管理还可以了解员工的潜力，从而为人事调整及员工的职业发展提供依据，以达到把最适合的人放到最适合的岗位上的目的。

四是绩效管理是一个完整的系统，绩效管理包括绩效计划、绩效辅导与实施、绩效评价和绩效反馈，绩效评价只是绩效管理系统中的一个环节或子系统。但与绩效管理相比，人们可能更熟悉绩效评价的概念。绩效评价是评定和估价员工工作绩效的过程和方法，与绩效评价相比，绩效管理不仅要对员工的工作绩效做出评定和估价，对员工的绩效做出优劣的判定，更重要的是通过绩效管理过程，可以促进员工能力的提高与绩效的改进。

（二）量化评价——平衡记分卡

平衡记分卡（the Balanced Scorecard），是美国哈佛商学院 Robert S. Kaplan 与 David P. Norton 提出的。之所以叫"综合平衡记分卡"，主要是这种方法通过财务与非财务考核手段之间的相互补充，不仅使绩效考核的地位上升到组织的战略层面，使之成为组织战略的实施工具，同时也是在客观评价和主观评价之间、指标的前馈指导和后期反馈控制之间、组织的短期增长与长期增长之间、定量评价和定性评价之间，在寻求"平衡"的基础上，完成的绩效管理与战略实施过程。

平衡记分卡——绩效管理的量化评价

平衡记分卡是战略管理系统和有效的沟通工具。可用以帮助组织充分利用其各种能力来实现组织的战略目标。它也是一种以信息为基础的管理工具，分析哪些是完成组织使命的关键成功因素以及评价这些关键成功因素的项目，并不断检查审核这一过程，以把握绩效评价促使企业完成目标。它是一种多维管理体系，以战略目标为核心，通过四个层面：财务、顾客、内部运作流程及员工学习能力来实施策略管理。

平衡记分卡从四个不同的侧面，将企业的远景和战略转化为目标和考核指标，从而实现对企业绩效进行全方位的监控与管理，而不仅仅局限于财务指标。平衡记分卡的设计思想突破了传统的财务业绩评价的狭小范围，试图基于服务于企业长远战略发展为目的，而从企业内部与外部、财务与非财务、客观与主观、短期和长期、现象与驱动机理等相互对立的多重角度，对企业经营管理绩效进行综合平衡评价。

1. 财务视角——从利益相关方角度来看，企业增长、利润率以及风险战略。它能够反映组织战略的制定、实施和执行是否正在为最终组织绩效的改善和提高做贡献，并直接体现股东利益，是平衡计分卡的一个关键指标。财务指标在归纳战略实施的经济作用时十分重要，财务指标可以显示企业的战略实施是否改善企业盈利状况。财务层面直接说明了企业战略能否对企业的经济效益产生积极的推动作用，是否有助于企业利润的增加，所以平衡计分卡的另外三个维度，归根结底都要通过财务层面体现出来。这个层面主要可以衡量组织的战略及其实施是否促进了利润的增加，是其他三个层面作用的最终表现形式。如果其他三个层面表现良好，自然会在这一层面有所表现。

2. 顾客视角——从顾客角度来看，企业创造价值和差异化的战略。更好地满足顾客需要的观念，已成为现代企业最基本、最重要的经营管理理念之一。组织都有其所面对的产品对象或者是服务对象，这回答了组织是为了满足谁的需要而创造价值的问题。顾客是企业之本，是产品和服务的购买者，是企业利润的来源，所以顾客的感受理应受到企业的关注。顾客所关心的时间、产品质量、性能、服务和成本、客户关系等，就是企业所要努力的地方，以此来满足顾客的需求，提高他们的满意程度，企业才能持续盈利、生存。将顾客关心的问题作一个分类，组织在上述几方面确立行动目标，并将目标转换成具体的衡量指标，这样平衡记分卡就可以围绕顾客关心的问题有效地指导组织的运作，从而发挥作用。运用平衡计分卡在顾客服务方面的测评指标就能够从顾客服务方面对收入的主要来源及盈利能力加以系统评价，从而使经营战略转变为以顾客和市场为依据的具体目标。

3. 内部运作流程视角——使各种业务流程满足顾客和股东需求的优先战略。企业的内部流程维度体现了企业的核心竞争力，因为为客户提供的产品或者服务的实现都需要以企业的内部业务为基础。因而，为了提高客户满意度以实现组织目标要求，将内部流程层面的指标纳入平衡计分卡体系是很有必要的。平衡记分卡从企业战略管理的高度对内部流程进行规划，将企业的核心竞争力转化成具体的测评指标，形成一条完整的内部流程价值链。具体来说，从了解客户不断变化的需求、生产满足顾客的产品或者服务到为顾客提供服务，对这个环环相扣的链条进行有效的测评，找到增加客户价值的环节以改善公司经营的业绩。值得一提的是，通过这种方式，使平衡计分卡中的客户和财务方面的目标也得以实现。平衡计分卡在内部流程维度的优势在于它既重视改善现有流程，也要求重组全新的流程，而且通过内部流程将学习与成长、顾客价值与财务目标连接起来。

4. 学习和成长——优先创造一种支持公司变化、革新和成长的环境。组织的学习和成长主要来自三个主要方面：人才、信息系统和组织程序，主要体现在科教、创新和员工三个方面。学习与成长方面主要描述了组织的无形资产及其在战略中的作用，其目标确定了需要利用哪些资源（人力资本：执行战略所需的知识、技能、才干）、哪些系统（信息资本：支持战略所需的信息系统、数据库、网络和技术基础措施）和哪种氛围（组织资本：执行战略所需的动员和维持变革流程的组织能力）来支持创造价值的内部流程。不断地学习更新知识才能成长。员工不仅是生产产品和提供服务的主体，还是社会个体。在为顾客提供服务的同时，能够意识到企业发展中的不足，尤其是一线员工，可以为企业的内部流程改造和提高绩效提出合理有效的建议。

> 由此我们可以看出，处于四个维度中心的是组织的使命、战略、愿景、发展，四个维度有着深刻的内在联系：为了实现更好好的财务效益，必须要有优异的市场表现，使客户满意；为了更好地为客户服务，必须提高企业内部管理能力，改进内部流程；而学习与成长则更好地解决了组织长期生命力的问题，可以实现有效的内部运营。

平衡记分卡在政府部门应用时，四个维度之间并不是孤立的，而是相互发生作用的。作为一个较为完备的考评系统，必须能够将学习与成长维度的绩效动因，一直到服务对象维度的服务成果改善等指标结合在一起，构成一个完整的因果关系链。通过对战略的分析，明确各指标间的关系，以便对这些指标进行监控和管理，使之能够有效地发挥作用。政府组织的使命是提供高质量的公共产品和服务，因此其运转的好坏取决于服务对象的满意程度；而为了达到公众满意的目的，要求政府组织要创造出良好的工作业绩并对施政成本进行有效控制；而要在控制成本的同时创造良好业绩，必然要求所有公务员必须进一步提高工作效率和效益，改善关键内部业务流程；而要提高效率，改进流程就必须通过学习和培训，增强政府组织的创新能力和服务水平；同样，组织创新能力和服务水平的提高必然促进其内部流程和效率的改善；内部流程和效率的改善又可以有效地节约政府成本同时提高政府业绩，从而提升服务对象的满意度。这样，就更加明确了四个维度之间的因果和关联联系，通过对公务员进行科学管理和培训，充分调动其工作积极性和主动性，自觉地进行自我学习和提升，从而更好地完成工作、提高行政效率，达到转变政府管理方式和提高公众满意的战略目标。

四、政府部门绩效管理

政府部门的绩效管理是对政府部门绩效目标进行设定与实施，并对实现结果进行系统考查与追踪，推动绩效不断改进的系统活动和过程。绩效管理对于提高政府部门的工作效率，提高公共服务的质量，降低公共财政负担具有重要意义。

随着经济的日益发展与政府职能的转变，政府在提供公共服务方面的作用日益凸显，公共支出也不断增长，这已成为明显的世界性趋势。如何提高公共服务提供的绩效变得越来越重要，因此，绩效管理便成为公共管理中的一个重要问题。一方面，公共服务数量与质量的增加必将增加政府的施政成本；另一方面，政府为社会大众所提供的各项公共服务必然由公众支付所需成本，社会公众理所当然地期望政府能用最少的钱，提供更多、更优质的服务。因此，绩效管理作为一种行之有效的管理方法受到了世界各国政府的普遍关注。

（一）政府部门绩效管理的含义

何谓绩效管理（performance management）？国内外的研究人员从不同角度给

绩效管理下了多种定义，大致说来，主要有以下三种：绩效管理是管理组织绩效的一种体系；绩效管理是管理员工绩效的一种体系；绩效管理是一个组织绩效管理和员工绩效管理相结合的体系。在公共管理中，绩效管理更强调系统的整合，是组织系统整合组织资源达成其目标的行为，因此，许多研究人员从"绩效管理是管理组织绩效的一种体系"的角度给绩效管理进行定义。其中，美国国家绩效评价中的绩效衡量小组（performance measurement study team）的定义很具代表性：绩效管理是"利用绩效信息协助设定同意的绩效目标，进行资源配置与优先顺序的安排，以告知管理者维持或改变既定目标计划，并且报告成功符合目标的管理过程"。据此，我们认为：政府部门的绩效管理是对公共服务绩效目标进行设定与实施，并对实现结果进行系统考查与追踪，推动绩效不断改进的系统活动和过程。

绩效管理的一般模式如图 9-1 所示。

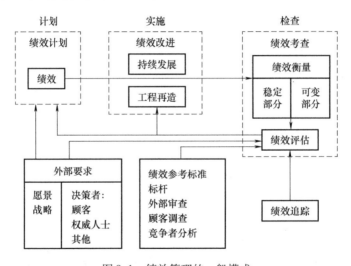

图 9-1　绩效管理的一般模式

其中，绩效计划、绩效评价、绩效衡量、绩效追踪是公共服务绩效管理过程四个最基本的功能活动。绩效计划（performance planning），是指建立、认同绩效目标，明确绩效衡量（performance measurement）的基础以及工作行动的过程。绩效评价（performance appraisal）是指实际的或者打算进行的对于绩效的客观和主观的测评过程。绩效评价可以是组织的绩效、计划的绩效和个人的绩效。在人力资源管理中，一般重视个人绩效评价，并以此作为增资、奖惩、晋升的依据。但对政府部门而言，比较重视的是对组织绩效的评价。绩效衡量（performance measurement）是管理者为了进行绩效评价而设计的一套衡量组织目标实现的指标系统，也就是衡量组织绩效的标尺，用以进行不同机关与不同时期的比较。绩效追踪（performance monitoring），是指对组织的绩效进行持续性的监测、记录与考核，以作为改进组织绩效的基本依据。

（二）政府部门绩效管理的作用

主要表现在以下三个方面：

（1）对组织而言，绩效管理是提高政府行政效率的动力。政府在履行职能过程中所耗费的社会资源，是全社会成员所必须担负的社会成本，政府提供的服务可视作其"产出"，在耗费相等的社会资源条件下，政府能提供的服务数量越多、质量越高，则其行政效率越高；相反，政府提供的服务数量很少，质量低劣，却又消耗了大量的社会资源，则其行政效率必定低下。传统上公共行政只重视过程、投入，不重视结果，往往导致形式主义、浪费和官僚主义。绩效管理则要求政府在提供公共服务的过程中，在执行程序和规则的同时，更要重视资源的有效配置，即"产出"好的结果，满足公民需求；重视"投入"与"产出"的比率，提高行政效率。具体来说，绩效管理对提高政府行政效率的促进作用表现在两个方面，一是绩效评价提供了一种组织压力情景，强化了政府部门的责任意识：政府的支出必须获得人民的同意并按正当程序支出；资源必须有效率的利用；资源必须用于达成预期的结果，从而促其提高行政效率。二是绩效管理将雇员发展目标与组织目标有机结合起来，无疑对组织行政效率的提高起着杠杆作用。绩效管理实际上是一种行为规范方式，它通过提出组织认可的、有助于目标达成的行为方式和行为标准，提供了组织内部的有效沟通，从而实现个人行为与组织目标的协调一致，必然促进组织行政效率的提高。

（2）对员工而言，绩效管理是一种激励的手段。奖励和惩罚是激励的主要内容，奖罚分明是劳动人事管理的基本原则。要做到奖罚分明，就必须要科学、严格地进行绩效管理，以绩效评价的结果为依据，决定奖或罚的对象、等级。各级人事部门对员工的德才表现和工作业绩进行全面考核，并把绩效评价结果同员工的任用、晋升、奖惩、增资、培训等紧密地结合起来，这就为员工的工作行为提供了测量标准，必然会起到鼓励先进、鞭策后进、强化员工责任感的作用，有利于激发员工的积极性，提高工作效率和工作质量。同时，绩效管理营造了一个优胜劣汰的组织环境，公正、平等的人才竞争机制的形成，为优秀人才的脱颖而出搭建了一个自我展示的平台，为组织合理、有效地使用人才奠定了基础，也可以防止人才选拔上存在的诸如领导主观主义、官僚主义、"开后门"等弊端。

（3）对公共服务对象而言，绩效管理是一条监督的途径。首先可以监督政府部门责任的实现和落实。政府部门对公民至少在以下三个方面的事情上负主要责任：一是政府的支出必须获得公众的同意并按正当程序支出；二是资源必须有效率地利用；三是资源必须用于达成预期的结果。与此同时，人们期望政治家能为自己做出的决定负责。通过绩效管理，尤其是绩效评价的方式，公共服务对象就能对政府部门是否负起了责任进行监督。其次是可以监督政府部门的科学决策。世界银行在其1997年的世界发展报告中指出，"每一个政府的核心使命"包括了五项最基本的责任，即：确定法律基础；保持一个未被破坏的政策环境，包括保持宏观经济的稳定；投资于基本的社会服务和社会基础设施；保护弱势群体；保护环境。政府在履行自己的职责、提供公共产品、进行公共服务时，科学决策就成为十分重要的问题。公共服务具有各种各样的顾客，他们的利益不同，要求也不同。进行绩效管理，不仅能够帮助决策者在进行决策时，既考虑到决策主要有利于哪一方面目标的实现，同时充分考虑决策是否还会对其他方面的目标造成不良影响，避免顾此失彼。而且，将大量决策（主要是经济决策）非政治化并将其托管给专家，而不是像原先的政客和官僚那样迫于利益集团的压力而做出带有极大随意性的决策，扩大了决策的透明度和政策的持续性，确保科学决策并最终向公众负责。

（三）政府部门绩效管理的特点

主要表现在以下三个方面：

（1）方向性。指政府部门绩效管理的目标导向。公共服务的绩效管理将公共服务的结果与行政效率、行政效能、行政效益等综合起来把握，不是简单地对政府提供公共服务数量、速度的考核。政府作为社会价值权威性分配的组织，首先要明确的是政府为谁服务，为社会中的哪些人提供效率。在政府提高生产力的同时，是否促进社会公平的实现。如果行政管理偏离了国家意志和人民要求，违背国家政策和法律，对社会带来消极的影响，谈论绩效就毫无意义。由此可见，政府生产力的政治目标，在很大程度上决定了政府生产力发展的方向及其绩效测量的标准。公共服务的绩效管理必须以行政管理活动方向的正确为前提，即必须符合国家意志和人民要求，并给社会带来积极的成果。

（2）系统性。指政府部门绩效管理的过程导向。公共服务绩效管理是一个复杂的系统工程，涉及面广，影响因素复杂。而且，各个层次、各种因素相互交织、渗透、影响，可变性很大。因此，公共服务的绩效不仅仅是反映在"产出"的结果上，而且贯穿于整个公共服务体系全部过程的每一环节。要把公共服务绩效管理作为一个开放的系统来考查，既要注意到管理对象的全局性，也要注意到各种因素的关联性，并尽可能地对这些与目标实现有关的因素加以系统的研究，对各种活动和计划成本精确配置，从而"制定绩效指标和产出标准，用来估计实现目标过程中所取得的成就"，并能够为科学决策提供准确、完整、系统的信息。

（3）灵活性。指政府部门绩效管理的指标导向。政策目标不同，就应该有不同种类的绩效指标系统。首先绩效指标是为适用于各种活动而建立的，可根据不同的目的制定出不同的指标。例如，如果主要关注的是公共资源的使用效率，那么，重点就将放在设计产出（和结果，如果可能的话）的标准方面；如果主要关注的是责任，那么重点就将放在测量为公众提供服务的程序性指标，诸如有效性、时间性、相关性方面；如果把注意的焦点放在管理者的能力上，那么，重点就应放在为个别单位或部门设定绩效目标方面。当然，这些目标可能并存在于相同的部门中。其次，政府部门追求的是政治和社会目标，不同层次的组织环境及其提供的公共产品在数量、质量、种类等方面的要求各有不同，因此不宜设定统一的营利性的绩效指标，每一个组织的绩效衡量都应该量身订制。再次，绩效衡量中往往存在许多不确定的因素。但是，灵活性并不是随意性，它反映的是组织调整其绩效管理指标体系以适应外界环境变化的能力。所以，政府部门绩效管理在确定绩效指标体系时，应实事求是，具体问题具体分析，在全面分析客观信息的基础上科学、有针对性地进行创新工作。

（四）政府部门绩效管理的指标

（1）绩效管理的指标。有效的绩效指标应有符合的标准要求。任何科学的测量都必须有确定的标准。对于任何一个组织来说，如果想准确地衡量其绩效并对组织的有效性做出正确判断，就必须建立一系列科学的评价指标。组织绩效是一个多范畴的概念，公共服务绩效管理中的绩效评价指标体系受到密切联系、相互作用的多种因素影响。绩效管理的指标体系要求能够对公共服务在实现战略目标的贡献度、质量、数量、效率、组织外部和内部顾客满意度等方面加以科学的衡量。其中有些是"硬指标"，包括各种经济和非经济尺度；有些是"软指标"，包括质量、态度及其他类似的标准。由于绩效管理的核心是一个由各种活动构成的循环，从这个角度来讲，构建公共服务绩效管理的指标体系，可以使用一个包括下面四个方面的模式：一是输入（input），指提高服务所需的资源，包括人员、物力、财政；二是过程（processes），包括传送服务的路途；三是输出（output），即组织活动或提供的服务；四是结果（outcome），即每一个产出或服务所产生的影响。但是，由于组织或行政机关的性质不同，政策规划和项目也有所不同，所以作为衡量其具体绩效的标准也应该有所不同。一般而言，一项有效的绩效指标应该符合下列七项标准：

- 可操作：标准要尽可能界定清楚、具体而且可以衡量；
- 针对性：标准必须和组织的需求与目标以及公众需求的程度有关；
- 可理解：应得到各级组织和员工的接受和支持，为组织的各级人员所接受；
- 可靠性：被评价的单位或个人不可影响绩效指标的运作；
- 广泛性：要尽可能涵盖管理行为的所有方面；
- 时效性：标准要体现时间观念，涵盖速度与时限两个因素；

- 实用性：在设计、实施和信息利用时要考虑其收益必须大于成本。

（2）指标确定。在具体的公共服务绩效管理实践中，确定公共服务绩效管理的指标体系应体现 4E 指标，即经济（economic）、效率（efficiency）、效能（effectiveness）、公平（equity）。

一是经济（Economic）。绩效在某种程度上反映的是投入与产出的关系，一切对效率的追求，都遵循经济的原则。就是少花钱，多办事，在追求尽可能大的效益的同时，尽可能地减少人力、物力、财力的消耗。公共服务绩效管理指标体系中的经济指标关心的是"投入"的项目，以及如何使投入的项目做最经济的利用，即要求以尽可能低的投入或成本，提供与维持既定数量和质量的公共产品或服务。

二是效率（Efficiency）。效率的基本含义是指产出与投入或效果与消耗之间的比率。公共服务绩效管理指标体系中的效率指标就是指生产或提供服务的平均成本以及资源的配置能否符合最大多数人的最大利益。通常要回答的问题是："机关或组织在既定时间内，预算投入，究竟产生了什么样的结果"。包括：服务水准的提供、活动的执行、服务与产品的数目、每项服务的单位成本等。

三是效能（Effectiveness）。公共服务绩效管理指标体系中的效果指标指公共服务符合政策目标的程度，是对公共服务中难以界定、量化的公共产品或服务的衡量，如顾客满意度、责任心等。通常从现状的改变程度、行为的改变幅度等两个方面加以衡量，关注的是绩效是否得到改善。

四是公平（Equity）。公共服务绩效管理指标体系中的公平指标是指接受公共服务的团体或个人所质疑的公正性，关注的是接受服务的团体或个人是否受到公平的待遇以及需要特别照顾的弱势群体是否能够享受到更多的服务。

（五）政府部门绩效管理的方法

1. 选择绩效管理方法的标准

政府部门绩效管理是一个复杂的有机整体，制定反映整体过程和各个部分之间关系的标准体系是一项极为复杂的系统工程，不能期望通过某种方法、一两个测定指标就能完全反映出政府部门的绩效高低。尤其在评价组织绩效的过程中必须采取多种不同方法，以综合反映组织绩效的全貌。在多种多样的方法中进行适当选择，不可忽视以下五个标准：

第一，效度，管理者对研究的结果有多少信心；

第二，相关性，结果对决策者是否有用；

第三，重要性，与直接观察相比，研究结果能否向决策者提供更多信息；

第四，效率，研究价值是否大于成本；

第五，及时性，是否能够及时得到分析的信息，满足方案目标的要求。

2. 政府部门绩效管理常用方法

（1）标杆测定法。标杆（benchmark）一词，原系地质等专业人员于测量的过程中在地形、地物上作符号，以作为测量的参考点。从管理的角度来讲，标杆有两种类型：一为内部标杆，主要系以政府部门或政府各部门之间为实施对象；二是外部标杆，主要以竞争者为对象，希望创造组织的成长空间。因此，有学者将标杆界定为"寻求达成卓越表现所需要的最佳经营方法、创新概念及高效率操作程序的一套系统过程"。标杆测定法最初是在工商界得以运用，经历了一个不断发展与完善的过程。在20世纪70年代，标杆测定法仅局限于将自己公司或组织的绩效与主要竞争对手相比较；从20世纪80年代以后，越来越多的组织开始重视寻找绩效卓越的组织或公司，努力学习其卓越的做法或经验，并加以吸收转化，纳入自己组织的改革，以提高组织的绩效；从20世纪90年代起，标杆测定法被引入政府管理领域，很快受到重视和喜爱，成为推动政府绩效改进的一个重要的管理工具。对一个组织而言，绩效的高低及卓越与否，是相比较而言的。在绩效管理中，必须寻找你所要比较的对象，通常这些组织的绩效表现优于你的组织，你期望超越它们；另一方面，必须试图了解它们的绩效表现优于你的组织的原因，哪些方法、程序是你想学习并引进的。标杆测定法正是通过比较的方式，提供了组织绩效改进的信息，成为组织绩效改进的良好途径。

（2）绩效考核。在政府部门，绩效考核主要是指根据法定的管理权限，按照一定的原则和工作绩效测量标准，定期或不定期地对所属部门和人员在工作中的政治素质、业务表现、行为能力和工作成果等情况进行系统、全面的考查与评价，并以此作为奖惩、职务升降、工资增减、培训和辞退等的客观依据的管理活动。绩效考核一般分为三个阶段：绩效考核准备阶段、绩效考核实施阶段、绩效考核总结阶段。

（3）其他测定方法。

1）预期效率比较法。这是对政府部门效率的预期测定，它适用于行政领导决策层。政府部门效率的高低，首先决定于行政决策质量的高低。为了确保行政决策质量，可以对各种决策方案的预期效果进行测定和比较。在设计备选方案时，由于某些无形的因素可以忽略不计，或者可以转化为有形的因素加以计算，所以，各种备选方案的投入和产出的指标一般都是比较确定的。把这些指标代入行政效率公式，就可比较预期效率的高低。

2）政府部门费用测定法。这是以政府部门经费的开支和使用的合理性及其效果为依据来测定政府部门效率的，它适用于管理层及其操作执行层。完成同一件工作，开支较少，则效率较高，反之则较低。完成同类工作，在开支相同的情况下，完成的任务量多，表明效率高，反之则表明效率低。具体可以从单位费用测定、件数费用测定、人均费用测定三个方面来测定。

3）时效测定法。时效是政府部门效率的一个重要指标，因为公共服务都是在时间流程中进行的。减少或缩短时间，实际上就是提高了公共服务效率。

4）功能测评法。用于测评公共服务的总体效能，即测评政府机关能否有效地实现其行政目标，出色地完成行政任务。运用此法首先要规定每种行政功能的各项目标，定出理想标准和最低限度标准，确定不同达标情况的分数等级，并确定主要目标和次要目标的权数（反映各种目标重要程度的数值）。然后，根据行政运行实况，对每种功能的各项目标分别评定分数，最后以该功能的总分反映其效能高低。

5）要素评分法。影响政府部门绩效的因素很多，不同因素对工作成败和效率高低有不同影响。有些因素会导致成功或高效率，有些因素会导致失败或低效率。通过分析管理活动中各主要因素的情况，可间接评定公共服务效率，还可通过分析找出影响效率的原因，为改进工作、提高效率提供依据。运用此法先要通过分析找出影响工作成败和效率高低的主要因素，按其作用的方向和强弱，确定等级分数标准和最高标准分。评定时根据实况按标准评分，以各项因素得分总和表现政府部门绩效。

6）标准比较法。此法是对公共服务的效果进行评定，看其是否和在多大程度上符合标准，反映的是公共服务的效益。衡量公共服务效果的标准，或是公认的，或是经专家研究后由有关部门规定的，都需要反映社会大众对公共服务的要求。这些标准的设定，也要分等级确定分数，并确定一般标准分。凡达到或超过标准分的为效益优良，低于标准分的为效益不佳。

（六）政府部门绩效管理存在的问题

虽然，政府部门绩效管理的作用已得到越来越多人的认同和重视，但同时一个不容忽视的事实是，在具体的绩效管理实践中，仍然存在着许多现实的问题，不仅影响绩效管理积极作用的充分发挥，而且还产生了一些消极影响。这些问题突出地表现在以下几个方面。

（1）绩效指标体系难以建立。为了有效地进行绩效管理，必须有一套明确的绩效指标体系，来体现绩效管理的目的，并通过考核给组织和员工确定明确的绩效改进方向。然而在实践中，很多组织的绩效考核往往没有明确的指标体系，随意性很大，或者对指标体系进行随意的诠释和理解；或者虽然有指标体系，但是却没有适当的评分标准等等。造成这些现象的根本原因在于绩效指标体系的设计受到多方面因素的限制。没有科学的绩效指标体系，就不可能提供科学的绩效管理。

（2）实际效果难以具体衡量。比如，私人产品是谁付费谁享用，非经物主许可任何人不得使用该物。而公共产品则有很大不同，公共产品通常无法分割，所有使用者无论付费与否都可从中受益，它们具有"非排他性"，即如果向一个人提供，则所有人皆可享用。这就使公共产品产出的价格和单位成本以及政府部门的计划结果往往难以衡量。况且，"产出"在一定程度上是有许多组织或个人所无法控制的要素确定的。再比如，公共服务的质量，由于其服务的特性，就很难用客观具体的数据来衡量。

（3）管理中的公平性问题。比如，功能相同的公共组织有地区性的差异，其规模大小亦不同，以同样的绩效指标来衡量它们之间的绩效并加以比较，并不公平。另外，分散于各个分支机构的绩效，能否总结起来当作中央机构的绩效，不仅在技术上有困难，在实践上也是值得研究的。

（4）绩效衡量中的问题。绩效衡量在绩效管理中扮演着举足轻重的角色：使用得当，可以成为大幅度提高组织绩效的助推器，使用不当则会变成组织变革和绩效提升的拦路虎。实践中，绩效衡量中存在的最常见的问题有：一是重内部轻外部。绩效指标往往着眼于满足内部需要，绩效指标设计也仅限于某些内部职能部门，如财务、人力资源、信息技术等等。管理者满足于命令-控制模式。这就忽略了公共服务对象的需求。二是重个人轻整体。大量的证据表明，一个组织85%~90%的错误来源于组织结构、系统和过程，但是大多数的职能部门还是习惯于从个人身上而非组织结构和流程上找问题。三是重数据轻行动。绩效衡量仅仅是一个指标汇报体系，衡量结果只能告诉组织绩效的现状，很难找出问题之症结所在。绩效的提高则有赖于将相关人员组织起来，对关键流程和支持系统进行分析和改进。如果绩效衡量不能导致绩效改进，那么进行绩效衡量是毫无意义的。

（七）政府部门绩效管理的改进方法

政府部门绩效管理中存在问题是多方面的，解决这些问题也需要多方合力。美国会计总署（General Accounting Office）1983年在对许多公司和地方政府实施绩效管理的做法进行调查后，确认了七项成功进行绩效改进的做法。这七项做法是：

（1）绩效成为组织管理核心。绩效中心的作用在于促使绩效管制制度化；收集和传递绩效信息；向高层管理者提供绩效数据。

（2）高层的支持与承诺。这并不意味着行政首长仅仅阐述绩效的重要性，更重要的是，要求高层管理者定期审查组织以及组织管理的绩效，促使组织成员要为绩效的改进负责。明确的高层支持可以使绩效改进具有合法性和有效性。

（3）制定绩效目标和绩效规划。一个组织必须在绩效改进方面有明确的目的和目标，目标可以是宏观的，亦可以是具体的，要将总体目标与实现目标的方法结合起来。尽管适应每个组织的规划可能千差万别，但规划本身是必要的，因为它向所有的组织成员阐明了目标，以及如何实现这些目标。

(4) 绩效衡量要有意义。绩效衡量是绩效改进中重要的一个环节。绩效衡量并不一定要非常全面，但它必须是那些容易理解和计算，并且对管理者和组织成员有意义的。

(5) 绩效责任。除非得到运用，否则绩效规划和衡量体系没有任何价值。要通过阐明预期的绩效，比较现有绩效与预期绩效的差距，并运用这些信息评价管理者和组织的绩效等方法，促使责任的实现。每一个组织必须研制适合自己的绩效责任体系。

(6) 绩效意识，并促使组织成员参与绩效改进。要促使组织成员认识到绩效的重要性，组织的成员要参与到组织绩效改进的进程之中。

(7) 持续改进绩效。要通过绩效评价，发现绩效管理存在的问题，并寻找机会持续加以改进。

（八）政府绩效管理模型构建

绩效是组织的使命、核心价值观、愿景和战略的重要表现形式，也是决定组织竞争成败和能否可持续发展的关键因素。如何利用科学的理论、工具和方法对绩效进行计划、监控、评价和反馈，不断提升绩效水平，从而实现组织既定的战略目标，始终是管理学界热衷的话题。政府绩效管理在提高政府行政效率、提升政府管理效能、完善政府服务质量和改善政府形象等方面，发挥着至关重要的作用。

1. 绩效管理的结构模型

结合国内外政府绩效管理的研究和实践，提出一个基于使命、核心价值观、愿景和战略的政府绩效管理模型，即：以使命、核心价值观和愿景为基础，在组织、部门和个人三个层级上分别确定具体绩效实施战略，综合考虑评价内容、评价主体、评价周期、评价方法和结果运用这五个关键要素制定绩效目标和实施计划，并通过计划、监控、评价和反馈四个环节实现有效绩效管理循环系统。战略性政府绩效管理结构图如图9-2所示。

2. 绩效管理模型的三个层级

根据管理层级可将政府绩效划分为组织绩效、部门绩效和个人绩效三个层级。

(1) 组织绩效。组织绩效是指各级政府组织在履行职能和实现组织目标过程中，在效率、效益、效果等方面的完成情况。

(2) 部门绩效。部门绩效是指各级组织下设的分支部门在履行职能和实施部门目标过程中在效率、效益、效果及质量等方面的完成情况。

(3) 个人绩效。个人绩效是指员工个体所表现出来的能够被评价的与组织目标及部门目标密切相关的工作行为及其结果。

组织绩效、部门绩效、个人绩效都是紧密相连的。组织绩效和部门绩效来

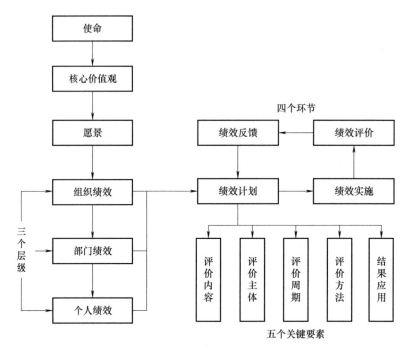

图9-2 战略性政府绩效管理结构图

源于个人绩效,也是个人绩效的高度整合。组织绩效和部门绩效是通过员工个人的协作努力来共同实现的,离开个人绩效,部门绩效和组织绩效是不能成立的。同时个人绩效也通常通过部门绩效和组织绩效来体现和印证,脱离了组织绩效、部门绩效的个人绩效也是难以体现其价值和意义的。因此,组织绩效、部门绩效和个人绩效共同构成了一个层层相扣、相辅相成的完整体系。

3. 绩效管理的四个环节

为了确保绩效管理的有效性,在实施绩效管理时要严格按照计划绩效、监控绩效、评价绩效和反馈绩效这四个环节来开展管理活动。

(1) 计划绩效。计划绩效作为战略绩效管理系统闭环中的第一个环节,是指在新的绩效周期开始时,管理者和员工一起就员工在新的绩效周期将要做什么、为什么做、做到什么程度、何时做完以及怎么做等问题进行讨论,促进相互的理解和协议的达成,最终确定绩效目标的过程。

(2) 监控绩效。监控绩效主要指管理人员在整个绩效管理循环的实现过程中,与员工进行持续的绩效沟通,了解员工的工作状况,预防并解决绩效管理过程中可能发生的各种问题,帮助员工更好地完成绩效计划。在监控绩效阶段,管理者主要承担两项任务:一是采取有效的管理方式监控员工的行为方向,通过持续不断的双向沟通,了解员工的工作需求并向员工提供必要的工作指导。

二是记录工作过程中的关键事件或绩效数据,为绩效评价提供信息。

(3)评价绩效。评价绩效特指在绩效周期结束时,由不同的评价主体使用有效的评价方法和衡量技术,对员工的工作绩效进行判断的过程。但是需要注意的是,绩效评价应放到整个绩效管理过程中考查,即将其看作绩效管理过程中的一个环节,且不能与其他环节相脱离。对于评价绩效的理解,应掌握以下两点:一是绩效评价不能与绩效沟通相分离,因为管理者与员工之间进行绩效沟通的过程,实际上也是评价者观察评价对象绩效情况的过程;二是绩效管理不是为了简单的评价,更重要的是通过绩效评价的结果,向员工反馈绩效优秀和绩效低下的原因。因此,绩效评价与绩效反馈的过程是密切相关的,它是绩效管理过程中的核心环节,也是技术性最强的一个环节,需要特别关注。

(4)反馈绩效。反馈绩效是指在绩效周期结束时,管理者与员工就绩效评价进行面谈,使员工充分了解和接受绩效评价的结果,并由管理者对员工在下一周期该如何改进绩效进行指导,最终形成正式的绩效改进计划的过程。绩效反馈贯穿于整个绩效管理的始终,在绩效周期结束时进行的绩效反馈是一个正式的绩效沟通过程。

4. 绩效管理的五项关键要素

(1)评价内容。评价内容主要是指如何确定绩效评价的指标、权重及目标值。为了确保政府战略目标的实现,需要在政府绩效管理过程中,将各级政府组织的战略目标转化为可以衡量的绩效评价指标,从而为政府战略目标的实现具体落实到各个政府部门和每个公务员身上。具体步骤如下:首先,通过明晰各级政府组织的使命、核心价值观、愿景、战略以及明确各级政府组织和部门的阶段性工作任务,来设计各级政府组织整体绩效的评价指标;其次,依据各级政府部门的职责和通过承接或分解政府组织的战略目标来制定各级政府部门的绩效评价指标;最后,公务员个人的评价指标则可以根据公务员的职位职责和通过承接或分解政府部门的绩效目标来确定,最终形成的绩效评价指标体系主要由工作业绩类指标以及少量的态度类指标组成。因此,政府绩效评价指标体系的战略导向和行为引导作用在很大程度上体现在政府绩效评价指标的选择和设计上。

(2)评价主体。评价主体主要是指对评价对象做出评价的组织、部门及个人。通常评价主体可分为内部评价主体和外部评价主体。内部评价主体主要包括上级、同级、下级。外部评价主体包括立法机关、审计机关、社会公众、大众传媒、专业评价机构等利益相关者。

在设计政府绩效评价体系时,选择正确的评价主体,确保评价主体与评价内容相匹配是一项非常重要的原则,即根据所要衡量的绩效目标以及具体的评价指标来选择绩效评价主体。根据这一原则,评价主体应当及时、准确地掌握信息，只有对评价对象的职能、职责、绩效目标及实际产出有比较充分的了解，才能确保评价结果的合理性和有效性。例如：对于工作业绩类指标，显然下属公务员的直接上级和主管领导最清楚，适合由上级评价；而态度类指标的评价主体可以扩展到同级和下级，甚至是外部利益相关者，由他们来共同进行评价。

(3) 评价周期。评价周期所回答的问题是多长时间评价一次。评价周期的设置应尽量合理，即不宜过长，也不能过短。如果评价周期太长，评价结果就会出现严重的近期误差，即人们对最近发生的记忆深刻，而对以往发生的事情印象淡薄，评价主体会根据评价对象近期的表现来判断其整个周期的表现，这样会导致绩效评价信息的失真，并且不利于公务员个人绩效的改善；如果评价周期太短，一方面许多工作的绩效情况可能还没有体现出来，另一方面过度频繁的绩效评价也会造成评价主体的工作量过大。

通常情况下，若根据职位的类别来确定评价周期，则高级管理职位的评价周期较长，而低级一般职位的评价周期较短。同时，相较于工作业绩类指标，态度类指标评价周期相对较短。在实际的管理实践中，评价周期与评价指标、政府组织和部门的职能特点、具体的职位等级和类别以及绩效实施的实践等诸多因素有关，采用年度、季度、月度甚至工作日作为评价周期的情况都有。因此，选择绩效评价周期不宜一概而论，而应根据管理的实际情况和工作需要，综合考虑各种相关影响因素，合理选择适当的绩效评价周期。

(4) 评价方法。评价方法就是判断政府组织、部门和公务员个人工作绩效时所使用的具体方法。正确地选择政府绩效评价方法对于得到客观公正的绩效评价结果具有重要意义。各种不同的评价方法都是管理实践积累的宝贵财富。通常，评价方法可以划分为两大类，相对比较和绝对比较。每类又细分为若干具体的评价方法，其中相对比较包括排序法、配对比较法等；绝对比较包括等级鉴定法、行为定量表法和混合标准量表法等。每种方法都各具特点，并无优劣之分。总的原则是要根据所要评价的指标特点选择合适的评价方法。在选择评价方法时还要考虑设计和实施的成本问题。

(5) 结果应用。政府绩效评价结果能否被有效利用，关系到政府绩效管理系统的成败。在政府管理实践中，政府绩效评价结果主要用于两个方面：一是通过分析绩效评价结果，评判下属公务员的绩效差距，找出产生绩效差距的原因，制定相应的绩效改进计划，以提高公务员的工作绩效。二是将绩效评价结果作为人力资源管理各项决策的依据，如培训开发、职位晋升和薪酬福利等。绩效评价结果具体应用于哪些方面是与评价指标的性质相联系的，如果政府绩效评价结果没有得到相应的应用，就会产生政府绩效管理空转现象。

第二节 标准要求

一、GB/Z 30006《政府部门建立和实施质量管理体系指南》标准要求

0.2 政府部门质量管理体系的特点

《中华人民共和国宪法》要求国家政府部门努力为人民服务。政府部门的质量管理体系以人民群众的需求和期望为出发点，以国家赋予的各项职责为前提，以其履行职责所开展的各工作事项及过程为基础和管理单元。其基本的建立和运行模式见图1（略）。

此运行模式中，政府部门以履行国家赋予的职责为前提，把人民群众的需求和期望作为关注焦点，以规范和高效履行职责为目标，依据相关法律、行政法规、地方性法规、国务院部门规章、地方政府规章、自治条例、单行条例、规范性文件，梳理工作事项及其相应的实体要求和程序要求，确定各项工作职责所包含的工作事项、过程及其相互关系，并执行过程，落实要求，努力实现工作目标，从而为人民群众提供满足其需求和期望的社会公共服务和管理。

政府部门关注行政管理相对人的需求和期望，并为其提供高效、优质的服务，但前提是其需求和期望与人民群众的利益和政府部门履行职责的要求相一致。

7.1 数据分析和评价

政府部门应定期对自我检查、内部审核、外部评价和满意度测评的情况进行汇总，并分析问题和不足及其原因，并采用统计分析的方法来提高数据分析的有效性和效率，判断和评价质量管理体系运行和发展的趋势，发现和处置潜在的问题。

二、ISO 9000《质量管理体系 基础和术语》标准要求

2.4.2 质量管理体系的建立

质量管理体系是通过周期性改进，随着时间的推移而进化的动态系统。无论其是否经过正式策划，每个组织都有质量管理活动。本标准为如何建立正规的体系，以管理这些活动提供了指南。确定组织中现存的活动和这些活动对组织环境的适宜性是必要的。本标准和GB/T 19001及GB/T 19004一起，可用于帮助组织建立一个完善的质量管理体系。

正规的质量管理体系为策划、完成、监视和改进质量管理活动的绩效提供了框架。质量管理体系无须复杂化，而是要准确地反映组织的需求。在建立质量管理体系的过程中，本标准中给出的基本概念和原则可提供有价值的指南。

3.7.10

效率 efficiency

得到的结果与所使用的资源之间的关系

3.7.11

有效性 effectiveness

完成策划的活动并得到策划结果的程度。

> 注：这是ISO/IEC导则 第1部分ISO补充规定的附件SL中给出的ISO管理体系标准中的通用术语及核心定义之一。

三、ISO 9001《质量管理体系 要求》标准要求

0.1 总则

采用质量管理体系是组织的一项战略决策，能够帮助其提高整体绩效，为推动可持续发展奠定良好基础。

组织根据本标准实施质量管理体系的潜在益处是：

a) 稳定提供满足顾客要求以及适用的法律法规要求的产品和服务的能力；
b) 促成增强顾客满意的机会；
c) 应对与组织环境和目标相关的风险和机遇；
d) 证实符合规定的质量管理体系要求的能力。

本标准可用于内部和外部各方。

9 绩效评价

9.1 监视、测量、分析和评价

9.1.1 总则

组织应确定：

a) 需要监视和测量什么；
b) 需要用什么方法进行监视、测量、分析和评价，以确保结果有效；
c) 何时实施监视和测量；
d) 何时对监视和测量的结果进行分析和评价。

组织应评价质量管理体系的绩效和有效性。

组织应保留适当的成文信息，以作为结果的证据。

10 改进

10.1 总则

组织应确定和选择改进机会，并采取必要措施，以满足顾客要求和增强顾客满意。

这应包括：

a) 改进产品和服务，以满足要求并应对未来的需求和期望；
b) 纠正、预防或减少不利影响；
c) 改进质量管理体系的绩效和有效性。

注：改进的例子可包括纠正、纠正措施、持续改进、突破性变革、创新和重组。

第三节　应用案例

以下提供绩效管理在政府部门质量管理体系中应用的案例，供参考借鉴。

一、某省级检验检疫局《绩效考评实施方案》

绩效考评实施方案

为贯彻落实质检总局绩效考核要求,继续做好并深化201＊年本局绩效管理工作,依据《本局绩效管理办法》,制定本方案。

一、指导思想

以管理体系为基础,以绩效考评为抓手,以部门职责为依据,突出主要业务,兼顾重点事项,狠抓职工队伍素质能力提升、办公办事过程效率提升、履职结果成绩效果提升,严格落实总局绩效考核要求,强化体系管理与绩效管理融合,努力提高本局依法行政能力和服务经济发展能力,切实履行好检验检疫职能,提高行政执法绩效水平。

二、基本原则

贯彻总局继承、发展、公平、客观、严谨、均衡的考核基本原则,充分发挥本局绩效管理引导绩效、评价绩效、激励绩效、改进绩效、提升绩效的积极作用。

三、组织机构

局党组为绩效管理领导小组,负责全局绩效管理的组织领导,推进绩效管理工作,研究解决绩效管理工作中的重要问题。

绩效管理委员会(以下简称"绩效委")负责组织、协调、指导、推进全局绩效管理工作,研究和处理绩效管理具体问题。

风险处负责组织实施本方案,局机关各处室、机关中心依据部门职责负责全局绩效考评项目的设置和实施工作。

四、考评对象

按行政职能处室(风险处列入行政职能处室序列进行考评)、业务职能处室、分支局、办事处、直属事业单位,分5个序列进行部门绩效考评(见附件1、附件2、附件3)。

五、考评项目

(一)项目类别。按照主要职能、综合事务、突出事项、综合测评4个类别设置考评项目,实施全面绩效管理。其中,主要职能权重为60,综合事务权重为20,综合测评权重为20,该权重分配可根据局党组要求进行适时调整。突出事项作为认定标准不设权重。

主要职能:对执行机构检验检疫业务核心工作的履职情况进行考核评价,对职能处室部门职责事项的履职情况进行考核评价。同时,总局绩效考核指标、本局年度重点工作、党组交办重要事项等未列入职能处室部门职责事项的内容,应纳入相应主办部门的主要职能类别进行考核评价。

综合事务:对全局各部门未纳入主要职能的业务承办工作和行政管理事项的落实情况进行综合考核评价。其中,行政职能处室已纳入自身主要职能进行考评的项目,不对其重复考评。

突出事项:对全局各部门的突出成绩和突出问题进行认定(见附件4、附件5)。

综合测评:对执行机构设置党组评价和对象评价进行满意度测评,对职能处室设置总局评价、党组评价和履职测评进行满意度测评。其中总局评价结果等效采用相关职能处室所承担总局考核指标的实际得分率。

（二）项目设置。考评类别及权重由风险处拟定。主要职能和综合事务的考评项目由局机关各处室、机关中心依据部门职责拟定，报风险处备案。突出事项认定标准由风险处会商有关机关处室和机关中心并报绩效委确定；综合测评考评项目中的具体测评事项和标准，由通关处和风险处依据考评工作分工分别拟定。

各考评部门应当结合考评项目对应的作业指导书制订考评细则，规范数据采集统计方法，以及结果数量和质量等次评价标准及方法，确定后报风险处统一发布作为实施考评的依据。考评项目拟订后，各部门应识别适用于本部门的考评内容，经考评双方确认后报风险处备案，作为确定考评关系的依据。

（三）数据采集。主要通过信息化、监督检查、日常工作和测评问卷等方式进行采集，由风险处负责统一组织实施。

信息化采集：凡是有信息化系统应用软件的考评项目，各考评部门应按照考评数据报送周期指定专人定时采集数据。

监督检查采集：各考评部门应认真落实专项检查、业务督察计划，规范检查记录，结合检查记录指定专人采集数据。

日常工作采集：各考评部门应结合各岗位日常工作流程环节，认真落实管理要求，通过文审记录的形式采集数据。

测评问卷采集：采取向相关方发放测评问卷的方式采集数据。

六、考评方式

（一）项目考评。充分结合日常管理工作，通过客观采集和统计各考评项目的符合率、完成率和达优率，实现过程和结果的同步考评。

符合率（规范度）作为过程考评，用于考评执行机构依法行政和按制度办事执行过程的规范程度，以及职能处室相应事项管理过程的规范力度。例如：业务工作的符合率＝（1－相关业务督察或专项检查等发现的差错率）×100%。

完成率（达成度）作为结果考评，用于对某一考评项目的结果完成数量进行考评。例如：检验检疫业务的完成率＝（不合格检出批次÷施检批次）×100%，即"检出率"。

达优率（成效度）作为效果考评，用于对某一考评项目的结果完成质量进行考评。例如：检验检疫业务的达优率＝（重要不合格检出批次÷不合格检出批次）×100%，即"重要检出率"。

（二）综合考评。风险处定期对符合率、完成率和达优率进行综合统计，分别进行同比和类比，可计算得出各考评类别或考评项目的能效度、提升度和水平度，用于综合评价部门绩效。其中，能效度权重为50，提升度权重为40，水平度权重为10，该权重分配可根据局党组要求进行适时调整。

能效度是对符合率（规范度）、完成率（达成度）、达优率（成效度）的综合统计结果，用于评价实际产生绩效的程度。能效度＝符合率×符合率权重＋完成率×完成率权重＋达优率×达优率权重。原则上各权重相同，但考评部门可根据考核需要申请调整相应权重，三者权重之和应为100。

提升度是符合率、完成率、达优率或能效度的同比或环比结果，用于评价同一项目、同类项目或同一部门绩效改进和提升的程度。

水平度是当前符合率、完成率、达优率或能效度与同一项目、类别或部门的效度比较，用于评比该能效度所在考评序列中的位次和水平程度。

七、时间安排

（一）过程反馈。各考评部门应于每季度末月 20 日前，按考评项目要求完成数据采集及汇总统计工作，向风险处报送各阶段规范的绩效数据和统计结果。风险处汇总考评结果后，应向全局各部门和主管局领导及时反馈。若对考评结果有异议，相关部门可在反馈之日起 5 个工作日内，向绩效委提出书面申诉。对阶段反馈中发现的问题，要求各被考评部门提出整改措施，明确整改时限，及时进行整改，并向风险处报送整改结果。

（二）年终考评。年终考评原则上应于次年 1 月初开始，2 周内完成并发布考评结果。考评时间节点为 1 月 1 日至 12 月 31 日。年终考评结果由风险处根据各考评部门报送的日常考评结果统计汇总得出，原则上不派考评组到现场考评。

八、考评结果

风险处根据部门绩效考评结果和突出事项认定结果，拟定各部门年度绩效评比结果，经绩效委审核通过后报请局党组审定。

各考评序列部门绩效评比分为 3 个等级，名额分配如下。

一等：行政职能处室考评序列的前 2 名、业务职能处室考评序列的前 3 名、分支局考评序列的前 3 名、办事处考评序列的前 3 名、直属事业单位考评序列的前 2 名。

二等：除一等和三等部门外的其余部门。

三等：绩效评比结果为三等的部门。

九、结果通报

风险处根据局党组审定结果，将绩效评比结果以及本年度绩效提升度和水平度高的部门向全局进行通报。并以点对点方式，将各部门详细的评价结果通报给各被考评部门主要负责人。

十、结果应用

（一）绩效考评结果可作为各部门改进绩效的基本依据。对年终绩效考评中发现的问题，全局各部门应认真研究，及时进行整改，并通过部门自查报表、专项检查报表和年度体系工作报告向风险处报告整改结果和验证情况。机关处室制定涉及全局性的改进措施，应当明确整改时限，报请主管局领导审批后报风险处备案，并在下一年度体系工作报告中报告整改情况和结果。

（二）绩效考评结果可作为评审本局双责能效综合行政管理体系有效性的基本依据。按照本局《管理评审控制程序》规定用于管理评审，为局党组实施体系和绩效管理决策提供支持。

（三）绩效考评结果可作为实施绩效激励的基本依据。评比等次结果可作为确定各部门处级以下干部年度考核优秀比例，以及评选先进部门和向上级部门推荐评优的重要参考，具体实施分别由人事处和党办负责。

附件：1. 分支机构考评项目
2. 机关处室考评项目

> 3. 直属事业单位考评项目
> 4. 本局突出成绩认定标准
> 5. 本局突出问题认定标准

二、某省级检验检疫部门《绩效考核管理工作程序》

> **绩效考核管理工作程序（部分）**
>
> ……
>
> 4.3.1　绩效考核工作流程
>
> 　　省局综合绩效考核领导小组，负责全省系统综合绩效考核工作的组织领导。领导小组下设绩效管理工作办公室，负责绩效管理考核工作的组织实施，协调处理重要事项，就重大事项向领导小组提出建议，落实领导小组决策意见，对各项具体工作实施指导。
>
> 4.3.2　控制要求
>
> 4.3.2.1　确定年度考核目标。绩效考核指标由检验检疫基础职责、年度重点及动态工作、综合评价和突出成绩加分等部分构成，并考虑一票否决等情况。
>
> 4.3.2.2　制定年度考核实施细则。每年初由省局绩效办会同各分支局和省局各处室、直属单位，拟定其具体量化考核指标、分值、评分标准和考核方法，制定年度绩效考核实施细则，形成《全省系统年度绩效考核指标》。
>
> 4.3.2.3　绩效考核过程控制。绩效考核主要采取"报、察、审、评"的方法。"报"，是各单位自报需报送的绩效考核指标的相关数据、信息。"察"，是绩效办组织或结合质量管理体系审核、年度考核、巡视、审计、干部监督检查、行政执法责任制、业务督察等方式，对绩效考核指标执行情况进行的督察、抽查。"审"，是按照"谁主管、谁考核"的原则，由行业管理部门对单位提供的材料、信息和数据的真实性，采取远程、实地、统计分析等形式进行的评估、审核、验证。"评"，是领导小组、行业管理部门、地方党委政府有关部门和工作对象（企业）做出的评价。绩效考核采取日常考核与年终考核相结合的方式。绩效办每季度组织对基础职责、年度重点及动态工作执行实现情况实施考核；组织由相关单位人员组成的考核组，每半年对各单位基础和业务工作（含质量体系）运行情况实施抽查考核。对未完成或延期完成年度重点及动态工作目标的单位，若有特殊原因，须填写《年度重点及动态工作目标未完成/延期完成情况说明表》，说明理由，由领导小组研究决定是否扣分。
>
> 4.3.2.4　半年行业管理报告。各行业管理部门负责日常考核，根据日常所采集的数据、信息，对各职责基础工作和年度重点及动态工作指标执行情况，进行监督检查。每半年向绩效办提交一份行业管理报告。
>
> 4.3.2.5　年度考核检查。绩效办组织开展综合评价工作，包括：系统评价、省局党组成员评价、当地政府部门和工作对象（企业）评价（或顾客满意度调查），一般于年终进行。
>
> 4.3.2.6　确定考核结果。绩效考核等级分为优秀、良好、合格、不合格四个等级。绩效办年终对各单位绩效考核情况进行汇总、审核与评议，并将评议结果报领导小组审定。形成的最终绩效考核结果应予以公示和通报。

4.3.2.7 考核结果应用。绩效考核优秀等级的单位,干部年度考核优秀等次的比例,最高允许达到22%;主要负责人干部年度考核可优先确定为优秀等次。考核良好等级的单位,干部年度考核优秀等次的比例,最高允许达到18%;主要负责人干部年度考核可确定为优秀等次。考核合格等级的单位,干部年度考核优秀等次的比例,最高允许达到15%;主要负责人干部年度考核一般确定为称职等次。考核不合格等级的单位,干部年度考核优秀等次的比例,不得超过12%;主要负责人干部年度考核,应确定为称职或以下等次。被一票否决的单位,否决项的分管负责人干部年度考核,应确定为基本称职或不称职等次。
5. 绩效考核管理工作流程(见图9-3)

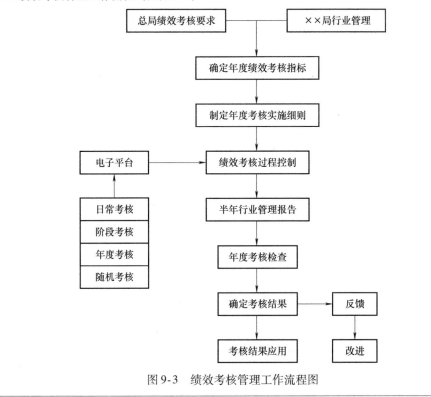

图9-3 绩效考核管理工作流程图

三、某直辖市质监局《行政机关公务员绩效管理暂行办法》

行政机关公务员绩效管理暂行办法

第一章 总则

第一条 为规范绩效管理工作,正确评价我系统单位(部门)及公务员的工作实绩,提高工作效能,更好地履行质量技术监督职责,提高公务员队伍的整体素质,依据《中华人民共和国公务员法》《公务员考核规定(试行)》《本市公务员考核实施办法(试行)》和《北京市市级国家行政机关绩效管理暂行办法》,结合市局工作实际,制定本办法。

第二条　本办法适用于市局机关各部门、各区县局（分局）、稽查大队、直属事业单位（统称绩效责任单位）；全系统公务员。

第三条　对单位（部门）和公务员的绩效管理坚持客观公正、注重实绩的原则，实行整体考评与个体考评相结合，领导考评与群众评价相结合，日常考评与年度考核相结合，定性分析与定量分析相结合的方法，按照规定的权限、条件、标准和程序进行。

第二章　绩效管理的组织

第四条　市局设立绩效管理办公室，负责本系统的绩效管理工作。绩效管理办公室由市局领导、办公室、人事教育处、监察处、法规处、质量管理处、计划财务处、机关党委的主要领导组成。市局办公室和人事教育处负责承担绩效管理办公室的日常事务工作，质量管理处为全局绩效考核综合评价部门。

第五条　绩效管理办公室的主要职责包括：

（一）制定、修订绩效管理办法，编制年度绩效管理工作计划；

（二）组织开展全年绩效管理工作，指导、监督各单位（部门）和公务员的考核工作，协调解决绩效管理工作中的问题；

（三）根据全市有关要求和绩效考核结果，确定年度优秀部门和优秀公务员的人选；

（四）反馈绩效考核成绩，提出改善绩效的工作计划，监督各单位（部门）和公务员的绩效反馈工作；

（五）制定年度考核优秀的奖励方案，组织考核结果的应用；

（六）受理对公务员绩效考核被确定为不称职等次的申诉；

（七）承担绩效管理的其他日常工作。

第六条　市局机关各部门正职负责本部门人员的日常考评，部门副职配合正职完成对分管人员的考评工作。区县局公务员的日常考评由其直接上级负责。单位（部门）的绩效管理职责包括：

（一）定期对本单位（部门）公务员完成日常工作和重点工作任务情况进行评价；

（二）协助绩效管理办公室开展对本单位（部门）公务员的年终考核工作；

（三）对绩效管理体系的建设、考核方案的实施提出意见和建议。

第三章　单位（部门）绩效管理

第七条　对单位（部门）的绩效管理，以履职效率、管理效能、服务效果、创新创优及行政问责为主要考核内容，采取百分制打分的形式，前四项占单位（部门）考核成绩的比例分别为20％、45％、30％、5％；行政问责为减分项。以上考评内容依照《专项考评实施细则》执行（附件1，略）。

（一）履职效率：重点考评各单位（部门）依照"三定"规定职责应承担的年度重点工作任务，实行每季度检查，半年进行考评。由各单位（部门）处级正职编制单位（部门）季度工作计划和工作总结，市局办公室以工作进度和时间节点为依据实施督查考核，起草季度督查考核报告。

（二）管理效能：重点考评单位（部门）依法行政（5％）、行政审批（11％）、效能监察（4％）、财务绩效（5％）、公务员队伍建设（5％）、宣传工作（5％）、政府信息公开（5%）、党建工作（5%）等8项考核内容，实行半年考评。分别由市局法规处、监察处、计划财务处、人事教育处、办公室和机关党委负责。

（三）服务效果：重点考评服务中央单位和驻京部队情况（5%）、领导满意度评价（10%）、协调配合满意度评价（5%）和公众满意度评价（10%），实行年度考评。服务中央单位和驻京部队情况、协调配合满意度评价由市局办公室负责；领导满意度评价由人事教育处负责；公众满意度评价由质量管理处负责。

（四）创新创优：重点考评各单位（部门）创新创优成果（5%），实行年度考评，由质量管理处负责。

（五）行政问责：实行年度考评。由驻市局监察处和计财处共同负责，扣除分值最多不超过20分。

第八条　市局办公室依据各项考核内容的权重系数计算单位（部门）年度考评成绩。绩效管理办公室核定年度考评成绩，报局党组审议通过后，将考核结果在本系统范围内公示。

第九条　单位（部门）考评的等次分为优秀、合格、基本合格和不合格四个等次。

（一）单位（部门）考核实行百分制。其中70分以上确定为合格等次，60～69分确定为基本合格等次，60分以下确定为不合格等次。

（二）优秀部门依据相关名额要求，由绩效管理办公室依据单位（部门）考核成绩的先后顺序产生。

第四章　公务员考核

第十条　对公务员的考核，以公务员的职位职责和所承担的工作任务为基本依据，全面考核德、能、勤、绩、廉，重点考核工作实绩。

第十一条　公务员考核分为平时业绩考评和年度民主测评，采取百分制的形式。平时业绩考评以季度为周期，重点考评公务员履职情况和重点工作任务完成情况；年度民主测评采取360度测评的方式，全面考评公务员德、能、勤、廉等方面的表现情况。

（一）平时业绩考评：被考评人根据本岗位工作职责、本年度工作计划等，在与直接上级沟通的基础上，填报并确认《公务员个人季度工作计划书》和《公务员个人季度工作总结》，直接上级相互沟通后依据工作计划完成情况，对公务员绩效进行检查和审核，给出分数和考核等次，提出绩效改进的建议。公务员年度业绩考评成绩为四个季度的算术平均值。

（二）年度民主测评：处级领导职务公务员的年度民主测评依照《本市质量技术监督局处级领导班子和领导干部年度考核暂行管理办法》执行；其他公务员民主测评的主体为本单位（部门）其他公务员，测评内容为《公务员民主测评量表》（附件2，略）。

第十二条　公务员年度考核成绩由单位（部门）考评成绩、公务员平时业绩考评成绩、公务员个人民主测评成绩构成，其权重比例为4:3:3。

第十三条　公务员考核的等次分为优秀、称职、基本称职和不称职四个等次。

（一）公务员考核70分以上确定为称职等次，60～69分确定为基本称职等次，60分以下确定为不称职等次。

(二)各单位(部门)优秀公务员的名额,由人事教育处依据本市相关要求统一核定。具体名额分配参照以下标准:

1. 单位(部门)公务员数量;

2. 单位(部门)年度考核成绩;

3. 单位(部门)年度内有无重大责任事故和违纪违规。

第十四条 绩效管理办公室最终核定考核等次后,对拟定为优秀等次的公务员在规定范围内公示。

第十五条 考核结果通知被考核者和被考核者的直接上级,由直接上级与被考核者进行面谈,提出绩效改进的计划,并由被考核者本人确认。

第十六条 公务员对年度考核定为不称职等次不服,可以申请复核和申诉。

绩效管理办公室是公务员申诉的最终处理机构。公务员向绩效管理办公室提交申诉书,内容包括姓名、所在部门、申诉事项和申诉理由等。绩效管理办公室应在3个工作日内做出是否受理的答复。受理的申诉事件,应在充分调查取证的基础上,于15个工作日内给予答复。

第十七条 公务员年度考核结果以《公务员年度考核登记表》的形式存入公务员本人档案,同时由市局人事教育处将全系统公务员年度考核情况报送市人力资源和社会保障局备案。

第五章 考核结果的应用

第十八条 单位(部门)年度考评成绩与单位(部门)人员年度绩效管理奖金挂钩。

(一)凡完成绩效管理任务的,发放年度绩效奖金;

(二)凡考核为优秀等次的部门,年度绩效奖金按当年度市人力资源和社会保障局的相关政策执行;

(三)凡被行政问责或被确定为基本合格以下等次的,经局绩效管理委员会审议并报局党组审定,减发5%的年度绩效奖金。

第十九条 公务员考核结果的应用依照《本市公务员考核实施办法(试行)》执行,作为调整公务员职务、级别、工资以及公务员奖励、培训、辞退的依据。

附则

第二十条 纳入规范管理事业单位工作人员的绩效考评参照本办法执行。

第二十一条 事业单位依照相关规定,制定绩效管理办法对所属工作人员进行绩效考评。

第二十二条 本办法自印发之日起试行,本局其他制度与本办法不一致之处,依照本办法执行。

第二十三条 本办法由市局绩效管理办公室负责解释。

附表:《公务员民主测评量表》(略)

第十章 满意度测评

质量管理体系评价，包括了内部评价和外部评价两个维度。通过体系评价，政府部门可以找出自身质量管理体系中存在的需要改进的部分，可以不断采取措施，持续改进体系，使质量体系不断完善和增值。有效评价质量管理体系的方法，一般包括内外部体系满意度测评、体系内部审核、管理评审等三种方式。本章首先从理论分析、标准要求、应用案例三个角度，对满意度测评进行介绍。

第一节 理论分析

满意度测评是判断体系运行有效性的一个重要方法和手段。政府部门可以通过对内部和外部的满意度测评，找出完善体系的方向和改进体系的切入点。本节先进行顾客满意度相关理论分析，在关注各相关标准对顾客满意度测评提出的要求以后，结合政府部门的特点进行实证分析，并提供范例。

一、顾客

根据 ISO 9000 标准中的定义，顾客是能够或实际接受为其提供的，或按其要求提供的产品或服务的个人或组织。顾客包括消费者、委托人、产品最终使用者、零售商、内部过程中的产品或服务的接收人、受益者和采购方。因此，顾客可以是组织内部的或外部的，但标准中首先关注的是外部顾客。

> **3.2.4**
> **顾客 customer**
> 能够或实际接受为其提供的，或按其要求提供的**产品**（3.7.6）或**服务**（3.7.7）的个人或**组织**（3.2.1）**示例**：消费者、委托人、最终使用者、零售商、内部过程（3.4.1）的产品或服务的接收人、受益者和采购方。
> **注**：顾客可以是组织内部的或外部的。
>
> **3.9.2**
> **顾客满意 customer satisfaction**
> **顾客**（3.2.4）对其期望已被满足程度的感受

> 注1：在**产品**（3.7.6）或**服务**（3.7.7）交付之前，**组织**（3.2.1）有可能不了解顾客的期望，甚至顾客也在考虑之中。为了实现较高的顾客满意，可能有必要满足那些顾客既没有明示，也不是通常隐含或必须履行的期望。
> 注2：**投诉**（3.9.3）是一种满意程度低的最常见的表达方式，但没有投诉并不一定表明顾客很满意。
> 注3：即使规定的顾客要求（3.6.4）符合顾客的愿望并得到满足，也不一定确保顾客很满意。
> 〔源自：ISO 10004：2012，3.3，改写。注已被修改〕

组织依存与顾客。任何组织的生存和发展，都取决于顾客对组织的需要，上到国家政权政党，下到基层组织，概莫能外。如果没有顾客，组织将无法生存，在这里要注意，对顾客概念，应该做广义的理解。

组织的生存和发展依赖于顾客。顾客对于组织至关重要，是组织能否生存下去的决定性因素。任何一个组织，如果顾客众多，它就一定具有很大的发展潜力；组织如果失去了顾客，也就失去了组织继续存在的价值。因此任何组织都无一例外地依存于顾客而存在。组织吸引和留住顾客的最佳方式，是理解并满足顾客的需求；而超越顾客期望，则是使顾客满意和产生顾客忠诚度的最有效的方式。

顾客是组织各相关方中最重要的相关方。组织提供产品或服务的质量好坏，直接影响到顾客的利益，同时质量好坏的最终评判者也是顾客。顾客对质量最具有发言权，质量管理体系的目标，是要提高组织的质量或提供服务的水平。因此，无论从组织生存和发展角度，从关注利益相关方角度，还是从质量管理服务对象角度，以顾客为关注焦点，自然而然就成了质量管理的第一原则，离开顾客就失去了谈质量的基础。

二、以顾客为关注焦点

2.3 质量管理原则

2.3.1 以顾客为关注焦点

2.3.1.1 概述

质量管理的首要关注点是满足顾客要求并且努力超越顾客期望。

2.3.1.2 依据

组织只有赢得和保持顾客和其他相关方的信任才能获得持续成功。与顾客相互作用的每个方面，都提供了为顾客创造更多价值的机会。理解顾客和其他相关方当前和未来的需求，有助于组织的持续成功。

2.3.1.3 主要益处

主要益处可能有：

——提升顾客价值；
——增强顾客满意；
——增进顾客忠诚；
——增加重复性业务；
——提高组织的声誉；
——扩展顾客群；
——增加收入和市场份额。

2.3.1.4 可开展的活动

可开展的活动包括：
——识别从组织获得价值的直接顾客和间接顾客；
——理解顾客当前和未来的需求和期望；
——将组织的目标与顾客的需求和期望联系起来；
——在整个组织内沟通顾客的需求和期望；
——为满足顾客的需求和期望，对产品和服务进行策划、设计、开发、生产、交付和支持；
——测量和监视顾客满意情况，并采取适当的措施；
——在有可能影响到顾客满意的有关相关方的需求和适宜的期望方面，确定并采取措施；
——主动管理与顾客的关系，以实现持续成功。

  关注顾客的需求，让顾客满意，做一个值得顾客信赖的组织，是对组织的基本要求，应该成为组织始终不渝的追求。这个原则，要求组织的经营过程，从文化到战略到措施，到组织成员的言行举止，都应体现这个原则，而不是停留在口号和标语上。组织所有的努力，首先应该是以顾客满意为目标，应该把顾客满意当作一种信仰、一种文化，在组织内部传播、生根、发芽和成长。

  以顾客为关注焦点，是第一项质量管理体系原则。这项原则明确了组织与顾客的关系是依存关系。没有顾客、不能满足顾客要求的组织是不能生存的，关注顾客其实也就是关注组织自己，两者辩证统一。以顾客为关注焦点的原则，要求组织建立起对市场、对顾客的快速反应机制，以增强顾客的满意程度，并提升顾客的忠诚度，为组织带来更大的效益。组织要关注顾客对本组织所提供产品的相关要求，顾客要求是通过产品的质量特性来反映的，组织只有理解和把握了顾客当前的需求，才能够提供顾客所需要的产品。但是组织不应满足于此，因为顾客对产品的要求是动态的、发展的，所以组织还需要收集和了解顾客对产品未来、潜在的需求，这样才能设计出顾客欢迎的产品。当组织关注顾客当前的需求时，只解决了组织在当前的生存问题，只有当组织关注顾客未来、潜在的需求，用组织发展的新产品去引导市场，才能从根本上解决组织长远发展的问题。

组织要关注顾客对本组织的满意程度,产品质量的核心就是满足顾客要求,顾客满意是未来质量管理的核心。组织要努力地去识别顾客需求,并把顾客要求转化为组织提供的产品要求和服务要求。针对各类顾客所采取的顾客满意战略,可以使组织深刻地了解到顾客对本组织产品的各项要求到底是什么,了解顾客对本组织满意程度到底如何,并促使组织做出种种关于产品和服务的实质性改进,以满足顾客需求。

应用以顾客为关注焦点原则,组织需要开展的活动主要包括,一要全面调查、识别和理解顾客。对于产品、价格和可靠性等方面的需求和期望,应谋求顾客和组织其他受益者的需求和期望之间的平衡。二要确保组织的目标与顾客要求相结合,并将这些要求转化为产品要求,在组织内部得到有效的沟通,并贯彻和落实到组织的生产服务提供活动,以及各项管理活动中去。三要实施和测评顾客满意程度,并根据结果采取适当的相应改进措施,只有系统地协调管理好与顾客的关系,才能努力提高顾客满意度,以及顾客对组织的忠诚度。

实施以顾客为关注焦点的原则,预期将为组织带来的效应主要包括,一是对于组织质量方针和战略的制定,可以使整个组织都能够理解顾客的需求。二是对于组织目标的设定,能够保证将目标与顾客要求和期望直接相关联。三是对于组织的整体运作,能够改进组织满足顾客需求的能力,以取得良好的业绩。四是对于人力资源管理,可以使组织内部员工具有满足顾客要求所需要的知识和技能。五是对于组织的长远发展,可以增强组织内部员工对组织发展的忠诚度。

质量管理体系标准通篇体现了以顾客为关注焦点原则。在质量管理体系标准条款中,明确包括了以下三层含义:一是组织运行质量管理体系的目的,是为了增强顾客满意;二是组织通过稳定地提供合格产品和服务,来实现顾客的满意;三是合格的产品和服务,必须同时满足顾客要求和满足法律法规要求两个条件。

在 ISO 9001 标准具体条款中,规定的增强顾客满意的途径和方法包括:1)增强顾客意识,2)重视顾客要求,3)重视与顾客的沟通,4)爱护顾客财产,5)测量和改进顾客满意程度等多个方面。

第二节 标 准 要 求

一、GB/Z 30006《政府部门建立和实施质量管理体系指南》标准要求

> **6.4 满意度测评**
> 政府部门应对本部门履行社会管理和公共服务职责的状况是否符合人民群众的需求和期望,进行调查、分析和评价。

> 应根据调查对象的特点选择不同的调查方法。如组织开展民意调查、收集舆情、收集投诉和举报信息、接受上级部门的检查并听取意见、征求其他相关政府部门和相关单位的意见、征询行政管理相对人的意见等。
> 通过及时处置满意度测评过程中发现的质量管理体系改进要求，不断提高体系运行的水平，不断提升顾客满意的程度。

二、ISO 9001《质量管理体系 要求》标准要求

> **9.1.2 顾客满意**
> 组织应监视顾客对其需求和期望已得到满足的程度的感受。组织应确定获取、监视和评审该信息的方法。
> 注：监视顾客感受的例子可包括顾客调查、顾客对交付产品或服务的反馈、顾客座谈、市场占有率分析、顾客赞扬、担保索赔和经销商报告。

第三节　应　用　案　例

在国内政府部门建立运行质量管理体系的过程中，满意度测评已经有了大量的实践应用，并取得明显的成效。以下提供部分政府部门的实践应用案例，以供参考学习。通过分析可以发现，在政府部门进行顾客满意度测评时，需要重点关注下列方面：

一要明确目的。政府部门顾客满意度测评的目的，是评定组织顾客满意的具体量化指标。它描述了顾客对于政府部门提供的产品和服务的期望值，与实际感受值之间的差异。以顾客为关注焦点的质量管理原则告诉我们，质量管理体系有效性评价，要以顾客及相关方满意为根本导向，要将量化评价与综合评议相结合，要将上级评价、组织自我评价和社会评价等相结合，要将顾客及相关方满意度评价结果应用于质量管理体系的改进。通过顾客及相关方满意度评价，找到组织发展中存在的短板，主动发现工作中存在的问题和需要改进的方面，及时采取有效纠正或预防措施；用实际工作绩效，展现和营造政府部门对上级负责、对社会负责、对服务对象负责、对基层负责的良好形象。

二要识别难点。政府部门顾客满意度测评的难点是顾客及相关方的识别。顾客及相关方是满意度调查的主体。评价对象的选择，决定了调查结果的可靠性和可信度。政府部门对工作特性特点，决定了其质量管理体系内外相关方的复杂性，对内外相关方的识别尤为重要。政府部门的顾客及相关方，是与政府部门有利益关系的团体和个人。与其他任何组织一样，政府部门的顾客可以是

组织外部的或组织内部的。政府部门典型的外部顾客，是政府部门行政执法产生结果的接受者，即行政相对人；内部顾客则是指直接接受政府部门监督和指导的下属机构、归口管理部门和人员；对于下属机构而言，内部顾客是指下一工作流程的接受者。政府部门的相关方，可以是行政相对人、上级部门、员工、供方、合作方，其他政府机构和社会公众等。

三要明确内容。政府部门顾客满意度评价的内容，首先是外部顾客满意度。其次是内部顾客满意度。第三是上级机关、地方政府、相关部门对政府部门工作的评价信息，也是质量管理体系运行质量的评价来源。第四，要收集社会新闻媒介对政府部门工作评价的相关信息。第五，行政相对人和顾客的抱怨、申诉、投诉的信息以及处理结果。第六，廉政监督员、相关单位和人员对政府部门行风及廉政建设方面的评价信息。

四要明确实施主体。政府部门在进行满意度测评时，需要明确主体和职责权限。在组织实施满意度评价活动时，首先要明确职责权限。在最高决策管理层中，应有专人具体负责这项活动的实施，以便于评价信息的传递，以及最高决策管理层的决定；促进满意度评价工作的开展，协调解决评价工作中存在的问题；向最高决策层汇报满意度评价结果。同时在组织各层级也要明确职责权限，确定各级评价内容，责任单位和职责。这些职责包括：1）指定部门进行顾客满意度测评的组织实施。负责汇总归纳和分析内外部顾客及其他相关方的评价信息；形成年度顾客及其他相关方满意度调查报告；识别改进需求，并组织落实改进工作。2）确定行政综合部门负责收集汇总上级机关、地方政府以及相关部门对于本政府部门工作的评价信息，负责收集信访工作中关于政府部门工作的评价信息，负责收集汇总社会新闻媒介对政府部门评价报道的相关信息。3）确定业务管理部门负责收集汇总业务方面投诉以及调查结果信息。4）监察审计部门负责收集廉政监督员、相关单位对于本政府部门行风及廉政方面的评价信息，负责收集行风廉政方面、投诉举报处理中关于政府部门工作的评价信息。5）下属单位在各自的职责范围内负责收集汇总和分析当地其他政府部门、相关部门、行政相对人对上级机构以及本单位的评价信息。

一、某市级检验检疫部门《顾客满意度评价控制程序》

顾客满意度评价控制程序
1. 目的 　　对顾客满意程度进行调查评价，以度量本局质量管理体系的业绩，同时充分了解顾客的需求和期望，不断改进工作方法、改善工作作风，提高执法和服务水平。

2. 适用范围

本程序适用于对顾客满意程度调查评价的控制。

3. 职责

3.1 政工处负责对顾客满意程度的调查、评价和处理。

3.2 纪检组长负责对顾客满意度调查工作的总体策划和协调。

3.3 各相关部门负责将顾客满意或不满意的信息向政工处反馈。

4. 控制要求

4.1 顾客满意程度包括上级领导或有关部门对本局有关工作检查的情况反馈和评价、检验检疫关系人对本局工作的满意度等。

4.1.1 上级领导或有关部门对本局有关工作检查的情况反馈和评价由政工处汇总确定。

4.1.2 检验检疫关系人对本局工作的满意度调查采用信函调查、现场调查、现场走访、座谈会、网络调查和设立征求意见箱等形式。

4.2 满意度的调查

4.2.1 调查对象：主要检验检疫关系人，以及各级政府有关部门、本局聘请的外部、内部行风监督员等。

4.2.2 调查方式

4.2.2.1 信函调查：每年应面向检验检疫关系人至少信访一次，调查对象应尽量考虑地域、行业、企业规模的代表性。调查由政工处主持，采取将《顾客满意度调查表》邮寄给调查对象、企业上门办事时发放或邮件发送等适当方式发放，回收率达到50%以上才可认为调查有效。完成调查并确认有效后，政工处根据反馈的信息进行汇总、梳理和统计。

4.2.2.2 现场调查：在各处室举行的对外检验检疫工作会议、培训班期间，由政工处负责向调查对象发放《顾客满意度调查表》或《廉政测评表》，现场回收率应在80%以上，并根据反馈的信息计算满意度指数。

4.2.2.3 现场走访：由政工处组织对各级政府有关部门、重点进出口企业、行业协会和社会行风监督员进行走访调查，现场听取意见和建议。走访对象、内容、频次等具体按TQMS207.02《法律法规宣传与顾客沟通控制程序》执行。

4.2.2.4 座谈会：由政工处不定期组织召开座谈会，对主要检验检疫关系人、行风监督员等进行沟通，征求各方对本局工作作风、服务态度、检验检疫人员廉洁自律等情况的意见、建议，并做好记录。

4.2.2.5 网络调查：由政工处根据省局要求和当年顾客关注的热点问题确定调查提纲，利用局内、外网络平台对本局职工、社会各界人员开展网上满意度调查，全面掌握检验检疫服务工作现状、服务满意度及顾客需求等基本情况。

4.2.2.6 设立征求意见箱：由政工处组织在局检务大厅和各办事处设立征求意见箱，广泛征集本局职工、检验检疫关系人等对本局工作的意见、建议。

4.3 顾客沟通与投诉申诉

政工处按TQMS207.02《宣传与顾客沟通控制程序》做好顾客沟通工作，并将有关信息进行分析汇总。

4.4 顾客满意度评价及结果处理

4.4.1 上级领导或有关部门对本局有关工作检查的情况反馈和评价、现场走访、座谈会、网络调查及设立征求意见箱等获得的顾客满意度信息，由政工处整理、汇总并进行评价，若不能以定量形式计算的，根据结果分析，确定为满意、较满意、不满意，其满意度指数分别为90%—100%（包括90%）、60%—90%（包括60%）、60%以下。

4.4.2 以《顾客满意度调查表》形式获取的满意信息按项次计算满意度指数。

4.4.3 顾客满意或不满意信息的分析和计算尽量应用统计技术方法，如统计表法、排列图、饼状图等。

4.4.4 全局综合满意度按4.4.1和4.4.2计算的结果按6:4加权计算。如全局综合测评满意度低于90%的，则报最高管理者批准，在全局范围内实施纠正。若检验检疫处室的满意度低于90%的，则由政工处开出《纠正和预防措施反馈单》，按 TQMS208.06《纠正和预防措施控制程序》，责成相关处室实施纠正。

4.4.5 对各类检查或调查中发现的问题、意见和建议，由政工处进行汇总、梳理和分类，及时与相关部门进行沟通，将有效的问题、意见和建议以工作联系单、整改措施表或邮件等合适的方式反馈给相关部门，由牵头部门（或责任部门）制订整改措施，对于由于情况不了解、误解提出的问题或因条件所限一时无法解决的问题，也要详细说明情况。对于涉及人力、物力、机构、政策等非本局能力所能解决的问题，以适当的形式上报省局。政工处要做好后续整改落实的督查工作。

4.4.6 顾客沟通信息的处理按《宣传与沟通控制程序》执行。

5. 相关文件（略）

6. 记录（略）

二、某省级口岸检验检疫部门《年度顾客满意度测评报告》

年度顾客满意度测评报告

根据《省局综合绩效管理体系年度工作计划》的安排和质量改进的需要，我局于9月至10月间，在全省检验检疫系统范围内组织开展了今年度顾客满意度调查工作。在省局党组的领导下，各分支局与省局相关处室单位通力合作，本次满意度调查工作按照计划要求如期顺利完成。现将本次调查测评工作相关情况总结报告如下：

一、概述

开展顾客满意度调查测评工作，是我局监控综合绩效管理体系运行过程有效性的重要手段之一，对于进一步加强和规范内部管理，改进检验检疫工作水平，提高行政执法效能，适时提出并实施相应纠正和预防措施，确保体系运行处于良好受控状态有着积极意义。省局管理者代表对开展顾客满意度调查测评工作予以高度重视，对调查测评工作进行了专题部署；8月中旬，省局政研室召开专题会议研究，结合全省检验检疫工作的实际，确定了调查测评方案，落实责任人员，要求认真组织实施，确保调查测评工作有计划、按进度要求顺利完成，取得良好实效。政研室根据综合绩效管理体系的控制要求，结合检验检疫行业特点，分别设计确定了两类《201*年度顾客满意度调查表》，面向全省进出口企业和出入境体检人员，测量评价对全省检验检疫系统的满意程度，向社会广泛征求改进意见和建议。9月上旬，省局下发了《关于开展201*年度顾客满意度调查工作的通知》，明确了今年度顾客满意度调查工作的目的、工作职责及任务、调查表发放数量和具体工作要求。各分支检验检疫部门、省局各相关处室单位和全省系统各国际旅行保健中心均高度重视本次调查测评工作，按照省局确定的工作要求，组织人员，落实责任，全力合作，使得本次调查测评工作紧张有序地顺利完成，充分体现了全省检验检疫系统的良好素质和精神风貌。

二、《顾客满意度调查表》的设计制订、发放和回收

1. 调查表的设计制订

省局政研室根据检验检疫系统维护国家经济安全、服务地方经济发展、保护人民健康和安全、依法行政、技术把关等职能职责的特点，分别设计制订了两类《顾客满意度调查表》。

调查表（一）适用于各分支局、省局机关和检科院，主要面向进出口企业和社会行政执法相对人。内容主要包括工作效率、业务水平、工作作风、服务态度、廉政情况等5个方面21个子项。考虑到要让被调查者畅所欲言，调查采用无记名的方式进行；考虑到方便填写，被调查者只需在《调查表》中相关栏目中打钩即可；考虑到调查过程中沟通的需要，调查表中专门明确了联系方式；考虑到调查活动的严肃性和规范性，调查表上规定由发放单位/部门编号和盖章。调查表（二）适用于各地国际旅行卫生保健中心，主要面向出入境体检人员发放。内容主要包括服务态度、工作质量、环境和设施等3个方面14个子项。

2. 调查表发放、回收

根据省局机关各处室部门的职能特点、各分支局行政执法和服务对象的数量、种类和企业特点，政研室分别确定了调查表发放单位、规定了发放数量和回收数量，并提出了相关工作要求。

本次调查表发放和回收的实际情况，详见表一、表二。表一：年度省局顾客满意度调查表（一）发放回收统计（略）。表二：年度省局顾客满意度调查表（二）发放回收统计（略）。

三、顾客满意度调查结果数据统计分析

（一）计算方法

按照省局《监视、测量和分析控制程序》的计算方法规定，应对调查数据进行统计分析，满意、较满意、基本满意、不满意各项的满意度指数分别设定为100%、90%、70%、50%。在廉政情况的选项中，满意度指数分别为0%、100%。

借鉴并吸收去年全省系统满意度调查工作的统计情况和有关方面的建议，今年度的满意指数只计算"满意"项的统计数据。

如对本次调查表一中，工作效率、业务水平、工作作风、服务态度、廉政情况项的各小项满意度、单项满意度值及整体满意度的计算方法分别为：

1. 各小项满意度计算方法：

$$S_i = \frac{\sum_{i=1}^{N} Sa_i}{N}$$

其中：S_i：小项满意度；Sa_i：调查得到的每个满意度值；N：各小项的有效样本数。

2. 单项满意度计算方法：

$$S_j = \sum_{i=1}^{l} S_i \lambda_i$$

其中：S_j：单项满意度（$j=1,2,3,4,5$）；S_i：调查得到的每个满意度值；l：单项满意度中小项项数；λ_i：各小项满意度在其单项满意度中的权重，设定为 $\frac{1}{l}$。

3. 总体满意度计算方法：

$$S = \sum_{j=1}^{5} S_j \lambda_j$$

其中：S：整体满意度值；S_j：单项满意度；λ_j：单项满意度的权重，在今年度调查项目中，"满意"项的调查权重为1，其余项的调查权重均为0。

（二）调查表测评结果

各分支局和省局相关单位，在获取顾客满意度调查的基本数据以后，均根据实际得到的调查数据，按照体系程序文件的规定，依据上述计算方法，进行了本单位部门的初步分析，并形成相关年度顾客满意度调查报告。省局政研室统计计算了省局机关的调查数据，并对全省系统汇总的调查数据进行了统一整理和测算。

1. 各分支局（调查表一）测评结果，详见表三（略）。
2. 省局机关单位（调查表一）测评结果，详见表四（略）。
3. 全省系统国际旅行保健中心（调查表二）测评结果，详见表五（略）。

四、年度顾客满意度调查结果分析评价

（一）调查表发放统计

全省系统发放调查表一3622份，有效回收3298份，回收率为91.05%；发放调查表二850份，有效回收802份，回收率为94.35%。

全省系统共发放调查表4472份，有效回收4100份，回收率为91.68%。

（二）满意度调查结果分析

1. 根据调查表（一）统计分析结果，我省各分支检验检疫部门的整体顾客满意度达到95.52%；从五个分项的满意度数据来看，工作效率、业务水平、工作作风、服务态度、廉政情况的满意度值分别为92.61%、94.63%、95.39%、95.03%和99.96%。

省局机关各部门的整体顾客满意度为99.11%；从五个分项的满意度数据来看，工作效率、业务水平、工作作风、服务态度、廉政情况的满意度值分别为98.48%、98.80%、99.07%、99.20%和100%。

2. 根据调查表（二）统计分析结果，我省国际旅行保健中心系统的整体满意度达到97.39%，服务态度、工作质量、环境和设施三个分项的满意度值分别为97.59%、97.50%、97.07%。

3. 据此，综合得出全省系统的整体顾客满意度（表一）为97.32%，五个分项的满意度数据，工作效率、业务水平、工作作风、服务态度、廉政情况的满意度值分别为95.55%、96.72%、97.23%、97.12%和99.98%。

4. 本次调查统计的各项指标值均已接近非常满意，显示全省系统的顾客满意程度较高。这表明了全社会充分肯定我们全省系统干部职工忠于职守，保国安民，服务于经济社会发展，为国家社会经济发展保驾护航所付出的努力和取得的成绩。

（三）满意度调查结果改进要求

1. 在充分肯定的基础上，本次调查也征集到部分进出口企业和出入境人员对我局工作提出的一些具体改进意见和建议，这为全省检验检疫系统综合绩效管理体系的改进提供了很好的契机。这些意见和建议主要集中在优化业务流程、缩短工作周期、提高工作效率、改善服务态度等几个方面。对此，省局要求各相关部门和单位，分别按照省局质量管理体系中不合格控制程序、纠正措施和预防措施控制程序的规定，确定和实施有效的改进措施，分别填报《纠正/预防措施记录》（见附件），并保存相关原始记录。省局将在年度内部审核和绩效考核活动中安排对改进有效性的验证和确认。

2. 由于本次顾客满意度调查的基础是抽样，各单位、部门应按照质量管理体系抽样原则要求来处理本次调查的结果，尤其是对征集到的改进意见和建议的处理，不能就事论事，应该举一反三。

3. 根据管理体系过程控制的闭环原则，各单位、部门对改进实施的措施和结果，要及时采取各种方式让顾客周知，不断提高质量改进的有效性。

五、对本次顾客满意度调查活动的改进建议

顾客满意度调查活动是全省检验检疫系统年度例行的管理工作。回顾检讨本次活动的全过程，建议对以下方面进行改进：

1. 进一步提高认识。从各单位、部门的上报情况来看，有少数单位未能完全按照文件要求开展调查活动和统计计算数据，还有个别单位未能准时报送本单位的调查报告。

2. 要继续研究如何才能获取顾客的真实感受和信息，进一步提高顾客满意度测评活动的有效性。

附件：纠正措施/预防措施报告（记录表式）（略）

第十一章 内部审核

质量体系内部审核,是组织在建立实施体系以后必须要进行的一项管理活动。如果说,质量检验员是组织硬件产品质量的把关者,那么内部质量审核员就是组织软件质量把关者。内部审核的目的是为了体系运行能够符合组织策划的安排,能够符合 ISO 9001 标准的规定要求,能够保证体系的持续有效运行,能够实现组织所确定的目标。简言之,内部审核是体系质量的把关,目的是提升组织的综合能力,保证组织质量体系的符合性和有效性,本章首先对内部审核进行相关理论分析,在关注各相关标准对内部审核提出的要求以后,结合政府部门的特点进行实证分析,并提供范例。

第一节 理论分析

一、内部审核定义

内部审核是审核的一种类型。在 ISO 9000 标准中,提出了"审核"相关的一组 17 个术语,如图 11-1 所示。其中审核的定义是,"为获得客观证据,并对其进行客观的评价,以确定满足审核准则的程度所进行的系统、独立的并形成文件的过程。"

在审核定义中,审核证据,是与审核准则有关并能够证实的记录、事实陈述或其他信息。审核证据可以是定性的,或者是定量的。审核准则是,用于与客观证据进行比较的一组方针、程序或要求,而过程,则是指一组将输入转化为输出的、相互关联或相互作用的活动。

> **3.13 有关审核的术语**
> **3.13.1**
> 　审核　audit
> 　为获得**客观证据**(3.8.3)并对其进行客观的评价,以确定满足**审核准则**(3.13.7)的程度所进行的系统、独立的并形成文件的**过程**(3.4.1)
> 　注1:审核的基本要素包括由对被审核客体不承担责任的人员,按照**程序**(3.5.4)对**客体**(3.6.1)是否**合格**(3.6.11)所做的**确定**(3.11.1)。

第十一章 内部审核

注2：审核可以是内部（第一方）审核，或外部（第二方或第三方）审核，也可以是**多体系审核**（3.13.2）或**联合审核**（3.13.3）。

注3：内部审核，有时称为第一方审核，由**组织**（3.2.1）自己或以组织的名义进行，用于**管理**（3.3.3）**评审**（3.11.2）和其他**内部目的**，可作为组织自我合格声明的基础。内部审核可以由与正在被审核的活动无责任关系的人员进行，以证实独立性。

注4：通常，外部审核包括第二方和第三方审核。第二方审核由组织的相关方，如**顾客**（3.2.4）或由其他人员以相关方的名义进行。第三方审核由外部独立的审核组织进行，如提供合格认证/注册的组织或政府机构。

注5：这是 ISO/IEC 导则 第1部分 ISO 补充规定的附件 SL 中给出的 ISO 管理体系标准中的通用术语及核心定义之一。最初的定义和注释已经被改写，以消除术语"审核准则"与"审核证据"之间循环定义的影响，并增加了注3和注4。

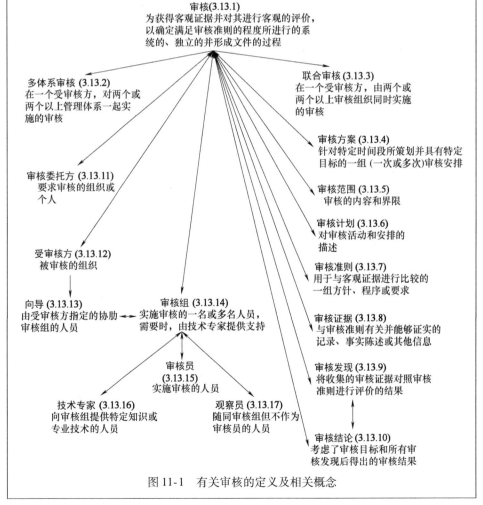

图 11-1　有关审核的定义及相关概念

345

理解审核的定义，应该注意下列几点：

一是审核是一种评价活动。审核目的是评价质量管理体系，评价其与组织所确定的各类准则之间的符合性和有效性。这些准则，是指广义的工作依据，包括组织的方针目标，组织的质量手册、程序文件、作业指导文件以及组织与用户间的合同、协议等所阐明的要求。

二是审核是一种客观的评价活动。审核的客观性，体现在它以"审核证据"为依据，以"审核准则"为准绳。审核证据，应该是客观的，不以人的感情意志所偏离的；审核准则，应该得到完全的遵守，也是不应以人的感情意志所偏离的。

三是审核是一种系统的评价。审核是对质量体系所做的一种系统的、总体的评价。审核的系统性首先是由于质量体系的特性所决定的；因为质量管理体系本身是一个多维的、运动的系统，所以必须对其做出系统的评价，才可能是准确评价。审核的系统性，还由于审核本身的特性所决定；审核本身具有严密的系统性，这一系统性集中体现在ISO9001标准的规定中。

四是审核是一种独立的评价。这一特点是指审核的过程、结论，都应该由审核员独立地做出，而不受任何其他因素的干扰；只能是基于审核中所收集到的审核证据独立地做出，而不能偏离。正是为了避免偏离，才要求审核员必须与审核活动没有直接的责任关系。审核员只能根据已确定的事实和审核准则，独立地做出判断，而不能随意扩大或缩小这些事实和准则的范围。

五是审核是一个形成文件的过程。审核的文件是相伴于审核活动而产生的。在审核的策划、准备、实施、评价各阶段都会形成文件，如审核方案，审核计划、检查表、不符合项报告、审核记录、审核报告等等。要注意这些报告的真实性和完整性，它们不应该是事后"制造"出来的。

分析审核的定义我们可以知道，审核是一个广义的概念。不仅可以对质量管理体系进行审核，其实这种审核也可以应用于各种管理活动；既可以应用于管理活动、软件评价，也可以应用于对硬件评价，甚至可以应用于对组织本身的评价。因此可以说，任何一个实体都可以是审核的对象。分析审核的定义我们还可以知道，审核的方式是可以多样化的。只要能够达到审核目的，采用哪一种方式来进行审核都可以。国际标准ISO19011所描述的审核，是一种规范的审核方式，但不是唯一的方式。

站在组织的立场，可以从审核主体角度来进行审核分类。这种分类方法，就把审核分为第一方审核、第二方审核和第三方审核三种。所谓内部审核，就是第一方审核。

二、内审实施要求

（1）内部审核作用。内部审核，可以用来衡量判断组织质量管理体系符合规定要求的程度,并提供了解、分析和持续改进质量管理体系业绩和效果所需要的信息。内部审核应当评估质量管理体系运行的有效性。为保证内部审核的有效性,内部审核应当定期按照计划规定进行,应该由具有足够能力和资格的人员担任,审核员不能审核自己的工作。内部审核是识别问题、识别风险、不合格和过程改进的有效工具。内部审核是否有效实施,可以通过质量管理体系实现目标的能力是否得到提升来验证。内部审核还可以用来识别组织成功的做法。内部审核的结果通常形成内部审核报告,内容包括体系与标准的符合性判断、不符合报告、改进机会识别等。内部审核报告是管理评审的重要输入。

(2)内部审核流程。内部审核一般流程,如图11-2所示。

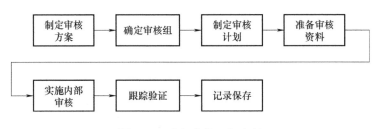

图11-2 内部审核一般流程

(3)内部审核方案。内审方案是指,组织在一定的时间段,通常为一年,对如何开展内部审核所做的策划和安排。内审方案应包括策划、组织、实施内部审核过程中所有要素的安排。组织的内部审核可以一次完成,也可以分若干次完成,可以单独进行,也可以结合其他管理活动一并进行。内审方案还应该确定内审目标,提出内审要求,包括提出开展内审活动的原则要求。

(4)内审实施。在具体开展每次内审活动时,组织还会制订详细的内审计划。内审活动中的一项重要原则要求,就是内审活动应保持客观和公正。在实施具体内审活动时,应以客观、真实的审核证据为基础,以确定的审核依据为准绳,做出准确的判断和评价。审核结论应能够客观体现组织质量体系的真实运行情况和实施效果。

(5)内审不符合项的纠正要求。内审中发现的不符合应该得到及时纠正;同时应举一反三,检查同类问题是否存在和发生;应分析不合格产生的原因,采取相应纠正措施,以消除不合格产生的原因,防止不符合发生。对不符合的纠正应有时限要求,以及时采取纠正措施并跟踪验证纠正措施的实际效果。如果内审不符合重复发生,则应升级为严重不符合来纠正处理。

(6)保留成文信息。内审中产生的成文信息应该保留,以证实内审方案得到实施;同时,也可为后续内审活动提供分析和改进的资料。

第二节　标准要求

一、GB/Z 30006《政府部门建立和实施质量管理体系指南》标准要求

> **6.1　内部审核**
>
> 　　政府部门应按照策划的时间间隔，开展质量管理体系内部审核，系统地检查质量管理体系的总体运行情况是否符合规定要求，是否得到有效的实施和保持。
>
> 　　开展内部审核前，应制定审核工作方案，规定审核的范围、依据和方法，以及时间和人员等方面的安排；并对内审员进行审核技术的培训。
>
> 　　内部审核工作方案应覆盖政府部门质量工作各个方面，同时根据政府部门质量管理工作的重点、拟审核对象（如工作事项、内设机构、区域等）的实际状况、重要性以及以往审核的结果，确定审核的重点范围和工作事项。
>
> 　　审核方法可以采用现场审核或者文件资料审核与现场审核相结合的方法。
>
> 　　现场审核是指在被审核部门或单位现场，通过会议沟通、提问交流、现场观察、现场抽样检查等方法进行审核。文件资料审核是指通过调阅被审核部门或单位的书面或电子工作记录的方式进行审核。在审核范围比较广、审核对象和内容比较多时，采取文件资料审核与现场审核相结合的方法，减少对政府部门日常工作的影响。

二、ISO 9001《质量管理体系 要求》标准要求

> **9.2　内部审核**
>
> 9.2.1　组织应按照策划的时间间隔进行内部审核，以提供有关质量管理体系的下列信息：
>
> 　　a) 是否符合：
>
> 　　1) 组织自身的质量管理体系要求；
>
> 　　2) 本标准的要求；
>
> 　　b) 是否得到有效的实施和保持。
>
> 9.2.2　组织应：
>
> 　　a) 依据有关过程的重要性、对组织产生影响的变化和以往的审核结果，策划、制定、实施和保持审核方案，审核方案包括频次、方法、职责、策划要求和报告。
>
> 　　b) 规定每次审核的审核准则和范围；
>
> 　　c) 选择审核员并实施审核，以确保审核过程客观公正；
>
> 　　d) 确保将审核结果报告给相关管理者；
>
> 　　e) 及时采取适当的纠正和纠正措施；
>
> 　　f) 保留成文信息，作为实施审核方案以及审核结果的证据。
>
> 　　注：相关指南参见 GB/T 190。

第三节 应用案例

在国内政府部门建立运行质量管理体系的过程中，内部审核已经有了大量的实践应用，并取得明显的成效。以下提供部分政府部门的实践应用案例，以供参考学习。

一、某省/市检验检测机构《内部审核程序》《内部审核控制程序》

内部审核程序

1 目的

为规范本机构的内部审核和管理评审，确保本机构管理体系的持续符合性、充分性、适宜性和有效性，特制定本程序。

2 范围

适用于：

1）本机构内部审核与管理评审；

2）本机构管理体系发生变更时的控制。

3 职责

3.1 质量管理部负责组织策划内部审核。

3.2 内审组负责实施内部审核，并对内部审核中发现的不符合项的纠正和纠正措施进行跟踪验证。

3.3 机构主任负责主持管理评审。

3.3 管委会、机构主任、副主任分别负责相应管理体系变更时的控制。

3.4 各部门负责人负责对内审中发现的本部门不符合项组织实施纠正和纠正措施；组织实施管理评审中做出的改进决议。

3.5 综合管理部负责保留内部审核和管理评审记录。

4 程序

4.1 内部审核

4.1.1 内部审核方案的制定

机构主任授权质量管理部对内审核方案进行管理，具体职责：

a) 制订、实施、监视、评审和改进审核方案；

b) 识别并确保提供必要的资源。

4.1.1.1 由质量管理部编制内部审核方案，审核方案可覆盖一个完整的认可周期，审核方案中应明确内部审核的频次、每次内部审核的目的、范围、准则、方法、职责、资源（资金、技术、审核组能力）、要求、对审核方案监视和评审的安排等内容。编制审核方案时应考虑经认可的领域所涉及的过程和区域的重要程度以及以往审核的结果。

4.1.1.4 管理体系的内部审核至少每12个月进行一次。原则上，内部审核应覆盖本机构管理体系所覆盖的范围、过程、场所和部门。在特殊情况下（如认可规范和认证标准发生变化，管理体系出现系统性或区域性失效，认证活动出现重大质量缺陷，接受政府监管部门和认可机构专项检查等），也可根据机构主任的要求，由主管副主任组织针对某一事项的专项内部审核。需要时，专项内审的依据、范围由主管副主任决定。审核过程按本程序文件的相关规定执行。

4.1.2 审核方案的实施

4.1.2.1 审核方案经主管副主任批准后，予以实施。

4.1.2.2 内部审核的具体实施时间由质量管理部按照审核方案的要求确定。主管副主任指定审核组组长，并选择与被审核区域无直接责任关系的内审员组成审核组。

内审员能力要求：

a) 熟悉整个认证流程以及所涉及的认可领域的认证标准的要求；

b) 熟悉所涉及的认可领域的认可规范的要求；

c) 内审员可由机构副主任在每次内审前根据中心相关人员的能力，以及在以往内审活动中的表现予以指定。

4.1.2.3 每次内审前由审核组组长编制"内部审核计划"，报转机构副主任批准后实施。审核计划应包括：目的、准则、范围、日程安排、审核组成员任务分配、受审核部门和涉及过程、审核方案中描述的重点关注内容等。

4.1.2.4 审核计划应提前1~2周发放给审核组成员和受审核部门的负责人。审核员应根据任务分配准备好审核检查表，表式使用认证审核用"审核员现场审核表和观察结果记录"。

4.1.2.5 审核员应根据审核计划安排进行现场审核，做好审核观察结果记录，记录中应简述所获取的审核证据，并形成审核发现；记录内容应完整、客观，并具有可追溯性。

4.1.2.6 审核结束后，审核组长召集审核组成员对所有审核发现进行评审，并确定不符合项，形成"不符合项报告"。不符合事实应经受审核区域的负责人确认。

4.1.2.7 审核结束时，审核组应召开末次会议，向机构主任/副主任、受审核部门通报审核发现、不符合项、改进建议项和审核结论。审核组长应在现场审核结束后两周内编制审核报告，经中心主管副主任批准，上报机构主任并分发给各部门负责人。

4.1.2.8 受审核部门应在规定期限内对审核中发现的不符合项实施纠正和纠正措施，完成后将"不符合项报告"送交审核组长。原则上，一般不符合项的纠正和纠正措施应在1个月内完成；严重不符合项的纠正和纠正措施应在2个月内完成。

4.1.2.9 审核组在规定期限内对纠正和纠正措施的有效性进行验证。原则上，应在纠正和纠正措施完成后的一周内完成验证。

4.1.2.10 对上次内审发现的不符合项和认可机构评审中出具的不符合项的整改有效性的检查，应列为每次内审的必查内容之一。

4.1.3 不符合项报告和审核报告的编制要求可参照GB/T 19011标准的相关要求。

4.1.4 审核方案的监视和评审
4.1.4.1 由质量管理部根据审核组递交的每次审核资料对审核方案的实施情况和结果进行监视和评审，包括：
  a) 审核组实施审核的能力；
  b) 与审核方案、日程安排和审核目的的符合性；
  c) 审核组成员的绩效；
  d) 来自最高管理者、受审核部门、审核员的反馈。
4.1.4.2 必要时，质量管理部根据监视和评审的结果对审核方案进行修改。
4.1.5 内部审核结束后，质量管理部将内部审核记录交综合管理部归档。包括：
  a) 审核方案、内部审核计划；
  b) 审核检查表；
  c) 不符合报告、审核报告。

4.2 管理评审
4.2.1 管理评审至少每 12 个月进行一次。在内/外部环境有较大变化（如市场情况发生重大变化、中心的组织架构、职责权限、认证活动有重大调整，质量方针、质量目标进行重大更改等）或特殊情况下（如认可规范和认证标准发生变化，管理体系出现系统性或区域性失效，认证活动出现重大质量缺陷，接受政府监管部门和认可机构专项检查等），机构主任可根据需要，临时增加专项管理评审。
4.2.2 管理评审的输入应包括：
  a) 内部审核和外部评审的结果；
  b) 客户和利益相关方的反馈；
  c) 维护公正性；
  d) 纠正措施的状况；
  e) 风险应对措施的状况；
  f) 以往管理评审的后续措施；
  g) 目标的实现情况；
  h) 可能影响管理体系的变更；
  i) 申诉和投诉。
4.2.3 管理评审的输出应包括：
  a) 管理体系及其过程有效性的改进；
  b) 已获认可的认证服务的改进；
  c) 资源需求；
  d) 中心政策、质量方针、质量目标的修订。
4.2.4 综合管理部制定"管理评审通知"，经机构主任批准后在管理评审会议前发放至各部门，"管理评审通知"中应包括评审目的、范围、日期、参加人员、议程、评审方式和评审输入资料的准备等。
4.2.5 机构主任主持评审会议，管理评审参加人员为机构主任、副主任、各部门主任/

副主任。机构副主任报告管理体系总体运行情况，各部门根据各自承担的职责报告相关方面的情况，内容应包括管理评审输入的有关信息。

4.2.6 评审结束后，机构主任对所评审的内容做出评审结论，形成有关改进决议，作为管理评审的输出。

4.2.7 管理评审输出由综合管理部形成"管理评审报告"，提交机构主任批准。

4.2.8 综合管理部保存"管理评审计划"和"管理评审报告"。

4.3 管理体系的变更

4.3.1 本机构管理体系发生变更（如组织架构变更、管理体系文件换版等）时，除按规定上报认可机构外，应采取相关措施，保证变更在受控状态下进行，确保变更期间本机构管理体系运行的有效和完整性。措施包括：

  a) 最高管理者变更，由管委会指定人员临时承担最高管理者职责；
  b) 组织架构变更，及时通过会议或文件调整和明确相关部门的职责权限；
  c) 管理体系文件换版，在新文件未正式发布前按原规定或临时下达的文件执行；
  d) 修订与变更有关的管理体系文件。

4.3.2 对于变更期间和变更后的管理体系能否保持完整并有效运行，机构主任可决定安排专项内审/管理评审进行检查和评价；也可结合在年度内审和管理评审进行检查和评价。内审应重点关注变更过程中和变更后体系的符合性、有效性和完整性。管理评审应对变更后本机构管理体系是否完整做出评价。

内部审核控制程序

1 目的

  为验证质量管理体系运行的符合性和有效性，确保体系有效运行，并为持续改进提供依据，制定本程序。

2 适用范围

  适用于本局质量管理体系内部审核活动。

3 职责

3.1 管理者代表负责内审活动的总体控制：批准内审计划，任命内审组组长，审核内审报告，并提交管理评审。

3.2 风险处负责具体组织开展内审活动，编制《内部审核计划》和《内部审核报告》，管理内审记录。

3.3 内审组长

  a) 负责内审计划的编制；
  b) 审核的组织实施；
  c) 编制《内部审核报告》；
  d) 组织跟踪验证。

3.4 审核员

  a) 负责编制《内部审核检查表》；

b）实施现场审核；
　　c）协助组长确定不符合项，编制《不符合项报告》；
　　d）参加跟踪验证。
3.5　各处室负责职能范围内接受审核的准备工作，以及审核后的纠正和预防措施的实施，以及跟踪自查。

4　术语

4.1　一般不符合项：轻微不满足规定的要求，不会导致质量管理体系的失效、不会导致对过程控制能力的严重降低或丧失、不会导致顾客或社会的严重不满意的客观事实。

4.2　严重不符合项：严重不满足规定的要求，可能导致质量管理体系的失效、或导致对过程控制能力的严重降低或丧失、或可能导致顾客或社会的严重不满意的客观事实。

5　工作程序

5.1　内部审核的工作流程：审核策划→组成审核组→审核准备→审核实施→结果报告→纠正措施→跟踪验证。

5.2　审核策划

5.2.1　质量体系审核依据：相关法律、法规及规章；ISO9001标准；质量手册、程序文件、工作依据以及检验检疫关系人的要求和期望。

5.2.2　风险处编制《内部审核计划》，说明审核内容、受审核部门及时间安排，由管理者代表审批。

5.2.3　《内部审核计划》要求覆盖本局质量管理体系的所有过程和所有部门。审核的方法可采用"集中式"审核，也可采用"滚动式"审核。

5.2.4　出现以下情况时，可以增加计划外的内部审核：
　　a）质量管理体系发生重大变化，如机构变动、体系文件较大修改后；
　　b）由于发现重大的不符合项，可能影响总体质量绩效、安全性和公正性时；
　　c）进行外部质量管理体系审核前。

审核频次可根据审核中发现问题的情况，以及对体系运行的重要性来确定。可以审核质量管理体系覆盖的全部过程和部门，也可以针对某些过程或部门进行重点审核。

5.3　组成审核组

5.3.1　审核组长：经过培训合格的质量管理体系内审员，并经管理者代表任命授权。有丰富的审核经验、组织沟通和协调能力，能有效地对审核活动进行管理。

5.3.2　审核组成员：审核员应由经过内审员培训、办事公正、熟悉业务的人员担任。应与被审核活动无直接责任关系，以确保审核过程的公正性和客观性。应对被审核部门的业务或专业知识有一定了解，但应与被审核部门无直接的责任关系。

5.3.3　风险处预选审核组长和审核员，组成审核组，并报管理者代表审批。确定审核组的规模和组成时，应考虑以下因素：
　　a）审核范围；
　　b）预计的审核时间；

c) 为达到审核目的，审核组所需的整体能力；
d) 需要时，可吸收专业技术人员或观察员参加审核组。

5.4 审核准备

5.4.1 审核组长编制《内部审核计划》。

5.4.2 编制时应综合考虑拟审核过程和区域的状况、重要性以及以往审核的结果，内容至少包括：
a) 审核的目的、依据和范围；
b) 审核时间；
c) 审核组成员及分工；
d) 受审核部门及审核体系要求等。

5.4.3 《内部审核计划》经管理者代表批准后实施。

5.4.4 风险处应提前一周将《内部审核计划》以书面形式下达到受审核部门，保证受审核部门在接受审核前做好充分准备。

5.4.5 受审核部门应做好准备工作，如果对审核项目和日期有异议，须在接到计划的3日内通知审核组长，经协商调整安排。

5.4.6 审核组长将《内部审核计划》分发给审核组成员，分配审核任务。必要时，召开审核组准备会议，布置审核要点，分发必要的材料。

5.4.7 审核组成员根据《内部审核计划》的安排，编制《内部审核检查表》，检查内容应覆盖规定的审核范围、部门及涉及的体系要求等。

5.4.8 审核检查表可按过程展开，依照"目标-策划-实现过程-监视与测量-改进"的过程方法编制检查表。

5.4.9 审核检查表可根据法律法规要求、专业要求、审核活动的具体内容等，适当补充审核要点。

5.5 审核实施

5.5.1 审核实施包括：首次会议、现场审核、内部会议、末次会议。

5.5.2 首次会议：

5.5.2.1 现场审核开始前，审核组长根据审核计划主持召开首次会议，说明本次审核的目的和范围；介绍审核具体内容和方法；澄清有关问题。

5.5.2.2 参加人员可包括：管理者代表、审核组全体成员、被审核部门负责人、陪同人员。

5.5.3 现场审核

5.5.3.1 审核组成员按照《内部审核计划》的安排，根据《内部审核检查表》的条款对受审核部门进行现场审核，收集审核证据并予以记录。

5.5.3.2 审核方式包括交谈、调阅文件、现场查验、抽样等。

5.5.3.3 现场审核过程应注意：
1) 内审员应采取客观、公正的态度随机抽样，保证抽样的代表性。
2) 审核应按审核计划进行，需要偏离审核计划时，应征得审核组组长的同意。

3）审核员在收集证据过程中，应互相合作，互通信息，正确对待和妥善处理各种情况，保证审核工作顺利进行。

5.5.3.4 审核员在《内部审核检查表》中记录审核情况。审核记录应有可追溯性，能充分显示出审核内容与收集到的审核证据。

5.5.4 在每天审核结束后，审核组应就当天的审核情况进行交流，必要时对审核安排进行适当调整。

5.5.5 审核组内部会议

现场审核结束后，审核组长主持召开审核组内部会议，其主要内容：

a）交流审核过程；
b）听取各审核员的不符合项报告；
c）讨论各审核员的审核观察，以确认不符合项的严重程度；
d）对不符合项的分布情况按部门和要素进行汇总、分类、分析，以确认质量体系在被审核部门运行是否正常和有效。

5.5.6 末次会议：

5.5.6.1 参加人员可包括：管理者代表、审核组全体成员、被审核部门负责人、陪同人员。

5.5.6.2 主要议程：

1）审核组长主持会议并致谢合作，重申审核范围和目的；
2）审核组宣读不符合项报告，并回答受审核部门提出的问题；
3）被审核部门对不符合事实进行确认；
4）审核组长提出纠正措施要求；
5）审核组长宣布审核结论；
6）审核组长根据不符合项的严重程度确定跟踪验证方式，其一般准则是：
   a）有严重不符合项时，必须采用现场跟踪验证；
   b）没有发现严重不符合项，且可以通过见证材料证实纠正措施实施情况时，可选择书面跟踪验证，并在下次内部审核时验证纠正措施实施的有效性。

5.5.7 参加首/末次会议的人员应在《签到表》上签到。

5.6 审核报告

5.6.1 现场审核结束后一周内，由审核组长编制《内部审核报告》，内容包括：

1）审核目的、依据和范围；
2）审核组成员和受审核方代表名单；
3）审核日期及审核计划具体实施情况；
4）不符合项目的数量、分布情况、严重程度；
5）存在的主要问题；
6）体系运行评价：
   a）实现质量方针、目标、持续改进的能力；
   b）体系运行与文件的符合性；

c) 体系运行的有效性；

　　d) 上次内审的可信程度等。

　7) 随附不符合项报告等。

5.6.2 《内部审核报告》交管理者代表审核、局长批准后发布。

5.6.3 《内部审核报告》应作为管理评审的输入。

5.7 纠正措施

5.7.1 被审核部门接到不符合项报告后，应及时分析不合格原因，研究确定纠正措施，提出纠正期限，落实责任人员，经审核组长确认后，在规定期限内完成纠正措施。具体按《纠正措施控制程序》执行。

5.7.2 若纠正措施涉及文件和资料的更改，按《文件控制程序》进行控制。

5.7.3 因不可抗力导致纠正措施不能在规定时限内完成时，应及时通知审核组，依据情况适当延长时间或采取其他措施。

5.8 跟踪验证

5.8.1 纠正措施完成后，审核组组长负责组织跟踪验证。审核组组长应至少指派一名参加过内部审核的内审员负责验证不符合项纠正措施的有效性。在某些情况下可评估纠正措施是否可接受，应在下次内部审核时追踪验证其有效性。

5.8.2 如经验证纠正措施无效，应重新制定纠正措施或再次签发《不符合项报告》。

5.8.3 在《不符合项报告》上记录跟踪验证的结果。

5.9 内部审核记录

5.9.1 验证完毕后，审核组长将《内部审核计划》《会议签到表》《不符合项报告》《内部审核检查表》《内部审核报告》记录整理后交风险处。

5.9.2 记录控制要求见《记录控制程序》。

6 相关文件

《纠正措施控制程序》

《记录控制程序》

7 相关记录

内部审核计划

会议签到表

内部审核检查表

不符合项报告

内部审核报告

二、国务院某部（委）年度质量体系内部审核报告

质量管理体系内部审核报告

审核目的	通过检查和评价机关质量管理体系的运行（符合性和有效性），达到质量管理体系持续改进的目的。

（续）

审核依据	1. "三定"规定职责； 2. 国家法律法规、部门规章、行政规范性文件等； 3. 质量手册、程序文件、工作指导以及现行有效的内部规章制度等； 4. 年度质量目标和基础评价指标； 5. 上级要求。
审核范围	（略）
审核重点	1. 体系文件覆盖率（对照内部三定规定及岗位职责说明书）； 2. 体系文件执行率； 3. 质量目标和基础评价指标的完成情况； 4. 年度主要工作任务完成情况； 5. 职责履行情况。
审核组分工	（略）
实施时间	（略）

一、基本情况

本次内部审核共发现各部室的工作亮点 25 项；发现需要解决的问题 38 项，提请关注的事情 32 项，实现了审核目的。

通过本次内审，审核组认为：本单位机关结合工作职责与工作特点而建立和运行的质量管理体系，已经步入正轨，目前正在稳步推进中。大部分部室开始自觉地按照体系文件履行职责、接受审核并改进工作。

二、审核特点

自 20××年×月机关质量管理体系正式运行以来，本次内审是第三次全面对质量管理体系的自我检查。根据领导的指示要求，本次内审体现了以下特点：

（一）积极探索、勇于创新

相比较上一年实施的两次内审，本次内审更多地关注质量管理体系与核心业务工作以及年度主要工作任务的紧密结合。

在导入质量管理体系时，建立一套基础评价指标体系，是在理论与实践方面的创新和贡献。本次内审，审核组和受审核部室对基础评价指标的适宜性进行了深入的探讨，为明年进一步改进和完善指标体系奠定了基础。

（二）主题明确、重点突出

本次内审明确提出了 5 个审核重点，其目的是关注质量管理体系覆盖履行职责的情况，关注质量管理体系与重点工作紧密结合的情况，关注质量管理体系促进主要工作任务完成的情况。确定审核工作的重点，并通过审核活动真实反馈实际情况，反映了质量管理体系成熟度的提高，反映了质量管理体系正在逐步实现质量方针提出的依法行政、规范管理、廉洁高效和优质服务的追求。

（三）经验丰富、审核到位

本次审核组成员全部从系统内选调，审核员不但是业内质量管理体系的专家，精通质量管理的原则与方法，而且都是所在单位处（部门）以上的领导，具有多年管理工作经验。审核组成员认真准备、深入审核，娴熟运用审核技巧，恰当围绕五个重点方面进行审核，提出、反映和归纳的问题事实清楚、依据明确。在审核的同时还积极讨论探索相关部室体系中所存在问题的解决方法，切实为质量管理体系的持续改进建言献策。

(续)

（四）积极配合、深入沟通

多数部室在本次内审实施前都进行了适当的准备，审核时积极配合，不但不回避而且还与审核员积极讨论质量管理体系运行中的疑问与问题。特别是有些部室领导不但充分理解内审的作用，还要求各处室在展示自己工作的同时，对问题做到不隐不藏，并表示只要是有利于工作改进的，均可扩大范围进行审核，希望对本部门多提改进建议。接受审核部室的积极态度使内审成为一次培训、指导、交流和促进的机会，从而促进质量管理体系的改进与提高。

三、审核发现

审核发现分工作亮点和改进空间两个方面，改进空间又分为"需要改进的问题"和"提请关注的问题"两种类型。

（一）工作亮点

在本次内审中，审核组客观、公正地对质量管理体系的运行情况进行了全面评价，除了符合性的评价以外，还发现了各部室在内部管理工作中具有一定创新、一定特色的工作亮点。这些工作亮点，定性地反映出机关质量管理体系运行的有效性和工作效率的提高。

（二）体系文件覆盖率及执行率

在体系文件制定时的指导思想是：不要求所有的"三定"规定职能都形成书面文件，但是要求核心工作过程需要有书面文件，以保证各项重要工作在受控的状态下进行。本次内审中，审核组配合各部室负责人识别出本部（委）现阶段的核心工作共73项，最终审核确定文件覆盖率为90.4%。

对质量体系文件执行情况，本次审核范围界定在只针对程序文件。目前质量管理体系中有效的程序共36份，通过审核发现程序文件总体执行率为91.7%。

（三）质量目标（含年度主要工作任务）和基础评价指标的完成情况及适宜性评价

1. 年度主要工作任务完成情况

年度质量目标之一：年度主要工作任务完成率100%。审核组依据年度工作任务分解表对重点工作任务的完成情况和完成过程进行了审核。

2. 质量目标和基础评价指标的完成情况和适宜性评价

各部室在年初时共提出65项各部室分质量目标和54项量化的基础评价指标，初步形成了定量评价各项工作质量和工作效率变化的指标体系，为科学决策和优质服务打下了基础。

在审核时，审核组发现，质量目标和基础评价指标在适宜性方面存在如下问题：

（1）有些部室在制定目标和指标时，没有突出本部室工作特性及核心工作。

（2）定性目标较多，难以实施评价和考核。

……

改进建议：

（1）建议上述目标及指标与工作目标相结合，不要将其"孤立化"；

（2）建议加强考核，目标如果没有适时考核，将失去其目标的意义；

（3）建议从"三定"规定职责出发，结合核心业务工作和年度主要工作任务，设定质量目标，让每项工作都有目标可以追求，都有履职的方向；

（4）制定目标及指标时必须严格遵循SMART原则，即：目标必须是具体的（Specific），目标必须是可以衡量的（Measurable），目标必须是可以达到的（Attainable），目标必须和其他目标具有相关性（Relevant），目标必须具有明确的截止期限（Time-based），五个原则缺一不可。

（四）工作效率提高情况

通过前两个定量数据（具有百分比的数据）的对比，可以看出机关的12项工作的办理时限缩短、12项工作的办理数量增加、9项工作的完成率或覆盖率等呈现增长趋势。

（续）

四、下一步的工作和建议

（一）树立质量意识、问题意识和改进意识

全体人员要树立三种意识：

（1）质量意识：对自己和下属各项工作都要有明确的质量要求，不仅要做到而且要做好。工作任务中有不少属临时应急工作，这部分工作不易通过文件加以规定，也不好设定目标去评价，就特别需要各部门和处室领导加强日常管理，加强日常检查，有些可以常态化的应常态化，形成程序文件或工作指导书。

（2）问题意识：对本部门、本处室问题洞察秋毫，不满足于现状，即使在正常的情况下，也要考虑如果要求再提高一些会怎么样，要经常思考哪些工作会出现什么样的问题，其实这就是风险分析的思维。

（3）改进意识：要强化"力求改善、精益求精"的念头。在充分了解薄弱环节和主要风险点的前提下，要主动积极地改进完善现有不适宜、不严谨的做法。把改进项目设定为硬指标或质量目标去落实和完成。

（二）加强体系文件的动态管理

对体系文件进行动态管理，保持文件最新有效，对本部室文件组织一次学习培训和清理评审，查找重要管理事项是否有文件约束，现有文件是否能够切实发挥作用，相关文件之间的规定是否一致（有没有矛盾），使体系文件能够真正规范各项工作，减少自由裁量度。要提高工作指导文件的适宜性和可操作性，针对性要强，确保一份工作指导书要解决好一件事。

（三）加强培训力度

要进一步让每一岗位工作人员熟悉体系文件的规定，知道体系文件中具体都规定了什么，要形成什么记录，这是运行体系的基础。强化运用质量管理体系方法开展工作的意识，将"体系要求"与"日常业务工作"并轨、使其一体化。

（四）完善工作自查机制

PDCA过程管理应用中，检查改进环节仍是管理中的弱项，建议各部室坚持工作质量自查，在各个重要工作的关键环节设置检查点，明确检查方式、频次和检查结果的应用。对重复性出现的问题要特别重视，举一反三。属资源性问题的要报相关领导，即使当前不能解决也应有所说明；属于文件的问题要明确时间，限期整改；属于工作态度的要纳入绩效管理和年度考核。

附件：1. 各部室工作亮点汇总表（略）；

2. 需要解决和提请关注的问题汇总表（略）；

3. 体系文件覆盖核心业务情况汇总表（略）；

4. 体系文件执行情况汇总表（略）。

三、国务院某国家总局机关内部审核《司局自查阶段必查项目检查表》

司局自查阶段必查项目检查表

检 查 项 目	检查结果和记录 （要求详细记录 到可以追溯）
一、公共项目	
（一）职责落实情况	
1. 根据国务院"三定"及总局"三定"规定的职责，查司局表1、表2，检查职责调整分解至所有各岗位的情况以及动态更新情况，核查各岗位之间有无职责不清或交叉重叠之处。	

（续）

检 查 项 目	检查结果和记录（要求详细记录到可以追溯）
一、公共项目	
（一）职责落实情况	
2. 查司局各个《岗位职责说明书》，工作事项体现本岗位业务职责、工作事项、工作要求、任职条件、培训要求、岗位廉政责任等方面的全面性和协调性；查有调整和变化时的改进和更新情况；查列出的工作事项的执行情况，查执行具体工作事项与提出工作要求的符合性，查现有人员与《岗位职责说明书》中规定的对应情况。	
3. 抽2~3个在岗人员，核查他们的相关培训、工作经历，查其符合任职条件和培训要求的状况，询问其对本岗位职责和工作要求的了解情况。	
（二）质量目标实现情况	
1. 对照"三定规定"的主要职责，查司局及各处室质量目标制定有无体现"三定"规定的主要职责，核查改进的情况。	
2. 抽司局和司局下属2~3个处室的质量目标，查质量目标按测算办法规定期限和方法进行检查、评价情况，并根据判定方法查其完成情况，达到预期目标的情况。如有不合格，查采取的相应改进措施。	
（三）文件管理情况	
1. 司局体系文件的有效性、充分性、适用性、可操作性。	
（1）查201＊年至今司局工作依据的变动情况，并检查已根据工作依据的变动情况对体系文件中已过期或失效文件进行梳理和修订的情况和适宜性、可操作性。	
（2）查201＊年至今司局新增工作依据，并查看其适时纳入体系文件控制的情况。	
（3）查201＊年至今司局程序文件、工作指导书、质量目标、岗位职责说明书、工作依据清单、组织机构图等，查其内容符合工作实际的情况；如有需要变更的情况，查及时对文件进行修订和更新的情况。	
2. 司局体系文件管理。	
（1）抽查201＊年至今由司局主办的信息应用平台上新增或修订的文件（公文2~3件，工作指导书、质量目标、岗位职责说明书、工作依据清单等2~3件），查其制定、修订、撤销、审核、批准、公布和分发控制是否符合流程规定，重点查文种的选择是否合适、时限是否符合要求、公文格式是否规范等。	

（续）

检 查 项 目	检查结果和记录（要求详细记录到可以追溯）
一、公共项目	
（三）文件管理情况	
（2）查看201＊年至今信息应用平台上文件重办情况，分析重办原因，对于属于司局责任的重办件，要制订纠正措施并进行验证。	
（3）查看201＊年至今信息应用平台上文件逾期办理情况，分析逾期原因，对于属于司局责任的重办件，核查制订的纠正措施并进行验证。	
（4）查看司局程序文件、工作指导书，检查是否都按文件要求建立了工作记录。	
（5）清理司局自用记录，将所有在用的有效的自用记录更新至各司局《自用记录清单》。	
（6）信息应用平台打印端口的控制是否符合相关规定，查看各司局《打印文件登记单》，对利用信息应用平台打印端口打印的文件登记情况进行检查。	
3.体系文件的规定履行职能情况。	
（1）抽查2~3个体系文件，查该项工作按体系文件规定进行策划、组织、实施、落实的情况。	
（2）查司局1~2件需与其他部门（含两委）协作的工作，查该工作接口的明确性，实际运行的执行情况及其效果。	
（四）信息应用平台管理和内部综合管理情况	
1.查司局所有在岗人员的注册有效性，查已注册但未在岗现象的管控情况。	
2.查201＊年至今司局人员外出记录，并对照信息应用平台授权记录，查看外出授权管理有效执行情况。	
3.办事时限是否符合管理要求。选择2~3个办理事项，查看是否符合相关管理要求。	
4.突发公共事件应急工作管理、保密、信访、新闻宣传、会议管理、网站政府信息公开动态更新、网站公众留言公文邮件办理等工作是否按照相关综合管理程序执行。 上述每个管理事项选择1~2个具体案例，查执行相关规定的情况。	
（五）质量管理体系的持续改进情况	
1.核查对司局201＊年至今自查、内审、各种检查时所发现的问题或潜在问题进行梳理的清单和总数，逐个核查按照《纠正措施和预防措施控制程序》和《不符合事项控制程序》的要求进行了原因分析、纠正及制订纠正或预防措施的执行情况，并对纠正或预防措施实施的效果进行验证。	

（续）

检 查 项 目	检查结果和记录 （要求详细记录 到可以追溯）
一、公共项目	
（五）质量管理体系的持续改进情况	
2. 司局按照建立的数据分析和工作检查制度开展工作的执行情况，抽查最近的处室工作质量检查的自查内容。	
3. 梳理自查发现问题的纠正和补救措施的推进情况，在自查总结、抽查总结中如存在重复的问题，如何启动纠正措施，对多发性、普遍性问题，如何进行全司警示。	
4. 查司局的数据分析工作是否包括业务数据的统计分析、工作事项完成情况的统计分析、质量目标完成情况的统计分析等内容。	
5. 查数据分析结果如何应用于工作的持续改进，对问题和工作设想如何导入到下年度的工作计划中进行推进。	
6. 抽查工作中有创新发展、开拓新业务、新管理模式的情况等的策划、执行、总结并固化到体系文件或规章、规范性文件之中。	
（六）资源配置情况	
1. 人力资源是否满足工作需要，包括数量、资质等方面。	
2. 开展工作所必需的办公设施、设备、通信、信息系统等是否到位，日常工作对这些设施、设备、通信、信息系统等是如何进行维护管理的。	
3. 如何应对总局信息平台系统故障停工事件，核查备份系统，以及定期对其进行充分的评审和测试情况。	
4. 提供的工作环境是否适宜，对所需的工作环境是如何进行管理的。	
二、职能项目情况	
司局根据其职能，依据过程方法的原理，对其承担的职能工作按照相关法律法规、规章、规范性文件、体系文件等的要求进行自查。（此部分由各司局、信息办补充）	

第十二章 管理评审

管理评审，是组织的最高管理者为确定质量管理体系是否达到了规定目标以及体系运行的适宜性、充分性和有效性，而进行的系统评价活动。通过管理评审，可以确定组织的发展方向和目标。本章分别从理论分析、标准要求、应用案例三个角度，对管理评审进行介绍。

第一节 理 论 分 析

一、管理评审概念

管理评审概念，是由"评审"术语延伸产生的。

> 3.11.2
> 评审　review
> 　　对**客体**（3.6.1）实现所规定**目标**（3.7.1）的适宜性、充分性或**有效性**（3.7.11）的**确定**（3.11.1）。
> 　　示例：管理评审、**设计和开发**（3.4.8）评审、**顾客**（3.2.4）**要求**（3.6.4）评审、
> 　　　　　**纠正措施**（3.12.2）评审和同行评审。
> 　　注：评审也可包括确定**效率**（3.7.10）。

在 ISO 9000《质量管理体系 基础和术语》标准中，评审是指"对客体实现所规定目标的适宜性、充分性或有效性的确定"。根据 ISO 9001 标准的规定，管理评审是组织最高管理者的职责。最高管理者应该按照事先策划的时间间隔，对组织的质量管理体系实施状况进行评审，以确保其持续的适宜性、充分性和有效性，并确保组织质量体系运行与组织战略方向保持一致。

管理评审，是组织对质量管理体系运行和组织绩效进行评价的最重要方式，是质量管理体系改进循环中最高层次、最重要的决策活动。通过管理评审，可以使组织的管理体系与组织的战略方向保持一致；可以确定组织质量管理体系达到质量方针和质量目标的实现程度，以及评价和判断体系运行中质量方针和质量目标的适宜性、充分性和有效性；是一种规范的对组织绩效进行回顾和评价的活动方式。

二、管理评审实施

1. 管理评审的内容

管理评审的主要内容，是评价组织质量管理体系持续的适宜性、充分性和有效性。

（1）体系适宜性。适宜性评审是指针对组织的现状实际，评价现行的管理机制、管理方式和管理状况，是否是最"恰到好处"的和最适宜的。适宜性评价还与组织内外部环境变化有关，应该考虑，组织质量方针、质量目标及质量体系，以及文件要求是否符合当前组织的实际现状；特别是在组织的内外部环境发生变化时，是否仍然能够适合组织的实际，确保其持续的有效性和高效率。对于适宜性的评审和其后的改进措施，将会有助于组织提高对体系变化的适应能力，保持质量管理体系的正常运行，达到预期结果。对任一组织而言，管理力度应该与管理过程的风险程度相当。面对过程风险和结果，管理力度不够，将会导致风险产生，所谓抓而不紧等于不抓；但是管理力度太大，用力过猛，同样不会有好的管理结果，所谓小题大做则无事生非，同时也浪费了管理成本。

（2）体系充分性。充分性是对组织质量管理体系是否全面、系统地满足体系标准规定要求所做出的评价，充分性评价也与组织内外部环境变化有关。对充分性的评审，一是应考虑组织在建立体系时是否已经充分识别了与质量有关的全部过程；二是应考虑随着组织内外部环境的变化而进行体系改进时，是否考虑了对组织过程进行补充与完善；三是应考虑体系过程是否充分细化展开，过程控制的职责特别是过程间的接口控制职责是否都已明确；四是应考虑资源配置是否充分；五是应考虑对组织内外部顾客的识别是否恰当；六是应考虑对顾客需求和期望，特别是顾客潜在需求和未来需求是否充分的识别清楚；七是应考虑当组织内外部环境发生变化时，所引发的决策、管理、过程、资源、产品和服务要求增加时，原来的系统控制是否还能保持充分性。只有对过程控制进行有效的充分性评审，才能够持久地保证质量管理体系的过程能力，最终达到顾客满意。

（3）体系有效性。有效性是对体系过程的结果而言，ISO 9001标准中对有效性的定义是：完成策划的活动并得到策划结果的程度。体系有效性的评审可以体系运行结果和组织获得的业绩为依据，来评价体系质量方针和质量目标的实现情况、过程及产品的质量情况、顾客满意情况、内部审核结果、各种改进措施的效果情况等。

2. 管理评审的时机

管理评审的时机，一般是由组织事先策划而定的，通常为一年进行一次。也可以在半年度或一个阶段活动结束时进行管理评审。当组织体系发生变化时，组织也应及时开展管理评审活动。

3. 管理评审的形式

管理评审的形式可以是多样的。一般可以结合组织的年度工作会议进行，也可以结合组织进行的各种业务检查活动一并进行，或者在年底结合各种业务活动检查的结果分析一并进行。不同组织对管理评审活动的名称，也可能会有不同的叫法，如分析会、总结会、评审会、业务检查等等。关键是看这些活动的内容是否达到了标准规定的管理评审要求。

4. 管理评审的输入和输出

管理评审输入，要为评审提供真实而准确的信息，评审输入包括了组织质量体系内部和外部、产品和体系、过程和结果、过去和现在等各方面的信息。要注意评审输入中"审核结果"应该包括第一方内部审核、第二方审核和第三方审核的结果。管理评审输出，是对组织质量管理体系做出战略决策的重要依据。管理评审输出应包括，对组织质量管理体系的适宜性、充分性和有效性进行的总体评价结论；对组织产品、过程和体系运行有效性提出的改进决定和措施；对组织发展方向和目标以及有关资源需求做出的改进决定和措施。管理评审的结果，重点应放在对组织产品过程和体系过程中，各种改进和变更的需求决策上。

5. 内部审核和管理评审的关系

内部审核和管理评审，都是对组织体系的一种评价活动，都是对体系控制能力的一种评价方法，其评价对象都是质量体系。但两者的目的不同、形式不同、管理层级也不同。一般而言，内部审核的目的是评价组织质量体系的符合性和有效性，而管理评审的重点是评价组织体系的适宜性、充分性和有效性，其重点在适宜性评价。就层级而言，内部审核属于操作层面的评价活动，管理评审属于决策层面的评价活动。就内容而言，内部审核通常对组织的具体体系控制活动做出评价，而管理评审，则侧重于组织的战略发展和战略决策评价。就评价主体而言，内部审核是由经过内审培训的审核员进行，而管理评审则是由组织的最高管理者、决策者亲自组织和进行的。就结果而言，内部审核的结果是管理评审的输入之一。

第二节 标准要求

一、GB/Z 30006《政府部门建立和实施质量管理体系指南》标准要求

6.2 管理评审

管理评审是政府部门的领导层对质量管理体系持续的充分性、适宜性、有效性和运行效率所进行的评价。政府部门应按照策划的时间实施管理评审。

> 领导层可以把下列方面的信息作为管理评审的依据:
> a) 前阶段工作的基本情况;
> b) 质量方针的贯彻情况;
> c) 质量目标和重点工作任务的完成情况;
> d) 重大事项处理情况;
> e) 以往管理评审决策的落实情况;
> f) 满意度调查的结果;
> g) 自我检查、内部审核和外部评价的结果;
> h) 改进措施的实施情况;
> i) 面临的形势与任务,以及各有关方面对工作的改进建议;
> j) 任何能够影响质量管理体系的变更;
> k) 绩效管理、风险管理等方面的信息。
> 管理评审活动可单独组织实施,也可结合例行会议、工作总结来开展。
> 管理评审应做出关于质量管理体系调整和改进的决策,包括对下一阶段的工作部署、重点工作的确定和资源保障安排。必要时,应对质量方针和质量目标做出修订。

二、ISO 9001《质量管理体系 要求》标准要求

> **9.3 管理评审**
> **9.3.1 总则**
> 最高管理者应按照策划的时间间隔对组织的质量管理体系进行评审,以确保其持续的适宜性、充分性和有效性,并与组织的战略方向保持一致。
> **9.3.2 管理评审输入**
> 策划和实施管理评审时应考虑下列内容:
> a) 以往管理评审所采取措施的情况;
> b) 与质量管理体系相关的内外部因素的变化;
> c) 下列有关质量管理体系绩效和有效性的信息,包括其趋势:
> 　1) 顾客满意和有关相关方的反馈;
> 　2) 质量目标的实现程度;
> 　3) 过程绩效以及产品和服务的合格情况;
> 　4) 不合格及纠正措施;
> 　5) 监视和测量结果;
> 　6) 审核结果;
> 　7) 外部供方的绩效。
> d) 资源的充分性;
> e) 应对风险和机遇所采取措施的有效性(见6.1);
> f) 改进的机会。

9.3.3 管理评审输出

管理评审的输出应包括与下列事项相关的决定和措施：

a) 改进的机会；
b) 质量管理体系所需的变更；
c) 资源需求。

组织应保留成文信息，作为管理评审结果的证据。

第三节 应用案例

在国内政府部门建立运行质量管理体系的过程中，管理评审已经有了大量的实践应用，并取得了明显成效。以下提供部分政府部门的实践应用案例，以供学习参考。

一、国务院某国家总局机关《管理评审工作方案》

管理评审工作方案

为确保总局机关质量管理体系持续的适宜性、充分性和有效性，在全面、准确和充分掌握总局机关质量管理体系运行情况、变化趋势和改进需求的基础上，根据总局《管理评审程序》要求，办公厅拟组织开展201＊年度总局机关质量管理体系管理评审工作。具体方案如下：

一、总体要求

管理评审工作是在总局机关范围内对质量管理体系的适宜性、充分性和有效性进行评价的过程。总局机关各司局通过管理评审提供的平台，对本年度质量管理体系工作进行全面、开放式的总结、交流和评价，通过系统地基于质量管理原则的评审，使总局机关质量管理体系持续、有效和高效地运行并得到持续改进，从而进一步提高总局机关适应新形势、新情况、新任务的能力，确保总局机关更好地履行各项工作职能。

本次管理评审与总局机关201＊年度总结工作相结合，办公厅与其他司局协助开展管理评审工作，总局通过召开会议就管理评审所涉及的相关议题进行讨论和研究，听取有关方面的意见和建议。

各司局在实施管理评审前提交本司局年度质量管理体系工作总结，通过系统、客观、有效的总结，得到超越质量管理体系有效性和效率的评审结果；管理评审的结果用于支持总局机关质量管理体系持续改进工作的策划。

二、工作职责

（一）总局领导负责召开会议，实施对总局机关质量管理体系的管理评审。

（二）办公厅负责组织和协调管理评审相关工作。编制相关工作方案，发放工作通知。对各司局提交的年度质量管理体系工作总结进行审核，并作全局性汇总，牵头起草总局机关年度质量管理体系工作报告，将总局机关年度质量管理体系工作报告及汇总后的材料上报总局领导。编制管理评审工作报告。收集和保存管理评审的相关记录。

（三）各司局按照相关要求，在各自的职责范围内收集、汇总、编写和提交质量管理体系工作总结。根据管理评审的结果，结合本司局的实际情况制定具体的贯彻落实方案，并报总局分管领导审核批准后组织实施。

三、管理评审的准备文件

（一）各司局年度质量管理体系工作总结。

本次管理评审前，需各司局提交的201＊年度质量管理体系工作总结应包括以下内容：

1. 本司局年度质量管理体系工作的基本情况，包括业务和行政管理工作的统计数据。
2. 总局年度工作要点、工作任务和质量目标在本司局的分解与落实情况。
3. 履职工作取得的成效和存在的问题或困难。
4. 内部管理工作取得的成效和存在的问题或困难。
5. 总局机关两次内部审核和本司局工作质量检查中发现问题的整改情况。
6. 纠正措施和预防措施的研究和实施情况。
7. 本司局信访的受理、办理和分析情况，包括媒体或社会舆论对本司局履职工作的反映情况。
8. 进一步改进工作的设想，包括对总局机关质量管理体系工作的改进建议。

（二）总局机关年度质量管理体系工作报告。

办公厅根据各司局报送的年度质量管理体系工作总结，汇总形成总局机关年度质量管理体系工作报告。

四、管理评审的实施与结果

总局领导主持召开会议，就管理评审所涉及的相关议题进行讨论和研究，听取各司局质量管理体系工作情况汇报及有关方面的意见和建议。在研究和判断总局所面临的形势和任务、综合分析和评价总局机关质量管理体系的运行情况和变化趋势的基础上，对下一阶段总局机关如何更好地履行国家赋予的职责、更好地完成国务院交给的任务以及如何根据实际情况更好地配置总局机关的资源等方面提出要求，并就主要工作安排做出部署。

管理评审的结果应包括以下内容：

1. 总局所面临的形势和任务。
2. 总局机关质量管理体系的变化趋势及有效性的改进。
3. 总局下一阶段的工作要求，包括必要的资源配置和调整要求。
4. 总局机关下一阶段的主要工作安排。

管理评审结束后，由办公厅组织编写总局机关管理评审工作报告，将管理评审结果通报各司局。

五、管理评审结果的贯彻落实

各有关司局针对管理评审结果中的工作要求和部署，结合本司局的实际情况制定具体的贯彻落实方案，并将方案报总局分管领导审核批准后组织实施。

第十二章 管理评审

适当时，办公厅通过内部审核、督查督办等必要的方式对管理评审结果的贯彻落实情况进行检查。

六、管理评审工作的时间安排

总局机关将于201＊年12月启动管理评审工作，具体工作安排详见《总局机关管理评审工作安排一览表》，略。

二、国务院某部委机关《管理评审程序》

管理评审程序

1. 目的和范围

本程序规定了本委质量体系管理评审活动开展的控制要求。研究质量管理体系建设问题的要求与做法，以确保委领导带头贯彻落实以质量管理体系为基础的内部管理机制，坚持强化内部管理，全面推动各项工作不断改进的长效机制。

本程序适用于本委质量体系的管理评审活动控制。

2. 术语

2.1 能力

组织、体系或过程实现产品并使其满足要求的本领。

2.2 适宜性

质量管理体系适应组织实际及其变化的控制能力。

2.3 充分性

质量管理体系全面满足管理标准要求的能力。

2.4 有效性

完成策划活动和达到策划结果的程度。

3. 职责和权限

3.1 本程序由质量办归口管理。

3.2 委主任负责确定管理评审的时间，主持管理评审活动，并签发《管理评审报告》；

分管委领导参加管理评审活动；

管理代表负责策划、确定参会人员和会议议题；

质量办负责组织落实；

各部室参与并配合相关工作。

4. 工作流程

4.1 管理评审流程图（见附图）

5. 工作程序

5.1 管理评审策划

5.1.1 管理评审通常可结合本委半年或年终总结进行，也可以结合平时的委主任办公会议进行。当需要时，经管理代表提出并经委主任同意可以单独开展实施，以确保质量管理体系运行的持续适宜、有效。

5.1.2 质量办按委主任确定的时间通知参加会议人员、印发会议议题、准备会场。

5.1.3 参会人员应妥善安排各自的工作,到会参与评审;不能到会的人员应经委主任同意。

5.1.4 各部室对参加管理评审活动做好准备,根据实际情况提交以下一项或多项书面材料,作为管理评审的输入信息:
  a) 质量方针的适宜情况;
  b) 包括重点工作完成结果在内的质量目标的实现情况;
  c) 内部审核和工作质量自我检查的结果;
  d) 上一次管理评审决议的执行情况;
  e) 纠正和预防措施的实施效果;
  f) 对本委质量管理体系可能产生影响的以下(但不限于)外部环境的变化:
  ——《三定》规定发生变化;
  ——适用法律法规的变更;
  ——国务院和上级领导的工作要求;
  g) 来自社会公众的投诉与问题反映及其他相关方对本委不满意的信息;
  h) 对质量管理体系有效运行需要解决的重要问题、资源需求及改进的建议。

5.2 管理评审的实施

5.2.1 参加管理评审的人员签到。

5.2.2 委主任主持会议。

5.2.3 管理代表报告委质量管理体系运行的全面情况及方针、目标的实现情况。

5.2.4 管理评审对以下一项或多项内容进行评价和研究,并形成评审决议:
  a) 质量方针的适宜性、充分性与有效性;
  b) 质量目标实现情况;
  c) 内部审核及上级部门审核中提出的重要问题;
  d) 内部审核与前次管理评审所提出问题的解决情况;
  e) 管理体系运行的适宜性、充分性和有效性;
  f) 体系运行所需资源的配置情况;
  g) 质量管理体系改进的需求与文件修订事项;
  h) 下一步工作要求以及急需解决的问题和措施。

5.2.5 质量办负责管理评审活动的现场记录;编制《管理评审报告》,经审批后,发至委领导和各部室。

5.3 管理评审决议的落实

5.3.1 需要时,质量办制定管理评审决议的落实计划,经管理代表批准后,发至各部室。

5.3.2 各部室根据管理评审报告和(或)落实计划,组织落实管理评审决议。

5.4 跟踪验证

5.4.1 质量办按《督查督办工作指导》跟踪管理评审决议落实情况,并报告管理代表。

5.4.2 质量办按《文件控制程序》组织落实体系文件的修订。

5.5 质量办按《记录控制程序》保存管理评审记录。

6. 相关文件

6.1 《文件控制程序》

6.2 《记录控制程序》

6.3 《督查督办工作指导》

7. 记录

管理评审会议通知

管理评审会议签到单

管理评审决议

管理评审报告

附件：管理评审流程图，略

三、某省级检验检疫部门《201＊年度管理评审报告》

管理评审报告

201＊年，省局围绕国家总局"双轮驱动"要求，按照省局党组的总体部署，坚持"依法行政，严格把关，科学管理，优质服务"的质量方针，全面运行质量管理体系，通过全员参与、过程控制、持续改进，不断提高工作质量，促进检验检疫各项工作标准化、规范化，提升了全省系统行政管理水平和执法把关质量。

一、体系运行工作

201＊年省局按照质量管理体系标准要求，规范各项体系活动，保证体系正常、有效、有序运行，同时积极探索将质量管理体系与绩效管理、风险管理有机融合，有效发挥质量管理体系的最大效能。201＊年度开展的质量体系工作主要包括：

（一）制定并执行年度体系工作计划

根据省局体系工作实际，制定并印发了《201＊年度质量管理体系工作计划》，明确年度体系工作各项任务和要求。通过体系计划实施控制，保证体系工作进展顺利，各项体系活动有序开展。

（二）更新体系运行工作依据

在电子政务平台上线运行体系文件模块，一次性完成4136条工作依据更新导入。同时，抓好模块的日常运行，通过与OA系统文件的关联，将外来的和自身制定的依据文件实时纳入体系文件模块，实现工作依据的动态更新和分类管理。

（三）建立内审员队伍

省局组织了一期新版标准体系内审员培训班，受训人员120余人，各分支局也结合工作实际开展体系知识培训。加强质量管理体系内审员队伍建设，组建由424名内审员组成的体系内审员库，推进新版质量管理体系有效规范运行。

（四）组织开展内部审核工作

将新版体系运行纳入年度考核指标，将体系内审工作与绩效考核督查、业务督察有机结合，合理整合各类检查，组织自查，提高效率，减少对分支局和业务部门的现场审核时间。全面实施新版体系换版后的第一次内部审核工作,累计出动检查人员87人次,对19项重点事项进行督查审核,督促整改发现不符合项24个、重点关注问题57个。各单位针对审核发现的问题,及时开展原因分析、采取纠正措施,并提交整改的验证材料及整改报告,确保整改到位,持续改进。

（五）组织开展第三方满意度调查工作

委托第三方开展全省系统顾客满意度调查工作,主要关注工作人员的行为态度、工作效率、服务质量、廉政情况、执法行为、业务能力等方面,累计对567家进出口企业、63个出入境人员、110家地方政府部门样本进行调查访问,总体满意度达97.68分。

（六）组织开展管理评审工作

根据质量管理体系运行的要求,组织开展了201＊年体系运行的管理评审工作,对质量管理体系的建立和运行情况进行全面总结,对全省系统质量方针和目标完成、内部审核结果及纠正预防措施实施、管理评审改进要求的跟踪等内容进行评审,对质量管理体系运行的适宜性、充分性和有效性进行评价。

二、质量管理体系评价

自2016年质量管理体系换版以来,新版质量管理体系实现全省一盘棋,整合各分支局的质量管理体系,融合了绩效管理、过程控制和风险管理的理念,符合ISO9001：2015标准要求,围绕《升级版强局建设行动纲要（2017-2019）》的目标和工作要求,为有效推进强局建设提供了重要的基础和保证。

（一）体系工作有序推进

2016年质量手册换版完成后,省局出台"体系管理办法"系列配套文件,各分支局、各单位和各部门对程序文件、工作依据等进行了全面梳理,在日常工作中基本形成了"以质量管理体系为基础,以绩效考核为导向"的"双轮驱动"工作机制,风险管理机制得到初建,质量管理体系得到了较适宜、充分和有效的运行,有效地保障了全省系统检验检疫工作的正常运行。

（二）重点工作确保落实

本次管理评审结合201＊年度局重点工作和绩效考核指标落实情况,对各部门质量目标完成情况进行测评。从审核结果来看,各部门法定职能得到有效履行,承担的大事、专项工作及强局任务均按要求有序推进,确保局党组各项决策部署落到实处。

（三）实现既定质量目标

根据检查结果统计,201＊年全省系统9项质量目标基本实现。全省系统全年未发生违法违纪行为,无重大工作和安全责任事故；各项工作时限符合率达到98%,行政许可工作时限符合率100%,投诉、举报等信访事项处理率100%,顾客满意率≥96%,证单出局差错率≤2‰。除检验检疫流程时长外,总局年初下达的绩效91项年度工作目标全部达到要求,并有多个指标实现新突破。

三、主要存在的问题

根据质量管理体系运行状况分析及各类检查结果,质量体系运行中主要存在以下问题：

（一）体系管理地位有待提升。有些部门体系意识不强、自查不够充分、检查不够深入。对体系的基本理论不能活学活用，思维比较陈旧，应用比较机械，体系运行氛围尚不够浓厚，风险意识和自我改进意识需要进一步强化，体系管理顶层设计需要进一步创新优化。

（二）体系过程监控机制需要完善。重点放在质量目标的实现上，对于过程监控存在不到位的现象，工作机制、职能配置存在不适应、不协调问题，对发现的突出问题不能利用体系管理及时跟进完善，有的核心工作过程关键点控制不到位。

（三）体系管理与日常管理融合需要加强。干部职工在日常工作中运用体系管理知识还不够，用体系管理思维指导工作还不够。规范性文件是否完善，工作依据是否适宜、充分、有效，往往受限于管理人员对业务的熟悉程度，尚未形成统一、明确的检查改进协同机制。

（四）体系文件及时更新。新版体系换版后，各分支局除了按照省局质量手册和通用的程序文件要求执行外，尚有部分分支局以及下属机构未将自身的内部管理制度纳入第三层文件体系，存在录入的文件依据信息还不全面、不完善，日常更新不够主动和及时等问题。

（五）体系运行信息化水平需要提高。信息化已经是公认的规范管理、提升效率的有效手段，目前体系信息化工作尚停留在文件依据电子化方面，尚未建成科学、便利、人性化的质量体系信息化系统。

四、明年质量管理体系工作

明年是检验检疫体制机制改革的关键之年，我们应当紧紧围绕改革发展大局，按照省局党组的工作部署，以管理促发展，向管理要效益，继续加大质量管理体系力度，不断提升全省系统工作质量。明年重点将在以下几方面继续加以改进。

（一）重视主体架构优化，做到统筹协调。主动适应新时代新要求，坚持体系理论与实际需要相结合、体系价值与行政职能相结合、体系管理与行政管理相结合、体系构建与行政配置相结合，科学引用新版质量管理体系突出绩效、风险管理的新要求，强化体系思维，提升体系认识，突出理论研究储备和实践创新，探索构建"以风险管理为主线、以绩效管理为动力、以体系管理为支撑"的三位一体管理新模式，提升体系应用的灵活度和实用性，逐步建立目标清晰、一体运行、便捷高效的现代管理体系。

（二）坚持问题和目标导向，做到实用有效。各单位应强化主体责任意识，围绕上级决策部署，针对日常管理、绩效考核、体系内审等发现的问题及时组织研究解决，加强核心工作过程关键点的控制，完善自查自纠机制，督促责任部门在规定期限内完成有效整改，做到效果及时验证，确保体系运行有效。

（三）健全依据管理制度，做到运行规范。继续做好工作依据模块中文件依据的动态管理，对照总局印发的有效文件清单，认真梳理执法依据及行政管理文件，对作废文件及时清理，上传错误或重复文件尽快更正，补全文件相关信息，做到责任定人、归档定时、规程清晰有序。

（四）加强体系基础建设，做到保障有力。随着ISO 9001新标准的实施，一些新理念、新思想、新要求需要进一步消化吸收，迫切需要进一步加大ISO 9001：2015版标准及全省系统质量管理体系文件的培训。围绕检验检疫行政执法与服务审核范围，进一步识别、完善检验检疫相关过程的输入与输出，进一步加强检验检疫行政执法依据合规性评价，确保检验检疫行政执法依据有效性。重视体系文化建设，形成良好氛围，牢固树立以顾客为中心的理念和"程序"意识，不断丰富体系文化内涵，形成良好的体系工作氛围。根据机构改革新形势需求，适时推进体系信息化建设，将内审方案、内审计划、不符合项报告、整改情况等纳入信息化管理，整合优化工作职责、人员配置、文件依据、绩效考核等平台模块，通过软件系统开展体系工作，形成周密完善的管理链条，提升运行效率。

四、某省级市政管理局《管理评审计划》

管理评审计划

一、评审目的

质量方针与目标的适宜性，质量管理体系的适宜性、充分性和有效性。

二、评审依据

1. GB/T 19001等相关依据文件。

2. 相关工作所依据的法律法规文件及技术标准要求。

3. 公开文件、质量手册、程序文件、作业指导书等质量管理体系文件。

三、主持人（略）

四、参加人

1. 领导班子全体成员、中层以上干部。

2. 质量处负责会议记录并撰写会议纪要。

五、计划评审日期

12月6日。

六、文件准备

1. 请各处根据所承担的工作职责和所确定的主题内容来起草管理评审输入文件，并重点分析存在的问题，解决方案，哪些事项需要协调相关处共同完成，哪些需求需要管理层予以解决，特别关注为管理评审中每个主题设定的必须报告的内容。

2. 请各处按照附件中的安排起草相关输入材料，按时提交给质量处，以便质量处及时传递相关资料，为管理评审的顺利进行做好文件的准备。

七、管理评审实施

本次管理评审分为以下主要步骤。

1. 业务线管理评审

11月14~18日期间，两个业务线分管领导分别组织业务线相关业务处室对管理评审的输入内容进行初步评审，尽量解决各处室提出的问题，并形成管理评审输出意见和措施建议。对于业务线不能解决需要提交局领导班子决策的问题，应形成业务线管理评审输入意见。

11月20日前提交给质量处，由质量处上报局领导班子，作为管理评审会议的输入材料。

业务线A相关处室包括：（略）

业务线B相关处室包括：（略）

各业务线分管领导，也可指定其他处室代表参加业务线管理评审。

2. 召开管理评审会议

12月6日，由局长主持召开管理评审会议，对各业务线及相关部门的输入信息进行评审，形成管理评审决议。

3. 管理评审报告

质量处在一周内形成管理评审报告。经局长批准后，下发执行。

管理评审会议决定改进的相关问题，按照《纠正措施和预防措施控制程序》要求，采取纠正和预防措施。质量处验证改进效果以后，形成书面报告报局长办公会议。

五、某省级检验检疫部门《纠正措施和预防措施控制程序》

纠正措施和预防措施控制程序

1. 目的

消除本局检验检疫工作及相关质量活动中已发生或将发生不符合的原因，采取措施，防止其发生或再次发生。

2. 适用范围

适用于本局检验检疫工作及相关质量活动中的纠正措施和预防措施控制。

3. 职责

3.1 质量管理体系运行过程中出现的不符合项，由风险处负责对纠正措施和预防措施进行管理，并组织验证。

3.2 业务工作中出现的不符合项，由相关责任部门负责对纠正措施进行管理，并组织验证；

3.3 责任科室进行原因分析、制定纠正措施、确定责任人员并予以实施。各部门负责人审批纠正措施的充分性和可行性，指导实施并组织验证。

3.4 出现下列不符合时，由管理者代表或分管局领导负责对纠正措施和预防措施进行管理，并组织验证：

——在管理评审、内部或外部审核中发现的严重不符合；

——检验检疫监管和服务工作中出现的质量事故；

——申请人重大投诉；

——国家局或口岸反映的重大差错（不符合项）。

当措施涉及多个部门时，由管理者代表或分管局领导负责协调。

4. 工作程序

4.1 纠正措施控制流程：不符合信息收集→确定不符合原因→制定纠正措施→实施纠正措施→跟踪验证。

4.2　不符合信息收集

　　各部门收集、识别和评审其职责范围内检验检疫监管和服务、绩效考核、管理评审、顾客投诉、满意度评价、数据分析及内外部审核等活动中，已经存在的不符合信息。

　　各部门对职能范围内的不符合进行分析，确定是否需要采取纠正措施。对需采取纠正措施的，由主管部门落实责任部门，签发《纠正/预防措施报告》。

　　对内外部审核发现的不符合，可通过审核组签发的《不符合项报告》完成纠正措施。

4.3　确定不符合原因

　　责任部门应认真调查不符合情况，分析产生不符合的根本原因，必要时应用数理统计技术进行原因分析。

4.4　制定纠正措施

　　针对不符合发生的根本原因，由责任部门制定纠正措施，包括：不符合原因分析、采取的纠正措施、责任人、完成日期等。纠正措施应能消除导致不符合发生的根本原因，以防止不符合再次发生，并与所发现不符合影响程度相适应。

　　由风险处对纠正措施的可行性和充分性进行评价。

4.5　实施纠正措施

　　纠正措施实施的责任部门，应在规定的时间内，根据规定的要求，组织落实各项纠正措施。必要时，配备纠正措施所需要的资源，或进行人员培训。本部门资源不能满足需要的，以书面形式提交分管局领导或管理者代表。当纠正措施涉及两个或两个以上部门时，由管理者代表或分管局领导协调纠正措施的落实。

　　在《纠正/预防措施报告》或《不符合项报告》上，记录纠正措施的实施情况。

4.6　跟踪验证

　　风险处组织人员对纠正措施落实情况进行跟踪验证，检查措施实施的有效性。

　　经验证未达到预期效果的，应重新进行原因分析，制定和实施纠正措施。同时向管理者代表或分管局领导报告。

　　在《纠正/预防措施报告》或《不符合项报告》上记录跟踪验证的结果。

4.7　对纠正措施所引起的质量管理体系文件的更改，按《文件控制程序》进行。

4.8　对严重不符合采取的纠正措施、实施结果及验证情况等信息应纳入管理评审的输入。

5. 预防措施

5.1　预防措施控制流程：潜在不符合信息的收集→分析原因→制定预防措施→实施预防措施→有效性评审。

　　预防措施结合风险管理体系运行控制一并进行。

5.2　潜在不符合信息的收集

　　各部门收集内外部工作质量检查信息，适时进行统计分析，识别检验检疫工作及相关质量活动中潜在不符合。

　　风险处根据绩效考核、管理评审、顾客投诉、满意度评价、数据分析及内外部审核等活动的结果，识别质量管理体系中存在的潜在不符合。

　　遇下列情况之一时，视需要启动预防措施程序：

——国际贸易发展趋势引发的新问题时；
——质量方针和质量目标监视测量中发现接近限值时；
——上级通报非本局发生的严重质量事故或违法违纪典型案例时；
——过程监视和测量中发现征兆性、趋势性错误倾向，可能引起不良后果时；
——其他发现可能发生严重不符合的情况时。

5.3 主管部门根据潜在不符合发生的概率和后果，确认是否需要采取预防措施。

当确认需要采取预防措施时，落实责任部门或人员，签发《纠正/预防措施报告》。

5.3.1 分析原因。责任部门对潜在不符合信息进行分析，查明造成潜在不符合的原因，必要时应用数理统计技术，帮助寻找有可能导致不符合发生的原因。

制定预防措施。责任部门针对可能导致潜在不符合的原因，制定预防措施。具体应包括：不符合原因分析、采取的纠正措施、责任人、完成日期等。预防措施应努力消除导致潜在不符合发生的根本原因，并与潜在问题的影响程度相适应。主管部门对提出的预防措施的可行性和充分性进行评价。

5.3.2 实施预防措施

责任部门应在规定的时间内，根据规定的要求，组织落实各项预防措施。必要时，配备纠正措施所需要的资源或进行人员培训。本部门资源不能满足需要的，以书面形式提交分管局领导或管理者代表。

当预防措施涉及两个或两个以上部门时，由管理者代表或分管局领导协调预防措施的落实。

在《纠正/预防措施报告》上记录纠正措施的实施情况。

5.3.3 有效性评审

主管部门组织对预防措施进行跟踪验证，检查措施实施的有效性。经验证未达到预期效果的，应重新分析原因，制定和实施新的预防措施。并向管理者代表或分管局领导报告。

5.3.4 按照《记录控制程序》要求，在《纠正/预防措施报告》上记录跟踪验证的结果。

对采取预防措施所引起的质量管理体系文件的更改，按照《文件控制程序》进行。

重要的潜在不符合所采取预防措施及相关信息，应提交风险处，纳入管理评审输入范围。

6. 相关文件

《不符合控制程序》（略）

《文件控制程序》（略）

7. 相关记录

《不符合项报告》（略）

《纠正/预防措施报告》（略）

参 考 文 献

[1] 赵宝煦. 政治学概论［M］. 北京：北京大学出版社，1982.
[2] 桑玉成. 论政府管理的经济目标与政治目标［J］. 政治学研究，1996，3.
[3] 乔耀章，政府理论［M］. 苏州：苏州大学出版社，2003.
[4] 全国质量管理和质量保证标准化技术委员会. 政府部门建立和实施质量管理体系指南：GB/Z 30006—2013［S］. 北京：中国标准出版社，2013.
[5] 全国质量管理和质量保证标准化技术委员会. 质量管理体系 要求：GB/T 19001—2016［S］. 北京：中国标准出版社，2017.
[6] 吴建伟，祝天敏. ISO 9000：2008 认证通用教程［M］. 北京：机械工业出版社，2012.
[7] 编委会. 质量和质量管理体系——ISO 9001：2015 理解与应用［M］. 北京：中国质检出版社，2017.
[8] 编委会. 2016 版质量管理体系国家标准理解与实施［M］. 北京：中国质检出版社，2017.
[9] 编委会. 国家行政机关应用质量管理体系理解与实践［M］. 北京：中国质检出版社，2012.
[10] 周建安. 政府部门集成管理［M］. 北京：中国质检出版社，2013.
[11] 孙志远，吴文忠. 检验检疫风险管理研究［M］. 北京：中国质检出版社，2014.
[12] 吴建伟. 质量体系文件编制教程［M］. 杭州：浙江大学出版社，1997.
[13] 李素鹏. ISO 风险管理标准全解［M］. 北京：人民邮电出版社，2012.
[14] 编委会. 探索——基于质量管理体系的政府部门执行力建设研究［M］. 北京：中国质检出版社，2012.
[15] 梁小民. 高级宏观经济学教程［M］. 北京：北京大学出版社，1993.
[16] 李兴山，刘潮. 西方管理理论的产生与发展［M］. 北京：现代出版社，1999.
[17] 冯国权，任立亚. 高层治国理政大讲堂［M］. 北京：国家行政学院出版社，2014.
[18] 焦叔斌. 卓越绩效准则［M］. 北京：中国人民大学出版社，2005.